Geschichte des Finanzplatzes München

Geschichte des Finanzplatzes München

Mit Beiträgen von Markus A. Denzel,
Albert Fischer, Rainer Gömmel,
Margarete Wagner-Braun,
Franz-Christoph Zeitler

Herausgegeben
im Auftrag des Wissenschaftlichen Beirats
des Instituts
für bankhistorische Forschung e. V.
von Hans Pohl

Schriftleitung: Thorsten Beckers

R. Oldenbourg Verlag München 2007

Bildnachweis
S. 7, 17, 43 f., 46, 52, 76 akg-images, Berlin
S. 11, 39 Artothek, Weilheim
S. 128 Bayerische Börse AG, München
S. 253 Bayerische Hypo- und Vereinsbank AG, Corporate History, München
S. 66, 155 Historisches Archiv der Bayerischen Hypo- und Vereinsbank AG, München
S. 86, 189, 218, 226, 241, 265 Historisches Fotoarchiv der Bayerischen Hypo- und Vereinsbank AG, München
S. 193 Bayerische Staatsbibliothek, Fotoarchiv Fruhstorfer, München
S. 3 Bayerisches Hauptstaatsarchiv, München
S. 113, 177 Bayerisches Wirtschaftsarchiv, München
S. 257 BayernLB, München
S. 266 Deutsche Bundesbank, Hauptverwaltung München
S. 27 Geldmuseum der Deutschen Bundesbank, Frankfurt am Main
S. 122 Historischer Verein Bayerischer Genossenschaften e. V., München
S. 55 Historisches Archiv der G. S. Spaten Brauereibeteiligung, München
S. 54, 142 Münchner Stadtmuseum
S. 99, 107, 110, 117, 137, 161, 167, 179, 184, 200, 202 Stadtarchiv München
S. 121, 145, 189, 220 Stadtsparkasse München

Bibliografische Information der Deutschen Nationalbibliothek
Die Deutsche Nationalbibliothek verzeichnet diese Publikation in der Deutschen Nationalbibliografie; detaillierte bibliografische Daten sind im Internet über <http://dnb.d-nb.de> abrufbar.

Rosenheimer Straße 145, D-81671 München
Internet: oldenbourg.de

Umschlagentwurf: Dieter Vollendorf
Umschlagabbildung: Historisches Fotoarchiv der Bayerischen Hypo- und Vereinsbank AG, München
Gedruckt auf säurefreiem, alterungsbeständigem Papier (chlorfrei gebleicht).
Herstellung: Wuhrmann Druck & Service, 79115 Freiburg

ISBN-13: 978-3-486-56821-9

Inhalt

Vorwort

Der Finanzdienstleistungssektor erlebt gegenwärtig aufgrund der neuen Kommunikationstechnologien und der immer engeren internationalen Verflechtungen einen grundlegenden Wandel, der die Frage aufwirft, welche Funktionen den historisch gewachsenen und räumlich verankerten Finanzplätzen in Zukunft noch zukommen werden. Bei der Analyse der Zukunftsperspektiven wird der Blick auch auf die wesentlichen Entwicklungs- und Erfolgsfaktoren gelenkt, die für Finanzplätze in der Vergangenheit von Bedeutung waren. Die historische Analyse kann dazu beitragen, diese Faktoren zu identifizieren und ihre Wirkungsweise zu erklären. Es bedarf dazu noch eingehender Untersuchungen der führenden Finanzplätze, aber auch solcher Finanzplätze, die ihren Zenit bereits überschritten haben, gar bereits verschwunden sind oder vorwiegend regionale Bedeutung haben. Auf Grundlage der Fallstudien können in einem nächsten Schritt vergleichende und generalisierende Aussagen über Finanzplätze getroffen werden.

Für deutschsprachige Finanzplätze wird das Institut für bankhistorische Forschung e. V. in loser Folge Einzeldarstellungen vorlegen. Nach dem 2002 publizierten Sammelband zur Geschichte des Finanzplatzes Berlin folgt mit dem vorliegenden Buch ein Band über das bayerische Finanzzentrum München. Erneut werden die Autoren – in unterschiedlicher Gewichtung – drei Aspekte in den Vordergrund ihrer Analysen stellen: den Wandel der institutionellen und geschäftlichen Strukturen, den Einfluss der Rahmenbedingungen – also der geographischen Voraussetzungen, des ökonomischen und sozialen Umfeldes, der politischen bzw. wirtschaftspolitischen Einflüsse – und schließlich umgekehrt die Wirkung des Finanzplatzes auf Wirtschaft, Gesellschaft und Kultur.

Die Kapiteleinteilung des Bandes orientiert sich wie beim Vorgänger an der chronologischen Entwicklung des Finanzplatzes. Vom Mittelalter bis ins 18. Jahrhundert hinein war München ein regionales Handels- und Gewerbezentrum, dessen wirtschaftliche Bedeutung hinter den Reichsstädten Augsburg, Nürnberg und Regensburg klar zurückstand. Die Finanzdienstleistungen beschränkten sich weitgehend darauf, den Bedarf des Hofes zu decken (Kapitel I). Aus dieser eng umgrenzten Rolle befreite sich München allmählich seit der Frühphase der Industrialisierung, die auch in Bayern einen Modernisierungsschub auslöste. Neue Wirtschaftsstrukturen und aufstrebende Wirtschaftszweige wie der Eisenbahnbau, die Maschinen- und Metallindustrie sowie das Brauereiwesen stellten dabei auch größere Anforderungen an den Kapitalmarkt und das Kreditgewerbe der Landeshauptstadt. Mit tatkräftiger Unterstützung des Königs und des Staates wurde in München die erste deutsche Aktienbank, die Bayerische Hypotheken- und Wechsel-Bank, gegründet, die fortan einen maßgeblichen Einfluss auf den Münchner Finanzplatz nehmen sollte (Kapitel II). Von den 1860er Jahren bis zum Ausbruch des Ersten Weltkriegs gelang München schließlich der Aufstieg zum führenden bayerischen Finanzplatz mit einem vielseitigen Bankwesen, einer Börse und bedeutenden Versicherungen. Erste Agglomerationseffekte machten sich bemerkbar. Konkurrierende

Plätze wie Augsburg und Nürnberg konnte München, das sich immer mehr zum Mittelpunkt der bayerischen Wirtschaft entwickelte, hinter sich lassen (Kapitel III). In den folgenden Jahrzehnten bis zum Ende des Zweiten Weltkrieges wurde auch das Münchner Bank- und Versicherungswesen vorwiegend durch die gesamtdeutschen politischen und wirtschaftlichen Krisen, Umbrüche und Strukturveränderungen geprägt. Dennoch offenbarten sich in der bayerischen Metropole einige Besonderheiten; so wurde vor allem die Bankenkrise des Jahres 1931 hier wesentlich besser bewältigt als andernorts (Kapitel IV). Nach dem Zweiten Weltkrieg beschleunigte sich nicht nur der Wandel Bayerns zu einem hoch industrialisierten Flächenland, sondern auch der Aufstieg Münchens zu einem überregional bedeutenden Wirtschafts- und Finanzzentrum, das in einigen Bereichen, etwa dem Versicherungswesen und der Vermögensverwaltung, schließlich führende Positionen einnehmen konnte. Einen neuen Schub erhielt das Kreditgewerbe Münchens nach der deutschen Wiedervereinigung, der politischen und wirtschaftlichen Öffnung Südosteuropas sowie als Nutznießer einer wachstumsstarken Region. Die Internationalisierung des Finanzplatzes erreichte eine neue Stufe (Kapitel V). Den Abschluss des Buchs bildet schließlich ein Ausblick auf die Chancen und Perspektiven des Finanzplatzes München (Kapitel VI).

Das Buch ist eine auf wissenschaftlichen Recherchen beruhende, für breite Leserschichten verfasste Geschichte der bayerischen Metropole. Es wendet sich nicht nur an Fachkreise in Wirtschaft und Wissenschaft, sondern auch an Leser, die an der Geschichte Bayerns und Münchens generell interessiert sind.

Mein besonderer Dank gilt den Autoren der einzelnen Beiträge für die gute Zusammenarbeit bei dem Gemeinschaftswerk. Dank ihrer Forschungen ist die erste profunde, zusammenhängende Darstellung der Geschichte des Finanzplatzes Münchens entstanden.

Großzügige Spenden einiger dem Finanzplatz München verbundener Kreditinstitute haben das Forschungsprojekt und den Druck dieses Sammelbandes ermöglicht. Eine Reihe von Kreditinstituten, Unternehmen und Archiven hat dem Institut ferner mit der Bereitstellung von Bildmaterial geholfen. Für diese materielle wie ideelle Unterstützung möchte ich meinen aufrichtigen Dank aussprechen.

Den Mitgliedern des Wissenschaftlichen Beirats des Instituts für bankhistorische Forschung e. V. bin ich für Anregungen bei der Konzeption zu großem Dank verbunden. Herr Thorsten Beckers, Geschäftsführer des Instituts für bankhistorische Forschung, und Herr Frank Dreisch, Wissenschaftlicher Mitarbeiter des Instituts, haben mit ihren Ratschlägen zur Ausgestaltung des Bandes, durch die Übernahme der redaktionellen Arbeit und der Bildauswahl zum Gelingen des Gesamtwerks entscheidend beigetragen, wofür ich ihnen herzlich danke. Dem Oldenbourg Verlag, besonders Frau Cordula Hubert, sei für die gute Zusammenarbeit bei der Drucklegung gedankt.

Bonn, im Oktober 2006 Hans Pohl

Kapitel I

Münchens Geld- und Kreditwesen in vormoderner Zeit: Regionales Wirtschaftszentrum im Schatten der Reichsstädte und Satellit der Residenz (Spätmittelalter bis 18. Jahrhundert)

von Markus A. Denzel

München für die Zeit vor der Hochindustrialisierung als „Finanzplatz" zu bezeichnen, ist in gewissem Sinne gewagt, geht man von einer mehr als regionalen Funktion eines Finanzplatzes als eines Finanzdienstleisters für ein relativ weit zu fassendes Umland aus. In diesem Sinne war München in vorindustrieller Zeit kein Finanzplatz. Insbesondere ein zentrales Charakteristikum eines vorindustriellen Finanzplatzes fehlte München durchgängig, das eines überlokalen Wechselmarktes.[1] An das internationale bargeldlose Zahlungsverkehrssystem, das Kapital und Liquidität über weite Teile Europas vermittelte, war München bis weit in das 19. Jahrhundert hinein vor allem über Augsburg angebunden, ohne selbst eine eigenständige Funktion in diesem System wahrzunehmen.[2] Aber auch als Kapital- und Rentenmarkt konnte München – wie zahlreiche andere Städte des Alten Reiches auch – in der vorindustriellen Zeit kaum mehr als lokale Bedeutung gewinnen. Wichtiger war hingegen seine Stellung als „Kreditmarkt" für die bayerischen Landesherren; in dieser Funktion konnte und musste die Haupt- und Residenzstadt Bayerns seit dem späten Mittelalter dem jeweiligen Landesherren finanziell vielfach zu Diensten sein, entweder als Stadt selbst oder durch einzelne Kaufleute.

Als größte und bedeutendste Stadt des altbayerischen Raumes war München gleichwohl ein gewichtiges Wirtschaftszentrum, das in seiner gesamten vorindustriellen Entwicklung in einem doppelten „Abhängigkeitsverhältnis" stand: Einerseits rangierte München in seiner wirtschaftlichen Bedeutung deutlich hinter den großen Handelszentren des oberdeutschen Raumes, wobei neben den Reichsstädten Augsburg und Nürnberg auch Regensburg, Salzburg und Innsbruck zu nennen wären, die deutlich stärker als München vom Süd-Nord- und Ost-West-Transithandel profitierten und – zumindest Augsburg (s. u.) und Nürnberg[3] – als Geld- und Wechselmärkte überregional und international eine um ein Vielfaches gewichtigere Stellung als die bayerische Hauptstadt einnahmen. Andererseits befand sich die Stadt München immer in einem Spannungsverhältnis zum bayerischen Hof, von dessen Konsum etwa ihre Gewerbe nicht unerheblich

1 Die von mir vorgeschlagene Definition, dass unter einem Finanzplatz in vorindustrieller Zeit ein „Ort von zentraler Bedeutung im überregionalen/internationalen Zahlungsverkehr" verstanden werden solle (Denzel, Practica, S. 2), wurde in einem ähnlichen Zusammenhang von Ilja Mieck übernommen. Vgl. Mieck, Aufstieg, S. 1, Anm. 1.

2 Zum internationalen bargeldlosen Zahlungsverkehrssystem vgl. Denzel, Integration [1996], S. 58-109.

3 Denzel, Wechselmarkt, S. 169-192.

profitierten, dessen Forderungen beispielsweise um finanzielle Unterstützung die städtische Wirtschaftskraft aber auch durchaus stark beeinträchtigen konnte.

Im Folgenden werden drei Schwerpunkte zur wirtschaftlichen Entwicklung des „Finanzplatzes" München in der Zeit des Alten Reiches gelegt, zum einen aus handelshistorischer Perspektive, zum anderen aus der des Kreditwesens und des Zahlungsverkehrs und schließlich der des Münchner bzw. bayerischen Geld- und Währungswesens.

1. München als regionales Handelszentrum

Die „Gründung" des Marktes München ist im Gefolge des so genannten „Augsburger Schieds" Kaiser Friedrich Barbarossas (1152-1190) vom 14. Juni 1158 anzusetzen, als Markt, Brücke und Münze vom älteren Föhring (heute Oberföhring) durch Herzog Heinrich XII. den Löwen (1156-1180) aus dem Hause der Welfen an das *forum apud Munichen* verlegt wurden. Die Siedlung „Munichen" scheint somit bereits zuvor bestanden zu haben und war bereits in den Jahren nach ihrer ersten urkundlichen Nennung eine Art lokaler „Finanzplatz", wenn auch von äußerst bescheidenem Rang, denn sowohl Münzmeister (*monetarii*) als auch ein Zöllner (*thelonearius*) werden für diesen Ort genannt. Nach neuerer Forschungsmeinung kann dieses *forum apud Munichen* als ein vollberechtigter Fernhandelsmarkt angesehen werden, der durch königliches Marktprivileg – die Barbarossa-Urkunde von 1158 – für einen Marktherrn – den Welfenherzog – den ökonomischen Interessen des Freisinger Bischofs entzogen wurde, wobei letzterer ein Drittel der Zolleinkünfte aus Markt, Münze und Brücke erhalten sollte. Seit etwa 1210/15 ist München in den Quellen als *civitas*, als Stadt, belegt, in der der Freisinger Bischof wie auch der bayerische Herzog Herrschaftsrechte ausübten. Ist eine genossenschaftliche Mitsprache von Bürgern erstmals für das Jahr 1239 erwähnt, so stammt das älteste Stadtrecht Münchens von 1294. Die Rudolfinische Handfeste oder das Rudolfinum stand am Ende eines längeren Entwicklungsprozesses, in dessen Verlauf bereits 1286 *consules* („Räte") genannt werden und verschiedene Rechte des Rates und der Bürger Münchens schriftlich gewährt worden waren.[4]

Bereits während dieser frühen Entwicklung hin zur Stadt und als städtisch-bürgerliches Gemeinwesen besaß München eine gewisse Bedeutung als ökonomisches Zentrum, wie ja bereits die Auseinandersetzung um die Markt- und Münzrechte in der zweiten Hälfte des 12. Jahrhunderts nahe legt. Im 13. Jahrhundert scheint München bereits ein regionales Zentrum für den Groß- und Fernhandel vor allem mit Wein, aber auch mit Edelmetall gewesen zu sein, der auch ein Betätigungsfeld für die hier ansässige Ministerialität war. Die wirtschaftliche Bedeutung Münchens wird nicht zuletzt in der Empörung gegen die herzogliche Münzstätte und deren Zerstörung 1294/95 deutlich. Dieses Aufbegehren gegen die Münzverschlechterung und die rigorose Geldbeschaffungspolitik durch Herzog Rudolf I. von Oberbayern und der Pfalz (1294-1319) bezahlten die Münchner mit der Übernahme von Schulden des Herzogs bei seinen Augsburger Gläubigern in Höhe von 500 Pfund Pfennigen – eine in dieser Zeit sehr stattliche Summe, die im Übrigen etwa der jährlichen Stadtsteuer an den Herzog entsprach.

[4] Maier, Markt, S. 13-60.

Im Gefolge des „Augsburger Schieds" (14. Juli 1158) entwickelte sich in München ein regionales Handelszentrum.

Dieses „Modell", die Münchner Bürger zur Übernahme der herzoglichen Schulden in der Regel bei Augsburger Gläubigern heranzuziehen, wurde häufiger angewandt, was auf eine verhältnismäßig hohe finanzielle Leistungskraft zumindest der wirtschaftlichen „Elite" Münchens im ausgehenden 13. und beginnenden 14. Jahrhundert schließen lässt.[5]

Als Haupt- und ständige Residenzstadt des Herzogtums Oberbayern bald nach der ersten Teilung des Herzogtums Bayern am 28. März 1255 – in Niederbayern einerseits und Oberbayern und die Pfalz andererseits – erlebte München seit dem ausgehenden 13. Jahrhundert seine erste bedeutende Blütezeit. Die 1307 errungene Landstandschaft der Stadt erlaubte es ihr noch im gleichen Jahr, maßgeblichen Einfluss auf das oberbayerische Münzwesen zu nehmen. Die vom Herzog vorgesehene Veränderung des Münzfußes der Münzeinheit Münchner Pfennig unterblieb, und zusammen mit Ingolstadt erhielt München das Recht der eigenständigen Münzprägung.[6] Als herzogliche Residenzstadt war München im beginnenden 14. Jahrhundert „die Handels- und Gewerbestadt in Oberbayern schlechthin", die auch das höchste Steueraufkommen aller oberbayerischen Städte aufzubringen hatte. Allerdings war und wurde München zu keinem Zeitpunkt eine Fernhandelsstadt, eine Messestadt oder eine Stadt des Exportgewerbes und stand somit im oberdeutschen Raum immer hinter den Reichsstädten Regensburg, Nürnberg, Augsburg oder auch Frankfurt am Main zurück. Es war und blieb „ein Stapelplatz mit überragender Bedeutung für den oberbayerischen Raum", d. h. ein regionales Gewerbe- und Handelszentrum.[7]

Entscheidend für diese Einordnung Münchens war zum einen das landwirtschaftlich nur mäßig ertragreiche Umland, weshalb Gewerbe und Handel für die Münchner Entwicklung essentiell notwendig waren, und zum anderen seine geographische Lage an der Kreuzung zwischen der Salzstraße von Reichenhall über Wasserburg am Inn nach Augsburg bzw. Landsberg am Lech und der Reichs- und Rottstraße von Innsbruck über Mittenwald nach Ingolstadt und Nürnberg bzw. nach Landshut und Regensburg, wobei zusätzlich die Isar als Wasserweg zur Donau diente. Gerade hieraus konnten sich mehrere Wegzwänge und Stapelrechte ableiten. Von geringerer Bedeutung war dabei das Stapelrecht für Flöße, die, von Isar und Loisach (Sundergau) kommend, München passierten, auch wenn die 1316 erfolgte Aufhebung des Grundruhrrechts – das Recht zur Aneignung von gestrandetem Gut durch den Herzog – den Münchner Holzhandel wesentlich belebte. Auch das aus Schwaben eingeführte Getreide sowie der durch München geführte Wein unterlagen dem Stapelzwang. Entscheidend war jedoch der Salzhandel: Das gesamte, zwischen Landshut und den Alpen aus der Salinenregion um Hallein und Reichenhall westwärts geführte Salz unterlag seit 1332 dem Stapelzwang in München (Salzniederlagsrecht), wobei nur Münchner Bürger, die so genannten „Salzsender"[8], das Salz von Wasserburg nach München transportieren durften. Bereits vier Jahre später, 1336, erhielten sie ein Privileg, das ihnen den unmittelbaren Einkauf von Salz in Reichenhall – und damit die Umgehung des Wasserburger Salzstapels – erlaubte und ihnen für den Fall, dass in Reichenhall nicht genügend Salz vorrätig war, zusicherte, „armes" Salz aus Hallein, Schellenberg oder Hall beziehen zu dürfen. München war somit der ausschließliche Umschlagplatz für den Salzgroßhandel in Oberbayern und

[5] Ebd., S. 52, 57 f.; Döbereiner, Residenz- und Bürgerstadt, S. 64.

[6] Ebd., S. 62 f.

[7] Ebd., S. 77.

[8] „Diese Großhändler sind es, die den Kern der Handelsniederlassung München bilden und lange Zeit deren wirtschaftliche Entwicklung bestimmen." Vgl. Lütge, Preispolitik, S. 166.

zugleich ein zentraler Verkehrs- und Handelsknotenpunkt zwischen den Salzregionen um Hallein/Reichenhall, dem Sundergau, Tirol, woher in großem Umfang Wein bezogen wurde, und Schwaben, der Schweiz und dem Oberrheinraum als Absatzgebieten für das Halleiner und Reichenhaller Salz.[9]

Die Handelsvorrechte, die Münchner Kaufleute und Krämer in der Stadt seit 1274 gegenüber Fremden genossen, waren dabei erheblich; neben dem Stapelzwang, d. h. der Verpflichtung für den fremden Kaufmann, alle mitgeführten Waren den Münchner Händlern anzubieten, waren dies das Verbot für Fremde, selbst Detail- oder Hausierhandel treiben zu dürfen, die Verpflichtung, nur en gros zu verkaufen, und die Einschränkung, höchstens viermal jährlich für jeweils acht Tage in die Stadt kommen zu dürfen. Allerdings war der fremde Kaufmann seit 1345 in Pfändungsfragen dem Bürger gleichgestellt; seine Rechtsangelegenheiten wurden vor dem städtischen Gericht bevorzugt behandelt. Darüber hinaus genossen die Münchner Kaufleute auch außerhalb ihrer Stadt nicht unerhebliche Vorrechte: Bereits 1244 erhielten die Münchner Bürger in Salzburg durch den dortigen Erzbischof die gleichen Rechte und Handelsfreiheiten wie die Regensburger. König Rudolf I. von Habsburg (1273-1291) gestand ihnen dies 1280 für das gesamte Heilige Römische Reich zu. Dazu kamen Geleitschutz in Niederbayern (1308) und Privilegien für Österreich (1310), Meran (1329), Friedberg in der Wetterau (1329) und Trier (1339), was allerdings die letzte offizielle Zollbefreiung für Münchner Kaufleute darstellte. Von besonderer Bedeutung für den Münchner Handel war neben dem Salz derjenige mit Südtiroler Wein, aber auch mit Gewürzen, Tuchen und Eisen, während die Stadt im von Nürnberg dominierten Venedig-Handel kaum Bedeutung besaß. Allerdings wurde München etwa bis 1385 zum Transitstützpunkt der venezianischen Kaufleute, als diese nach der Mitte des 14. Jahrhunderts den *caminus Norimberghe* nach Flandern nur mehr für den Warentransit, nicht mehr jedoch für Handelstätigkeit nutzen durften.[10] Wichtig für den spätmittelalterlichen Handel Münchens waren auch die Verbindungen nach Österreich und Ungarn, zu den Nördlinger Messen und – wenn auch nur vereinzelt nachgewiesen – zu den Messen in Lyon.[11]

Dieser Befund kann jedoch nicht darüber hinwegtäuschen, dass München als Handelsplatz im Spätmittelalter wie in der gesamten Frühen Neuzeit immer hinter anderen, wichtigeren Zentren zurückstand, so vor allem hinter den Reichsstädten Nürnberg und Augsburg, die als die wichtigsten oberdeutschen Handelsstädte überhaupt gelten dürfen, aber auch hinter Regensburg und Salzburg, die den Handel nach Osten vermittelten, sowie hinter Innsbruck und Bozen mit seinen Messen bzw. großen Märkten, über die der Transithandel von und nach Italien abgewickelt wurde. Hintergrund dieses Befundes war der andauernde Kapitalmangel der Münchner im Vergleich zu ihren Konkurrenten, im 16. Jahrhundert auch die Streitigkeiten zwischen den Herzogtümern Bayern-Landshut und Bayern-München, die zusätzlich zur oberschwäbischen Konkurrenz den Transithandel über München erschwerten. Die Münchner Händler galten daher bis weit in das 17. Jahrhundert hinein in der Regel als „Kramer" und wurden auch als solche bezeichnet, so etwa in der Zunft- und Bruderschaftsordnung von 1524. Dies galt sogar im Bereich des im Mittelalter so bedeutenden Salzhandels, denn die Aufhebung der Salzsenderzunft und die Begründung des herzoglichen Salzhandelsmonopols 1587 – ein herzogliches Salzproduktionsmonopol bestand bereits seit 1509 – brachten einen so

[9] Döbereiner, Residenz- und Bürgerstadt, S. 77-83; Vietzen, Salzhandel, S. 9-26.
[10] Döbereiner, Residenz- und Bürgerstadt, S. 79 ff.; Rädlinger, Krise, S. 99.
[11] Schremmer, Wirtschaft, S. 159 f.

entscheidenden Einschnitt in die Münchner Handelstätigkeit, dass die bisherigen Salzhändler zu „Salzstößlern“, d. h. zu Detaillisten und Hökern, herabsanken, so dass es in München seit dem ausgehenden 16. Jahrhundert keine „Großkaufleute“ im Sinne des Wortes mehr gab.[12] Als einzige Ausnahme vom so genannten „Kramerstand“ können noch die in einer besonderen Bruderschaft vereinigten Tuchhändler (Tuchmenniger) angesehen werden.[13] Mit Mauersberg ist festzuhalten: „München ist [...] nie ein bedeutendes Handelszentrum gewesen, sondern mehr eine Stadt des handwerklichen Gewerbes; denn am Ende des 15. Jahrhunderts fand noch nicht einmal ein Neuntel aller selbständigen bürgerlichen Existenzen im Handel ein Unterkommen, und noch zu Beginn des 19. Jahrhunderts besetzte das Handwerk dreiviertel aller selbständigen bürgerlichen Berufe.“[14] Allerdings ist auch eine bedeutende Vermehrung des Gewerbes zwischen dem beginnenden 16. und dem ausgehenden 18. Jahrhundert für München nicht festzustellen, sieht man einmal von der Einrichtung einiger Manufakturen im Verlauf des späten 17. und des 18. Jahrhunderts ab (s. u.).[15]

Im ausgehenden 15. und beginnenden 16. Jahrhundert trat zudem eine grundlegende Änderung für die Münchner Handelstätigkeit ein: Der Hof distanzierte sich in allen Bereichen immer weiter von der Stadt und der Bürgerschaft; so versorgte er sich in zunehmendem Maße durch Eigenbetriebe (Hofhandwerker mit Hofschutz) und erschloss sich die Steuern der Landschaft als zentrale Geldquelle. Mit der Vereinigung der bayerischen (Teil-)Herzogtümer 1503/05 unter Herzog Albrecht IV. dem Weisen (1465/67-1508) war „die individuelle Rolle der Stadt gegenüber dem Herzog [...] ausgespielt“ und die Stadt „handelt[e] von jetzt an mehr als Mitglied der Landschaft, denn als Alleinkämpfer“.[16] Hintergrund dieser Entwicklung war nicht zuletzt der Auf- und Ausbau der landesherrlichen Zentralverwaltung in München mit einem zunehmend größeren Beamtenapparat und Hofstaat, der sich durch die personelle Ausweitung des Hofdienstes ergab. Diese Entwicklung setzte in München vornehmlich während der Regierungszeit Herzog bzw. Kurfürst Maximilians I. (1597-1651) ein, so dass nach dem Westfälischen Frieden dem Schwinden des wirtschaftlichen und sozialen Einflusses der (wohlhabenden) Handelsleute und Gewerbetreibenden auf das städtische Leben nach und nach auch die politische Entmachtung folgte.[17]

Das 17. Jahrhundert stand weitgehend im Zeichen des Dreißigjährigen Krieges und seiner Folgen. Allein die Bevölkerungszahl, die um 1620 noch 20 000 betrug, war durch die Pestepidemie des Jahres 1634 und die Kriegsereignisse bis 1650 auf 15 000 gesunken, und es dauerte bis zum Ende des 17. Jahrhunderts, bis die Zahl von 20 000 wieder erreicht war. Der Dreißigjährige Krieg brachte vor allem durch die schwedische Besatzung 1632 hohe finanzielle Belastungen für die Stadt, aber auch die gewerbliche Produktion war aufgrund der reduzierten Kaufkraft der Stadt- wie der Landbevölkerung drastisch zurückgegangen. Dies betraf vor allem die Textilgewerbe (Leinen- und Wollweber sowie Loderer), die vor dem Dreißigjährigen Krieg die erfolgreichsten Gewerbe in München gewesen waren. Der Einbruch in der Zahl der textilproduzierenden Handwerker um knapp 50 Prozent (von 473 auf 238 Beschäftigten) wurde nach dem Krieg

12 Mauersberg, Wirtschafts- und Sozialgeschichte, S. 204; Schremmer, Wirtschaft, S. 51-54, 160, 170; Hecker, Glaube, S. 164.

13 Mauersberg, Wirtschafts- und Sozialgeschichte, S. 205; Schremmer, Wirtschaft, S. 170.

14 Mauersberg, Wirtschafts- und Sozialgeschichte, S. 206.

15 Schremmer, Wirtschaft, S. 82.

16 Stahleder, Konsolidierung, S. 146.

17 Mauersberg, Wirtschafts- und Sozialgeschichte, S. 197.

Die unter Maximilian III. Joseph, Kurfürst von Bayern (1745–1777), erfolgten zahlreichen Manufakturgründungen bereiteten den Weg Münchens zum Gewerbe- und Handelszentrum (Stahlstich nach zeitgenössischem Porträt, um 1850).

aufgrund neuer Strömungen in der Mode langfristig nicht mehr ausgeglichen. Auch andere Handwerke, die für den gehobenen Bedarf produzierten (z. B. Hut- oder Bortenmacher), waren von drastisch rückläufigen Beschäftigtenzahlen – zum Teil deutlich über 50 Prozent – betroffen.[18]

Nach dem Dreißigjährigen Krieg versuchte daher die kurfürstliche Regierung im Zuge ihrer kameralistischen Wirtschaftspolitik die Gewerbe- und Handelsentwicklung Münchens zu fördern, um so den allgemeinen Wohlstand, die Bevölkerungszahlen und nicht zuletzt auch ihre Staatseinnahmen zu steigern. Ein in Kurbayern wie auch in anderen Territorialstaaten genutztes Mittel hierzu war die Einrichtung von Manufakturen, so erstmals 1669 für die 1665 gegründete Churbayrische Seidencompagnie, die das Monopol für die Rohseideneinfuhr und -verarbeitung sowie des Verkaufs der Produkte en gros besaß. Diese wie auch weitere Gründungen mit finanzieller Unterstützung des Landesherrn, verschiedene Metall- (Gold- und Silberdraht-Manufaktur 1672, Spiegelmanufaktur 1679), Leder- (Juchtenleder-Manufaktur 1703) und Textilgewerbe (Churfürstliche Fabrica für Tuche, Wollzeug und Strümpfe zur Armeeausstattung 1679, Gobelin-Manufaktur 1718 zur Ausstattung der kurfürstlichen Schlösser), standen, wenn sie die Gründungsjahre überhaupt überlebten, meist nur für eine kurze Zeit in Blüte; der Niedergang setzte spätestens ein, wenn die finanzielle Unterstützung des Kurfürsten oder dessen Aufträge ausblieben. Ökonomisch erfolgreicher waren die Manufakturgründungen unter Kurfürst Maximilian III. Joseph (1745-1777), so die 1752/55 eingerichtete und 1761 in Nymphenburg ansässige Porzellan-Manufaktur, eine Seiden-Manufaktur, eine Tabaksfabrik, die Göbelsche Kartenfabrik oder eine Lack- und

[18] Heimers, Strukturen, S. 211, 236; Statistik der Gewerbe in München 1600-1700 – Gruppe XII, in: Rost, Bevölkerungs- und Gewerbestatistik, [o. P.].

Farben-Manufaktur. „All diese Fabriken und Manufakturen bildeten die ersten Ansätze der Entwicklung Münchens zu einer modernen Industriestadt. Trotz einiger beachtlicher Erfolge blieben sie jedoch nur ein sehr bescheidener Faktor im Wirtschaftsleben der Stadt vor der Französischen Revolution, das nach wie vor vom Handel und vom Handwerk geprägt wurde."[19]

Im 18. Jahrhundert wuchs die bayerische Residenzstadt dann weit über ihre Umwallung hinaus. Die Vororte Lehel, Au, Haidhausen, Unter- und Obergiesing, aber auch die kurfürstlichen Landschlösser in Nymphenburg und Schleißheim sowie die zahlreichen Adelssitze bildeten zusammen mit der eigentlichen Stadt einen „Großraum München", der um 1780 etwa 45 000 Menschen umfasste. Wirtschaftlich waren Vororte und Stadt eng miteinander verwoben.[20] Mit knapp neun Prozent[21] war die Gewerbedichte Münchens im ausgehenden Alten Reich ausgesprochen niedrig, doch waren in der kurfürstlichen Residenzstadt Spezialisten und Luxushandwerker in so großer Zahl, Vielfalt und Differenziertheit ansässig wie in keiner anderen kurbayerischen Stadt.[22] Dieser Umstand war zum einen durch die innerhalb Kurbayerns außerordentliche Größe der Stadt, zum anderen durch die Anwesenheit des kurfürstlichen Hofes, der Regierung, zahlreicher Adeliger, hoher Geistlicher und Militärs, ausländischer Gesandter und nicht zuletzt einiger reicher Bürger bedingt, die insgesamt für eine vergleichsweise sehr hohe Kaufkraft in der Stadt sorgten und sehr spezielle Waren und Luxusgüter in größerem Umfang nachfragten.[23] Dabei war München immer noch keine eigentliche Fabrikstadt, obwohl mehrere Fabriken und Manufakturen vorhanden waren, sondern „beinahe Alles [wurde] blos handwerksmässig wie in kleinen Städtchen und nichts ins Große getrieben".[24] Nicht die Art der Fabrikation, wohl aber die der hergestellten Produkte und angebotenen Dienstleistungen unterschieden sich somit in der Regel von den Verhältnissen in anderen kurbayerischen Städten und Städtchen.

Auch der Handelssektor wurde von dem Zeitgenossen Joseph Hazzi in seinen „Statistischen Aufschlüssen über das Herzogthum Bayern" aus Gründen mangelnder Gewerbsmäßigkeit sehr negativ beurteilt: „Drei bis vier Häuser ausgenommen, die einen Großhandel, der aber eigentlich nur Spedizionshandel mit fremden Waaren ist, unternehmen, ist alles Uibrige blos Verschleiß im Kleinen und Krämerei."[25] Nichtsdestoweniger stellten die Handelsgewerbe um 1780 13,8 Prozent des Gesamtgewerbes in München und bildeten damit die drittgrößte Gewerbegruppe überhaupt.[26] Der Handel war zudem einer der differenziertesten Gewerbesektoren mit zahlreichen Spezialisierungen und Luxusgewerben. Von der Münchner Händlerschaft wurden sehr spezielle Produkte für ein anspruchsvolles Publikum angeboten, wie es in anderen kurbayerischen Städten bei weitem nicht der Fall war. Beispielhaft sei vor allem auf die Galanteriewaren-, Ornat- und Buchhändler

19 Heimers, Strukturen, S. 237-239 (Zitat S. 239); ferner Schremmer, Wirtschaft, S. 501-572.

20 Heimers, Strukturen, S. 216 ff.; vgl. zur Einwohnerschaft Münchens im ausgehenden Alten Reich Zerback, München, S. 34-45.

21 Nach Puschner, Handwerk, S. 48 ff., kamen nur 39,3 Selbstständige auf 1000 Einwohner; die eigentliche Handwerkerdichte lag mit 27,3 ‰ sogar noch erheblich darunter, ebenso die Meisterdichte mit 29,4 ‰. Vgl. auch Zerback, München, S. 46, Anm. 107.

22 Hierzu ausführlich Denzel, Professionen, S. 342-363.

23 Hierzu Heimers, Strukturen, S. 240: „Der Hof hatte sicherlich nicht nur durch seine Nachfrage, sondern auch durch seinen Vorbildcharakter für die Bürgerschaft einen wesentlichen Anteil."; vgl. ferner Puschner, Handwerk, S. 7, 45 f.; Stürmer, Kultur, S. 279.

24 Hazzi, Aufschlüsse, S. 257.

25 Ebd., S. 260; Hübner, Beschreibung, S. 465.

26 Diese und die folgenden Ausführungen zum Teil wortwörtlich nach Denzel, Professionen, S. 355-359.

verwiesen, die für eher kleine Gruppen der Gesellschaft Luxusprodukte bereithielten, für den Adel und die reichen Bürger, die Geistlichkeit und die „Intelligenz". Insgesamt allerdings war „das bürgerliche Münchner Handelsgewerbe des 17. und 18. Jahrhunderts [...] vorwiegend ein auf die Versorgung des städtischen Marktes beschränktes Einzelhandelsgewerbe. Selbst die Handelsleute konnten sich nur eine eingeschränkte Sortimentsspezialisierung erlauben."[27] Der durchschnittliche Münchner Handelsmann erzielte im beginnenden 19. Jahrhundert dabei knapp ein Drittel dessen, was ein Bierbrauer erzielte, wobei die Spanne zwischen reichsten Handelsherren und kleinen Krämern erheblich war.[28]

Erstmals seit dem 16. Jahrhundert bildete sich im letzten Drittel des 18. Jahrhunderts wieder ein Münchner (Groß-)Kaufmannsstand heraus, der nicht nur mit der aufstrebenden Schicht der großgewerblichen Produzenten verbunden war, sondern auch immer engere Verbindungen zu anderen (Groß-)Kaufleuten im süddeutschen Raum etablierte. Dabei spielten etwa 50 zugewanderte Kaufleute aus Savoyen, dem südlichen Tirol und Oberitalien eine gewichtige Rolle, wie die bekannten Namen Ruffini (aus Meran) oder Dall'Armi (aus Trient) nachdrücklich belegen (s. u.). Die landesherrliche Handelspolitik war allerdings nicht dazu angetan, die Interessen der Münchner Kaufleute nachhaltig zu fördern: Kurfürst Maximilian II. Emmanuel (1679-1726) ließ 1722 die Kesselbergstraße (über Mittenwald) für den Ferntransport sperren, so dass München noch stärker als bisher vom internationalen Straßenverkehrsnetz abgeschnitten wurde. Zwar wurde die alte Salz- und Zentnerstraße (Inntalstraße) von Innsbruck über Kufstein, Rosenheim und Aibling nach München zur Post- und Commerzialstraße erhoben, doch mussten die Münchner Händler hier höhere Transportkosten und längere Transportzeiten einkalkulieren, so dass sie an Konkurrenzfähigkeit verloren. Erst in den 1780er Jahren wurde die kürzere Kesselbergstraße wieder für den Ferntransport geöffnet. Mit dem Regierungsantritt des Pfälzers Karl Theodor 1777 (bis 1799) begann mit dem Beneficium Speditionis 1778 eine Politik, die eine verstärkte Nord-Orientierung des kurbayerischen Handels forcierte, um die kurpfälzischen Städte – allen voran Mannheim, aber auch Heidelberg und Frankenthal – für den Wegzug der Regierung zu entschädigen. Ein neu eingeführtes Differentialzollsystem begünstigte Transporte zwischen Kurbayern und der Kurpfalz, so dass die Münchner Kaufleute und Spediteure oft weite Umwege über die Kurpfalz in Kauf nahmen, um in den Genuss günstigerer Import-Akzisetarife zu kommen, wenngleich sie in der fiskalischen Bevorzugung der Route über Mannheim eine erhebliche Beeinträchtigung ihrer Entscheidungsfreiheit sahen und zugleich die deutlich längere Transportdauer und die schlechteren Möglichkeiten für Rückfrachten als Nachteil empfanden.[29]

Von Bedeutung für den Handel der Stadt waren auch die zahlreichen allgemeinen und Spezialmärkte, die zu verschiedenen Zeiten des Jahres stattfanden. Die beiden wichtigsten und größten waren die 14-tägigen Jahrmärkte zu Dreikönig und Jacobi (25. Juli), die als Dulten bezeichnet wurden.[30] Dass diese beiden Märkte eine besondere Stellung

[27] Heimers, Strukturen, S. 242.

[28] Zerback, München, S. 46.

[29] Schremmer, Wirtschaft, S. 594, 604, 622 f., 627 ff. Hierzu sehr ausführlich und mit zahlreichen Details Edlin-Thieme, Studien, passim.

[30] Der Begriff „Dult" leitet sich davon ab, dass Papst Bonifaz IX. (1389-1404) 1403 der Kirche zu St. Jakob am Anger anlässlich der Auffindung von Reliquien durch ein Indult den Portiuncula-Ablass verlieh; dieser Ablass erstreckte sich bis in die Oktav und sorgte für einen zahlreichen Besucherverkehr, was den Ursprung des privilegierten Jakobi-Jahrmarkts darstellte. Der zweite große Jahrmarkt wurde nach dem ersten ebenfalls als „Dult" bezeichnet. Vgl. Hazzi, Aufschlüsse, S. 382; Hübner, Beschreibung, S. 499; Schattenhofer, Märkte, S. 66-69.

unter den Münchner Marktveranstaltungen einnahmen, wird daraus ersichtlich, dass bei ihrem Beginn jeweils, ähnlich wie bei einer Messe, die „Freiung" oder die Handlungsfreiheit eingeläutet wurde[31], und Johann Georg Prändel bezeichnet sie auch ausdrücklich als „ansehnliche Messen"[32], obwohl der um 1400 unternommene Versuch, die Jacobi-Dult zu einer tatsächlichen Messe von etwa vierwöchiger Dauer für den gesamten südostdeutschen Raum auszubauen, an der mangelnden landesherrlichen Unterstützung und der Fremdenfeindlichkeit der Münchner Zünfte, aber auch an den nicht hinreichenden Verkehrsverbindungen der Stadt, vielleicht sogar am Handelskrieg Kaiser Sigismunds (1410-1437) gegen Venedig (1411-1433), mit welchem München ja seine Handelsbeziehungen auszudehnen beabsichtigte, gescheitert war.[33] Trotzdem „werden meistens blos kleinere Geschäfte für die Landkrämer und Einwohner Münchens gemacht."[34] Allerdings waren die beiden Dulten die wichtigsten Marktveranstaltungen in Kurbayern, die sogar Paul Jacob Marperger (1711) unter den bedeutendsten Messen und Jahrmärkten des Reiches erwähnt, obwohl es „keine gewisse Wechsel-Acceptations- noch Zahlungszeit" gab.[35] Es ist daraus zu schließen, dass die Geschäfte hauptsächlich gegen Barzahlung abgeschlossen wurden[36] und auch auf den Dulten der bargeldlose Zahlungsausgleich so gut wie nicht verbreitet oder gebräuchlich war. Insgesamt waren die Dulten damit nur für die Stadt München sowie in gewissem Sinne für die nähere und weitere Region von Belang, hatten jedoch keine große, über die kurbayerischen Grenzen hinausweisende oder gar internationale Bedeutung.

Neben den Dulten war die samstägliche Schranne, die bedeutendste in ganz Kurbayern[37], auf dem Platz die wichtigste Marktveranstaltung und der „Hauptmarkt [...] für das Getreid", der „die eigentliche Achse ist, wornach sich jede Woche alle Bedürfnisse und Umstände reguliren. Sie [...] wird bei Wind und Regen auf freiem Platz gehalten. Welches Gewühl von Menschen, Pferden und Säcken hier herrscht, läßt sich denken. Man schließt die Käufe sogleich auf baar Geld ab. Zum Messen sind gewisse Abstreicher[38] vorhanden [...]. Es werden hier jährlich gegen 2 Millionen Gulden umgesetzt."[39] – Die weiteren Märkte in München waren spezielle Veranstaltungen für den Umschlag einzelner Waren oder Warengruppen, die vornehmlich dem Viehhandel und der Versorgung der Bevölkerung mit frischen Lebensmitteln sowie anderen Dingen des täglichen Bedarfs dienten.

2. Kreditwesen und Zahlungsverkehr

Als lokales Gewerbe- und regionales Handelszentrum, ja Wirtschaftszentrum Oberbayerns im 14. Jahrhundert war München immer auch ein Geld- und Kreditmarkt, der vor allem durch Markt, Münze und Stapel bedingt wurde. Für die vorangehende Zeit ist

31 Hazzi, Aufschlüsse, S. 382.
32 Prändel, Erdbeschreibung, S. 196.
33 Schremmer, Wirtschaft, S. 161 f.
34 Hazzi, Aufschlüsse, S. 382.
35 Marperger, Beschreibung, S. 168.
36 Hazzi, Aufschlüsse, S. 384.
37 Schmelzle, Staatshaushalt, S. 110.
38 „Abstreicher" = Kornmesser.
39 Hazzi, Aufschlüsse, S. 383 f.; Westenrieder, Beschreibung, S. 271; Hübner, Beschreibung, S. 499 f.; Schattenhofer, Märkte, S. 74 f.

Der Münchner Schrannenplatz (Gouache, Samuel Prout).

diese Funktion Münchens noch nicht erkennbar. Spätestens um die Wende zum 14. Jahrhundert war die Geldwirtschaft in München allerdings zu einem gewichtigen Charakteristikum des Wirtschaftens geworden, wie das Vorgehen der Bürger gegen die Versuche des Herzogs, die Münzverhältnisse zu seinen Gunsten zu verschlechtern, in den Jahren 1294/95 und 1307 zeigt. Wenn dabei von „Geldwechsel" die Rede ist, so ist der Umtausch, das Umwechseln von verschiedenen fremden Münzen gegeneinander oder in Münchner Währung gemeint – nicht jedoch der bargeldlose Zahlungsverkehr mit Hilfe des Wechselbriefs –, für welches aber eine hohe Stabilität der Münz- und Währungsverhältnisse unerlässlich war, wollte ein Geldmarkt wie der Münchner nicht schnell seinen guten Ruf innerhalb der regionalen und überregionalen Kaufmannschaft verlieren. Die letztlich 1307 gesicherte Münz- und Währungsstabilität (s. u.) war somit ein wichtiger „Standortfaktor" für die wirtschaftliche Blüte Münchens im 14. Jahrhundert.[40]

In den Geschäftsbereich des „Geldwechslers" gehörte aber auch der Kauf von verrufenem, verbotenem, zerbrochenem, also nicht umlauffähigem Geld oder von Edelmetall in geprägter Form, der Handel damit und vor allem der Verkauf an die Münzstätte zur Einschmelzung. „Geldwechsler" waren somit auch „Sammeldepots" für Edelmetall zur (erneuten) Ausprägung, zumal das 1391 und 1400 erlassene Gebot, nur der Münzmeister und die in München ansässigen Goldschmiede seien zum Silberankauf berechtigt, in der Regel umgangen wurde. Als bedeutende „Geldwechsler" erscheinen im spätmittelalterlichen München das Ratsgeschlecht der Sendlinger, die sogar den Beinamen „die

[40] Döbereiner, Residenz- und Bürgerstadt, S. 85 f.; Rädlinger, Krise, S. 105 f.

Wechsler" führten, und die Patrizierfamilie Ligsalz. Aber auch die jeweiligen Münzmeister, deren Pachtverträge für die Münchner Münzstätte im Spätmittelalter für einen Zeitraum von zwei bis zwölf Jahren abgeschlossen wurden, durften vertragsgemäß als Geldwechsler tätig sein. Als bedeutendste Münzmeisterfamilien sind im München des 14. und 15. Jahrhunderts die Hundertpfund und die Gießer zu nennen, die ursprünglich aus dem Goldschmiedehandwerk hervorgegangen waren. Im Jahre 1506 übernahm der Herzog die Münzstätte wieder – wie im Hochmittelalter – als Eigenbetrieb.[41]

2.1 Kredit- und Rentengeschäfte

Als älteste Form des Kreditgeschäfts kann in München wie in den meisten anderen hochmittelalterlichen Städten des Reiches das verzinsliche Darlehen gelten. Noch um die Wende vom 13. zum 14. Jahrhundert scheint das Wucherverbot – das Verbot einer (ungebührlich hohen) Zinsnahme – nach Ausweis der Münchner Ratssatzungen unbekannt gewesen zu sein. Erst um die Mitte des 14. Jahrhunderts wurde das kanonische Zinsverbot, das aber Verzugszinsen ausdrücklich ausnahm, Teil auch des Münchner Stadtrechts, wobei weder Rat noch Bürger sich stringent hieran hielten. So wurden eben „offiziell" keine Darlehenszinsen genommen, doch begannen Verzugszinsen schon nach kurzer Zeit fällig zu werden, da beide vertragsschließenden Parteien schon bei Vertragsschluss davon ausgingen, dass die Rückzahlung nach der vereinbarten – in der Regel sehr kurzen Frist – keinesfalls möglich sei. Der Zinsfuß bei verzinslichen Darlehen betrug vor 1422 in der Regel zehn Prozent; nur 1414 und 1416 war zwölf Prozent Zins fällig.[42] Die Bedeutung des Münchner Geld- und Kreditmarktes im 14. Jahrhundert wird nicht nur an zahlreichen kurzfristigen Kreditvergaben zur Abwicklung von Handelstransaktionen, sondern auch und vor allem an verschiedenen Finanzgeschäften ersichtlich, bei denen Münchner Bürger und vor allem Ratsgeschlechter wie die Wadler oder die Sendlinger beteiligt waren, die gerade durch Kreditgeschäfte und Geldwechsel zu Reichtum gelangt waren: So vergab Burkhard Wadler Darlehen an Herzog Heinrich VI. (1295-1335) von Kärnten (aus dem Hause Görz-Tirol), wofür ihm die Saline zu Hall in Tirol verpachtet wurde, und der Münchner Herold und weitere Gesellschafter pachteten die Tiroler Münzstätte in Meran.[43]

Neben dem verzinslichen Darlehen ist aus dem 14. Jahrhundert auch die kurzfristige, unverzinsliche (Zwangs-)Anleihe belegt, die die Stadt bei Steuerausfällen oder akuten Finanznöten in Anspruch nahm: Hierbei wurden die wohlhabenden Bürger der Stadt von einem vom Rat gewählten Ausschuss, den so genannten „Anlegern" oder ab 1384 „Geldbeschaffern" (conquirentes pecuniam), in Form eines Steuervorschusses nach Maßgabe ihres Vermögens belastet. Für längerfristige Darlehen war dieses Verfahren ohne jegliche Gegenleistung jedoch nicht praktikabel.[44]

Eine zentrale Position auf dem Münchner Geld- und Kreditmarkt nahm im Spätmittelalter die Stadtkammer ein, die gleichsam als „öffentliche Sparbank der Einwohner-

[41] Solleder, München, S. 97 f.
[42] Ebd., S. 226 f.
[43] Döbereiner, Residenz- und Bürgerstadt, S. 85 f.; Rädlinger, Krise, S. 105 f.; Schattenhofer, Wirtschaftsgeschichte, S. 450; Solleder, München, S. 98.
[44] Ebd., S. 230.

schaft" fungierte und durch den Verkauf von Renten zur Finanzierung des städtischen Haushalts seit dem 14. Jahrhundert eine erhebliche Rentenschuld aufbaute.[45] Kapitalrenten in Form von Leibgedingen und Ewiggeld waren dabei im spätmittelalterlichen München wie in anderen Städten vergleichbarer Größe auch eine übliche und sehr beliebte Form der Geldanlage. Seit dem 14. Jahrhundert nutzten auch die Stadtkämmerer den Verkauf von Grund- oder Erbrenten (Ewiggeldern) und Leibrenten zur Beschaffung von liquiden Mitteln und erhöhten somit ihre fundierte Schuld. Beim Leibrentenvertrag (praecarium) verpflichtete sich die Stadt, dem Käufer der Rente – dem Darlehensgeber – auf Lebenszeit eine jährliche Rente aus der städtischen Kammer zu bezahlen, wobei das der Stadt überlassene Kapital dieser verblieb. Die Schuld erlosch mit dem Tode des Rentenkäufers oder, wenn die Rente auf mehrere „Leben" (= Personen) abgeschlossen war, nach dem Tode des Letztberechtigten. Die Leibrente war prinzipiell unablösbar und konnte somit von keiner der beiden Vertragsparteien gekündigt werden. Dies galt auch für die zweite Form des Rentengeschäfts, der Erb- oder Grundrente, die – im Gegensatz zur Leibrente – nie erlosch, nie getilgt werden konnte, von einem Erben auf den nächsten überging und daher als „Ewiggeld" bezeichnet wurde. Das Ewiggeld haftete im privaten Kreditverkehr nicht an der Person des Besitzers, sondern an einer Liegenschaft und hatte sich in München seit dem ausgehenden 13. Jahrhundert aus letztwilligen Verfügungen an die Kirche zum Heil der Seele (Stiftungen von Seelzinsen oder Seelgerät) entwickelt, so dass die Ewigrente nach dem Tode des Stifters in den Besitz der Kirche zur Verwendung von wohltätigen oder geistlichen Zwecken überging. Insbesondere nach dem großen Stadtbrand von 1327 wurde das Ewiggeld zu einer Art Kaufvertrag, um Neu- und Umbauten von Häusern oder gewerblichen Anlagen finanzieren zu können; das jeweilige Ewiggeld haftete damit an der Liegenschaft. Während im 14. Jahrhundert annähernd ausschließlich kirchliche Institutionen als Rentengläubiger erschienen, dehnte sich diese Form der Geldanlage im 15. Jahrhundert auf bürgerliche, vor allem auswärtige Gläubiger aus. Der Zinsfuß der Ewiggelder lag durchwegs niedriger und war geringeren Schwankungen unterworfen als der der Leibrenten, da die „Laufzeit" dieser Ewiggelder ja deutlich länger – eben ewig – sein sollte.[46]

Beim Rentenkauf in beiden Formen dienten der Stadt ihr umfangreicher Grundbesitz und ihre einträglichen Zölle als Sicherheit, während bei privaten oder kirchlichen Rentengeschäften eine Pfandsicherung auf Immobilien lastete. Im Verlauf des 14. und 15. Jahrhunderts sank mit zunehmend vorhandener Liquidität der Rentenzins tendenziell, der von Rat und Gemeinde in einer Bürgerversammlung festgesetzt wurde. Allerdings konnten innerhalb einzelner Jahre durchaus bemerkenswerte Abweichungen auftreten, die dem misslichen Zustand des Stadthaushalts und dem Mangel an Kapitalangebot geschuldet waren. Nicht umsonst wurde im Jahr des Umsturzes – 1401 – mit 18,8 Prozent der höchste Zinsstand erreicht. Als Rentengläubiger erscheinen zuerst kirchliche Institutionen – Gotteshäuser, Klöster oder Spitäler, ansässige oder fremde Geistliche. Unter den bürgerlichen Rentengläubigern waren es anfangs vor allem Kleinrentner, Witwen, Waisen, aber auch Dienstboten, seit dem 15. Jahrhundert dann zunehmend reichere und auch auswärtige Kapitalanleger aus dem gesamten oberdeutschen Raum, vor allem aus Augsburg und Tirol.

[45] Ebd., S. 226.
[46] Ebd., S. 231-236; ferner Döbereiner, Residenz- und Bürgerstadt, S. 85 f.; Rädlinger, Krise, S. 105 f.; Schattenhofer, Wirtschaftsgeschichte, S. 450.

Obwohl die Stadt auch aus der Auszahlung der in Goldgeld vereinbarten Beträge in Silbermünzen einen recht erheblichen „Wechselgewinn" zog, wurde die Unauflösbarkeit der Ewiggeldverträge zu einem Problem, da die auf ewig zu zahlenden Renten in keinem Verhältnis mehr zu den einmal erhaltenen Geldsummen standen. Bereits 1345 erlaubte Ludwig der Bayer der Stadt, dass alle in Form von Ewigrenten getätigten Seelgerätstiftungen den Münchner Bürgern zum Kauf angeboten werden sollten, um den Stadthaushalt zu entlasten. Während der Unruhen von 1377 war daher die Kündbarkeit von Ewiggeldverträgen eine zentrale Forderung und der Zinsfuß wurde – außer bei Gotteshäusern und Fremden – auf die Hälfte herabgesetzt. 1381 erwarb die Stadt das Recht der Rentenablösung vom Rentenkäufer bzw. dessen Erben, da auch sie die Ewiggelder nicht mehr zu bedienen vermochte und die Stadt – modern gesprochen – kurz vor dem Bankrott stand. Am 17. März 1391 erteilten die drei regierenden Herzöge der Stadt das Privileg, dass jeder Ewiggeld-Nehmer in der Stadt und im Burgfrieden – also nicht nur die Stadt selbst – sein Ewiggeld bis Georgi 1392 um den Kaufpreis einlösen musste. Die abgelösten Ewiggelder konnten auf der Grundlage des tatsächlichen Wertes zur Zeit der Ablösung in neue Erbrenten umgewandelt werden. 1418 und 1453 wurde dieses Prozedere nochmals wiederholt, um die Stadt erneut zu entlasten. Wiederum dauerte die Ablösefrist jeweils ein Jahr, und sämtliche daraus resultierenden Streitigkeiten oblagen der Gerichtsbarkeit des städtischen Rates. Wer aber sein Ewiggeld aus welchen Gründen auch immer nicht ablösen ließ, dessen Ewiggeld unterlag nach Ablauf der Frist erneut der Uneinlösbarkeit. Für die Stadt, die in den drei genannten Jahren bisherige Renten in neue minderen Werts umwandelte, war dies jeweils eine vortreffliche Möglichkeit, ihre Rentenschuld bedeutend zu verringern: Dies geschah einerseits durch die Umwandlung alter, hochverzinslicher Renten in niedriger verzinsliche, die zugleich zu einem höheren Kaufpreis als ehedem verkauft wurden, andererseits durch die Überführung von Ewiggeldern in zeitlich relativ begrenzte Leibrenten. Eine vollständige Ablösung der Ewigrenten gelang allerdings zu keinem Zeitpunkt, so dass noch 1910 in München 246 Ewigrenten mit einem Kapital von etwa 5,5 Mio. Mark Reichswährung bestanden.[47]

Eine Besonderheit des Münchner Kreditmarktes in der Zeit Ludwigs des Bayern war darüber hinaus die Verschmelzung von Leib- und Erbrente oder Ewiggeld in der Form des so genannten „Gnadengeldes" (gratiae), das ohne Amortisation des Kapitals an der Person des Rentiers haftete. Das Gnadengeld diente vorrangig der gewinnbringenden Sicherung des Vermögens von Waisen, wobei den Vormündern erlaubt wurde, Mündelgelder nach Mündelrecht (iure pupillari) in der Stadtkammer einzulegen. Dieses Kapital wurde zu zehn Prozent verzinst und konnte bei Mündigkeit oder bei Bedarf auch schon früher zurückgefordert werden. Diese Schuldform ist erstmals 1327 belegt, wurde aber unter dem Eindruck des kanonischen Zinsverbots – es war faktisch ein verzinsliches Darlehen –, und da der städtische Haushalt aufgrund der häufigen Inanspruchnahme sehr darunter litt, in der zweiten Hälfte der 1340er Jahre wieder eingestellt.[48]

Eine besondere Stellung auf dem Geld- und Kreditmarkt Münchens nahmen – wie auch in zahlreichen anderen Städten des Heiligen Römischen Reiches – die jüdischen Kaufleute ein. So lag die Geldleihe, d. h. insbesondere die Vergabe von Kleinkrediten in der Regel gegen Pfänder, seit einem Privileg Kaiser Friedrichs II. (1212/15–1250) von

[47] Ebd., S. 238 ff.; ferner Döbereiner, Residenz- und Bürgerstadt, S. 85 f.; Rädlinger, Krise, S. 105 f.; Schattenhofer, Wirtschaftsgeschichte, S. 450.

[48] Solleder, München, S. 240 f.

1236 in deren Händen, da sie nicht dem kirchlichen Wucherverbot unterstanden. Der Judenpogrom von 1285 führte zur Vertreibung der gesamten jüdischen Gemeinde Münchens, doch bereits 1287 wurde eine Neuansiedelung gestattet. Um die Mitte des 14. Jahrhunderts wurde das kanonische Zinsverbot in das Münchner Stadtrecht aufgenommen, und zwar mit dem Satz „Daz niemant dhain beraiten pfenning umb gewin hinleich"[49]. Allerdings war die ökonomische Bedeutung der jüdischen Bevölkerung mindestens bis um die Mitte des 14. Jahrhunderts eher beschränkt; jüdische Händler erscheinen vornehmlich als Pfandleiher, vergaben demnach Kleinkredite zu drastisch überhöhten Zinsen, deren Gewinne aber immer wieder durch den Herzog abgeschöpft wurden, sei es durch Judenschuldentilgungen, Lösegelder für festgehaltene Juden, durch Schuldennachlässe für Adelige oder durch eine Sondersteuer wie 1342 unter Ludwig IV. (1294-1347, seit 1314 König, seit 1328 Kaiser). Erst 1344 wurden Zölle und Strafgelder der Juden denen der Christen gleichgestellt. 1345 kam es infolge des Verdachts eines Ritualmordes zu einem weiteren Pogrom und 1349 infolge der Pesthysterie und des Verdachts einer Brunnenvergiftung zur erneuten Ausweisung der jüdischen Gemeinde. Doch bereits 1352 erlaubte Herzog Ludwig V. der Brandenburger (1347-1361) die Rückkehr, da die Juden für die Abwicklung des Kreditgeschäfts auf dem Münchner Markt ebenso wie als Kreditgeber für den Landesherrn als unverzichtbar angesehen wurden. Anstoß erregten unter den Christen insbesondere die hohen Zinsen, die vor allem dann auftraten, wenn eine Rückzahlung an einen (christlichen) Gläubiger nicht rechtzeitig erfolgte und dieser dann seine Schuldforderung an einen jüdischen Geschäftspartner abtrat („Schadkauf"), wie dies seit der Mitte des 14. Jahrhunderts zunehmend zur Gewohnheit wurde, oder wenn eine wirtschaftliche Notlage eine Kreditaufnahme zu deutlich überhöhten Zinsen erzwang. 1372 wurde der Zinssatz jüdischer Geldverleiher auf Betreiben des Münchner Rats – wie in Nürnberg seit 1310 – auf jährlich 43 $^1/_3$ Prozent (= 2 Pfennig pro Woche für ein Pfund zu 240 Pfennigen) für Bürger und jährlich 65 Prozent (= 3 Pfennig pro Woche für ein Pfund zu 240 Pfennigen) für Fremde herabgesetzt (vordem nach Augsburger Recht einheitlich 86 $^2/_3$ Prozent). Trotz dieses gesetzlich festgelegten Maximalzinsfußes, der das ganze weitere Mittelalter hindurch Geltung behielt, erregte der Schadkauf enormen Anstoß, da die Zinsverpflichtungen an die jüdischen Geldverleiher extrem schnell wuchsen und in der Regel bald das geliehene Kapital überstiegen. Dies betraf insbesondere die Stadt selbst, aber auch den Herzog, da deren Gläubiger vor allem seit der Mitte des 14. Jahrhunderts ihre Forderungen regelmäßig an jüdische Geldverleiher verkauften. „Entschuldungen" konnten per königlichem Privileg erfolgen: So erklärte König Wenzel (1376/78-1400) 1390 Herzog Friedrich (1375-1393) und die Münchner Bürgerschaft für frei von allen Kapital- und Zinsschulden an jüdische Geldverleiher. Während der Unruhen des Jahres 1400 verzichteten die Münchner Juden auf alle Handels- und Geldwechseltätigkeit und wollten sich fortan nur auf das Darlehensgeschäft, d. h. die „Zinsleihe", konzentrieren. Dies bedeutete, dass sie im 15. Jahrhundert insbesondere auf die Vergabe von Kleinkrediten gegen Pfand und „Wucherzinsen" als einzige ihnen noch verbliebene Erwerbsquelle angewiesen waren, da der städtische Kreditverkehr zunehmend in die Hände der wohlhabenden Münchner Bürger übergegangen war.[50]

[49] Zit. n. Schattenhofer, Wirtschaftsgeschichte, S. 449.

[50] Solleder, München, S. 228 ff.; Döbereiner, Residenz- und Bürgerstadt, S. 87, 92 f.; Rädlinger, Krise, S. 98; Schattenhofer, Wirtschaftsgeschichte, S. 449 f.

Die enge ökonomische Beziehung zwischen der Stadt München und der Hofhaltung, die im 14. Jahrhundert bestand, dauerte auch im 15. Jahrhundert noch an und betraf nicht zuletzt die landesherrlichen Finanzen: Nicht nur zahlte die Stadt seit 1315 eine jährliche Steuer von 600 Pfund Pfennigen, sondern sie gewährte den Herzögen im 15. und 16. Jahrhundert auch mehrfach – trotz ihrer eigenen hohen Verschuldung – Darlehen, die sie sich mit Privilegien entgelten ließ; anstelle von Zinsen erhielt die Stadt stadtherrliche Gefälle, wie etwa Anteile von der Stadtsteuer oder des Weinungeldes. Diese Funktion der Stadt wie auch ihrer Bürger als Kreditgeber des Herzogs scheint nach der endgültigen Vertreibung der Juden aus München 1442 noch zugenommen zu haben.[51]

Im 16. Jahrhundert gelang auf diese Weise zumindest einem Münchner Handelshaus der Einstieg in das internationale Finanzgeschäft, den Ligsalz-Fleckhammer. Bereits 1365 sind die Ligsalz am Fondaco dei Tedeschi in Venedig nachgewiesen[52], doch erst nach 1500 konnte sich das damals wohl erfolgreichste Münchner Handelshaus mit seinen Finanztransaktionen auch auf den international bedeutenden Geldmärkten von Antwerpen und Augsburg etablieren. Die Ligsalz-Fleckhammer vergaben Kredite an die englische Krone wie an die spanische Statthalterschaft in Brüssel, doch gerieten sie nach den spanischen und französischen Staatsbankrotten von 1557 in eine so ernste Finanzkrise, dass ihre Antwerpener Faktorei 1564 fallierte und die Münchner Gesellschafter in den Falkenturm, das herzogliche Kriminalgefängnis, gesperrt wurden. Welche bescheidene Bedeutung dieses im 16. Jahrhundert bedeutendste Münchner Handelshaus im Vergleich zu anderen oberdeutschen Unternehmungen besaß, zeigen die jeweiligen Steuerzahlungen: 1522 zahlte Hans Ligsalz mit 70 Gulden den höchsten Steuerbetrag in ganz München, während in Augsburg Jakob Fugger der Reiche 1 200 Gulden und damit annähernd die Hälfte des gesamten Steuerertrags der Stadt München an die Augsburger Stadtkasse abführte.[53]

Um sich von der Kreditvergabe und dem Geldwechsel durch Münchner Handelsherren und die Stadtkammer unabhängiger zu machen, planten die Wittelsbacher Herzöge im ausgehenden 15. Jahrhundert die Einrichtung von je einer Wechselbank in München und in Landshut, die jeweils mit einem Grundkapital von 300 ungarischen und 1 400 rheinischen Gulden sowie 1 250 Gulden an Silberkleingeld ausgestattet sein sollten; allerdings scheint dieses Projekt nicht realisiert worden zu sein.[54] Die Idee, in München eine öffentliche Bank zu installieren, wurde dann 1664 von dem als eine Art Berater des Kurfürsten für Wirtschaftsfragen nach München geholten Kameralisten Johann Joachim Becher (1635-1682) wieder aufgegriffen:[55] Er entwarf das Projekt einer bayerischen Landbank, doch kam es nie zu einer Verwirklichung. 1716 bis 1722 verfolgte die Hofkammer das Projekt eines Zahlungsbanko (Banco del Giro nach italienischem Vorbild). Beide Überlegungen hatten die Etablierung einer Art Kreditbank zur Förderung von Handel und Gewerbe zum Ziel. Weitere Bank-Projekte, die nunmehr aber mehr oder minder offen der Staatsfinanzierung unter Beteiligung der Landschaft und teilweise mit der Ausgabe von verzinslichen oder unverzinslichen Obligationen dienen sollten, folgten zwischen 1728 und 1762, doch erst 1767 wurde ein Churbayerischer Land-Banco in München gegründet. Dieser Land-Banco wurde zur Abwicklung der

51 Stahleder, Konsolidierung, S. 120-147; Solleder, München, S. 243 f.
52 Simonsfeld, Fondaco dei Tedeschi, Bd. 1, S. 91 f.; Bd. 2, S. 57; Stromer, Hochfinanz, S. 50.
53 Schattenhofer, Wirtschaftsgeschichte, S. 450; Schremmer, Wirtschaft, S. 169.
54 Solleder, München, S. 98 f.
55 Steinhüser, Becher, S. 18-23, 133-136.

Der Kameralist Johann Joachim Becher (1635–1682) entwarf das erste Modell einer bayerischen Landbank, das jedoch nicht verwirklicht wurde (zeitgenössischer Kupferstich, 1675).

kurbayerischen Staatsschulden eingerichtet, d. h. der Landesherr beabsichtigte eine landständisch garantierte, obrigkeitliche Tilgungsanstalt für die Staatsschulden, nicht aber die Gründung einer Bank wie in Amsterdam (1609), Hamburg (1619) oder Nürnberg (1619), die für die Abwicklung des bargeldlosen Zahlungsverkehrs der Kaufleute und die Stabilisierung der Währungsverhältnisse sorgte. Der Land-Banco von 1767 sollte der „Zwischenfinanzierung“ bzw. kurzfristigen Kreditgewährung an den Landesherrn dienen, wofür die Rückzahlung dann aus den landesherrlichen Steuereinnahmen erfolgen sollte. Er besaß kein Grundkapital, sondern erhielt stattdessen jährliche Zuschüsse von der Landschaft in Höhe von 80 000 Gulden; seine finanzielle Ausstattung war somit völlig unzureichend, zumal man reichliche Depositengelder erwartete, die aber nicht zuflossen. Die Bank hatte den landesherrlichen Auftrag, verschiedene bankfremde Geschäfte – u. a. die Errichtung von Warenlagern und Getreidemagazinen – zu betreiben, und aus den Gewinnen der Bank sollte dann die Reduzierung der Staatsschulden finanziert werden. „Die Bank war mehr Umschuldungs- als Tilgungsanstalt.“ Sie hatte kaum belebende Auswirkung auf das Wirtschaftsleben in Kurbayern, zumal sie lediglich zwei Darlehen an eine Seidenbandmanufaktur gab – ihre einzige Kreditvergabe im Bereich Handel und Gewerbe –, keine Wechsel- und Diskontgeschäfte durchführte und weder Giro- noch Banknotenverkehr aufnahm, und sogar das Depositengeschäft war ohne Bedeutung. Die einzig bedeutenden Geschäftsverbindungen bestanden zur Regierung und zur Landschaft bezüglich verschiedener Transaktionen zur Abwicklung des Schuldenwerks. 1779 ging der Churbayerische Land-Banco in München wieder ein. Trotzdem verfolgte man weitere Bankprojekte, 1781 das einer General-Banque, 1794 das einer Waren-Zettelbank und schließlich 1799 das einer Art Geschäftsbank. Das erste erfolgreiche Bankprojekt Bayerns war dann die 1806 in München gegründete Bayerische Staatsbank, die aber auf dem 1780 eingerichteten Hochfürstlich Brandenburgisch Ansbachisch-Bayreuthischen Hofbanco, der preußischen Staatsbank für die preußischen Besitzungen in Franken, fußte.[56]

2.2 Bargeldloser Zahlungsverkehr unter der Dominanz des Finanzplatzes Augsburg

Bargeldloser Zahlungsverkehr auf der Grundlage des Wechsels blieb in München bis in das 17. Jahrhundert hinein die Ausnahme. „Es ist bezeichnend, daß in den Ratsankündigungen, Mandaten und Dekreten [...] aus dem 16. Jahrhundert gar keine schriftlichen Zeugnisse sich finden lassen, die auf das Vorhandensein eines Wechselrechtes oder Wechselhergabe verweisen. Auch im 17. Jahrhundert läßt sich kein entsprechendes Material aus den Akten herausziehen, und erst mit dem Eintritt der zweiten Hälfte des 18. Jahrhunderts scheint für den Handel die Notwendigkeit bestanden zu haben, bei ihren Magistratsobrigkeiten oder dem fürstlichen Hofrat um die Aufnahme des Wechsels in die Gesetzbücher zu bitten und die Rechtsprechung in Streitfragen des verlorenen Kredites speziell auf das Wechselrecht hin auszurichten."[57] Noch Kurfürst Ferdinand Maria (1651-1679) sah sich aufgrund der geringen Erfahrungen der bayerischen Kaufmannschaft im bargeldlosen Zahlungsverkehr gezwungen, beim Rat der Messestadt Frankfurt am Main eine Rechtsbelehrung über die Ausstellung einer Spezial- oder Generalprokura zum Abschluss rechtsgültiger Verträge und insbesondere von Wechselgeschäften einzuholen, die am 21. April 1671 beantwortet wurde. In Kurbayern waren demnach auch in der zweiten Hälfte des 17. Jahrhunderts die „modernen" Techniken im Kreditwesen und im (bargeldlosen) Zahlungsverkehr, die etwa in Augsburg und Nürnberg spätestens seit dem 16. Jahrhundert in weiten Kreisen der Kaufmannschaft gebräuchlich geworden waren, noch lange nicht in gleichem Maße verbreitet.[58] Engagierten sich Münchner Kaufleute allerdings auf auswärtigen Plätzen in entsprechenden Großhandelsgeschäften, so sind sie in der Regel auch als Beteiligte am dortigen bargeldlosen Zahlungsverkehr belegt. Dies kann etwa für die Bozner Messen seit den 1630er Jahren nachgewiesen werden, wo Münchner Kaufleute mehrfach in den regelmäßig geführten Wechselprotestbüchern als Aussteller von Wechseln erwähnt werden.[59]

Dass die Techniken des bargeldlosen Zahlungsverkehrs von den europäischen Finanzplätzen der Zeit durch international engagierte Münchner Kaufleute nicht in signifikanter Weise in die kurbayerische Hauptstadt übernommen wurden, ist wohl insbesondere auf die bezüglich des bargeldlosen Zahlungsverkehrs immer noch herrschende Rechtsunsicherheit im Kurfürstentum zurückzuführen: Für auswärtige Gläubiger war der Rechtsschutz für Darlehen auf Wechselforderung vergleichsweise gering, da eine Wechselordnung – anders als in vielen anderen Territorien und Städten des Reiches in der zweiten Hälfte des 17. Jahrhunderts – in Kurbayern nicht existierte und das gesamte Schuldwesen traditionell nach der Ordnung der althergebrachten Gantrechts-

56 Schremmer, Wirtschaft, S. 505, 581-588 (Zitat S. 588); hier auch eine ausführliche Darstellung der unterschiedlichen Planungen.

57 Mauersberg, Wirtschafts- und Sozialgeschichte, S. 265 f.

58 Ebd., S. 266 f.

59 Denzel, Zahlungsverkehr [2005], passim.

verhandlungen[60] abgewickelt wurde und der Rechtsschutz für Wechselgläubiger in München wie in ganz Kurbayern äußerst gering war. Dies bedeutete für den Münchner Kaufmann, dass er gegenüber Konkurrenten etwa aus Augsburg oder Nürnberg „ein zu großer Risikofaktor für seinen auswärtigen Geschäftsfreund" war, „und damit war für den Münchner Kaufmannsstand die Möglichkeit der Kreditaufnahme und die Ausweitung des Geschäftsvolumens äußerst begrenzt."[61] Hinzu kam an einigen Plätzen die Minimalforderung nach kaufmännischen Eigenmitteln – in Augsburg immerhin 10 000 Gulden (1735) – als Sicherheit, wollte man ein Wechselgeschäft eröffnen; eine derartige Summe lag in der Regel weit über dem, was ein Münchner Handelsmann aufzubringen vermocht hätte.[62]

Auch im 18. Jahrhundert entwickelte sich München nicht zu einem Finanzplatz oder zu einem überregionalen Geld- und Kreditmarkt. Diese Funktion nahm für den gesamten oberdeutschen Raum bis weit in das 19. Jahrhundert hinein Augsburg mit seinen zahlreichen Kaufmanns-Bankiers wahr, die über weitreichende, auch internationale Beziehungen verfügten. Die herausragende Stellung im (bargeldlosen) Zahlungsverkehr wie auch im Kreditwesen Oberdeutschlands hatte sich seit dem ausgehenden 15. Jahrhundert entwickelt und erlebte in der ersten Hälfte des 16. Jahrhunderts – im so genannten „Zeitalter der Fugger" – ihren ersten Höhepunkt. Auf den Niedergang eines Großteils seiner traditionellen Handels- und „Bank-"häuser im Gefolge des Dreißigjährigen Krieges folgte in der zweiten Hälfte des 17. Jahrhunderts der Wiederaufstieg zu einem auch international wichtigen Geld- und Wechselmarkt, den im gesamten süddeutschen Raum nur noch Frankfurt am Main mit seinen Messen an Bedeutung übertraf und der Nürnberg bereits hinter sich gelassen hatte. Diese Entwicklung war nicht zuletzt die Folge der sich mehr und mehr verstärkenden Position Augsburgs als Transitplatz für den Ost-West- und den Nord-Süd-Handel und wurde im Verlauf des 18. Jahrhunderts noch zusätzlich durch die immer gewichtigere Stellung der Stadt im sich entwickelnden schwäbischen Baumwollgewerbe mit seinen zahlreichen Manufakturgründungen unterstützt. Seit dem 17. Jahrhundert war Augsburg in das internationale System des bargeldlosen Zahlungsverkehrs vollständig integriert, das heißt, dass Augsburg nicht nur einen weiten Rayon an auswärtigen Wechselmärkten mehr oder minder regelmäßig notierte, sondern auch von zahlreichen Wechselmärkten selbst regelmäßig notiert wurde. Die Augsburger Wechselverbindungen reichten dabei bis in die Niederlande, wo mit Amsterdam das „Weltfinanzzentrum" des 17. und 18. Jahrhunderts lag, nach Italien (Venedig, im ausgehenden 18. Jahrhundert auch Genua, Mailand und Livorno), in die Schweiz (St. Gallen), auch die Lyoner, die Frankfurter und die Bozner Messen, nach Wien, Hamburg und Nürnberg, in den ausgehenden 1780er Jahren sogar auf die Iberische Halbinsel (Cádiz, Madrid und Lissabon). Kursnotierungen auf Augsburg sind spätestens seit dem 17. Jahrhundert aus Venedig und von den Bozner Messen, im 18. Jahrhundert dann auch aus Hamburg, Nürnberg, Wien, Leipzig, Livorno und Genua sicher nachzuweisen, aus zahlreichen anderen europäischen Wechselplätzen – vor allem aus St. Gallen, Basel, Genf, Frankfurt am Main, Mailand und Zürich – sehr wahrscheinlich.[63] Die gewichtige, ja im oberdeutschen Raum sogar zentrale Bedeutung des Augs-

[60] „Gant" oder „Gantung" in der süddeutschen Rechtssprache = Konkurs oder Zwangsversteigerung. Vgl. Schremmer, Wirtschaft, S. 589, Anm. 37.

[61] Mauersberg, Wirtschafts- und Sozialgeschichte, S. 267 f. (Zitat S. 268); ferner Schremmer, Wirtschaft, S. 589.

[62] Mauersberg, Wirtschafts- und Sozialgeschichte, S. 268.

[63] Hierzu ausführlich Denzel, Integration [1996], S. 84-88.

burger Geld- und Wechselmarktes als Intermediär von und nach Italien sowie aus und in die Schweiz basierte nicht zuletzt auf dem Handelsbrauch des so genannten „Augsburger Akzepts“: Der Akzeptant eines auf Augsburg ausgestellten Wechsels musste sich erst 14 Tage vor dem Zahlungsziel über die Akzeptation aussprechen, was eine zum Teil erhebliche Verlängerung des durch den Wechsel begründeten Kredits bewirken konnte.[64]

Dass München bis weit in das 19. Jahrhundert hinein mit Augsburg als Geld- und Wechselmarkt nicht konkurrieren konnte, versteht sich aufgrund der überregionalen, ja teilweise internationalen Bedeutung Augsburgs im System des bargeldlosen Zahlungsverkehrs geradezu von selbst. Wie die Nürnberger und die Regensburger Wechselhändler nutzten auch die wenigen „Banquiers“ in München wie im übrigen Kurbayern im 18. Jahrhundert in der Regel die weitreichenden und auf jahrzehntelangen Geschäftsbeziehungen beruhenden Augsburger Verbindungen, wollten sie bargeldlose Zahlungsverkehrsoperationen durchführen.[65] Dies bestätigen auch verschiedene zeitgenössische Quellen. So berichtet Friedrich Nicolai in seiner „Reise durch Deutschland“ (1781): „Da in München wenig Wechselhandlung und überhaupt wenig Handlung ist, so wird auch daselbst kein Kurszettel gedruckt, sondern der Kurs richtet sich nach dem benachbarten Augsburg.“[66] Und auch die erste Erwähnung Münchens in einem deutschen Kaufmannshandbuch, im zu dieser Zeit bereits „klassisch“ gewordenen „Nelkenbrechers Taschenbuch“, gibt einen entsprechenden Hinweis (1793): „In Wechselgeschäften richtet man sich nach dem Augsburger Wechsel-Cours.“[67]

Nur in Einzelfällen traten Münchner Wechselhändler auch in der zweiten Hälfte des 18. Jahrhunderts überhaupt namentlich in Erscheinung, denn, wie Joseph Hazzi in seinen „Statistische[n] Aufschlüsse[n]“ berichtet, „in dem Lande, wo weder Fabriken, noch Kommerz und Märkte im Flor sind, da ist auch mit den Wechselgeschäften nichts zu machen; die wenigen Geschäfte der Reisenden und der inländische Geldverkehr bleiben der Spekulazion allein übrig. Das Gebrüder Nocker oder Nocker und D'Allarmische Haus, so wie das Haus Rüdörfer sind in diesem Fache bekannt.“[68] Friedrich Nicolai bezeichnete das Kontor von Konstantin Millers Erben als „das vornehmste“ unter allen Münchner Wechselgeschäften.[69] Die Rechnungen des Hofzahlamts belegen einen Rayon an Finanzvermittlungen Münchner Kaufleute, der von Dresden über Frankfurt am Main, Köln bis in die Niederlande, nach Wien, Rom und Paris reichte.[70]

Unter den genannten ist wohl der „Banquier“ Nocker, der als Finanzier des kurbayerischen Staatshaushalts in der Zeit des Siebenjährigen Krieges Bedeutung erlangte, das bekannteste Beispiel. Als die bayerischen Truppen nach Sachsen zogen, räumte er dem Feldkriegskommissar Fleischmann vorrangig zur Bezahlung der Kontingentverpflegung eine Art Blankokredit ein, den der bedeutende Leipziger Handelsherr Christian Gottlob Frege laut Nockers Ordre auszahlen sollte.[71] In eine spätere Zeit, in die der Umbrüche vom 18. zum 19. Jahrhundert, gehört der nicht minder berühmte Andrea Michele Dall'Armi, der mit der ursprünglich aus Bozen stammenden Familie Nocker in enger familiärer und geschäftlicher Verbindung stand. Geboren am 10. November 1765

64 Fassl, Konfession, S. 124.
65 Denzel, Integration [1996], S. 87.
66 Nicolai, Beschreibung, S 603 f.
67 Gerhardt, Nelkenbrechers Taschenbuch [1793], S. 154.
68 Hazzi, Aufschlüsse, S. 260.
69 Nicolai, Beschreibung, S. 604.
70 Edlin-Thieme, Studien, S. 100.
71 Sundheimer, Hochfinanz, S. 45 f.

in Trient als Sohn eines Handelsherrn, wurde Dall'Armi 1784 auf Betreiben Jakob Nockers, der 1782 sein Schwager geworden war, Handlungsbediensteter des Handels- und Bankhauses Gebrüder Nocker. Bereits zwei Jahre später heiratete er Elisabeth Nocker, die Erbin des umfangreichen Nocker'schen Vermögens, das auf etwa zwei Mio. Gulden geschätzt wurde. In der Folgezeit agierte Dall'Armi in München als Kaufmanns-Bankier im besten Sinne des Wortes, handelte mit hochwertigen Genussmitteln aus Europa, der Levante und Übersee und Nürnberger Galanteriewaren bis hin zu Faschingsmasken aus Venedig, agierte jedoch zugleich als Wechselhändler und Kreditgeber, nahm also Bankiersfunktionen wahr. Seit 1789 war er Beisitzer am kurfürstlichen Wechsel- und Merkantilgericht und Mitglied des Äußeren Stadtrats, der die Interessen der Handelsherren und reichen Weinschenken vertrat. Der kurfürstliche Hof war ihm durch Kreditgewährungen und Warenlieferungen verpflichtet, so dass er 1792 in den erblichen Adelsstand als „Edler von Dall'Armi, des Heiligen Römischen Reiches Ritter" erhoben wurde. Im gleichen Jahr wurde er Obervorsteher des Münchner Handelsstandes und Referent des Stadtmagistrats für die Planung von Getreidemagazinen in München, deren Anlage Kurfürst Karl Theodor befohlen hatte. Als Kunden der von Dall'Armi geleiteten „Gebrüder Nockerischen Handlung", d. h. des Handels- und Bankhauses, das Joseph und Johann Georg Nocker gegründet hatten, erscheinen in einer zum Jahresende 1793 aufgestellten Bilanz die verschiedenen kurfürstlichen Kassen, zahlreiche prominente Vertreter des bayerischen Adels, die bayerische Landschaft, die Münchner Großkaufleute und Weinwirte, der Bischof von Freising, zahlreiche kirchliche Würdenträger und vor allem auch viele ausländische Kaufleute-Bankiers. Im ausgehenden 18. Jahrhundert galt Dall'Armi als „einer der bekanntesten Bankiers in Süddeutschland".[72]

Das Leben und Wirken Dall'Armis im ausgehenden 18. und in den ersten Jahren des 19. Jahrhunderts weist damit auch auf neue Institutionen hin, die den Münchner Geld- und Kreditmarkt zu beleben versuchten: 1776 wurde eine eigene Wechselordnung für Kurbayern und die Oberpfalz erlassen und ein Wechselgericht gegründet, die Rechtssicherheit für bargeldlose Zahlungsverkehrstransaktionen somit bedeutend erhöht. Allerdings wurden nur Tratten förmlich als Wechsel anerkannt und galten als die „vorzüglichsten Vehikel des Handelskredits".[73] Dies deutet darauf hin, dass Münchner Kaufleute vorrangig als Aussteller von Wechseln fungierten, jedoch kaum als Bezogene. Sie besaßen somit keine Bedeutung als Finanziers oder Kreditoren von Wechselgeschäften, nahmen vielmehr derartige Finanzdienstleistungen etwa von Augsburger, Nürnberger oder Frankfurter Kaufmanns-Bankiers zur Finanzierung ihres Handels und ihrer daraus resultierenden Wechselverpflichtungen in Anspruch.[74]

1784/85 wurde die bisherige, noch recht unvollkommene Wechselordnung erneuert und mit dem so genannten „Leuterationsmandat" vom 19. Juli 1787 dahingehend verbessert, dass die Wechselfähigkeit an den Stand des Kaufmanns oder des „Negozianten" gebunden wurde[75], worauf auch Hazzi hinweist: „Die Wechselfähigkeit besitzen nur die

[72] Bary, Dall'Armi, S. 816.

[73] Mauersberg, Wirtschafts- und Sozialgeschichte, S. 268. Das Wechselgericht bestand aus dem Wechselrichter, zwei Handelsräten, dem Bürgermeister, dem Stadtkämmerer, fünf Assessoren aus der Kaufmannschaft, fünf Advokaten, einem Notar und dem Profoßleutnant. Vgl. Rohmeder, München, S. 23.

[74] Mauersberg, Wirtschafts- und Sozialgeschichte, S. 291; Schremmer, Wirtschaft, S. 589.

[75] Mauersberg, Wirtschafts- und Sozialgeschichte, S. 268 f.; Schremmer, Wirtschaft, S. 589.

Handelsleute und die Bürger, die ein offenes Gewerb treiben."[76] Zugleich wurde das bestehende Wechselgericht in ein Wechsel- und Merkantilgericht umgewandelt. Erst in diesen verschiedenen Wechselordnungen wurden der Akzeptationstermin und die damit in engem Zusammenhang stehenden Fragen des Prioritätsrechts in Fällen des Konkurses eines Zahlungspflichtigen rechtsverbindlich festgelegt. „Die relativ späte Aufnahme des Wechsels in die Gesetzgebung in Bayern und das geringe Vertrautsein mit diesem Kreditpapier seitens der Münchner Kaufmannsschaft [sic!], das noch ganz eindeutig in der zweiten Hälfte des 18. Jahrhunderts zu beobachten ist, beweist, wie weit im kaufmännischen Gewerbswesen München gegenüber den anderen großen Städten im Süden des Reichsgebietes zurückgelegen hat."[77] Von gewichtiger Bedeutung hierfür ist auch, dass professionelle Wechselsensale oder -makler in München erst im beginnenden 19. Jahrhundert etabliert wurden[78], eine Kaufmannsstube oder „Börse" sogar erst um 1829/30.[79]

2.3 Jüdische Hoffaktoren (18. Jahrhundert)

Nicht zuletzt aufgrund der vergleichsweise geringen Kapitaldecke der Münchner Kaufmannschaft, unter der allerdings während des Spanischen Erbfolgekrieges Johann Battista (von) Ruffini mit seinem Kredit von 1,2 Mio. Gulden an den kurbayerischen Staat herausragte[80], war der kurfürstliche Hof zu bestimmten Zeiten darauf angewiesen, sich finanzielle Unterstützung bei auswärtigen jüdischen Kaufleuten zu suchen. Dieser in der Literatur gerne als „jüdische Hochfinanz" bezeichneten Gruppe kam in München und für die Finanzierung des kurbayerischen Staates vor allem in der ausgehenden Regierungszeit des Kurfürsten Maximilian II. Emmanuel in den 1720er Jahren eine gewichtige Bedeutung zu; diese resultierte aus den Folgekosten der vorangegangenen Kriege wie auch aus der prunkvollen kurbayerischen Hofhaltung, die den Ruf, eine der glänzendsten in ganz Europa zu sein, genoss:[81] Erstmals griff der Hof 1722 anlässlich der Vermählung des Kurprinzen Karl Albrecht (1726-1745 Kurfürst, als Karl VII. 1742-1745 Kaiser) mit der Tochter Kaiser Karls VI. (1711-1740), Erzherzogin Maria Amalia, auf die Dienste eines jüdischen Hoffaktors zurück, da die finanziellen Mittel zur Ausrichtung der Festlichkeiten auf anderem Wege nicht zu beschaffen waren. Der Pfalz-Sulzbachische Hoffaktor Noe Samuel Isaac, der am Münchner Hof bereits durch den Abschluss eines Salzvertrages mit dem Fürsten Fugger bekannt war, erklärte sich bereit, dem Hof ein Darlehen von 950 000 Gulden zu gewähren; als Gegenleistung erhielt er neben der Verzinsung von in der Zeit durchaus üblichen sechs Prozent, die im Falle des Zahlungsverzugs des Schuldners (interesse morae) auf zwölf Prozent verdoppelt werden sollte, einen für ihn sehr vorteilhaften Weinkontrakt. Einen beträchtlichen Teil der Forderungen Noes übernahm sogleich der Wiener Hoffaktor Wolf Wertheimer, der dieses am 1. Oktober 1722 abgeschlossene Kreditgeschäft somit teilweise refinanzierte. Ohne auf die Details dieses umfangreichen und auch vielschichtigen Kreditgeschäfts eingehen zu wollen, ist doch

[76] Hazzi, Aufschlüsse, S. 325.
[77] Mauersberg, Wirtschafts- und Sozialgeschichte, S. 269.
[78] Ebd., S. 269, Anm. 129.
[79] Spenkuch, Geschichte, S. 5.
[80] Heimers, Strukturen, S. 242.
[81] Sundheimer, Hochfinanz, S. 4, 43 f.

hervorzuheben, dass der Hof seinem Faktor Noe nicht nur die Hauptschuldverschreibung von 950 000 Gulden ausstellte, sondern auch zahlreiche Teilobligationen mit unterschiedlichen Nominalwerten, die Noe frei zedieren konnte, um nicht völlig seines Kredites beraubt zu sein. Bereits am 30. Juni 1723 wurde ein zweiter Kreditvertrag über weitere knapp 815 000 Gulden zwischen dem Kurfürsten, dem Kurprinzen und Noe zu den gleichen Konditionen wie 1722 abgeschlossen. Dazu kamen verschiedene Nebenverträge unter anderem für die Beschaffung von Luxuswaren für den Hof und Ausrüstungsgegenständen für das Militär, die die kurfürstliche Schuld bis zum Tode Max Emanuels (26. Februar 1726) bis auf knapp 2,765 Mio. Gulden ansteigen ließ. Ein letzter Vertrag mit dem Hoffaktor Noe wurde 1725 geschlossen, der Herzog Theodor von Bayern für die Bischofswahl in Eichstätt 50 000 Gulden bereitstellte, wofür er Wechsel des Hofzahlamtes in Höhe von 40 000 Gulden und des kurfürstlichen Bräuamtes in München in Höhe von 10 000 Gulden erhielt. Die Tilgung der kreditierten Summen gestaltete sich ungleich schwieriger, als es die in der Regel mit Kurfürst Max Emanuel abgeschlossenen Verträge annehmen ließen, da dieser nämlich die aus den Verträgen erwachsenen Verpflichtungen auf verschiedene kurfürstliche Ämter – vielfach außerhalb Münchens – abwälzte. Jedenfalls geriet die Schuldentilgung bereits 1723 in Rückstand, da die einzelnen Ämter Noe nicht hinreichend honorieren konnten oder wollten und ihn folglich an andere Stellen verwiesen. Noe behalf sich daraufhin durch umfangreiche Zessionen, so etwa an den Wiener Hoffaktor Wolf Wertheimer (320 000 Gulden) oder an den Deutschritterorden (gut 290 000 Gulden). Unter der Regierung des Kurfürsten Karl Albrecht wurden am 20. Juli 1727 in einem Dekret alle Staatsgläubiger aufgefordert, ihre Forderungen an den Staat aufzulisten, was zur Grundlage des neu geschaffenen „Schuldenabledigungswerks“ (kurz: Schuldenwerk) diente. Mit dem Hoffaktor Noe bzw. dessen Erben gelang auf Jahrzehnte hinaus keine Einigung, da Noe auf der Erfüllung der Weinschuld bestand, diese aber von Karl Albrecht durch Resolution vom 3. Mai 1728 für nichtig erklärt worden war. Im November 1762, d. h. vier Jahrzehnte nach Abschluss des ersten Kreditvertrages, stellte die Schuldenwerkskommission fest, dass Noe, der im Übrigen während des Österreichischen Erbfolgekrieges kurkölnischer Hoffaktor und später Oberfaktor geworden war, weit über seine tatsächlichen Ansprüche hinaus befriedigt worden sei. Es ist wohl davon auszugehen, dass weder Noes Aufstellung seiner Forderungen noch die der Schuldenwerkskommission auch nur annähernd exakt waren; sowohl der kurbayerische Staat als auch Noes Erben konnten ihre wechselseitigen Ansprüche faktisch nicht durchsetzen, so dass die gesamte Auseinandersetzung letztlich im Sande verlief.[82]

Im Gegensatz zum Hoffaktor Noe konzentrierte sich der K. K. Oberhoffaktor Wolf Wertheimer in Wien, einer der einflussreichsten Finanzmagnaten in der Habsburger-Monarchie, auf die rein bankmäßige Abwicklung von Kreditgeschäften, d. h. er verknüpfte diese nicht mehr mit mehr oder minder umfangreichen Handelstransaktionen. Mit dem Münchner Hof hatte er bereits seit dem Spanischen Erbfolgekrieg in Geschäftsbeziehungen gestanden, als er 1722 wie Noe ein Darlehen von 1,2 Mio. Gulden für die Hochzeit Karl Albrechts gewährte, das 1723 um weitere 540 000 Gulden aufgestockt wurde. Dabei wurde aber jeweils nur die eine Hälfte in bar bei einer Verzinsung von acht Prozent, die andere in an die künftige Kurfürstin zu verehrende Juwelen bei einer Verzinsung von vier Prozent geliefert; das *interesse morae* belief sich durchwegs auf zwölf Prozent. Auch bei den Krediten des 1723 zum Geheimen Hofjuwelier ernannten Wertheimer

[82] Ebd., S. 2-24.

geriet die Tilgung rasch ins Stocken, und 1726 wurde ihm die Überlassung von kaiserlichen Subsidiengeldern angeboten. Da Wertheimer ablehnte, erklärte Karl Albrecht das *interesse morae* von zwölf Prozent für unrechtmäßig. Ähnlich wie im Falle Noes entspann sich daraus ein jahrelanger Streit um die Höhe der Zahlungen Kurbayerns an Wertheimer, der schließlich 1733 zum Bankrott des einstmals so bedeutenden Handels- und Bankhauses Wertheimer führte. Wertheimer verfocht seine Ansprüche weiter, doch erst 1754 erkannte Karl Albrecht eine Schuld von nunmehr gut 3,6 Mio. Gulden an, die allerdings erst ab 1764 abgetragen werden sollten; über die genannte Summe erhielt Wertheimer neue landschaftliche Obligationen, die er zu geringen Teilen verkaufen konnte. Nachdem Wertheimer 1763 gestorben war, erhielten seine Erben ab 1764 drei Jahre lang die vereinbarten Tilgungsraten. Ab 1766 wurden die Tilgungen für das unverzinsliche Kapital eingestellt, während das verzinsliche Kapital einschließlich der Zinsen von der Landschaft weiterhin getilgt wurde. Noch bis in die beginnenden 1790er Jahre hinein wurde um die Wertheimerschen Forderungen verhandelt, doch ohne größeren Erfolg.[83]

Neben den genannten Hoffaktoren nutzte der kurbayerische Hof auch andere jüdische Handelshäuser als Geschäftspartner, wobei für gewährte Darlehen in der Regel Salzverträge abgeschlossen wurden. Paradebeispiel eines solchen „Salzjuden“ war Nathan Moses aus Schwabach, der zwischen 1722 und 1726 dem Hofzahlamt oder dem Kurhaus Kredite gewährte, wofür er Rückzahlungen von einem Salzamt – vorrangig aus Stadtamhof bei Regensburg – erhielt. Insgesamt lieh er dem Münchner Hof knapp 900 000 Gulden, wovon er jedoch bereits 1726 wieder knapp 500 000 zurückerhalten hatte; die restliche Summe wurde bis 1740 annähernd vollständig getilgt.[84] Als weitere Kreditgeber erscheinen in der ausgehenden Regierungszeit Kurfürst Max Emanuels Gerson Daniel Oppenheimer, Elias Modl aus Monheim und Vita Fano, dessen Wechsel aus Mantua der Kurfürstin Therese Kunigunde, der zweiten Gemahlin Max Emanuels, bei ihrem Aufenthalt in Venedig aus einer finanziellen Notlage half.[85]

Insgesamt belief sich die Schuldenlast Kurbayerns in der ersten Hälfte der 1720er Jahre auf etwa 25 Mio. Gulden, wovon ein gutes Fünftel auf jüdische Finanziers entfiel. Seit der Regierungsübernahme durch Kurfürst Karl Albrecht wurde dann die Bedeutung von Hofjuden für die kurbayerischen Finanzen drastisch zurückgedrängt.[86] In späteren Jahrzehnten werden nur noch der Warenhändler Bernhard Seelig (in den 1740er Jahren) und Isaac Seligmann Strassburger (später Eichthal) genannt, der auch als Heereslieferant fungierte. Letzterer gewährte Kurbayern in einer Zeit akuten finanziellen Notstands 1798 einen Kredit von 200 000 Gulden, 1802 dann von weiteren drei Mio. Gulden, rückzahlbar in 15 Jahren. Damit „eröffnete Seeligmann einen neuen Reigen jüdischer Finanzoperationen mit dem bayerischen Kurhaus im 19. Jahrhundert [...]. Damals [1798] war er der letzte Jude, der als Geldgeber in Erscheinung trat und nun, im anbrechenden Säkulum, der erste, der im Hinblick auf überkommene Traditionen seine Kreditgeschäfte mit dem Münchner Hof fortsetzte.“[87] Nicht als Finanziers im eigentlichen Sinne zu bezeichnen sind die zahlreichen jüdischen Heereslieferanten, die seit dem

[83] Ebd., S. 24-44.
[84] Ebd., S. 1-4.
[85] Ebd., S. 5 f.
[86] Ebd., S. 4, 43 f., 47.
[87] Ebd., S. 7 f. (Zitat S. 8).

Siebenjährigen Krieg das bayerische Militär belieferten und die gelieferten Waren kurzfristig (14 Tage bis ein Monat) kreditierten.[88]

Für das ausgehende 18. Jahrhundert betonte Joseph Hazzi in seinen „Statistische[n] Aufschlüsse[n]" die Rückständigkeit des Münchner Geld-, Wechsel- und Kreditmarktes und die Stellung der Juden: „Weder Banken noch andere Anstalten zur Beförderung des Kredits finden sich vor; und wegen des allzu langweiligen und kostspieligen Justizganges sieht es mit dem Kredit sehr schlecht aus. Nur bei überflüssigen Versicherungen und da noch oft sehr schwer erhält man Geld zu 4, 5, 6 p.c.; ausserdem muß man sich an die Juden halten."[89] Nach seiner – ohnehin in allen ökonomischen Fragen Kurbayerns betreffend sehr pessimistischen – Einschätzung hatten die Wechselordnungen der 1770er und 1780er Jahre somit noch keine wesentliche Verbesserung der Rechtssicherheit gebracht. Doch auch den jüdischen Handelshäusern kam auf dem lokalen Geld- und Kreditmarkt keine so herausragende Bedeutung zu, wie sie die Ausführungen Hazzis annehmen lässt; nur etwa 20 Prozent aller Kredite wurden in Kurbayern bei Juden aufgenommen.[90] Die Bedeutung der jüdischen Häuser gründete sich stattdessen vornehmlich, wie auch in der Dachsberg-Biechlschen Konskription zur Stadt München von 1781 belegt, auf ihre Stellung als Hoffaktoren und Heeres- bzw. Kriegs- sowie Hoflieferanten – hier werden insgesamt sechs genannt –, daneben auch als Hofargentier oder Münzlieferanten (je einer). In diesem Zusammenhang waren sie vielfach eben auch im Juwelen-, Münz-, Geld- bzw.- Sorten- und Wechselhandel engagiert.[91] Diesen Zusammenhang stellt auch Hazzi heraus: „Die Kriegslieferungen und Landanlehen verschaften zweien Judenhäusern in München Eingang, nemlich dem Hause Seligmann, und Westheimer und Kompagnie, welche die wichtigern Wechsel- und Geldgeschäfte an sich zogen."[92] Neben Aaron Elias Seligmann galt im ausgehenden 18. Jahrhundert Isaak Seligmann Strassburger als der bekannteste Großlieferant für Hof und Heer.[93] Daneben wird Hirsch Lipmann Pappenheimer aus Fürth, der Juwelen- und Pferdehandel betrieb und als Münzlieferant tätig war, als Wechselhändler genannt (1798): „Er scheint [...] der reichste Münchener Jude gewesen zu sein."[94]

3. Das Münz- und Geldwesen in Bayern

Bayern nahm auch nach seiner Eingliederung in das Frankenreich in münzhistorischer Perspektive eine Sonderstellung ein. Zwar wurde die *libra* (Pfund) in Bayern ebenso wie im übrigen Frankenreich in 240 *denari* (Pfennige) eingeteilt, nicht aber in 20 *solidi* (Schillinge) zu zwölf *denari*, sondern in acht *solidi* zu 30 *denari*. Aufgrund der größeren Zahl an Pfennigen, die im bayerischen Raum auf einen Schilling gingen, bezeichnete man den *solidus* hier als „langen Schilling" oder *solidus longus*. Weder Pfund noch Schilling wurden in Bayern bis zum 16. Jahrhundert ausgebracht; Silber-Pfennig und Hälb-

[88] Ebd., S. 45.
[89] Hazzi, Aufschlüsse, S. 325; Hübner, Beschreibung S. 466.
[90] Prestel, Hoffaktoren, S. 204.
[91] Ebd., S. 200 f.
[92] Hazzi, Aufschlüsse, S. 260.
[93] Prestel, Hoffaktoren, S. 203 f.
[94] Cohen, Judenschaft, S. 264-268 (Zitat S. 267).

ling (halber Pfennig, *obulus*) waren die einzigen geschlagenen Landesmünzen.[95] Seit dem neunten Jahrhundert war es im Ostfränkischen Reich im Gefolge der Vergabe des ursprünglich königlichen Münzregals an lokale Adelige zu einer immer weiter fortschreitenden Territorialisierung der Münze gekommen, die die Reichsprägungen immer mehr zurückgedrängt hatte. Ziel der lokalen Münzherren war es dabei, „ihrer" Münze ein möglichst weites Absatz- und Anerkennungsgebiet zu verschaffen.

3.1 Der Münchner Pfennig als regionale Handelsmünze im Herzogtum Bayern (zweite Hälfte des 12. Jahrhunderts bis 1506)[96]

Auch in München wurden seit der zweiten Hälfte des 12. Jahrhunderts derartige Silber-Pfennige geschlagen. Die Münchner Münze wie auch ein *monetarius* (Münzmeister) wurden bereits in den ersten Urkunden, die die Siedlung München erwähnen, genannt. Der Münchner Pfennig trat damit in unmittelbare Konkurrenz zum Regensburger Pfennig, der aufgrund der zentralen Bedeutung Regensburgs als überregionaler Handelsplatz und somit auch als Geldmarkt im südostdeutschen und im gesamten Donauraum im Hochmittelalter eine dominierende Stellung einnahm. Der im Verlauf des 12., vor allem aber des 13. Jahrhunderts steigende Geldbedarf führte, verbunden mit dem Interesse der Münzherren an einem immer größeren Schlagschatz, zu einer zwar langsamen, aber doch bemerkenswerten Verschlechterung der Pfennig-Münzen sowohl nach ihrem Rauh- wie ihrem Feingewicht. Denn Silber stand für neue Prägungen nur in völlig unzureichenden Mengen zur Verfügung. Für München und Oberbayern wird diese Entwicklung spätestens in der Zeit Herzog Ludwigs II. des Strengen (1253-1294) fassbar. Jede der so genannten „Münzerneuerungen" des 13. Jahrhunderts bedeutete de facto eine Münzverschlechterung, da immer weniger Silber in den einzelnen Pfennig-Münzen enthalten war; sie bedeutete zugleich einen Kaufkraftverlust, der die Kaufleute einer aufstrebenden Handelsstadt, wie sie München in dieser Zeit war, wirtschaftlich empfindlich treffen musste. Als Herzog Rudolf I. von Oberbayern und der Pfalz 1294 die Politik der Münzverschlechterung und der Geldbeschaffung seines Vaters Ludwig II. rigoros fortsetzte, brach in München ein Aufruhr aus, im Zuge dessen die herzogliche Münzstätte zerstört wurde (1294/95). Zwar bezahlten die Münchner dieses Aufbegehren mit der Übernahme von Schulden des Herzogs bei seinen Augsburger Gläubigern in Höhe von 500 Pfund Pfennigen – eine in dieser Zeit sehr stattliche Summe, die im Übrigen etwa der jährlichen Stadtsteuer an den Herzog entsprach. Doch fand zugleich auch diese für die Stadt und ihre Bürger so nachteilige Münz- und Finanzpolitik des Herzogs ihr vorläufiges Ende. Mit der Stadt wehrten sich auch die oberbayerischen Landstände gegen die bisherige herzogliche Münzpolitik und rangen ihren Herzögen wiederholt das Versprechen ab, den Münzfuß nicht zu verändern. Mit der Vereinbarung vom 21. April 1307 erhielten die Stände gegen die Bewilligung einer allgemeinen Viehsteuer das Recht der Münzprägung an den herzoglichen Münzstätten in München und Ingolstadt; allein die Stadt München musste hierfür 1 000 Pfund Pfennige an die herzogliche Kasse abführen. Es wurde festgelegt, auf der Grundlage des bisherigen

[95] Solleder, München, S. 79; Gebhart, Geld, S. 40-60.
[96] Die Ausführungen dieses Kapitels folgen im wesentlichen Solleder, München, passim, als dem immer noch maßgeblichen Werk für die Münchner Geld- und Währungsgeschichte des Hoch- und Spätmittelalters.

Der Münchner Pfennig, eine regionale Handelsmünze seit der zweiten Hälfte des 12. Jahrhunderts.

Münzfußes Pfennig-Münzen aus zwei Dritteln Silber und einem Drittel Kupfer zu schlagen, d. h. 320 Pfennige aus der rauhen Mark Silber (= 224,515 Gramm). Diese Vereinbarung wurde bis 1373 eingehalten.[97]

In diesem Jahr erlangte Herzog Stephan II. von Niederbayern (1347-1375), seit 1363 Herzog auch von Oberbayern, auf dem Landtag in Burghausen die Zustimmung der Stände zu einer Herabsetzung des Münzfußes und des Feingehaltes. Nicht einmal zwei Jahrzehnte später erfolgte mit der oberbayerischen Münzordnung von 1391 eine erneute Münzverschlechterung. Zugleich wurden die den oberbayerischen Geldmarkt überschwemmenden, minderwertigen Amberger Pfennige verrufen und ihre Annahme bei Strafe verboten. Diese Maßnahme brachte jedoch kein Ergebnis, denn 1394 und 1395 waren in Oberbayern die Amberger Pfennige in solchen Mengen in Umlauf, dass die Stadtkämmerer nach ihnen rechnen mussten. Die massenhafte Verbreitung der „pös pfennig" („bösen oder schlechten Amberger Pfennige") im gesamten bayerischen und fränkischen Raum führte zu einer regelrechten „Pfennigkrise". Die maßgeblichen Münzherren im bayerischen Raum, die Wittelsbacher Herzöge aller Linien, der Bischof von Regensburg und der Rat der Reichsstadt Regensburg, schlossen sich daher am 31. Oktober 1395 zu einem Münzverein zusammen, der die Ausbringung einer einheitlichen Silbermünze nach Regensburger Gewicht und nach dem Wiener Münzfuß zum Ziel hatte, die allerdings wiederum schlechter als die der Münzordnung von 1391 war.[98]

Der 1395 geschlossene Münzverein hatte allerdings nicht lange Bestand. Bereits am 6. Mai 1400 übertrugen die oberbayerischen Herzöge ihr Münzrecht an der Münchner Münzstätte für zwölf Jahre an den Bürger Peter Gießer d. J. und erlaubten ihm eine

[97] Ebd., S. 80 f., 83, 86; Maier, Markt, S. 52, 57 f.; Döbereiner, Residenz- und Bürgerstadt, S. 64.
[98] Solleder, München, S. 83 f.

erneute Reduktion des Pfennig-Gewichts. Eine letzte Verbesserung der Münchner Pfennig-Münzen brachte die zwischen den Münchner Herzögen Ernst (1397-1438) und Wilhelm III. (1397-1435) sowie dem Landshuter Herzog Heinrich XVI. (1393-1450) vereinbarte Münzordnung vom 19. Juli 1406, die knapp dreißig Jahre – bis zum Tod Herzog Wilhelms III. – Bestand hatte und erst durch eine Neufestsetzung des Münzfußes durch Herzog Ernst am 21. November 1435 abgelöst wurde.[99]

Mit Herzog Albrecht III. von Oberbayern-München (1438-1460) begann dann in den 1450er Jahren eine neue Folge von Abwertungen. Das Feingewicht des Münchner Pfennigs machte 1454 schließlich gerade noch gut 40 Prozent dessen aus, was es im beginnenden 14. Jahrhundert und bis 1373 betragen hatte. Doch damit nicht genug: Albrecht III. erhöhte 1458 den Schlagschatz, also die Abgabe der Münze an den Herzog, so dass die Gepräge noch minderwertiger wurden. Hintergrund dieser Entwicklung war die Münzpolitik verschiedener süddeutscher Münzherren, große Stückzahlen von minderwertigen Pfennigen auszubringen. Von entscheidender Bedeutung war, dass sich Kaiser Friedrich III. und sein Bruder Albrecht VI. im Zuge ihrer Erbauseinandersetzungen ab 1457 ebenfalls zu einer inflationären Münzpolitik herabließen, so dass bald der gesamte bayerisch-österreichische Raum von derartigen minderwertigen Pfennigmünzen – im Volksmund „Schinderlinge" genannt – überschwemmt wurde. Mit der Erhöhung seiner Schlagschatzforderung reihte sich auch Herzog Albrecht III. unter diejenigen ein, die eine inflationäre Geldpolitik betrieben. Ab 1459 wurde die Verschlechterung der Pfennig-Münzen – ausgehend von Österreich, wo die Erbstreitigkeiten immer größere Geldsummen verschlangen – dramatisch. Die bayerischen Münzstätten nutzten die Möglichkeit, immer größere Mengen an Pfennigen mit immer weniger Silber- und immer mehr Kupferanteilen herzustellen und sie in Fässern gegen vollwichtige ungarische Gold-Gulden nach Österreich zu verkaufen, so dass der Kurs des Gold-Guldens auf dem Höhepunkt der Schinderlings-Inflation um bis zu 20 bis 30 Pfennige täglich stieg. Gleiches unternahmen die Münchner mit Verkäufen von Schinderlingen nach Augsburg. Nach dem Tod Albrechts III. wurde die Schinderlingsprägung in Wien zugunsten der Ausbringung von (einigermaßen) guten Pfennigen aufgegeben, so dass auch die anderen süddeutschen Münzherren, die Schinderlinge ausgebracht hatten, sich dieser Münzpolitik anschlossen. In Oberbayern kehrte man bereits am 7. April zum Münzfuß von 1454 zurück, der in den folgenden Jahrzehnten Bestand hatte.[100] „Die Episode der Schinderlinge umfaßte zwar nur wenige Jahre und beschränkte sich zudem auf den bayerischen und österreichischen Raum. Sie stellt für die deutsche Geldgeschichte jedoch eine wichtige Erscheinung dar, handelte es sich doch um die erste große Inflation in Deutschland."[101]

[99] Ebd., S. 84.
[100] Ebd., S. 81, 84, 99-104; Sprenger, Geld, S. 92-96; Gaettens, Geschichte, S. 40-51.
[101] Sprenger, Geld, S. 92.

Tabelle 1: Die Münchner Pfennig-Währung vom 14. Jahrhundert bis 1506[102]

	Pfennige pro rauher Mark	Rauhgewicht des Pfennigs in Gramm	Feingewicht des Pfennigs in Gramm
bis 1373	320 [a]	0,701	0,467
1373-1391	360 [a]	0,623	0,305
6.6.1391-27.2.1396.	400 [b]	0,615	0,307
27.2.1396-6.5.1400	432 [b]	0,569	0,285
6.5.1400-19.7.1406	416 [a]	0,539	0,236
19.7.1406-21.11.1435	378 ⅔ [c]	0,659	0,247
21.11.1435-19.11.1454	432 [a]	0,520	0,195
19.11.1454-1506	440 [a]	0,510	0,191

[a] Grundlage: Münchner Mark zu 224,515 Gramm
[b] Grundlage: Regensburger Mark zu 246,144 Gramm
[c] Grundlage: Landshuter Mark zu 249,460 Gramm

3.2 Weitere Zahlungsmittel im spätmittelalterlichen München

Allerdings erfolgten Zahlungen im spätmittelalterlichen München wie auch im gesamten oberdeutschen Raum nicht ausschließlich in Pfennigen. Gerade für größere Zahlungen – so vor allem im Groß- und im Fernhandel – hatte diese Münze alle Zeit einen viel zu geringen Wert. Im Wesentlichen bediente man sich bei größeren Summen zweier Zahlungsmedien:

1. Bis zum beginnenden 15. Jahrhundert fanden Silberbarren, d. h. ungemünztes Silber, als Zahlungsmittel Verwendung. Dieses Silber wurde gewogen, wobei die Mark – *marca argenti* – als Gewichts- und zugleich Werteinheit diente. Man unterschied die feine, d. h. 16-lötige, Mark Silber und die gemischte, rauhe oder so genannte „Usualmark“, deren Qualität von der Art ihrer Legierung abhing.

Tabelle 2: „Kurs“ der Münchner Mark Barrensilber in München im 14. Jahrhundert[103]

1319	2 Pfund Pfennige (= 480 Pfennige)
1337	2 Pfund 28 Pfennige (= 508 Pfennige)
1396	3 Pfund Pfennige (= 720 Pfennige)
1398	3 Pfund 30 Pfennige (= 750 Pfennige)
1463	14 rheinische Gulden (= 2.870 Pfennige)

Um Rechtssicherheit bei Zahlungen in Barrensilber zu gewährleisten, wurde seit 1391 in München ein geschworener Silberbrenner beschäftigt, der die einzelnen Barren mit dem städtischen Zeichen – dem Mönchskopf – und dem Wert der Gewichtsmenge versah; so gezeichnete Barren hatten nach dem aufgeschlagenen Wert als Zahlungsmittel angenommen zu werden.[104]

[102] Solleder, München, S. 85.
[103] Ebd., S. 84, 86.
[104] Ebd., S. 86.

2. Neben Pfennig-Münzen und Silberbarren wurden im Spätmittelalter fremde Münzen, die im oberbayerischen Raum und in München kursierten, als Zahlungsmittel für größere Summen immer wichtiger. Die erste fremde Münze, die in München Bedeutung als Zahlungsmittel gewann, war der Regensburger Pfennig, der im ausgehenden 13. Jahrhundert annähend das Doppelte des Münchner Pfennigs wert war. Er stellte den größten Teil des in der oberbayerischen Hauptstadt umlaufenden Silbergeldes und diente daher auch den Steuerherren als Berechnungsbasis. Mit der abnehmenden Bedeutung Regensburgs für den internationalen Fernhandel sank auch der Wert des Regensburger Pfennigs in München, und im beginnenden 15. Jahrhundert verschwand er nach und nach völlig vom Münchner Geldmarkt.[105]

Seit der Mitte des 13. Jahrhunderts war darüber hinaus im Zuge des Münchner Salzhandels nach Schwaben der schwäbische Heller nach Oberbayern vorgedrungen, der um 1300 zur Hauptrechnungs- und -zahlungsmünze in Schwaben und Franken wurde. Der schwäbische Heller war in dieser Zeit eine beliebte Handelsmünze, doch sank sein Gewicht und Wert in den folgenden Jahrzehnten beständig. Spätestens im 15. Jahrhundert verlor der immer geringerhaltige schwäbische Heller für den Münchner Zahlungsverkehr jegliche Bedeutung.[106]

Hatte der Salzhandel mit Schwaben den Heller nach München gebracht, so tat dies der Südtirol- und Venedig-Handel mit italienischen Geprägen. Im 13. Jahrhundert fanden insbesondere Veroneser Münzen in München Eingang, da Verona das Geldwesen bis hinauf nach Tirol dominierte. Eine Besonderheit des Veroneser („Berner“ oder „Perner“) Geldwesens war es, dass es bereits Großsilbermünzen – so genannte „Grossi“ – kannte.[107]

Über die genannten Münzsorten hinaus kursierten im spätmittelalterlichen München noch zahlreiche andere Münzen, so die etwa dem Münchner Pfennig gleichwertigen Wiener Pfennige sowie Augsburger Pfennige und vor allem auch Großsilbermünzen der Nachbarländer, so Tiroler Vierer und Schweizer Plapharte (Halbgroschen), dazu Nürnberger Kreuzer und böhmische oder Prager Groschen. Die Prager Groschen erlangten insbesondere in der Zeit der luxemburgischen Könige bzw. Kaiser Karl IV. und Wenzel weite Verbreitung im Reich und wurden in München wie in den benachbarten Reichsstädten Ulm, Augsburg, Nürnberg, Kempten und Kaufbeuren in der Münze bis in das ausgehende 15. Jahrhundert mit einem besonderen Stempel versehen, der sie als gute Münze kenntlich machte. – Alle diese Silbermünzen weisen auf die weitreichenden Handelsbeziehungen Münchens im Spätmittelalter hin, die von der Schweiz bis Österreich, von Oberitalien bis nach Böhmen und Franken reichten.[108]

Neben den Silber- und Großsilbermünzen drängten seit dem beginnenden 14. Jahrhundert in zunehmendem Maße auch Goldmünzen auf den Münchner Geldmarkt. Zuerst waren dies aufgrund des Italien-Handels ausschließlich italienische Prägungen aus Florenz (fiorino d'oro) und Venedig (ducato d'oro), nach 1325 auch böhmische Gulden, die alle über ein (annähernd) gleiches Feingewicht verfügten. In München erscheinen sie demnach bis 1360 auch schlicht unter der allgemeinen Bezeichnung *florenus*, *aureus* oder „gemeiner Gulden“. Ab den 1360er Jahren gewannen dann die ungari-

[105] Ebd., S. 86 f.
[106] Ebd., S. 87 f.
[107] Ebd., S. 88 f.
[108] Ebd., S. 89 f.

schen Gulden oder Dukaten, die den böhmischen Gulden im Wesentlichen gleich waren, dominierende Bedeutung auf dem Münchner Geldmarkt. Da sich ihr Feingewicht zwischen 1424 und 1480 nicht veränderte, behielten sie über weite Teile des 15. Jahrhunderts eine gewichtige Bedeutung als überregionale Handelsmünze im Reich, auch wenn ihnen seit dem beginnenden 15. Jahrhundert im rheinischen Gulden eine bald übermächtige Konkurrenz erwuchs.

Mit ihrem Münzvertrag vom 8. Juni 1386 etablierten die vier rheinischen Kurfürsten – die Erzbischöfe von Mainz, Köln und Trier sowie der Pfalzgraf bei Rhein – eine eigene Goldmünze, die mit 3,369 Gramm Gold wertmäßig den italienischen, ungarischen und böhmischen Prägungen gleichkam und die vor allem über die Frankfurter Messen weite Verbreitung im Heiligen Römischen Reich fand. In der Blütezeit seiner Ausprägung zwischen 1437 und 1467 war der rheinische Gulden die wichtigste Goldmünze im Reich, doch verlor er danach relativ rasch an Wert und beinhaltete ab 1490 nur noch 2,527 Gramm Gold. In München nahm der rheinische Gulden in der zweiten Hälfte des 15. Jahrhunderts nach Ausweis der Stadtkammerrechnungen die dominierende Position unter den Goldmünzen ein, während ungarische Gulden bzw. Dukaten, d. h. alle italienischen und böhmischen Gepräge, in deutlich geringerer Stückzahl in den Jahresabrechnungen der Stadtkammer erscheinen.[109]

Damit hatte seit dem 14. Jahrhundert eine bemerkenswerte Entwicklung im Geldwesen eingesetzt: Noch im ausgehenden 13. Jahrhundert hatte eine reine Silberwährung bestanden, alle Zahlungen erfolgten in der Regel in Silbermünzen. Bereits in der Regierungszeit Kaiser Ludwigs IV. des Bayern liefen in München Gold- und Silbermünzen zu etwa dem gleichen Wert um, so dass seither de facto Doppelwährung herrschte, auch wenn in den Stadtrechnungen das Pfund Münchner Silberpfennige die Rechnungseinheit bildete und alle eingegangenen Goldmünzen nach ihrem Wert in Pfennigen umgerechnet wurden. Im Handelsverkehr allerdings gewann zunehmend das Goldgeld die Oberhand, und auch Rentengeschäfte wurden in Gold abgeschlossen, um sich gegen den sinkenden Wert des Silbergeldes abzusichern. Dieser Entwicklung versuchten die oberbayerischen Herzöge Einhalt zu gebieten, da sie bei geringerer Verwendung von Silbergeld um ihre Einnahmen aus dem Schlagschatz fürchteten. Noch am 4. Februar 1397 verboten die Herzöge Stephan III. der Kneißel (1375-1413) von Bayern-Ingolstadt und Johann II. (1375-1397) von Bayern-München die Goldrechnung und die Zahlung in Gold bei Verlust des zehnten Teiles, selbst wenn – wie bei Rentengeschäften oder Schuldverschreibungen – die Zahlung in Gold ausdrücklich vereinbart war; ausschließlich die Zahlung in Münchner, Landshuter und Ingolstädter Pfennigen sollte erlaubt sein. Da sich weder Bürger noch Stadtverwaltung an dieses Verbot hielten, wurde in der Münzverordnung von 1406 die Verwendung der Goldmünzen ausdrücklich gestattet.[110]

[109] Ebd., S. 90 ff., 94.
[110] Ebd., S. 91 ff., 103 f.

3.3 Geld und Währung im Herzogtum/Kurfürstentum Bayern von 1506 bis zur Einführung des Konventionskurant 1753/54

Eine entscheidende Veränderung erfuhr das bayerische Geldwesen nach der Vereinigung der bayerischen Herzogtümer (1503/05) unter der Regierung Albrechts IV. des Weisen mit der Münzreform des Jahres 1506: Nunmehr wurde die traditionelle Rechnungsweise nach Pfund und Pfennig auch offiziell aufgegeben. Als Rechnungseinheit und Landeswährung wurde stattdessen der erstmals geprägte Goldgulden eingeführt und mit sieben Schillingen oder 210 Pfennigen bewertet, wobei der Pfennig 0,117 Gramm Feinsilber enthalten und nach dem Wiener Münzfuß ausgeprägt werden sollte. „Mit dem Aufgeben des Rechnungspfundes ist in der Währungsfrage das Mittelalter abgeklungen, an Stelle des Pfennigwertes tritt endgültig das Gold als gesetzliches Zahlungsmittel.“[111] Die Relation zwischen der Guldenmünze und dem Pfennig in Bayern wurde in den Reichsmünzordnungen des 16. Jahrhunderts bestätigt. Als in der Augsburger Reichsmünzordnung von 1551 der Reichsguldiner erstmals mit 72 Kreuzern bewertet worden war, kann dies als ein Endpunkt einer Entwicklung angesehen werden, in deren Verlauf der Kreuzer zur dominierenden Kleinmünze des Reiches im Raum südlich des Mains geworden war. Im Bereich der Goldmünzen setzte sich der Dukat zu 3,44 Gramm Feingold in der zweiten Hälfte des 16. Jahrhunderts zunehmend gegen den älteren Rheinischen Goldgulden durch, doch blieb der silberne Reichstaler, d. h. der durch den Augsburger Reichsabschied von 1566 zur Reichsmünze erhobene und als solcher anerkannte sächsische Taler zu 24 Groschen mit 25,98 Gramm Feinsilber, „für fast zwei Jahrhunderte die Leitmünze Deutschlands“.[112]

Seit der zweiten Hälfte des 16. Jahrhunderts war die Entwicklung des bayerischen Münzwesens im Wesentlichen in die Währungspolitik des bayerischen Reichskreises eingebunden und dominierte diese zugleich. Im bayerischen Reichskreis war dabei die Prägetätigkeit auf die drei Städte München, Regensburg und Salzburg beschränkt. 1551 wurden den genau voneinander abgegrenzten zehn Reichskreisen Aufgaben im Bereich des Münzwesens übertragen, wobei sich der bayerische, der fränkische und der schwäbische Reichskreis zu den „drei correspondierenden Kreisen“ mit zwei jährlichen gemeinsamen Münzprobationstagen – alternierend in Augsburg, Nürnberg und Regensburg stattfindend – unter dem Direktorat des Bischofs von Bamberg zusammenschlossen. Die Münzprobationstage hatten die Aufgabe, die Prägetätigkeit innerhalb der drei Kreise zu überwachen, Maßnahmen gegen Münzverschlechterungen aller Art zu ergreifen und die Münzreform voranzutreiben. Gerade in letzterem Bereich, der Münzreform, konnten die Probationstage bis 1619 keinen Erfolg erzielen, da sie keinerlei Weisungsbefugnis gegenüber den einzelnen Territorialherren besaßen.[113]

Spätestens seit dem ausgehenden 16., vor allem aber im beginnenden 17. Jahrhundert nahmen im gesamten Heiligen Römischen Reich die Münzverschlechterungen – regional stark unterschiedlich – zu, da das Münzrecht von zahlreichen Fürsten in wachsendem Maße als Mittel zur Finanzierung ihrer immer größeren Ausgaben missbraucht wurde. Im Herzogtum Bayern unter Maximilian I. (1597-1651) kamen die Notwendigkeit

[111] Ebd., S. 104.
[112] Sprenger, Geld, S. 99, 102 f. (Zitat S. 103).
[113] Altmann, Kipper- und Wipperinflation, S. 90-113.

zur Ablösung des Schuldenwerks und der kaiserlichen Kriegskostenentschädigung sowie der Wunsch nach der Anhäufung eines landesherrlichen Geldvorrats zur Finanzierung des Territorialausbaus, seiner Verwaltung und des bayerischen Heeres erschwerend hinzu.[114] Da Bayern 1506 all seiner Silbergruben (in Tirol) verlustig gegangen war, brachten die bayerischen Herzöge im 16. und frühen 17. Jahrhundert keinerlei Reichssorten, sondern ausschließlich Kleingeld aus, benötigten aber erstere für die Ablösung ihrer Schulden wie auch für die Anlage von Geldvorräten. Nicht zuletzt aus diesem Grund stiegen die Kurse für Reichssorten in Bayern unter der Regierung Maximilians gegenüber dem unterwichtig ausgebrachten, vielfach aus dem Ausland hereinströmenden Kleingeld im Vergleich zu anderen Reichsterritorien besonders stark.[115] Für den gesamten süddeutschen Raum lassen sich die Ursachen der Missstände wie folgt zusammenfassen: „falsche Relation des Talers zu den Scheidemünzen, ständige Verschlechterung des Münzfußes, Verpachtung vieler Münzstätten an gewinnsüchtige Unternehmer, mangelnde Kontrolle bei der Münzprägung, keinerlei Aktivitäten des Kaisers zur Besserung der Situation aufgrund seiner schwachen politischen Stellung. Den Gewinn aus dieser Situation zogen einerseits die Händler und Geldwechsler, die in großem Umfange gute in schlechte Münzen umprägen ließen, und andererseits die Münzunternehmer, die aus dem Betreiben der Münzstätten ihren Gewinn holten."[116] Die Folge war, dass „gerade in der Zeit 1602-1612 der entscheidende Aufwärtstrend des Talerkurses einsetzte"[117] und sich die inflationären Tendenzen im letzten Jahrzehnt vor dem Dreißigjährigen Krieg drastisch verstärkten. Mit Beginn des Dreißigjährigen Krieges entzogen sich der Silberpreis und mit ihm der Talerkurs jeglicher Kontrolle, da der Krieg enorme finanzielle Aufwendungen für die Bezahlung der Truppen nach sich zog. Im Herzogtum Bayern war der Höhepunkt der „Kipper- und Wipperinflation" mit der Festsetzung der offiziellen Höchstkurse am 28. Juni 1622 erreicht; allein seit Jahresbeginn 1622 war der Dukatenkurs in München um 50 Prozent gestiegen.[118]

Die im Vergleich zu den anderen süddeutschen Landesherrschaften rasche Überwindung der Kipper- und Wipperinflation in Bayern steht in unmittelbarem Zusammenhang mit Maximilians politischen Ambitionen: Nach der militärischen Erringung der Oberpfalz, Oberösterreichs und Heidelbergs, die er als Pfänder zur Erlangung der Kurwürde einzusetzen trachtete, verfolgte Maximilians Münzpolitik das Ziel, die vom Kaiser zugesagte Kriegskostenentschädigung in guter, vollwichtiger Münze zu erhalten. Dazu ließ er bereits am 22. September 1622 die groben Reichssorten und die Landmünzen um 50 Prozent abwerten und „gab damit im Reich ein bedeutendes Signal für eine Rückkehr zu stabileren Münzverhältnissen", wobei er sich bewusst von den Münz- und Währungsmanipulationen Kaiser Ferdinands II. absetzte.[119] Im Frühjahr 1623 ergriff Maximilian dann die Initiative, einen Münzprobationstag nach Augsburg einberufen zu lassen, wo am 10. April 1623 das inzwischen zum Kurfürstentum erhobene Bayern einen neuen Reichstalerkurs von 90 Kreuzern durchsetzte. Der Augsburger Abschied „war weit über die Grenzen der drei Kreise und Süddeutschlands hinaus für das ganze

[114] Ebd., S. 115; ferner Albrecht, Maximilian I., passim; Dollinger, Studien, passim.
[115] Altmann, Kipper- und Wipperinflation, S. 115-119.
[116] Moser/Tursky, Corpus, S. 41.
[117] Ebd., S. 42.
[118] Altmann, Kipper- und Wipperinflation, S. 137, 145.
[119] Ebd., S. 148.

Reich richtungsweisend geworden. Er war das entscheidendste Signal für eine Rückkehr zu geordneten Münzverhältnissen geworden."[120]

Die Neuordnung des Münzwesens, die mit dem Augsburger Abschied begonnen hatte, änderte allerdings nichts daran, dass Kurbayern auch nach der Kipper- und Wipperzeit auf die Prägung von Großsilbermünzen verzichten musste. Denn das Problem der mangelnden Silberausprägung aufgrund zu geringer Edelmetallvorräte, zu geringer Silberproduktion und -importe – letztere hervorgerufen vor allem durch die im Gefolge des Dreißigjährigen Krieges rückläufige Produktion – und aufgrund der mangelnden Rentabilität einer derartigen Ausprägung, sofern der Reichsmünzfuß von 1566 eingehalten wurde, blieb bestehen. Es war jedoch kein allein bayerisches und noch nicht einmal ein nur süddeutsches Problem, sondern betraf annähernd das gesamte Reich.

Der Mangel an Kleingeld führte seit den 1650er Jahren dazu, dass verschiedene kleinere Münzstände und so genannte „Heckenmünzen" dazu übergegangen waren, in immer größeren Mengen minderwertige Scheidemünzen auszubringen, die nach und nach das gesamte Reich überschwemmten. An diesem für die Münzherren einträglichen Geschäft beteiligten sich bald auch Reichsfürsten, so zwischen 1651 und 1661 der Große Kurfürst, Friedrich Wilhelm (1640-1688) von Brandenburg, und ab 1659 sogar Kaiser Leopold I. (1658-1705). Mit seinem „Münzeinrichtungswerk", das am 28. März 1659 gegründet wurde, führte Leopold I. um etwa 20 Prozent unterwertige Kreuzer-Stücke ein, um die Kosten seiner militärischen Unternehmungen – insbesondere im so genannten „Kleinen Türkenkrieg" von 1663/64 – zu bestreiten. Diese minderwertigen Münzen überschwemmten weite Teile des Reiches, insbesondere Kurbayern, an dessen Grenze – in Neuburg am Inn – Österreich eine Münzstätte für die Prägung derartiger Stücke eingerichtet hatte. Der Widerstand gegen diese Gepräge war somit in Kurbayern besonders groß, zumal vergleichbare Stücke ansonsten nicht kursierten, bediente man sich doch im regionalen und überregionalen Handels- und Zahlungsverkehr der Großsilbermünzen aus der Schweiz, aus Frankreich und den Niederlanden. Welch fatale Folgen die österreichischen Prägungen seit 1659 insbesondere für die Wirtschaft Kurbayerns besaßen, belegt ein Schreiben des Salzburger Erzbischofs an Kurfürst Ferdinand Maria vom 20. April 1665 mit der Forderung, Zahlungen für Salzburger Salz nicht in österreichischen Fünfzehnern und Groschen-Münzen zu verabfolgen. Die darauf erfolgte Antwort vom 28. April wies darauf hin, dass an den kurbayerischen Salzämtern „kein andere als dergleichen Münz eingehen" und dass Kurbayern somit auch „keine andere Münzsorte, als bey diesen Salzämtern eingehen, in der Salzbezahlung ausliefern lassen" könne.[121]

Um diesem Umstand abzuhelfen und um wieder zu einer auch für die Münzherren rentablen Silberprägung zu gelangen, einigten sich 1667/68 im Kloster Zinna Kursachsen, Kurbrandenburg und die Braunschweig-Lüneburgischen Herzogtümer auf einen ‚neuen', in seinem inneren Wert um ein Sechstel verringerten Reichstaler, der aber wie bisher 90 Kreuzer galt. Nach dem Münzvertrag von Zinna entsprach der alte ‚gute' Reichstaler nunmehr de facto 105 Kreuzer nach dem Zinnaischen Münzfuß und wurde, um Verwechslungen zu vermeiden, in der Regel als Speciestaler oder Reichstaler Species bezeichnet. Geprägt wurden von den Vertragsparteien in der Folge allerdings keine Talermünzen, sondern Zwei-Drittel-Taler, die mit 60 Kreuzern dem (Rechen-)Gulden

[120] Ebd., S. 155-162.

[121] Ebd., S. 339-342 (Zitat S. 342); Sprenger, Geld, S. 119 f.; ferner Kellner, Münzstätte, S. 124-131.

entsprachen.[122] Dieser Gulden nach dem Zinnaischen Münzfuß, der sowohl das Bedürfnis nach einer „mittelgroßen" Münze – zwischen dem Reichstaler und den Kleinmünzen – erfüllte und durch seine geringere Feinheit nicht so leicht eingeschmolzen wurde, als auch technisch leichter, kostengünstiger und mit größerem Gewinn für den Münzherrn herzustellen war, „wurde so rasch vom Markt akzeptiert, dass er sich in wenigen Jahren nicht nur über Nord- und Mitteldeutschland, sondern sogar bis in den Süden verbreitete." Er „entwickelte [...] sich in wenigen Jahren von der vorgesehenen Schiedmünze zur dominierenden Währungsmünze."[123] Allerdings führte die Einschmelzung von vollwichtigen Speciestalern und von Gulden früherer Emissionen sowie die massenhafte Ausbringung immer schlechterer Zwei-Drittel-Münzen vor allem im norddeutschen Raum, aber auch in einigen kleineren süddeutschen Reichsständen erneut zu inflationären Tendenzen, so dass in den Jahrzehnten zwischen etwa 1675 und 1695 – in der numismatischen Forschung oft als Zweite oder „kleine Kipper- und Wipper-Zeit" bezeichnet[124] – der Wert des Speciestalers erneut stieg. 1676 wurden alle minderwertigen Gulden verboten, aber durch die so genannten „Heckenmünzstätten" in immer größerem Umfang nachgeahmt und ausgegeben, zumal Leopold I. für seine Kriege gegen Frankreich und das Osmanische Reich wachsenden Geldbedarf hatte. „Der Vertrag von Zinna war durch diese Entwicklung längst ad absurdum geführt."[125]

Im süddeutschen Raum waren die anfangs durchaus positiven Auswirkungen des Vertrags von Zinna nur langsam spürbar geworden, so dass die drei korrespondierenden Reichskreise nach jahrelangen Auseinandersetzungen auf den verschiedenen Probationstagen 1677 den Kurs des Reichstalers offiziell auf 96 Kreuzer erhöhten Darüber hinaus beschritt Kurbayern einen eigenen Weg aus der Geldkrise: Am 29. März 1674 befahl Ferdinand Maria die Ausgabe neuer Goldgulden, zu deren Herstellung Gold zu einem akzeptablen Preis und in hinreichendem Umfang aus Frankreich bezogen werden konnte. Zudem wurden auch kursierende französische Goldmünzen zu diesem Zwecke eingeschmolzen. Vorbild des bayerischen Goldguldens war nicht der hochwertige Dukat, sondern der alte, zuletzt 1634 in Köln ausgebrachte Goldgulden. „In der Münzlandschaft des Reiches war diese Goldprägung singulär, weshalb die Goldgulden sich gegenüber den ‚verkommenen Silbermünzen' großer Beliebtheit erfreuten." Allein bis zum Tod Ferdinand Marias 1679 wurden mehr als 700 000 derartiger Goldgulden ausgebracht, die im Übrigen als erste bayerische Ausprägungen überhaupt das Porträt des Landesherrn zeigten und die durch immer höhere Kursfestsetzungen im Lande gehalten wurden.[126] Die Goldgulden-Prägung wurde von Ferdinand Marias Sohn und Nachfolger, Kurfürst Max II. Emanuel (1679-1726), 1697 wieder aufgenommen und 1704 endgültig eingestellt.[127]

Die negativen Folgen des Zinnaer Vertrages waren um 1690 geradezu unerträglich geworden: In einem kurbayerischen Münzmandat vom 20. Februar 1692 werden über 150 verschiedene Guldenprägungen genannt, und der Nürnberger Münzprobationsabschied

[122] Zur Zinnaischen Union ausführlich Gerhard, Erkenntnisse, S. 138-172; ferner Schwinkowski, Reichsmünzreformbestrebungen, S. 1-87.
[123] Kellner, Münze, S. 346 f.
[124] Gegen diesen Begriff einer „Zweiten" oder „Kleinen Kipper- und Wipper-Zeit" wendet sich mit guten Argumenten Gerhard, Leipziger Fuß, S. 251-254.
[125] Moser/Tursky, Münzstätte [1981], S. 33.
[126] Kellner, Münze, S. 351 f. (Zitat S. 352); Cahn, Goldguldenprägung, S. 93-133.
[127] Ebd., S. 354.

der drei korrespondierenden Reichskreise vom September 1693 verzeichnet annähernd 200 Guldensorten. Diese Entwicklung machte auch vor den vertragsschließenden Parteien von Zinna nicht halt, deren Gepräge seit den 1670er Jahren immer schlechter wurden. Kursachsen, Kurbrandenburg und Braunschweig-Lüneburg einigten sich daher am 26. Januar 1690 in Leipzig wiederum auf einen neuen Münzfuß, den so genannten „Leipziger Münzfuß", einen 12-Taler-Fuß mit einem (fingierten) Reichs- oder Kuranttaler von 19,49 Gramm Feinsilber. Der Speziestaler entsprach nunmehr 120 Kreuzern im Leipziger Münzfuß, ein Kurs, den auch Kaiser Leopold I. 1693 anerkennen musste. „Das entscheidende war [...], daß alle anderen Nominale in Relation zu diesem neuen Kurs bewertet wurden und damit seit langem wieder ein korrektes Wertverhältnis zwischen Talern und den kleineren Münzsorten bestand, so daß die Gefahr des Einschmelzens und Umprägens nicht mehr gegeben war."[128] Auf dem Nürnberger Münzprobationstag vom September 1693 wurde der Leipziger Fuß (ein Speciestaler = zwei Gulden) von den drei korrespondierenden Reichskreisen angenommen. Kurbayern nahm 1694 – wie zahlreiche andere Reichsterritorien – erstmals seit 1643 wieder die Prägung von Talern und Halbtalern auf.[129] Somit war ab etwa 1695 „auf der Grundlage des Leipziger Fußes von 1690 das Münzwesen des Reiches wieder in einigermaßen brauchbare Bahnen gelenkt worden."[130]

Die hochfliegenden politischen Pläne Kurfürst Maximilian II. Emanuels machten jedoch schon in den 1690er Jahren erneute Manipulationen im Geldwesen Kurbayerns erforderlich: Bereits zwischen 1691 und 1693 hatte er unterwichtige 30-, 15- und 3-Kreuzer-Stücke ausbringen lassen. Am 9. Dezember 1704 – während des Spanischen Erbfolgekriegs – machte der Kurfürst diese Stücke zu einem bei ihrem vollen Nennwert obligatorischen Zahlungsmittel, doch bereits im Frühjahr 1705 musste er den Wert der 30-Kreuzer-Stücke offiziell reduzieren. In der Zeit der kaiserlichen Administration über Kurbayern wurden diese Stücke nochmals herabgesetzt und nach der Rückkehr Maximilian II. Emanuels aus seinem Exil 1715 innerhalb von nur drei Monaten eingezogen. In diesem Jahr führte er in Nachahmung des französischen Louisd'ors einen bayerischen Maxd'or ein, der nominell zwei Goldgulden oder sieben Gulden nach dem Leipziger Münzfuß galt.

Nach der Regierungsübernahme durch Kurfürst Karl Albrecht diente die Münzpolitik ebenfalls der Geldbeschaffung für die Staatskassen. Der neue Regent setzte in gewissem Sinne die Geldpolitik seines Vaters fort, indem er am 21. Juni dieses Jahres einen neuen dreifachen Goldgulden – den Karolin oder Karld'or – mit wiederum verringertem Feingewicht herauszubringen befahl, der zehn Gulden gelten sollte, aber tatsächlich nur acht Gulden 50 Kreuzer wert war.[131]

128 Moser/Tursky, Münzstätte [1984], S. 145.
129 Kellner, Münze, S. 353 f.
130 Moser/Tursky, Münzstätte [1981], S. 34.
131 Ebd., S. 356 f.

3.4 *Geld und Währung in Kurbayern in der Zeit des Konventionskurant (seit 1753/54)*

Die letzte umfassende Veränderung im kurbayerischen Münz- und Geldwesen in der Zeit des Alten Reiches nahm ihren Ausgang von den Habsburgischen Erblanden: Um die Missstände im erbländischen Münzsystem, insbesondere die Diskrepanz im Münzfuß zwischen Taler und Scheidemünze, zu beseitigen und das Geldwesen wieder auf eine tragfähige Grundlage zu stellen – auf der gesamten Reichsebene war dies aus machtpolitischen Gründen nicht möglich –, wurde seit 1748 schrittweise eine Münzreform durchgeführt, indem der Feingehalt des Talers erstmals seit 1659 in den gesamten Erblanden in zwei Schritten gesenkt wurde. Nun erbrachte die Wiener Mark 24 Gulden bzw. die Kölner Mark 20 Gulden, weswegen dieser Münzfuß in der Regel als 20-Gulden-Fuß bezeichnet wird. Auf dieser Grundlage wurden dann Feingehalt und Gewicht der kleineren Nominale (Gulden zu 60 Kreuzer, Kopfstück zu 20 Kreuzer etc.) mit jeweils abnehmendem Silbergehalt festgesetzt. Als einzige Goldmünze war in diesem System der Dukat vorgesehen, während Maxd'or und Karolin aus dem Umlauf verschwinden sollten. Es ist bemerkenswert für die neue österreichische Münzpolitik, die sich von der traditionell verfolgten kaiserlichen Zielsetzung, eine neue Reichsmünzordnung zu installieren, bewusst absetzte, dass die Münzreform „in aller Stille abgewickelt" und „die neue Münzordnung vorläufig geheimgehalten wurde".[132] In einem zweiten Schritt sollten dann die Nachbarländer der Habsburgischen Erblande für die österreichische Münzreform gewonnen werden. Zuerst gelang dies mit dem Kurfürstentum Bayern, mit welchem am 21. September 1753 die „Österreichisch-Bayerische Münzkonvention" unterzeichnet wurde.[133] Im Laufe der folgenden Jahre traten auch das Erzstift Salzburg, die Reichsstadt Regensburg, der fränkische, der schwäbische, der kurrheinische und der oberrheinische Reichskreis sowie Kursachsen der Bayerisch-Österreichischen Münzkonvention bei. Da der 20-Gulden-Fuß auf der Münzkonvention von 1753 basierte, wurde dieser Münzfuß als Konventionsfuß, das in diesem Fuß ausgebrachte Kurantgeld als Konventionskurant bezeichnet. Der Konventionsfuß bedeutete eine etwa achtprozentige Verschlechterung des Talermünzfußes gegenüber der Zeit Kaiser Karls VI.[134]

Nach dem Abschluss der Münzkonvention, die das Münzwesen im Süden des Reiches zwar nicht auf eine einheitliche, aber doch bis in die 1790er Jahre weithin stabile Grundlage gestellt hatte, setzte nicht zuletzt in Kurbayern eine umfangreiche Prägetätigkeit an Silber- und Goldmünzen (Dukaten) ein, in deren Dienst auch die 1763 wiedereröffnete Münzstätte Amberg gestellt wurde. Die 3-Kreuzer-Stücke (Dreier, Groschen) und die Kreuzer Maximilian III. Joseph wurden zur dominierenden Kleinmünze im bayerischen Raum.[135]

Den Geldumlauf des süddeutschen Raumes bereicherten darüber hinaus im 18. Jahrhundert zwei Münzen, die als Handelsmünzen im Laufe der Jahrzehnte immer größere Bedeutung gewannen: Vor allem durch die zahlreichen Kriegszüge gelangte der französische Écu neufs, auch Laubtaler genannt, in den bayerischen Raum. Da auf ihnen das

[132] Ebd., S. 121 f.
[133] Ebd., S. 122 f.
[134] Ebd., S. 122-124, 166-171; Kellner, Münze, S. 359 f.
[135] Ebd., S. 360-363.

königlich-französische Wappen mit einem Palm- oder Lorbeerzweig („Federn") umgeben war, erhielt er auch die Bezeichnung „Federtaler".[136] Der Kronentaler, der im Alpenraum auch als Kreuztaler[137] bezeichnet wurde, war die nach der französischen Besetzung der österreichischen Niederlande (1741-1748) im Zuge des Österreichischen Erbfolgekrieges am 19. Juli 1755 eingeführte Hauptsilbermünze der österreichischen Niederlande. Der Kronentaler wurde zunächst nur in den österreichischen Niederlanden, nicht aber in den Habsburgischen Erblanden geprägt; sein Verbreitungsgebiet umfasste in den ersten Jahrzehnten die Niederlande und die angrenzenden Gebiete Westdeutschlands. 1783 begann dann auch die Ausmünzung von Kronentalern in Wien, zudem von 1786 bis 1790 auch in Mailand. Seine massenhafte Verbreitung fand der Kronentaler in den Erblanden während der Koalitionskriege gegen das revolutionäre Frankreich, als er in allen österreichischen Münzstätten – insbesondere in den Jahren 1795 bis 1797 – zur Finanzierung der österreichischen Kriegskosten ausgebracht wurde. Zudem wurde die Menge der kursierenden Kronentaler durch die britischen Subsidienzahlungen an Österreich erhöht, die teilweise bereits in England in Kronentalern ausgemünzt, teilweise in Österreich in solche umgeprägt wurden. Während in der Habsburger-Monarchie seit den 1790er Jahren die Papierwährung der Wiener Stadtbankzettel herrschte und die Silbermünzen zunehmend aus dem Umlauf verschwanden, wurde der Kronentaler aufgrund seiner von Österreich 1793 durchgesetzten Überbewertung von etwa zwei Prozent im übrigen Süden des Reiches zum wichtigsten Kurantgeld für den Handelsverkehr: „Er war die faktische Währung der Gebiete der in diesen Jahren sich bildenden Staaten Bayern, Baden, Württemberg, Hessen-Darmstadt und Hessen-Nassau sowie in Frankfurt" und wurde dort mit zahlreichen Ausprägungen nachgeahmt. In den erbländischen Münzstätten hingegen wurde die Ausprägung der Kronentaler 1797, in Mailand 1800 eingestellt.[138]

4. Fazit

Als 1806 das Alte Reich seinem Ende entgegenging, verfügte Mitteleuropa mit Hamburg, Frankfurt am Main, Wien, Augsburg, Leipzig und Basel über sechs international renommierte Finanzplätze, die als Geld- wie als Wechselmärkte gleichermaßen Bedeutung besaßen.[139] Nürnberg und Köln hatten im 18. Jahrhundert viel von ihrer einstigen Bedeutung verloren, und Berlin hatte seinen internationalen Durchbruch noch vor sich, der – mindestens aus der Perspektive des bargeldlosen Zahlungsverkehrs – um und nach 1820 erfolgen sollte. München hatte unter den genannten Finanzmärkten noch keinen Platz gefunden. Selbst die Gründung seiner Börse um 1830 kann nur als ein erster Schritt gesehen werden, denn erst im März 1860 begann Frankfurt am Main als erster international renommierter Wechselmarkt überhaupt, München zu notieren; Wien folgte für

[136] Noback/Noback, Münz-, Maass- und Gewichtsbuch, S. 1001.
[137] Dieser so bezeichnete „Kreuztaler" darf aber keinesfalls mit dem ebenfalls als „Kreuztaler" bezeichneten niederländischen Patagon verwechselt werden, der deutlich schlechter (1783 um $11\,^1/_3$ Prozent) bewertet wurde; vgl. Nelkenbrecher/Gerhardt, Nelkenbrechers Taschenbuch [1798], S. 289.
[138] Rittmann, Geldgeschichte [1975], S. 466 f., 470; Kellner, Münze, S. 364 f.
[139] Denzel, Integration [1998], S. 177-235; ders., Zahlungsverkehr [1999], S. 149-165.

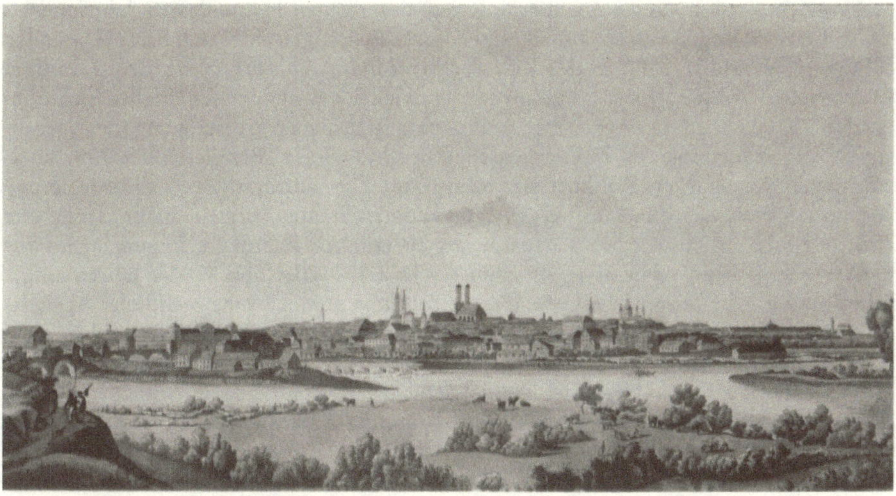

Ansicht von München zu Beginn des 19. Jahrhunderts (aquarellierte Radierung, Johann Ziegler nach Janscha Lorenz).

einige Monate 1870/71.[140] Weitere internationale Aufmerksamkeit wurde München im bargeldlosen Zahlungsverkehrssystem nicht zuteil.

Dieser Befund aus der Perspektive eines, wenn nicht des zentralen Charakteristikums eines Finanzplatzes in vor- und frühindustrieller Zeit ist eingängig, überblickt man die Entwicklung Münchens als Handelszentrum des altbayerischen Raumes, als Geld- und Kreditmarkt und als Residenzstadt eines deutschen Mittelstaates: „München ist weder ein prominenter Wechselplatz, noch Verkehrsknotenpunkt oder Warenumschlagszentrum. Für den Messehandel großen Stils fehlt es nicht zuletzt an einer konkurrenzfähigen, großgewerblichen Produktion des altbayerischen Hinterlandes, so dass die Bedeutung der Märkte eher noch als rückläufig einzuschätzen ist."[141] Und: „Das Bankwesen der Stadt München zeigte bis zum Ausgang des 18. Jahrhunderts fast keine Ansätze einer vorhandenen Wirksamkeit. [...] Der Hof bediente sich bei seinen Finanzgeschäften vornehmlich einiger konzessionierter Fremder, die im internationalen Geldgeschäft über gute Verbindungen verfügten. Private Bankiers oder Geldwechslergeschäfte, die für den bürgerlichen Geldbedarf im Anlage- oder Darlehensgeschäft tätig waren, hatten in München bis zum Beginn des 19. Jahrhunderts ebenso wenig eine Heimstätte finden können wie ein mit landesherrlicher Privilegierung ausgestattetes öffentlich-rechtliches Kreditinstitut."[142]

Bis weit in das 19. Jahrhundert hinein kann München daher nur sehr eingeschränkt als Finanzplatz bezeichnet werden. Allerdings – und dies soll abschließend durchaus her-

[140] Schneider/Schwarzer, Statistik, S. 242, 492.
[141] Edlin-Thieme, Studien, S. 78.
[142] Mauersberg, Wirtschafts- und Sozialgeschichte, S. 291.

vorgehoben werden – setzten insbesondere in der zweiten Hälfte des 18. Jahrhunderts einige Entwicklungen ein, die zu wichtigen Voraussetzungen eines sich herausbildenden „Finanzplatzes München" in der Zeit der Hochindustrialisierung wurden: Das über Jahrhunderte in München nur rudimentär entwickelte Bankenwesen erlebte im ausgehenden 18. Jahrhundert einen ersten und noch bescheidenen Aufschwung, der vorrangig aus der immer engeren Zusammenarbeit der Münchner „Bankiers" mit ihrer übermächtigen Augsburger Konkurrenz resultierte. Die kurfürstliche Landesregierung begann zugleich, allerdings im Vergleich zu anderen Städten vergleichbarer Größe und Bedeutung im Reich deutlich verspätet, die rechtlichen Rahmenbedingungen für die Bankierstätigkeit zu verbessern; so schuf die in den 1770er und 1780er Jahren eingeführte und schrittweise verbesserte Wechselordnung erstmals eine rechtliche Absicherung der Münchner bargeldlosen Zahlungstransfers, so dass sich die ersten Ansätze eines Münchner Wechselmarktes herausbilden konnten. Die Notwendigkeit, die wenigen tatsächlich als „Bankiers" zu bezeichnenden Großkaufleute in München für die Belange der Staatsfinanzierung und insbesondere der Schuldenabtragung in Anspruch nehmen zu wollen und zu müssen, stand dabei zweifelsohne im Hintergrund dieser Maßnahmen: Durch die Schaffung der institutionellen und rechtlichen Rahmenbedingungen war es den einzelnen „Bankiers" überhaupt erst möglich, über die engere Region hinaus Kreditwürdigkeit zu erlangen und damit in einem für die landesherrlichen Belange hinreichendem Umfang Zahlungsverkehrs- und Kreditoperationen durchführen zu können. Auf diese Weise wurde das Kreditwesen, das in München seit dem Spätmittelalter, wenn auch in wechselndem Umfang, häufig im Dienste des Landesherrn gestanden hatte, auf eine neue und erheblich tragfähigere Grundlage als in den früheren Jahrhunderten gestellt, so dass finanzpolitische „Experimente", wie sie etwa mit den jüdischen Hoffaktoren in den 1720er Jahren durchgeführt wurden, nicht mehr erforderlich waren. Dass sich in dieser Zeit in München noch kein Kapitalmarkt entwickelte, ist kein spezifisches Münchner Phänomen, sondern in annähernd allen Städten vergleichbarer Größe und Bedeutung im Handel und Zahlungsverkehr dieser Zeit zu beobachten. Es ist somit festzuhalten: Die Voraussetzungen, dass sich die Residenzstadt München im 19. und 20. Jahrhundert zu einem Banken- und langfristig sogar einem „Finanzplatz" entwickeln konnte, waren am Ende des Alten Reiches zwar keinesfalls herausragend – vor allem im Vergleich zu anderen aufstrebenden Städten Mitteleuropas –, aber doch tragfähig.

Kapitel II

Münchens Finanzgewerbe zwischen Staatswirtschaft und Industrialisierung

von Margarete Wagner-Braun

Zu Beginn des 19. Jahrhunderts existierten in Deutschland nur wenige Finanzzentren. Neben Frankfurt am Main, Leipzig und Hamburg nahm ab der zweiten Jahrhunderthälfte auch Köln eine herausragende Stellung ein. Am Knotenpunkt wichtiger Handels- und Verkehrswege gelegen, entwickelten sich diese Städte zu den bedeutendsten deutschen Wechsel- und Bankplätzen jener Zeit. Auch wenn in Frankfurt das internationale Staatsanleihengeschäft dominierte und die Kölner Bankiers sich mehr und mehr der Industriefinanzierung zuwandten, wird doch in allen Fällen die Handelstradition als wichtige Ursache dafür angesehen, dass sich gerade in diesen Städten das Finanzgewerbe in besonderer Weise entfalten konnte.

Dies gilt auch für Augsburg, das auf eine lange Tradition als süddeutsches Finanzzentrum zurückblicken konnte.[1] Die Augsburger Bankiers betrieben einen umfangreichen Wechselhandel und nahmen eine Mittlerrolle zwischen Oberdeutschland, Österreich, Oberitalien und der Schweiz ein. Die Jahre 1810 bis 1815 gelten als die „Glanzperiode des Augsburger Wechselhandels"[2], dessen Bedeutung jedoch schon wenig später zu sinken begann, nicht zuletzt aufgrund der geschwächten Stellung der Augsburger (Textil-)-Industrie infolge der englischen Handelskrise von 1825.

Den genannten Finanzzentren war gemeinsam, dass sie an Orten entstanden, die mit einer langen Kaufmanns-, Bankiers- und Gewerbetradition verbunden waren. Jedoch führte dieser Umstand nicht zwingend dazu, dass sich tatsächlich ein führendes Finanzzentrum herausbildete, wie das Beispiel Nürnberg zeigt.[3] Andererseits formierte sich München – ohne eine nennenswerte Handels- oder überregionale Gewerbetradition vorweisen zu können – seit der ersten Hälfte des 19. Jahrhunderts als neues Finanzzentrum. Zwei Fragen sind deshalb in diesem Zusammenhang von besonderem Interesse: Welche Voraussetzungen mussten erfüllt sein, damit sich im Zeitalter der Industrialisierung im agrarisch strukturierten Bayern überhaupt ein überregional bedeutendes Finanzzentrum herausbilden konnte? Und welche besonderen Umstände führten dazu, dass dieses bayerische Finanzzentrum gerade in München entstanden ist?

Insbesondere hinsichtlich des zweiten Aspekts müssen spezielle Faktoren ausschlaggebend gewesen sein, die den Standort München im Vergleich zu anderen süddeutschen Städten – insbesondere Augsburg – privilegierten. Die moderne Regionalökonomie

[1] Vgl. Kap. I, S. 18-22; ferner Denzel, Integration [1996], passim.
[2] Pohl, Bankwesen, S. 19.
[3] Ebd., S. 18 f.

beschäftigt sich mit den für eine Standortanalyse relevanten Bedingungen, unter denen besonders die Faktoren Arbeitskräftepotenzial, infrastrukturelle Gegebenheiten und Kapitalangebot bzw. Finanzierungsmöglichkeiten hervorzuheben sind. Weitere Bedingungen sind die Struktur und die Konkurrenz vorhandener Industrien sowie die Strategien der Unternehmen bzw. der Unternehmerpersönlichkeiten. Im Zentrum der Analyse eines Finanzplatzes stehen dabei naturgemäß Banken und Versicherungen sowie die von verwandten Branchen ausgehenden „Spillover-Effekte" und Sogwirkungen.

Als weitere zentrale Standortfaktoren sind die gesamtwirtschaftlichen Nachfragebedingungen und der Einfluss des Staates zu berücksichtigen.[4] So könnte im Fall Münchens die Tatsache von Bedeutung sein, dass die Stadt Regierungssitz und Hauptstadt des neu gegründeten Königreichs Bayern wurde, was beachtliche Konsequenzen für die genannten Standortfaktoren haben konnte. Es ist daher auch die Frage zu diskutieren, ob eine staatliche Förderung Münchens, insbesondere des Bank- und Versicherungsgewerbes, die Entwicklung der Stadt zu einem wichtigen deutschen und zum wichtigsten süddeutschen Finanzplatz begünstigte. Schließlich ist es erforderlich, Angebots- und Nachfragefaktoren zu analysieren.

In der folgenden Standortanalyse wird unter einem Finanzplatz ein Markt für Finanzprodukte verstanden, in dem Finanzdienstleistungen hergestellt und vertrieben werden. Diese Dienstleistungen drehen sich im Kern immer um „Aufnahme, Anlage und Vergabe finanzieller Mittel".[5] Um diese Transaktionen zu gewährleisten, sind Finanzintermediäre erforderlich, die das Kapitalangebot und die Kapitalnachfrage koordinieren und durch die Reduzierung von Transaktionshemmnissen bzw. durch die Erhöhung der Markttransparenz eine verbesserte Allokation der vorhandenen Ressourcen ermöglichen.[6]

Institutionen, die geeignet waren, diese Aufgabe zu erfüllen, mussten in Deutschland in der ersten Hälfte des 19. Jahrhunderts erst geschaffen werden. Eine Stadt, in der diese Institutionen mehrheitlich ihren Sitz nahmen oder Niederlassungen gründeten, war für weitere Ansiedlungen attraktiv und konnte sich so zu einem Finanzplatz entwickeln. Dass in Bayern die Ausgangslage schwierig war, verdeutlicht allein das folgende Zitat: „Während der reiche Bürger vielfach nicht wusste, wo er sein Geld anlegen sollte, plagten den kleinen Mann die Sorgen, wo er überhaupt Geld bekommen konnte."[7]

[4] Porter, Wettbewerbsvorteil, S. 95-153.
[5] Breuer, Finanzplatz, S. 145.
[6] Gömmel, Kapitalbildung, S. 342; Zerback, München, S. 22.
[7] Schubert, Wucher, S. 25.

Unter Maximilian I. Joseph, König von Bayern (1806–1825), wurden Reformen eingeleitet, die die bayerische Wirtschaft nachhaltig belebten (Joseph von Stieler, 1816).

1. Die Wirtschaftspolitik unter den bayerischen Regenten Maximilian I. Joseph, Ludwig I. und Maximilian II.

1.1 Der Wandel Bayerns zum modernen Staat unter Maximilian I. Joseph (1806-1825)

Die Entwicklung Bayerns zu einem modernen Staat wurde von Maximilian IV. Joseph, seit 1799 Kurfürst von Pfalz-Bayern und seit 1806 König Maximilian I. Joseph von Bayern, und dessen Minister Maximilian Joseph von Montgelas eingeleitet. Bei seiner Regierungsübernahme fand Maximilian I. Joseph eine hohe Staatsschuld vor, die eine Folge der Napoleonischen Kriege und der territorialen Veränderungen war.[8] Nicht nur, dass der Staatshaushalt lediglich zur Hälfte durch Einkünfte gedeckt werden konnte: Es musste zudem ein großes Heer dauerhaft unterhalten werden. Zwischen 1808 und 1815 stieg die Staatsschuld um nahezu 120 Mio. auf über 200 Mio. Gulden an. Angesichts dieser problematischen Finanzlage verwundert es nicht, dass die großen Hofbankiers, die den Staat mit Darlehen versorgten, erheblich an Einfluss gewinnen konnten.[9]

[8] Zu erwähnen sind hier vor allem die so genannten „Provinzialschulden“, die auf den neu hinzugekommenen Gebieten lasteten.

[9] Liebhart, Königtum, S. 32 f.; Zorn, Wirtschafts- und Sozialgeschichte, S. 20; Bayerische Staatsbank 1780-1955, S. 96 f.

In die Regierungszeit Ludwigs I., König von Bayern (1825–1848), fiel die Gründung der Münchner Börse und der Bayerischen Hypotheken- und Wechsel-Bank (Lithographie, Gottlieb Bodmer, 1835).

In jener Zeit waren in München Ansätze industrieller Aktivität kaum erkennbar, und auch von einem prosperierenden Banken- und Börsenwesen war die Stadt noch weit entfernt. Doch kam es unter Maximilian I. Joseph zu wichtigen Reformen: Zum einen wurde mit dem Gerichtsverfassungsgesetz und dem Strafgesetzbuch das Gerichtswesen reformiert. Zum anderen erforderte die Konsolidierung des neu geordneten Staates dringende wirtschaftliche Reformen, um eine Vereinheitlichung des Wirtschaftssystems herbeizuführen.[10] So wurde in der Folgezeit die Leibeigenschaft aufgehoben, die Post verstaatlicht, das Münzwesen vereinheitlicht, der Binnenzoll abgeschafft und das Steuerwesen reformiert. Zudem übernahm der Landtag die Aufsicht über den Haushalt der 1811 gegründeten Staatsschuldentilgungskasse.[11] Bedeutsam waren auch die Gleichstellung der christlichen Konfessionen, was nicht-katholischen Gewerbetreibenden neue Märkte eröffnete, und die Gewerbegesetzgebung, deren Ziel die Schwächung der Zünfte war.[12] Diese liberalen Maßnahmen belebten die bayerische Wirtschaft ebenso wie die Gründung des Polytechnischen Vereins im Jahr 1815, den der König mit Vorliebe unterstützte.[13]

[10] Bosl, Geschichte, S. 157.
[11] Liebhart, Königtum, S. 36 f.
[12] Köhle, Stadt-Geschichte, S. 64; Schumann, Unternehmer, S. 27 f.
[13] Möckl, König, S. 17.

1.2 Der kulturelle Aufschwung unter Ludwig I. (1825-1848)

Im Jahr 1825 begann die Regierungszeit Ludwigs I., dessen Leistungen für Bayern vor allem auf kulturellem und wissenschaftlichem Gebiet lagen. Dass er dabei seine Hauptstadt München in besonderer Weise förderte, wurde bereits im Jahr 1826 durch die Verlegung der Universität von Landshut nach München deutlich. Auch in wirtschaftlicher Hinsicht zeigte sich Ludwig zunächst fortschrittlich und schuf wichtige Voraussetzungen für die Industrialisierung Bayerns, indem er z. B. der Zollvereinigung mit Württemberg zustimmte, die Vorbildcharakter für den 1834 gegründeten Zollverein hatte.[14] Damit in Zusammenhang stand der Ausbau der Verkehrswege, insbesondere des Donau-Main-Kanals und erster Eisenbahnstrecken. Auch um die Förderung technischer Vereine und die Organisation von Gewerbeausstellungen war der König bemüht. In seine Regierungszeit fällt schließlich auch der beginnende Ausbau des Finanzgewerbes, insbesondere die Gründung der Münchner Börse 1830 und der Bayerischen Hypotheken- und Wechsel-Bank (Hypo-Bank) 1835.[15]

Dennoch: Insgesamt prägte Ludwig I. Bayern auf kulturellem Gebiet weitaus deutlicher als auf wirtschaftlichem.[16] Die aus dem Sparkurs zu Beginn seiner Amtszeit resultierenden „Erübrigungen" aus dem Staatshaushalt – das waren die Überschüsse aus den Haushaltsperioden, über die der König ohne Zustimmung des Parlaments verfügen konnte[17] – lieferten die dafür nötige Grundlage. Im Vergleich zu seinem Vater war Ludwig I. der industriellen Entwicklung gegenüber viel konservativer eingestellt, was insbesondere in seiner Furcht vor dem Anwachsen des Proletariats zum Ausdruck kam.[18]

1.3 Reformen unter Maximilian II. (1848-1864)

Am 22. März 1848 eröffnete Maximilian II. den Landtag, der die längst überfälligen Reformen von der Wiedereinführung der Pressefreiheit bis zur Abschaffung der Grundherrschaft und der grundherrlichen Gerichtsbarkeit beschloss.[19] In wirtschaftlicher Hinsicht machten die Reformen endgültig den Weg für die Industrialisierung Bayerns frei. Das Eisenbahnnetz wurde weiter ausgebaut, die Voraussetzungen für den Aufbau eines telegraphischen Netzes geschaffen, ein Unterstützungsfonds für die Industrieförderung

[14] Bosl, München, S. 92; Doeberl, Bayern, S. 8.

[15] Deuerlein, Geschichte [1975], S. 148 f.; Treml, Geschichte [1994], S. 80. Zur Beurteilung der wirtschaftlichen Bedeutung des Donau-Main-Kanals im Schatten der aufkommenden Eisenbahn vgl. Wagner-Braun, Bedeutung [1996], S. 9, 24, 27 f.

[16] So fällt in der Literatur das Urteil über seine wirtschaftspolitischen Erfolge sehr streng aus: „Bayern wurde in der Zeit Ludwigs I. zu einem der Länder Westeuropas mit den schlechtesten Straßen und Schulen. Für die Industrie und für soziale Angelegenheiten wurde überhaupt nichts ausgegeben [...]. Die bayerische Verwaltung und Rechtspflege sank auf ein miserables Niveau." Vgl. Heydenreuther, König, S. 459.

[17] Liebhart, Königtum, S. 67.

[18] Bosl, Industrialisierung [1975], S. 22.

[19] Deuerlein, Geschichte, S. 103; Treml, Geschichte [1994], S. 64 f.; Kraus, Grundzüge, S. 167-170.

Wegbereiter der Industrialisierung in Bayern: Maximilian II., König von Bayern (1848–1864) (Holzstich nach einem Gemälde von Franz Krüger, um 1850).

eingerichtet und ein Handelsministerium eingerichtet.[20] Insgesamt wurden unter Maximilian II. seit der Jahrhundertmitte die Weichen für die Gründung von zahlreichen Aktiengesellschaften gestellt.[21]

2. Wirtschaftsstruktur Bayerns und der Stadt München

Bayern war in der ersten Hälfte des 19. Jahrhunderts weitgehend agrarisch geprägt. Die Bevölkerung nahm zwischen 1818 und 1910 um 90 Prozent zu. 1818 hatte Bayern 3,7 Mio., 1852 bereits 4,5 Mio. und 1875 fünf Mio. Einwohner. Der Bevölkerungszuwachs erfolgte hauptsächlich in den Städten. Neben den drei großen Städten Bayerns – Nürnberg, Augsburg und Ludwigshafen – verzeichnete München die höchste Bevölkerungszunahme; zwischen 1801 und 1869 stieg die Einwohnerzahl hier um etwa das Vierfache auf ca. 170 000. Besonders in der Weststadt, wo sich Eisenbahnbau und Industrie ansiedelten, waren die Zuwächse enorm.[22]

[20] Willers, Nachrichtenwesen, S. 83; Möckl, König, S. 28; Deuerlein, Geschichte [1949], S. 105-120; Treml, Geschichte [1994], S. 65 f.

[21] Obenaus, Aktiengesellschaften, S. 28.

[22] In der Prinzregentenzeit war München bereits zur drittgrößten Stadt Deutschlands nach Berlin und Hamburg geworden. Vgl. Liebhart, Königtum, S. 8 f.; Zorn, Wirtschafts- und Sozialgeschichte, S. 75 f.

Mit dem Bevölkerungswachstum stieg das Arbeitskräfteangebot, das die Standorttheorie als wichtiges Kriterium für die wirtschaftlichen Entwicklungsmöglichkeiten einer Region nennt, deutlich an. Die Wachstumsraten Münchens weisen diesbezüglich eindeutig auf einen Standortvorteil hin, der im Laufe des 19. Jahrhunderts noch an Gewicht gewann.

Parallel zum Bevölkerungswachstum erlebte das Gewerbe einen Aufschwung, wobei München allerdings zunächst noch hinter der Entwicklung Augsburgs und Nürnbergs herhinkte.[23] Gemessen an der Zahl der Betriebsstätten war in München das Bekleidungsgewerbe am stärksten vertreten, gefolgt vom Nahrungsmittelgewerbe, inklusive der Brauereien. Durch die Nähe zum Hof konnten das Schneider- und Schuhmacherhandwerk ebenso expandieren wie das Juwelier- und Goldschmiedehandwerk. Mit einem Anteil von 30 Prozent stellten die Betriebe des Metall-, Bau- und Holzgewerbes um 1830 noch eine vergleichsweise unbedeutende Branche dar. Auffällig ist lediglich der hohe Exportanteil im Metallgewerbe, während die übrigen Gewerbebetriebe für den örtlichen Bedarf produzierten.[24] In den 1830er Jahren verzeichneten dann vor allem das Bau- und das Holzgewerbe mit einer Zunahme der Betriebsstätten von 47 bzw. 37 Prozent die stärksten Zuwachsraten.[25]

Obwohl der Kleinbetrieb ohne Maschineneinsatz noch vorherrschend war, gab es in München 1848 bereits 92 Fabriken, darunter 33 Bierbrauereien. Die industrielle Produktion hatte einen Anteil von 2,9 Prozent an den insgesamt 3 149 Gewerbebetrieben und mit einer Beschäftigtenzahl von 2 186 Personen einen Anteil von etwa 2,3 Prozent an der Bevölkerung.[26] Auch wenn die damaligen Fabriken nicht unseren heutigen Größenvorstellungen entsprechen, setzte sich doch auch in München die arbeitsteilige Massenproduktion durch. Vor allem durch Erfindungen und Innovationen expandierten die industriellen Betriebe, was zu einem Anstieg der Kapitalnachfrage führte.[27]

Aber immer noch wirkten bis zur späten Einführung der Gewerbefreiheit in Bayern (1868) die alten Gewerbestrukturen hemmend. Nach wie vor hing der Aufbau eines Gewerbebetriebs von der Zustimmung der Zünfte und/oder des Magistrats ab, deren zeitweise äußerst restriktive Haltung viele Neugründungen verhinderte.[28] Der gewerbliche und industrielle Entwicklungsstand Münchens entsprach zu Beginn des 19. Jahrhunderts noch dem Niveau anderer bayerischer Regionalzentren. In der Folgezeit gelang es München jedoch, deutlich aufzuholen und konkurrierende Städte zu überrunden. Mit der Ausweitung des Straßen-, Kanal- und Eisenbahnbaus nahm auch der Handel einen Aufschwung. Vor allem der Kolonialwaren-, Getreide-, Holz- und Lederwarenhandel spielte eine wichtige Rolle. Außerdem war München bereits ein wichtiger Umschlagplatz für südländische Früchte.[29]

[23] So zählte Nürnberg im Jahr 1827 4 284 Gewerbe, Augsburg 2 350, München dagegen nur 1 881, gefolgt von Bamberg mit 1 873 und Regensburg mit 1 110 Gewerben. Vgl. Hummel, München, S. 453; s. auch Birnbaum, Handwerk, S. 57.
[24] Puschner, Handwerk, S. 82 f.; 355.
[25] Birnbaum, Handwerk, S. 124 f.
[26] Hummel, München, S. 399; Fingerle, München, S. 27.
[27] Birnbaum, Handwerk, S. 270.
[28] Zerback, Kuratel, S. 279; Zabel, Gewerbeaufsicht, S. 38; Deuerlein, Geschichte [1975], S. 108; Birnbaum, Handwerk, S. 99.
[29] Kahn, Großindustrie, S. XI, 79.

Zusammenfassend ist festzustellen, dass die wirtschaftliche Entwicklung Münchens in der ersten Hälfte des 19. Jahrhunderts noch sehr verhalten verlief. Wenn auch bereits erste industrielle Ansätze zu erkennen waren, kann von einer breiten Industrialisierungsbewegung noch nicht gesprochen werden. Typisch für München als Haupt- und Residenzstadt war der sehr hohe Anteil der öffentlich Bediensteten.[30] Das Wirtschaftsbürgertum wurde vor allem von den Gruppen der Händler, der Bankiers und in zunehmendem Maße auch von den aufstrebenden Bierbrauern repräsentiert.

3. Finanzierungsgewohnheiten und Kapitalnachfrage

3.1 Eigenkapitalbeschaffung

Zu Beginn des 19. Jahrhunderts waren die externen Kapitalbeschaffungsmöglichkeiten für Unternehmen aufgrund des unterentwickelten Kapital- und Kreditmarktes noch sehr begrenzt, so dass häufig der eigene Unternehmensgewinn als wichtigste Finanzierungsquelle dienen musste. Die Selbstfinanzierungsmöglichkeiten hingen in erster Linie von der Höhe des erwirtschafteten Gewinns ab, in zweiter Linie natürlich auch von der unternehmerischen Entscheidung, welcher Teil dieses Gewinns tatsächlich in den Betrieb investiert wurde. Bilanzen, die Unternehmensgewinne und Gewinnentnahmen dokumentieren, existieren kaum. Auch das damalige Steuersystem liefert keine brauchbaren Anhaltspunkte[31], so dass als Anhaltspunkt auf die durchschnittlichen Verdienstmöglichkeiten in den einzelnen Branchen zurückgegriffen werden muss.[32] So verdiente ein Münchner Maler zu Beginn des 19. Jahrhunderts durchschnittlich 411 Gulden pro Jahr, ein Schneider oder Schuhmacher 824 Gulden, ein Bäcker 1 196 Gulden und ein Bierbrauer sogar 8 563 Gulden.[33] Für eine Abschätzung, inwieweit die Unternehmer Gewinne entnehmen konnten, wären – neben den Verdiensten – die Lebenshaltungskosten zu berücksichtigen. Ihnen wird in der Literatur jedoch keine große Bedeutung zugemessen, so dass sie die Selbstfinanzierungsmöglichkeiten wohl kaum nennenswert beschränkten.[34]

Lassen die genannten Zahlen die begrenzten Möglichkeiten der Eigenfinanzierung allenfalls erahnen, so zeichnen die zahlreich überlieferten Klagen über den Kapitalmangel in allen Bereichen der Wirtschaft schon ein deutlicheres Bild des „circulus vitiosus“: Über den Kapitalmarkt war kaum Betriebskapital zu beschaffen, dadurch wurden die

[30] Wiest, Gesellschaft, S. 32-55.

[31] Vor allem die direkten Steuern, insbesondere die Gewerbesteuer, sind hier relevant. Das Gewerbesteuergesetz von 1852 bzw. 1856 führte die so genannte „Normal-“ und die „Betriebsanlage“ ein. Für erstere war der je nach Gewerbegattung geschätzte Ertrag ausschlaggebend. Die Betriebsanlage war ein variabler Zuschlag, der sich nach der geschätzten Leistungsfähigkeit des Betriebes richtete. Da es sich jeweils um Schätzwerte handelte, wurden die tatsächlichen Verhältnisse nicht erfasst. Vgl. Gömmel, Steuern, S. 675 f.

[32] Anegg, Gewerbestruktur, S. 61 f.

[33] Stadtarchiv München, Gewerbeamt 13 für das Jahr 1803.

[34] Anegg, Gewerbestruktur, S. 67.

Expansionsmöglichkeiten begrenzt und damit wiederum die Gewinnerzielung beschränkt. Ohne ausreichende Gewinne aber waren auch der Selbstfinanzierung enge Grenzen gesetzt.

Auch scheint es häufig vorgekommen zu sein, dass Unternehmer ihrem Betrieb Kapital entnahmen und in andere Bereiche lenkten, etwa um sich an Spekulationsgeschäften zu beteiligen oder Staatspapiere zu erwerben. Offensichtlich wurde die eigene unternehmerische Tätigkeit oft als risikoreicher und weniger ertragversprechend angesehen als die – zudem noch bequeme – Anlage in Staatspapieren.[35] Insgesamt ist für das beginnende 19. Jahrhundert eine hohe Kreditaufnahme des Staates bei gleichzeitiger Verdrängung privater Investitionen, ein so genannter „Crowding-out-Effekt", zu beobachten.

Es bleibt festzuhalten, dass die Betriebsüberschüsse im ersten Drittel des 19. Jahrhunderts zwar immer noch die wichtigste, aber keine ausreichende Finanzierungsquelle darstellten.[36] Aus diesem Grunde wurde häufig der Weg der Eigenkapitalbeschaffung über Außenfinanzierung beschritten.[37] Die Unternehmer brachten entweder selbst Mittel ein oder erhielten diese in Form einer Schenkung, Erbschaft oder Mitgift von verwandten oder nahestehenden Personen.[38] Darüber hinaus konnte Eigenkapital auch über eine Teilhaberschaft akquiriert werden. Diese Finanzierungsform kam im größeren Stil allerdings erst mit der Etablierung der Aktiengesellschaft zum Tragen, die in Bayern seit Mitte des 19. Jahrhunderts steigende Bedeutung erlangte. Schon zu Beginn der 1830er Jahre zeichnete sich zwar ein gewisser Handel mit Eisenbahnaktien ab. Für die Aktien der wenigen industriellen Unternehmen gab es jedoch so gut wie keinen Markt in München – ein Phänomen, das in ganz Deutschland anzutreffen war.[39] Dies zeigt deutlich die Probleme auf, die aus dem Fehlen eines geeigneten Umschlag- bzw. Marktplatzes für Wertpapiere – der Börse – resultierten.

3.2 Fremdkapitalbeschaffung

In der ersten Hälfte des 19. Jahrhunderts war in Bayern und insbesondere in München der Kleinbetrieb vorherrschend. Nur ein geringer Prozentsatz dieser Betriebe war in der Lage, kapitalintensive Investitionen zu tätigen und teuere Maschinen anzuschaffen.[40] Vom Wachstum des Gewerbes insgesamt kann nicht unmittelbar auf eine Steigerung der Kapitalnachfrage geschlossen werden, da diese stark von der Gewerbestruktur abhängig ist. So nahmen in der ersten Jahrhunderthälfte vor allem jene Gewerbe stark zu, die kein hohes Betriebskapital benötigten. Eine Brauerei verlangte zum Beispiel ein Betriebskapital in Höhe von 10 000 bis 30 000 Gulden und eine mittelgroße Spinnerei etwa 50 000 Gulden, der Aufbau einer Schuster- oder Schneiderwerkstatt dagegen nur 100 bis 600 Gulden.[41] Dass gerade die wenig kapitalintensiven Branchen stärker expandierten,

[35] Schumann, Unternehmer, S. 221 f.
[36] Steffan, Bayerische Vereinsbank, S. 41.
[37] Darunter werden solche Mittel verstanden, die den Unternehmern ohne feste Verzinsung und ohne Rückzahlungsverpflichtung überlassen werden.
[38] Schumann, Unternehmer, S. 100, 219.
[39] Born, Geld, S. 85 f.; Borchardt, Grundriß, S. 49 f.; vgl. ferner Kap. II, S. 73 f.
[40] Fisch, Stadtplanung, S. 76.
[41] Anegg, Gewerbestruktur, S. 81 f.

kann ein Hinweis dafür sein, dass Finanzierungsmöglichkeiten generell relativ knapp waren.

Reichte das eigene Vermögen nicht aus – und davon ist im Regelfall auszugehen –, wandte sich der Gewerbetreibende zunächst an Familienmitglieder und Freunde, um mit Hilfe eines persönlichen Darlehens über den Kapitalmangel hinwegzukommen.[42] Für solche privaten Darlehen, also jenen, die nicht über Banken liefen, kamen aber auch fremde Kapitalgeber in Betracht, etwa reiche Beamte oder Händler[43], die über reichlich Privatkapital verfügten, oder auch kleinere Gewerbetreibende wie Gastwirte und Krämer (Konsum- und Lieferantenkredite durch „Anschreiben"). Private Kredite wurden außerhalb des Familienkreises allerdings nur gegeben, wenn der potenzielle Kreditnehmer über ausreichende Bonität verfügte und die Risiken für den Gläubiger überschaubar waren. Diese Voraussetzungen waren jedoch aufgrund der fehlenden Transparenz der verschiedenen Märkte in vielen Fällen nicht erfüllt.[44]

Der Mangel an geeigneten Finanzintermediären, die oftmals zu schmale Kapitalbasis der vorwiegend in den Städten ansässigen Privatbankiers und die Absorption des am Markt angebotenen Kapitals durch den verschuldeten Staat zählten zu den wesentlichen Ursachen für die unzureichende Kapital- und Kreditversorgung der Unternehmen.[45] So konnten viele Erfindungen und Projekte wegen Kapitalmangels nicht oder nur verspätet in die Tat umgesetzt werden.[46]

3.3 Kapitalbedarf in der Landwirtschaft

Zu Beginn des 19. Jahrhunderts war der Großteil der Bauern noch an die Grundherrschaft gebunden und musste Abgabezahlungen an den Grundherrn leisten.[47] Erst durch die Bauernbefreiung erhielten die Bauern das Eigentumsrecht an den von ihnen bewirtschafteten Stellen, für das sie aber umfangreiche Ablösezahlungen zu entrichten hatten.[48] Diese hohen Beträge konnten sie in aller Regel nicht in einer Summe aufbringen, sondern nur in Raten und über einen längeren Zeitraum hinweg. Somit entstand aus der Ablösung des grundherrlichen Besitzes ein erheblicher Kreditbedarf. Darüber hinaus benötigten die zunehmend eigenverantwortlich wirtschaftenden Bauern häufig Betriebsmittelkredite, um die dem landwirtschaftlichen Betrieb immanenten saisonalen Schwankungen zu überbrücken.

Zu diesen beiden völlig neuen Ursachen für eine Erhöhung der Kreditnachfrage gesellte sich im Laufe des Jahrhunderts noch eine weitere: Mit dem technologischen Fortschritt stieg nicht nur die Effizienz in der landwirtschaftlichen Produktion, sondern auch der Investitionsbedarf durch die Anschaffung von technischem Gerät. Somit erstreckte

[42] Born, Geld, S. 94.
[43] Während der Unternehmensfinanzierung vor allem privates Handelskapital zu Verfügung stand, wurde das in der Landwirtschaft erwirtschaftete Kapital auch dort wieder investiert. Vgl. Böselmann, Entwicklung, S. 39 f.; Winkel, Ablösekapitalien, S. 24 f.
[44] Foerster, Unternehmer, S. 337 f.; Grimm, Bayerische Handelsbank, S. 48.
[45] Gömmel, Kapitalbildung, S. 342.
[46] von der Ohe, Bayern, S. 189-194; Bosl, Geschichte, S. 247.
[47] Bauer, Landwirtschaft, S. 46.
[48] Sitzmann, Bauernbefreiung, S. 21.

sich das landwirtschaftliche Kreditbedürfnis bei den Ablösezahlungen und betrieblichen Investitionskrediten auf den langfristigen Bereich und bei den Betriebsmittelkrediten auf den kurzfristigen Bereich.[49] Zur Befriedigung dieser verschiedenartigen Kreditbedürfnisse wurden im Laufe der Zeit adäquate Institutionen geschaffen: Ablösekassen, Hypothekenbanken und Raiffeisenbanken.[50] Da aber – wie im Falle der Raiffeisenbanken – die Institutsgründungen erst um die Mitte des 19. Jahrhunderts erfolgten oder – wie im Falle des Hypothekarkredits – die Kreditnachfrage das Angebot bei weitem überstieg, blieb die Situation in der ersten Jahrhunderthälfte insgesamt sehr angespannt.[51] Die Bauern waren daher zunächst weiterhin auf die private Kreditvergabe durch Wucherer[52] angewiesen, die den primären Sektor mit hohen Zins- und Pfandforderungen erheblich belasteten.[53]

3.4 Ausgewählte Beispiele privater Kapitalnachfrage

Eisenbahnlinie Augsburg – München

In Deutschland wurde der Eisenbahnbau nicht nur aufgrund der mit den hohen Investitionssummen verbundenen Einkommens- und Wachstumseffekte, sondern vor allem aufgrund der mit ihm verbundenen Verkehrsrevolution zum „leading sector". Erst die Eisenbahnen stellten kosten- und zeitsparende Verbindungen zwischen den wichtigsten Gewerbe- und Industrieregionen her und ermöglichten zusammen mit den Dampfschiffen den schnellen und billigen Massentransport.

Der deutsche Eisenbahnbau nahm in Bayern 1835 mit der ersten Linie zwischen Nürnberg und Fürth seinen Anfang und wurde auch für die bayerische Wirtschaft zum zentralen Faktor. Der wirtschaftliche Erfolg der Bahnstrecke Nürnberg – Fürth zeigte sich bereits in den ersten Wochen, als sich der Aktienkurs der Bahngesellschaft auf den doppelten Nennwert erhöhte.[54] Aufgrund dieses Erfolgs wurden weitere fünf bayerische Eisenbahngesellschaften gegründet, von denen eine den Verkehr auf der Strecke München – Augsburg aufnehmen sollte. Mit dieser Strecke wurde nicht nur ein traditionsreicher Handelsweg früh abgedeckt[55], sondern auch eine Verbindung zwischen den beiden wichtigen, noch um die Vorherrschaft auf dem Kapitalmarkt rivalisierenden Wirtschaftszentren hergestellt, was für die Entwicklung des Finanzplatzes München von großer Bedeutung werden sollte.[56]

[49] Die hypothekarische Verschuldung der bayerischen Landwirtschaft wird für das Jahr 1833 auf 390 Mio. Gulden beziffert. Vgl. Zorn, Wirtschafts- und Sozialgeschichte, S. 39.
[50] In der Einschätzung der Privatbankiers galten die Landwirte oftmals als nicht kreditwürdig.
[51] Bayerische Hypotheken- und Wechsel-Bank, Geschäftsbericht 1869.
[52] Eine kompakte Darstellung über Begriff, Erscheinung und Auswirkungen des Wuchers im frühen 19. Jahrhundert liefert Schubert, Wucher, passim.
[53] Lutz/Stummer, Hundertfünfundzwanzig Jahre, S. 10.
[54] Leiskow, Spekulation, S. 5.
[55] Liebl, Privateisenbahn, S. 69.
[56] Deutinger, Eisenbahn, S. 29.

Eröffnung der München-Augsburger Eisenbahn (1840): Die Eisenbahnverbindung zum Wirtschaftszentrum Augsburg war ein Meilenstein auf dem Weg Münchens zum bayerischen Finanzzentrum (kolorierte Kreidelithographie, Gustav Wilhelm Kraus, 1840).

Wie bereits Erfahrungen in England gezeigt hatten, erwiesen sich Eisenbahnaktien als lukrative Kapitalanlage, so dass auch in Bayern bei der Finanzierung des Eisenbahnbaus zunächst privates Kapital im Vordergrund stand.[57] Der Staat zeigte vorerst nicht zuletzt aufgrund der angespannten Haushaltssituation kein Interesse, die Finanzierung des Eisenbahnprojekts zu übernehmen. So wurde das erforderliche Kapital über eine Aktiengesellschaft – die „München-Augsburger Eisenbahngesellschaft" (MAE) – aufgebracht. Der Beitrag des Staates bestand lediglich darin, neben den normativen Regelungen, den so genannten „Fundamentalbestimmungen", eine Konzession für diese Aktiengesellschaft auszustellen.[58] Augsburger und Münchner Handels- und Bankhäuser waren die wichtigsten Aktionäre. Aufgrund der bei Zeichnungsbeginn noch positiven Performance mangelte es nicht an Kapitalangeboten, so dass das Aktienkapital in Höhe von drei Mio. Gulden schnell beisammen war.[59] Mit einigen Privatbankiers, die Darlehen gewährten und Obligationen der Eisenbahngesellschaft erwarben, entwickelte sich eine enge finanzielle Verflechtung. Den Staat stellte das Aufkommen der Eisenbahnaktien vor eine neue Situation: Bislang war er als einziger großer Nachfrager auf dem Kapitalmarkt aufgetreten und konnte unangefochten das anlagesuchende Kapital für seine Finanztitel in Anspruch nehmen. Nun aber erwuchs ihm in den Eisenbahnaktien eine ernst zu nehmende Konkurrenz.[60]

[57] Die Frage, ob die Eisenbahn staatlich oder privat zu finanzieren sei, war anfangs umstritten. Die leeren Staatskassen erwiesen sich zunächst als Hindernis für die staatliche Finanzierung, obgleich viele Experten ihr den Vorzug gaben. Zudem zeigte sich der König noch desinteressiert, seine Vorliebe galt dem Donau-Main-Kanal.
[58] Tröger, Eisenbahn, S. 300.
[59] Liebl, Privateisenbahn, S. 44.
[60] Grimm, Bayerische Handelsbank, S. 48.

Da man die Baukosten unterschätzt hatte, geriet die MAE im Sommer 1839 in Zahlungsschwierigkeiten. Angesichts der inzwischen nach unten korrigierten Gewinnerwartungen und des gesunkenen Aktienkurses erwies sich eine zusätzliche Kapitalbeschaffung als äußerst schwierig. Nachdem der Staat ein Darlehensgesuch abgelehnt hatte, versuchte die Eisenbahngesellschaft, eine vierprozentige Anleihe am Markt zu platzieren. Da jedoch kaum Interessenten gefunden werden konnten, mussten der Verwaltungsrat und das Direktorium der Eisenbahngesellschaft die Anleihe selbst zeichnen.[61] Angesichts des noch zu erwartenden hohen Kapitalaufwands und der – gemessen an den Erwartungen der Aktionäre – geringen Dividenden (zwischen 2,5 und 3,5 Prozent) kam es der Eisenbahngesellschaft sehr gelegen, dass der Staat bereit war, die Strecke Augsburg – München in sein Streckennetz zu übernehmen. Inzwischen hatte sich das Staatsbahnprinzip durchgesetzt[62] und der Staat trat zunehmend als Nachfrager auf dem Kapitalmarkt auf, wenn es um die Finanzierung von Eisenbahnprojekten ging.[63]

Maschinen- und Metallindustrie

Zunächst war der Eisenbahnbau in Bayern noch von Material- und Maschinenlieferungen aus dem Ausland abhängig. Erst 1837 kam es in Deutschland in Berlin und Karlsruhe zu den beiden ersten Gründungen von Maschinenbauwerkstätten. Ein Jahr später folgte bereits die erste bayerische Lokomotiven- und Maschinenfabrik in München. Ihr Gründer war Joseph Anton von Maffei (1790-1870), der von 1837 bis 1844 auch Vorsitzender der MAE war. Entscheidend für die ersten Erfolge der Fabrik war die Kapitalkraft des Unternehmers, der eine wohlhabende Münchner Kaufmanns- und Bankierstochter geheiratet hatte. Denn wie bei vielen innovativen Existenzgründungen standen den zu Beginn hohen Entwicklungskosten vorerst nur geringe Einnahmen gegenüber. Wie damals üblich brachte Maffei sein privates Kapital ein und verfügte somit beim Start über ausreichende Mittel.[64] In den 1840er Jahren profitierte Maffei vom europaweiten Eisenbahnboom und konnte bis 1849 insgesamt 56 Lokomotiven verkaufen; daneben baute er Dampfmaschinen und Dampfschiffe. Mit dem Revolutionsjahr 1848 begann aber auch für sein Unternehmen eine Krisenzeit. Zur Abwendung einer drohenden Zahlungsunfähigkeit gewährte König Ludwig I. ein Hypothekendarlehen in Höhe von 70 000 Gulden und einen Vorschuss von 30 000 Gulden auf bestellte Lokomotiven. Als Maffei Ludwig I. nur einen Monat nach dem ersten Darlehen nochmals um Unterstützung bitten musste, argumentierte er, der drohende Sturz anderer großer Fabriken

[61] Liebl, Privateisenbahn, S. 244 f.

[62] Für die Tatsache, dass sich schließlich das Staatsbahnprinzip auch in Bayern durchgesetzt hatte, sind grundsätzliche Erwägungen zu nennen. Aufgrund der Schwierigkeiten, privates Kapital zu rekrutieren, einerseits und der Bedeutung der Eisenbahn für die wirtschaftliche Entwicklung andererseits sah sich der Staat in der Verantwortung und begann nicht nur mit der Finanzierung, sondern auch mit der zentralen Planung des Streckennetzes – ähnlich wie es seit Anfang des 19. Jahrhunderts auch beim Chausseebau der Fall war. So konnten auch in entlegeneren Gebieten Handel und Industrie mit Hilfe der Eisenbahn gefördert werden. Indem der Eisenbahnbau nicht länger privater Initiative überlassen wurde, konnte der eventuell drohende Einfluss ausländischer Investoren vermieden werden, was auch unter militärisch-strategischen Gesichtspunkten relevant war. Auch wollte man die monopolartige Stellung der Eisenbahn nicht in privaten Händen belassen.

[63] Vgl. Kap. II, S. 56 f.

[64] Gömmel, Probleme, S. 10-13; Hummel, München, S. 399.

Feier zur Fertigstellung der 500. Lokomotive: Trotz fehlender Betriebsmittelkredite nahm die Münchner Lokomotivfabrik Maffei eine erfolgreiche Entwicklung (Fotografie, 1864).

habe das private Investitionsvertrauen vermindert, die Banken hätten ihre Hypothekendarlehen auf kleine Summen beschränkt und die meisten Geldpapiere seien bei ihrem schlechten Kurs nicht zu verwerten.[65] Dieser Vorfall belegt erneut, wie schwierig es für viele bayerische Unternehmer um die Jahrhundertmitte war, einen größeren Betriebsmittelkredit zu erlangen.

Trotz der vorübergehenden Schwierigkeiten trug die Maschinenfabrik Maffei wesentlich dazu bei, dass München sich in der zweiten Jahrhunderthälfte zu einem Zentrum der Eisenbahnindustrie entwickeln konnte. 1874 waren alle fünf Münchner Unternehmen, die mehr als 500 Personen beschäftigten, direkt oder indirekt im Eisenbahnsektor tätig. Dazu zählte der zweite bedeutende Münchner Lokomotivenhersteller, die 1866 von Georg Krauss als Kommanditgesellschaft gegründete und von Augsburger Industriellen und Kaufleuten mitfinanzierte Locomotivfabrik Krauss & Comp. Da Krauss selbst zwar sein Know-how, nicht aber Kapital beisteuern konnte, wandelte er sein Unternehmen 1887 in eine Aktiengesellschaft um, nachdem sich – rund 20 Jahre nach der Unternehmensgründung – genügend Investoren gefunden hatten, die bereit waren, das Risiko der Finanzierung auf sich zu nehmen.[66] Mit den Lokomotiven- und Maschinenfabriken entstand in München ein Industriezweig, der für die Industrialisierung Bayerns eine zentrale Rolle spielte. Es hatte sich in München also eine Zukunftsindustrie angesiedelt, während die in Augsburg beheimatete Textilindustrie ihre Bedeutung für den gesamtwirtschaftlichen Wachstumsprozess Bayerns bereits eingebüßt hatte.

[65] Ebd., S. 408 f.
[66] Auer, Krauss-Maffei, S. 70-75.

Exportorientierte Branche mit hohem Kapitalbedarf: Mit modernen Produktionsanlagen produzierte Löwenbräu, die größte Brauerei Münchens, 1865 bereits so viel Bier wie 40 Jahre zuvor alle Brauereien der Stadt zusammen (Plakat, um 1910).

Brauereien

Neben der Maschinen- und Metallindustrie gewannen die Brauereien erhebliche Bedeutung für den Aufstieg Münchens. So war das Brauwesen einer der wichtigsten Münchner Gewerbezweige, dem im 19. Jahrhundert der Übergang zur modernen industriellen Produktionsweise gelang.[67] Es handelte sich um einen stark expandierenden Sektor, dessen Aufschwung eng mit technischen Innovationen sowohl im Bereich des Brauwesens selbst als auch bei den Transport- und Lagerungsmöglichkeiten verbunden war.[68] Rationalisierungsbestrebungen kennzeichneten die gesamte Branche, das Brauverfahren wurde mehrfach verbessert und der Bierausstoß stieg deutlich an.[69] Da die Besitzer klei-

[67] Zerback, München, S. 88.

[68] Laufer, Brauwesen, S. 292 f.; Fingerle, München, S. 33; Deutinger, Eisenbahn, S. 257 f.

[69] Die Ausdehnung des Absatzradius infolge der verbesserten Verkehrsinfrastruktur führte zu einer Steigerung des Umsatzes und ermöglichte es dem Münchner Brauereigewerbe, die bis dahin führenden fränkischen Brauereien zu überholen.

nerer Brauereien die zur Einführung neuer Herstellungsverfahren notwendigen Investitionen nicht tragen konnten, wurden sie vielfach von den großen Brauereien übernommen.[70] So gab es 1840 in München noch 40 Brauereien, 1860 waren es 25 und 1870 nur noch 18.[71] Die für diese Branche auch in der Folgezeit typische Entwicklung, bei der die enorme Steigerung der Bierproduktion mit einer kontinuierlichen Verminderung der Zahl der Brauereien einherging, hatte eingesetzt.[72]

Parallel zur Betriebsgröße und zu den Veränderungen der Betriebsform wuchs der Kapitalbedarf der Branche. Vor allem die großen Unternehmen stellten mit ihrem Investitionsbedarf hohe Finanzierungsanforderungen.[73] Da sich die meisten Brauereien bis in die 1870er Jahre hinein in Familienbesitz befanden und noch nicht in Aktiengesellschaften umgewandelt worden waren[74], blieben ihre Finanzierungsmöglichkeiten indessen noch eingeschränkt. Die Finanzierung erfolgte zum Großteil aus Eigenmitteln, und die Fremdmittelbeschaffung basierte auf der Beleihung von Grundbesitz und der Wechseldiskontierung. Als dies nicht mehr ausreichte, entwickelte sich seit den 1850er Jahren der Kontokorrentkredit[75] zu einem immer wichtiger werdenden Finanzierungsinstrument.

3.5 Die Kapitalnachfrage des Staates

Bayerische Eisenbahnen

Mit der ursprünglichen Privatinitiative im Bereich des Eisenbahnbaus etablierte sich auch eine neue Unternehmensform: Die Aktiengesellschaft hatte sich hier auf breiter Front durchgesetzt und bewährt.[76] Nachdem erste Eisenbahnstrecken auf privater Basis entstanden waren, übernahm nun der bayerische Staat diese Aufgabe. Dieser Schritt hatte für die infrastrukturellen Gegebenheiten Bayerns langfristig große Bedeutung, speziell im Hinblick auf die Koordinierung der Streckenführung: München wurde als Hauptstadt zum Verkehrsknotenpunkt ausgebaut und erlangte so im Sinne der Standorttheorie einen entscheidenden Vorteil.

Ab 1840 kaufte der bayerische Staat die privaten Eisenbahngesellschaften schrittweise auf und drei Jahre später stimmte die Ständeversammlung dem Staatsbahnprinzip zu.[77] Die staatliche Finanzierung erfolgte mit unterschiedlichen Mitteln. Aufgrund der Abneigung Ludwigs I. gegenüber Darlehen von Aktienbanken griff der Staat zu Beginn

[70] Heckhorn/Wiehr, München, S. 23-46.

[71] Staatliches Hofbräuhaus, Dreihundertfünfzig Jahre, S. 60.

[72] Laufer, Brauwesen, S. 293 f.

[73] Jungamnn-Stadler, Brauer, S. 409; Birnbaum, Handwerk, S. 275 ff.; Zerback, München, S. 106-111, 187.

[74] Als erste Brauerei in der Rechtsform der Aktiengesellschaft entstand 1872 die Löwenbräu AG. Vgl. Heckhorn/Wiehr, München, S. 47-51.

[75] Vgl. Kap. II, S. 65 f., 68.

[76] Borchardt, Grundriß, S. 49 f.

[77] Auch wenn von nun an der Staat den Eisenbahnbau übernahm, so wurde dieses Prinzip noch lange diskutiert und mit der Gründung der privaten Ostbahngesellschaft 1856 wieder durchbrochen. Der Konkurrenzkampf zwischen privat und staatlich betriebenen Bahnen endete mit der Verstaatlichung der Ostbahn. Vgl. Deutinger, Eisenbahn, S. 251 f.; Zorn, Wirtschafts- und Sozialgeschichte, S. 27.

noch bevorzugt auf eigene Mittel zurück. So wurden die ersten Strecken aus Überschüssen der jeweils laufenden Finanzperiode bestritten. 1843 betrugen die Aufwendungen zum Beispiel 5,5 Mio. Gulden.[78] Im Sommer des gleichen Jahres wurde zur Finanzierung der Ankäufe das so genannte „Eisenbahn-Dotationsgesetz" erlassen, das die Gründung einer Eisenbahn-Dotationkasse vorsah, die mit der Staatsschuldentilgungskasse in Verbindung stehen sollte. Zusätzlich wurden bei der Staatsschuldentilgungskasse die Tilgungszahlungen der allgemeinen Staatsschuld ausgesetzt und die ursprünglich dafür vorgesehenen Mittel dem Bahnbau zur Verfügung gestellt.[79]

Dennoch gestaltete sich die Finanzierung immer schwieriger. Eine größere Aufnahme von Fremdmitteln wurde erst unter Maximilian II. möglich, der die Abneigung seines Vaters gegenüber Darlehen nicht in gleicher Weise teilte. Jetzt wandte sich der Staat gezielt an Bankinstitute und beteiligte die Bayerische Hypotheken- und Wechsel-Bank über eine Subskriptionsanleihe an der Finanzierung. Als weiteres Finanzierungsinstrument wurden seit 1850 Staatsobligationen in kleiner Stückelung auf den Markt gebracht. Dennoch war das Eisenbahnbudget ständig in Nöten, so dass 1856 durch ein weiteres Gesetz Abhilfe geschaffen werden musste, mit dem die Aufnahme weiterer Darlehen in Höhe von 12,2 Mio. Gulden zu einem Zinssatz von 4,5 Prozent möglich wurde. Hierbei wurde – wie auch bei späteren Gelegenheiten – die Hypo-Bank in Anspruch genommen, ebenso die Königliche Bank in Nürnberg.[80] 1855 waren von den insgesamt 104 Mio. Gulden, die für die Staatsbahnen aufgewendet worden waren, bereits 72 Mio. über Anleihen finanziert. Nach 1868 wurden die Eisenbahnschulden von der nun selbständigen Eisenbahn-Dotations-Kasse verwaltet.[81]

Donau-Main-Kanal

Trotz der immer deutlicher erkennbaren Vorteile der Eisenbahnen hielt König Ludwig I. an einem seit vielen Jahren diskutierten Kanalbauprojekt fest, das eine Verbindung zwischen den Flusssystemen des Main und der Donau herstellen sollte. Der Landtag genehmigte 1834 den Bau des Donau-Main-Kanals, der zehn Jahre später fertiggestellt wurde.[82] Die Finanzierung erfolgte über eine vom Haus Rothschild gegründete Aktiengesellschaft. Der Staat übernahm die Verantwortung für die Ausführung und Leitung des Kanalbaus, während sich das Haus Rothschild verpflichtete, das Aktienpaket in Höhe von 7,5 Mio. Gulden innerhalb eines Jahres am Markt zu platzieren. Dass sich der Staat in dieser Angelegenheit an Rothschild wandte, mag daran gelegen haben, dass dieses Bankhaus bei der Begebung von bayerischen Staatsanleihen bereits eine monopolähnliche Stellung eingenommen hatte und somit die Verbindungen zur öffentlichen Verwaltung entsprechend eng waren.[83] Das Publikum verhielt sich allerdings sehr zurückhaltend, denn im Vergleich zu den Eisenbahnaktien schien der Kanal eine nur wenig lukrative Anlage zu sein.[84] Im Herbst 1835 konnte in Augsburg nicht eine Kanalaktie abgesetzt werden, während dort nur kurze Zeit später Aktien der Bahnstrecke

78 Jungmann-Stadler, Finanzierung, S. 283 f.
79 Bayerische Staatsschuldenverwaltung, Hundertfünfzig Jahre, S. 46 f.
80 Jungmann-Stadler, Finanzierung, S. 291 f.
81 Bayerische Staatsschuldenverwaltung, Hundertfünfzig Jahre, S. 47.
82 Liedel/Dollhopf, Kanal, passim.
83 Liebl, Privateisenbahn, S. 28.
84 Bosl, Industrialisierung, S. 25.

München – Augsburg in Höhe von 1,5 Mio. Gulden gezeichnet wurden.[85] Daraufhin bot der Staat eine Zinsgarantie in Höhe von vier Prozent an und übernahm damit das finanzielle Risiko. Nach seiner Fertigstellung blieb der Kanal dauerhaft unrentabel, was nicht zuletzt auf die konkurrierenden Eisenbahnen zurückzuführen war.[86] Dies sollte sich in der Staatskasse deutlich bemerkbar machen. Nachdem 1852 alle Aktien aufgekauft worden waren, befand sich der Kanal gänzlich in staatlicher Hand. Vermutlich wurden diese Aufkäufe aus den „Erübrigungen", d. h. aus Überschüssen aus Haushaltsperioden, bezahlt.[87] Eine andere Quelle spricht allerdings davon, dass die Staatsschuldentilgungskasse für 1,5 Mio. Gulden aufgekommen sei.[88] Bei der Baufinanzierung des Donau-Main-Kanals gibt es – mit Ausnahme der Subskription der Kanalaktien auf bayerischen Märkten – keinen Hinweis auf ein Engagement Münchner Kreditinstitute. Staatliche Mittel waren dagegen in erheblichem Umfang durch das Projekt gebunden und standen für andere Verwendungen, die der wirtschaftlichen Entwicklung mehr gedient hätten, nicht zur Verfügung.

Prunkbauten und Hofhaltung

Neben den Ausgaben für das Heer und für gemeinnützige Einrichtungen hatten König und Hof auch „private" Bedürfnisse und Interessen, die finanziert werden mussten. Aufgrund der vor allem zu Beginn des Jahrhunderts angespannten Haushaltslage waren König und Regierung bei diesen Ausgaben auf Anleihen und Vorschüsse der Privatbankiers angewiesen. Besonders Aaron Elias Seligmann ist hier hervorzuheben. Bereits 1794 übernahm er eine Anleihe in Höhe von sechs Mio. Gulden, 1801 und 1808 folgten weitere Anleihen in Höhe von drei bzw. vier Mio. Gulden. Zudem leistete Seligmann Vorschüsse, zahlte Beamtengehälter und kam für persönliche Aufwendungen des Königs auf. Die jährlichen Ausgaben des Bankiers für die Abgesandten beliefen sich zwischen 1821 und 1824 auf etwa 350 000 bis 400 000 Gulden.[89]

Als Ludwig I. 1825 den Thron bestieg, leitete er einen Sparkurs ein, der vor allem den Militäretat und die Beamten- und Ministergehälter beschnitt. Über die so erwirtschafteten „Erübrigungen" konnte der König direkt verfügen und investierte sie in seine Lieblingsprojekte: den Donau-Main-Kanal und umfangreiche Bauten.[90] Das Baugewerbe übte unter Ludwig I. insgesamt einen positiven Einfluss auf das Wirtschafswachstum aus – nicht zuletzt auch aufgrund der aus dem starken Bevölkerungswachstum resultierenden umfangreichen Bautätigkeit in München, die durchweg privat finanziert wurde. Somit kommt auch dieser Branche eine Schlüsselfunktion im gesamtwirtschaftlichen Aufschwung Bayerns zu.[91]

[85] Liebl, Privateisenbahn, S. 29.
[86] Ebd., S. 30; Wagner-Braun, Bedeutung [1996], S. 9.
[87] Liebhart, Königtum, S. 67.
[88] Bayerische Staatsschuldenverwaltung, Hundertfünfzig Jahre, S. 39.
[89] Schnee, Familie, S. 176 f.
[90] Liebhart, Königtum, S. 67; Nöhbauer, München, S. 251 f.
[91] Birnbaum, Handwerk, S. 91.

4. Das Kapitalangebot aus institutioneller Sicht

4.1 Aufbau der Bankenstruktur

Für die Entwicklung des Finanzplatzes München war es von zentraler Bedeutung, dass sich – im Sinne der Standort- und Innovationstheorie – im Bereich der Finanzintermediäre ein Branchenschwerpunkt, ein so genanntes Branchencluster, herausbilden konnte.[92] Banken, Versicherungen und Börse sind in diesem Zusammenhang als die wichtigsten Finanzintermediäre und gleichzeitig als verwandte und sich unterstützende Bereiche zu betrachten. Ein führender Finanzplatz zeichnet sich durch eine hohe Konzentration von Banken und Versicherungen und damit verbunden durch den Wettbewerb zwischen den Finanzintermediären aus. Deshalb ist zu untersuchen, wie sich die Struktur dieser Branchen im 19. Jahrhundert entwickelte.

In der ersten Jahrhunderthälfte etablierten sich die für den Münchner Kapitalmarkt bedeutenden Bankentypen. Bestanden zunächst nur die traditionellen Banken, d. h. die staatlichen Institute und die Privatbankiers, so traten im Laufe des Betrachtungszeitraumes die Sparkassen, Aktienbanken und Kreditgenossenschaften hinzu.[93]

Staatliche Bankinstitute

Die wichtigsten staatlichen Bankinstitute waren die Staatsschuldentilgungskasse und die Königliche Bank, die beide in erster Linie zur Sicherstellung der Liquidität der staatlichen Institutionen beitragen sollten. Zu diesem Zweck vergaben sie Kredite und emittierten Anleihen. Die Staatsschuldentilgungskasse entstand als Folge der desolaten Finanzlage Bayerns zu Beginn des 19. Jahrhunderts. Maximilian I. Joseph schuf durch die königliche Verordnung vom 20. August 1811 die Voraussetzungen für die Gründung des Instituts, das als selbständiges zentrales Verwaltungsorgan mit der Aufgabe betraut wurde, die tatsächliche Schuldenbelastung des Staates festzustellen, die Staatsschuld zu tilgen[94] und die Anleihezinsen zu senken.[95] Die Staatsschuldentilgungskasse diente ferner als Sammelstelle für Gelder von privaten Anlegern bzw. für Mündelgelder und nahm die Funktion einer Depositenstelle für Geldanlagen der Gerichte, Verwaltungsbehörden und verschiedener Unterstützungsfonds ein. Zu Refinanzierungszwecken begab sie Anleihen und stellte Kassenbonds aus, die für Steuerzahlungen verwendet werden konnten.[96] Eine über die Staatsschuldenverwaltung hinausgehende Bedeu-

[92] Porter, Wettbewerbsvorteile, S. 155.

[93] Nach Gründung der Bayerischen Hypotheken- und Wechsel-Bank entstanden große bayerische Aktienbanken erst in der zweiten Hälfte des 19. Jahrhunderts, so die Bayerische Vereinsbank und die Bayerische Handelsbank jeweils im Jahr 1869.

[94] Dieses Ziel wurde allerdings nicht erreicht. So erhöhte sich die Staatsschuld von 95 Mio. Gulden im Jahr 1818 auf über 131 Mio. Gulden im Jahr 1842. Vgl. Ruppel, Börse, S. 12.

[95] Beispiele für die Herabsetzung der Zinssätze finden sich bei Heydenreuther, König, S. 432.

[96] Vgl. Bayerische Staatsschuldenverwaltung, Hundertfünfzig Jahre, S. 14.

tung erlangte die Staatsschuldentilgungskasse später in Verbindung mit den Sparkassen, denen sie Refinanzierungsmöglichkeiten zu festen Zinssätzen bot.[97]

Die besondere Bedeutung der Staatsschuldentilgungskasse im Hinblick auf die Entwicklung des Finanzplatzes München war, dass es ihr gelang, die Staatsschuld zu ordnen, einen regelmäßigen Schuldendienst zu gewährleisten und damit Vertrauen bei den Gläubigern zu schaffen. Durch ihre Tätigkeit auf dem Gebiet der Mittelbeschaffung trug sie darüber hinaus wesentlich zur Erweiterung des Kapitalmarktvolumens bei.

Die Königliche Bank geht auf den im Juli 1780 gründeten Brandenburg-Ansbach-Bayreuthischen Hofbanco – die so genannte „Hochfürstlich Brandenburgische Hofbank" – in Ansbach zurück, der als erste bayerische Bank das Recht hatte, verzinsliche Banknoten zu emittieren. In erster Linie diente der Banco dem Markgrafen zur Abwicklung der Subsidien, die England für die aus Ansbach zur Verfügung gestellten Soldaten zahlte.[98] Mit dem Wegfall dieser Einnahmen geriet er in finanzielle Schwierigkeiten.[99] Sein Name wurde mehrfach verändert: Von 1792 bis 1806 hieß er „Königlich Preussischer Banco in Franken", dann kurze Zeit „Königlich Bayerische Banco zu Fürt".[100] Im Jahr 1806 fiel Ansbach an Bayern und nach zähen Verhandlungen auch die Bank, die schließlich nach Nürnberg verlegt und in „Königlich Bayerische Banco in Nürnberg" umbenannt wurde.[101] Bald setzte sich der Name „Königliche Bank" durch.[102] In beratender Funktion für die Regierung tätig, wirkte die Bank bei der Begebung von Staatsanleihen ebenso mit wie bei der Finanzierung staatlicher Großprojekte im Zuge der Industrialisierung Bayerns.[103] Die Königliche Bank hatte zwar – wie schon ihre Vorgängerinstitute – das Recht, verzinsliche Noten auszugeben, die im Grunde den Charakter von Staatspapieren hatten[104]; sie durfte aber keine unverzinslichen, d. h. heutigen Vorstellungen entsprechende, Banknoten ausgeben.[105] Durch die Bankverordnung vom 4. Oktober 1850 wurde der Zuständigkeitsbereich der Königlichen Bank in Nürnberg vom fränkischen auf den gesamten bayerischen Raum ausgedehnt.[106] Entgegen dem Wortlaut dieser Verordnung blieb Südbayern aber stillschweigend das ausschließliche Geschäftsgebiet der Bayerischen Hypotheken- und Wechsel-Bank, während sich die Königliche Bank bis 1875 weiterhin auf Nordbayern beschränkte, so dass der Wettbewerb zwischen beiden Instituten weitgehend vermieden wurde („bayerische Bankengeometrie").[107]

[97] Im Zusammenhang mit der schwierigen Lage der Staatsfinanzen wurde auf Wunsch der Staatsschuldentilgungskasse im Jahr 1812 die Discontokasse gegründet. Es handelte sich um ein Privatinstitut der Augsburger Bankhäuser Schätzler, Wohnlich & Froelich, Carli & Comp. und der Münchner Bankhäuser Karl Lorenz von Mayer, Angelo Sabbadini, Mathias Scheichenpflug und Josuel Wertheimer. Die Geschäfte erwiesen sich aber als verlustreich, so dass es 1819 zum Vergleich kam. Vgl. Pohl, Bankwesen, S. 75.

[98] Steffan/Diehm, Bayerische Staatsbank, S. 16.

[99] Ebd., S. 47 f.

[100] Dollhopf, Geschichte, S. 168 ff.

[101] Steffan/Diehm, Bayerische Staatsbank, S. 70-85; Müller, Bank, S. 116 f.

[102] Mit der Ausrufung der Republik in Bayern 1918 wurde die Bank in „Bayerische Staatsbank" umbenannt.

[103] Steffan/Diehm, Bayerische Staatsbank, S. 145.

[104] Dieses Recht übte sie bis 1875 aus.

[105] Wachinger, Notenbank, S. 3.

[106] Steffan/Diehm, Bayerische Staatsbank, S. 141.

[107] von Poschinger, Bankgeschichte, S. 15.

Privatbankhäuser

Wie auch andernorts üblich, verbanden die meisten Münchner Privatbankiers bis in die erste Hälfte des 19. Jahrhunderts hinein das Bank- mit dem Handelsgeschäft. 1846 gab es in München 41 Privatbankhäuser.[108] Mit einer traditionellen Nähe zum Königshaus waren die größten und bedeutendsten unter ihnen als Hoffaktoren tätig. Der um die Jahrhundertwende bedeutendste Privatbankier war Andrea Michele Dall'Armi, der 1786 in die reiche Münchner Handels- und Bankiersfamilie Nocker eingeheiratet hatte. Er war Bankier und Kreditgeber, aber auch Kolonialwarenhändler und Hoflieferant. 1795 wurde auf seine Initiative hin eine Getreidemagazingesellschaft auf Aktienbasis gegründet, eine der frühesten Aktiengesellschaften in Bayern.[109] 1817 musste sein Bankhaus schließen.[110]

Der Hofagent Aron Elias Seligmann gehörte der zweiten bedeutenden Bankiersfamilie an. Er wurde 1816 in den Adelsstand erhoben und erhielt den Namen „von Eichthal". Das Bankhaus vermittelte für die bayerische Regierung hohe Summen an Staatsanleihen.[111] Seligmanns Sohn Simon Freiherr von Eichthal engagierte sich stark im bayerischen Eisenbahnbau und wurde Mitbegründer der Bayerischen Hypotheken- und Wechsel-Bank, bei der er ein Drittel des Aktienkapitals zeichnete.[112]

Bedeutung erlangte ferner der aus Ansbach stammende Privatbankier Anton Hirsch, der sich am Staatsanleihengeschäft der Staatsschuldentilgungskasse beteiligte und 1821 als königlicher Hofbankier eine Bank in München eröffnete. Auch er wurde geadelt und beteiligte sich an der Gründung der Bayerischen Hypotheken- und Wechsel-Bank.[113] Als weitere bedeutende Bankhäuser wurden in München die Bankhäuser Joel Nathan Oberndoerffer[114], Josuel Wertheimer[115] sowie die Schätzler, Altmann, Guggenheimer, Lichtenstein und Kaula gegründet.[116] Insgesamt war die Zahl der Privatbankiers jedoch rückläufig.[117] Resümierend bleibt festzuhalten, dass sich die bedeutendsten Privatbankiers hauptsächlich im Staatskreditgeschäft engagierten.

Sparkassen

In der Zeit der ersten deutschen Sparkassengründungen im letzten Drittel des 18. Jahrhunderts kamen auch in München erste Ideen zur Errichtung einer „Dienstbotenkasse" auf. Es dauerte aber bis 1821, ehe sich der Magistrat der Stadt München nach einer ent-

108 Zerback, München, S. 115.
109 Bis dato gab es für die Rechtsform Aktiengesellschaft noch keine gesetzliche Regelung.
110 Bereits 1815 wollte sich Dall'Armi aus dem Geschäft zurückziehen und übergab das Bankhaus an seinen jungen Neffen Franz Nocker, für den nun eine glücklose Zeit begann. Zum Ruin des Bankhauses trugen u. a. der Zusammenbruch des Bankhauses Spiro, mit dem Nocker in Verbindung stand, und das Scheitern einer selbstaufgelegten Staatsanleihe bei. Am 10. Oktober 1820 erschoss sich Franz Nocker. Vgl. von Bary, Michael von Dall'Armi, S. 823 f.
111 Müller, Unternehmer, S. 116.
112 Pohl, Bankwesen, S. 34.
113 Zorn, Gewerbe, S. 793; Pohl, Bankwesen, S. 35.
114 Bayerisches Wirtschaftsarchiv, F20/598, Chronik des Bankhauses Aufhäuser.
115 Pohl, Bankwesen, S. 35.
116 Stadtarchiv München, Branchenbuch der Stadt München 1870, S. 98 f.
117 1869 unterhielten in München insgesamt 30 Privatbankiers eigene Bankhäuser. Vgl. Steffan, Bayerische Vereinsbank, S. 39.

sprechenden Aufforderung des Staatsministeriums erstmals mit der Gründung einer Sparkasse befasste.[118] Zwei Jahre später wurden diese Pläne erneut aufgegriffen, nachdem die Staatsschuldentilgungskasse dazu verpflichtet worden war, von den bayerischen Sparkassen überschüssige Gelder in unbegrenzter Höhe zu einem Zinssatz von fünf Prozent anzunehmen.[119] Erst jetzt war, zumindest in theoretischer Sicht, eine Basis für die Rentabilität des Sparkassengeschäfts geschaffen; denn die Sparkassen konnten nur dann Einlagen zu einem gesicherten und garantierten Zinssatz annehmen, wenn sie in der Lage waren, diese zu einem höheren Zinssatz anzulegen. Aber gerade hierzu hatten sie zunächst – außer bei der Staatsschuldentilgungskasse – kaum Möglichkeiten.

Mit der im Jahr 1823 gegründeten Münchner Sparkasse – nach der Nürnberger, der Augsburger, der Würzburger, der Regensburger und der Landshuter[120] eine der ersten Sparkassengründungen in Bayern[121] – wurde eine Institution geschaffen, mit deren Hilfe Bauern, Handwerker, Dienstboten und Arbeiter kleine Beträge zur Absicherung gegen Lebensrisiken wie Krankheit, Invalidität oder Alter ansparen konnten.[122] Die Sparkasse war zwar in erster Linie für die „minderbemittelten Einwohner und besonders [für die] arbeitenden und dienenden Klassen“[123] bestimmt, eine lokale oder gesellschaftliche Beschränkung des Kundenkreises fand dennoch nicht statt, weshalb es schnell zu einem Aufschwung des Geldinstituts kam. Die Einlagenhöhe war auf 300 Gulden pro Person und Jahr begrenzt, ein absolutes Einlagenmaximum bestand aber nicht, so dass auch wohlhabendere Kunden nicht ausgeschlossen wurden.[124] Mit dem jährlichen Höchstbetrag wurde lediglich vordergründig demonstriert, dass die Sparkasse die ihr laut Statut zugeordnete Klientel bediente.[125]

Bereits im ersten Geschäftsjahr hatten 726 Sparer 63 387 Gulden angelegt, d. h. im Durchschnitt kamen etwa 87 Gulden auf jeden Sparer. In Anbetracht des damaligen Jahreslohns kann somit von Anfang an auf eine über die ärmere Bevölkerungsschicht hinausgehende Kundenstruktur geschlossen werden. Die Sparkasse nahm offensichtlich anlagesuchendes Kapital aus der unteren und mittleren Bevölkerungsschicht auf. Auch im weiteren Geschäftsverlauf konnte sie das Vertrauen der Anleger bewahren, selbst Zinssenkungen hatten keinen negativen Einfluss, so dass das Einlagenvolumen bis 1841/42 auf 6,8 Mio. Gulden anstieg. Schon im Geschäftsjahr 1833/34 verfügte die Münchner Sparkasse über die größten Aktiva unter den inzwischen 39 bayerischen Sparkassen und galt 1839 nach der Sparkasse Berlin als das zweitgrößte Sparinstitut Deutschlands.[126]

118 Ebd., S. 21.
119 Feldenkirchen, Sparanstalt, S. 31.
120 Im Gründungsjahr der Münchner Sparkasse (1823) hatten die bereits existierenden bayerischen Sparkassen schon 1,8 Mio. Gulden bei der Staatsschuldentilgungskasse angelegt. 1834 waren es bereits 2,8 Mio. Gulden und 1839 ca. sechs Mio. Gulden. Daraufhin wurden die Zinsen auf vier bzw. 3,5 Prozent gesenkt und ab 1843 durften schließlich keine Sparkassengelder mehr bei der Staatsschuldentilgungsanstalt angelegt werden. Vgl. ebd., S. 29.
121 Krüger, Geschichte, S. 65; Hirschhorn, Sparkasse, S. 8.
122 Ettenhuber, Stadtsparkasse München, S. 16.
123 Hummel, München, S. 433.
124 In anderen Fällen erwies sich die Festlegung eines absoluten Einlagenhöchstbetrages als wachstumshemmend, so zum Beispiel bei der Sparkasse Regensburg. Vgl. Gömmel/Boniakowski, Hundertfünfundsiebzig Jahre, passim.
125 Roth, Geld, S. 4-12; Schattenhofer, Kirchen, S. 303 f.
126 Ettenhuber, Stadtsparkasse München, S. 38.

Gründe für diese rasche Entwicklung waren einerseits die Knappheit mündelsicherer Anlagemöglichkeiten und andererseits die vergleichsweise guten Konditionen der Sparkasse: Während das Münchner Leihhaus[127] und die Hypotheken- und Wechsel-Bank Einlagen mit drei bzw. zwei Prozent verzinsten, gewährte die Sparkasse $3^1/_3$ Prozent.[128]

Es verwundert daher kaum, dass der Kundenkreis der Sparkasse weit gefasst war, wie eine Stichprobe aus dem Jahr 1833 zeigt: 37 Prozent der Kunden waren Kleinsparer mit einem Vermögen bis zu 100 Gulden. Die zweitgrößte Anlegergruppe aber, bestehend aus Beamten und Selbständigen aus Handel und Gewerbe, gehörte dem Mittelstand an, der ebenfalls nach Anlagemöglichkeiten suchte.[129] Es zeigt sich also, dass die Angebotsausweitung im Sparkassenwesen insgesamt positiv aufgenommen wurde. Die Sparkasse hatte erstmals die Möglichkeit geschaffen, kleinere Beträge zinsbringend anzusparen, andererseits bündelte sie diese gesammelten Kleinbeträge, die dann der Finanzierung des Staates und später der Industrialisierung zugeführt werden konnten.[130]

Da die Sparkasse ihre Einlagen zum größten Teil bei der Staatsschuldentilgungskasse anlegte[131], ergab sich im Laufe der Jahre eine gefährliche Abhängigkeit von der Geschäftspolitik dieser Staatsbank, deren Zinssenkungen direkten Einfluss auf die Zinspolitik bzw. auf die Ertragslage der Sparkasse hatten. Dieses Phänomen zeigte sich erstmals zwischen 1830 und 1832, deutlicher jedoch 1842: Im Bestreben, die Staatsschuld zu reduzieren, sah sich die Staatsschuldentilgungskasse in jenem Jahr aufgrund eines Ministerialerlasses veranlasst, die Annahme von Sparkassengeldern zu stoppen. Darüber hinaus wurde nachträglich die Verzinsung des vor 1836 bei der Staatsschuldentilgungskasse eingelegten Kapitals auf 3,5 Prozent gesenkt. Dies traf die Sparkasse München unmittelbar, denn die bisherige Anlagepolitik konnte nun plötzlich nicht mehr fortgesetzt werden und die Alternative, die Gelder bei der Gemeinde unterzubringen, barg aufgrund der Langfristigkeit der Anlage und der geringen Tilgungsraten nicht unerhebliche Gefahren.

Die Krise verstärkte sich mit den Missernten der Jahre 1842/43. Zudem absorbierte der Eisenbahnbau inzwischen in beträchtlichem Maße staatliches und privates Kapital. Kapitalknappheit und höhere Zinssätze insbesondere im Eisenbahnbereich waren die unausweichliche Folge.[132] Aufgrund der neuen und lukrativen Alternativen wurden in großem Umfang Einlagen von der Sparkasse abgezogen, so dass sie auf Rückzahlungen der Staatsschuldentilgungskasse angewiesen war. Deren Mittel wurden jedoch infolge der ebenfalls hohen Inanspruchnahme durch den Eisenbahnbau und die zunehmende Bautätigkeit des Königs immer knapper. Im Krisenjahr 1847/48 war die Staatschuldentilgungskasse schließlich nicht mehr in der Lage, die von den bayerischen Sparkassen zurückgeforderten Gelder auszuzahlen, was die Sparkasse München in erhebliche Existenznöte brachte.[133] Die Versuche der Sparkasse, mit Hilfe von Anleihen bzw. Darlehen

[127] Leihhäuser gewährten Kleinkredite an Privatpersonen gegen Verpfändung von Gegenständen. Das Münchner Leihhaus entstand bereits 1754. Vgl. Houtman-De Smedt/van der Wee, Entstehung, S. 83.

[128] Ettenhuber, Stadtsparkasse München, S. 49; Büschgen, Bankbetriebslehre, S. 125.

[129] Ettenhuber, Stadtsparkasse München, S. 50.

[130] Hier erlangte vor allem die Aufgabe der Losgrößentransformation Bedeutung.

[131] Hirschhorn, Sparkasse, S. 62.

[132] Ettenhuber, Stadtsparkasse München, S. 52-55.

[133] Ebd., S. 17; Hirschhorn, Sparkasse, S. 13.

der Königlichen Bank und der Hypotheken- und Wechsel-Bank ausreichende Liquidität zu erlangen, waren wenig erfolgreich.[134] Um den Abfluss der Spareinlagen zu stoppen, verfügte der Magistrat schließlich eine Auszahlungsbeschränkung auf einen Höchstbetrag von 100 Gulden an „minderbemittelte Sparer" und erhöhte die Verzinsung auf vier Prozent – eine äußerst riskante Maßnahme angesichts eines Wiederanlagezinses von 3,5 Prozent. Als im Juni 1848 die Rückzahlung der schwebenden Verbindlichkeiten der Staatsschuldentilgungskasse gesetzlich geregelt wurde und eine regelmäßige Tilgung einsetzte, entspannte sich die Lage der Sparkasse wieder. Dennoch fand sie zu keinem erfolgreichen Geschäft zurück und wurde nach der Ablösung der bestehenden Einlagen am 1. April 1860 geschlossen.[135]

Schon im Jahre der Zahlungseinschränkung der alten Sparkasse veranlasste der Magistrat zum 1. Dezember 1848 die Eröffnung eines neuen Instituts. Eine Wiedereröffnung der alten Sparkasse kam nicht in Betracht, da eine vom alten System unabhängige Positionierung angestrebt werden sollte.[136] Neu eingeführt wurde die Pflicht der Sparkasse, 25 Prozent der Gesamteinlagen als Liquiditätsreserve – als so genanntes „Bereitschaftsviertel" – zu halten.[137] Die Anlagepolitik der Sparkasse wurde zugleich grundlegend reformiert, um einseitige Abhängigkeiten wie zu Zeiten der engen Zusammenarbeit mit der Staatsschuldentilgungskasse zu vermeiden. Die neue Sparkasse durfte fortan staatliche Obligationen kaufen, Darlehen und Vorschüsse an die Gemeinde geben, ein Bankguthaben bei der Bayerischen Hypotheken- und Wechsel-Bank unterhalten und ab 1858 sogar in Eisenbahnaktien investieren.[138] Dadurch konnte sie nun auch im Aktivgeschäft freier und mit einer breiteren Palette an Anlageprodukten marktorientierter agieren. Die ersten Geschäftsjahre der neuen Sparkasse blieben dennoch nicht krisenfrei. Aufgrund der erhöhten Barreservehaltung und einer geringen Zinsmarge war die Ertragslage nicht optimal. Außerdem war die Sparkasse in Zeiten sozialer und politischer Verunsicherungen erneut von Einlagenabzügen betroffen, so insbesondere in den Jahren 1865/66 und 1870/71.

Genossenschaftliche Kreditinstitute

Die schwierige geschäftliche Entwicklung der neuen Sparkasse war auch auf die neu entstehende Konkurrenz der Kreditgenossenschaften zurückzuführen.[139] So wirkte sich die Tätigkeit des 1862 gegründeten „Münchner Darlehen-Vereins (mit Solidarhaft)"[140] ebenso aus wie die der seit 1865 in allen Regierungsbezirken gegründeten genossenschaftlichen Kreditinstitute.[141] Mit der Bauernbefreiung und der Aufhebung der Zunftschranken gewannen Bauern und Gewerbetreibende nicht nur neue Freiheiten, sondern standen auch neuen ökonomischen Herausforderungen gegenüber. Der aus dieser unge-

[134] Ettenhuber, Stadtsparkasse München, S. 58.
[135] Ebd., S. 18.
[136] Zu den wichtigsten Grundsätzen der neuen Satzung vgl. ebd., S. 72.
[137] Ebd., S. 19.
[138] Hirschhorn, Sparkasse, S. 61.
[139] Krauss, Banken, S. 27.
[140] 1865 erfolgte die Umbenennung in „Münchner Industriebank E.G.m.unbeschr.H." Das Institut gilt als Vorläufer der heutigen Münchner Bank e. G., vgl. Ruhland, Entwicklung, S. 134; Folz, Raiffeisenbewegung, S. 153.
[141] Ruhland, Anfänge, S. 36. Vorläufer ländlicher Kreditgenossenschaften entstanden verstärkt in Franken bereits im 18. Jahrhundert. Vgl. Hohenegg, Raiffeisen, S. 10.

wohnten Situation erwachsende Kapitalbedarf konnte erst ab der Mitte des 19. Jahrhunderts mit Hilfe des neuen genossenschaftlichen Banktyps befriedigt werden.[142] Von da an begann auch in Bayern, wo 1877 der Bayerische Genossenschaftsverband entstand, eine breite Genossenschaftsbewegung.[143]

Bayerische Hypotheken- und Wechsel-Bank

Während mit der Sparkasse ein Institut gegründet worden war, das hauptsächlich dazu geeignet war, die Anlagebedürfnisse der Bevölkerung zu befriedigen, bildete der gesamte Kreditbereich in der ersten Jahrhunderthälfte noch eine gesamtwirtschaftliche Schwachstelle. Mit der Staatsschuldentilgungskasse, der Königlichen Bank und den Münchner Hofbankiers war lediglich der Staatskredit gesichert. Die Privatwirtschaft aber, insbesondere die Landwirtschaft und in zunehmendem Maße auch das wachsende Gewerbe und der Handel, litten an einer Unterversorgung vor allem im Bereich der langfristigen Kredite, da es noch an geeigneten Institutionen fehlte, die diese Marktlücke hätten schließen können.[144] Die Raiffeisen- und Volksbanken erlangten erst ab der Jahrhundertmitte Bedeutung[145], so dass zunächst nur Privatpersonen und Privatbankiers als Kreditgeber in Frage kamen. Letztere pflegten jedoch überwiegend nur das kurzfristige Kreditgeschäft und standen kaum in Verbindung zur Privatwirtschaft.[146]

Dieser fehlende bzw. ineffiziente Kapitalaustausch ließ den Ruf nach einem landesweit agierenden Bankinstitut laut werden, das als Vermittler zwischen Kreditangebot und Kreditnachfrage fungieren und so die bayerische Wirtschaft beleben konnte.[147] Verwirklicht wurde dies mit der Gründung der Bayerischen Hypotheken- und Wechsel-Bank am 8. Juni 1835.[148] Laut Statut sollte die in der Rechtsform einer Aktiengesellschaft[149] errichtete Bank drei Fünftel ihrer Fonds für Hypothekendarlehen und zwei Fünftel für den klassischen kurzfristigen Bankkredit zur Verfügung stellen.[150] Im Bereich des langfristigen Kredits stellte sie als erste Hypothekenbank Deutschlands eine wichtige Innovation für den Standort München dar.[151] Schon wenig später, ab 1857, nahm sie dann auch im Bereich des kurzfristigen Kredits eine Pionierrolle ein: Mit dem

[142] Hüttl, Ursprung, S. 11.

[143] Historischer Verein bayerischer Genossenschaften, Einführung, S. 17.

[144] Zu den Finanzierungsmöglichkeiten und Finanzierungsgewohnheiten des unternehmerischen Mittelstandes in Gewerbe und Landwirtschaft vgl. Wagner-Braun, Grundlinien, S. 78-82.

[145] Historischer Verein bayerischer Genossenschaften, Einführung, S. 11.

[146] Aktienbanken entstanden ab der Jahrhundertmitte, als der erhöhte Finanzierungsbedarf vor allem der Industrie nur durch kapitalstarke Bankinstitute befriedigt werden konnte. Eine gesetzliche Regelung erfuhr die Aktienbank erst nach 1840. Vgl. Wandel, Banken, S. 3; Pohl, Bankwesen, S. 121.

[147] Jungmann-Stadler, Gründung, S. 5.

[148] Geschichte der Bayerischen Hypotheken- und Wechsel-Bank; Jungmann-Stadler, Gründung, S. 3; Lutz/Stummer, Hundertfünfundzwanzig Jahre, S. 891.

[149] Die Organisationsstruktur der Hypotheken- und Wechsel-Bank entstand bereits vor der gesetzlichen Regelung für die Aktiengesellschaften im Allgemeinen. Dennoch waren von Anfang an die Grundstrukturen erkennbar, die später das Aktiengesetz vorschrieb. Somit zeigte die Bank als erste Aktienbank Bayerns ihre Innovationsfähigkeit auch auf diesem Gebiet. Vgl. Pronold, Organisation, S. 61, 74.

[150] Edlin-Thieme/Jungmann-Stadler, Geschichte, S. 8.

[151] Pohl/Jachmich, Einführung, S. 20.

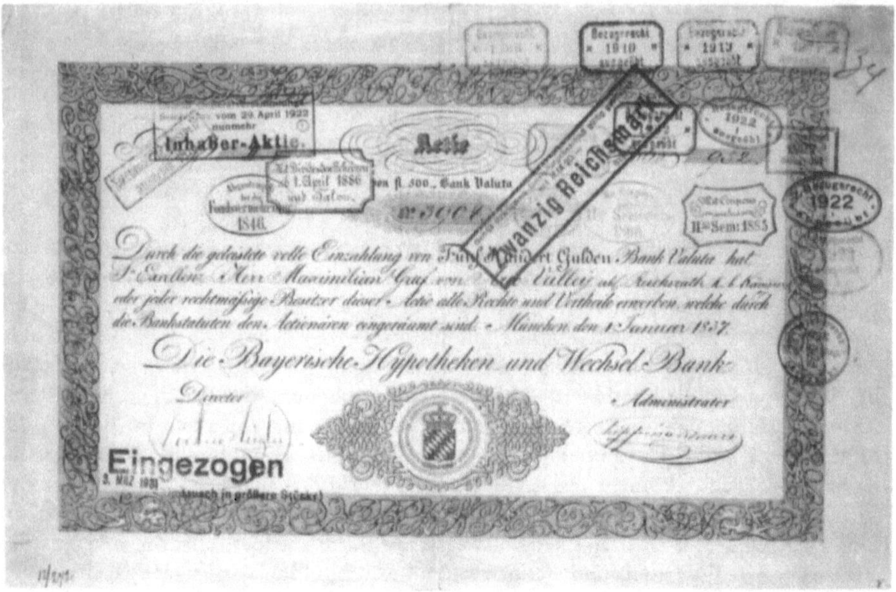

Aktie der Bayerischen Hypotheken- und Wechsel-Bank AG (1837).

Kontokorrentkredit schuf sie ein neues Finanzierungsinstrument[152], das der erhöhten Nachfrage nach Betriebsmittelkrediten Rechnung trug und zur Überbrückung kurzfristiger Finanzierungsengpässe diente.

Die Bank beachtete die so genannte „Goldene Bankregel" genau und verwandte die kurzfristigen Mittel aus den Einlagen für kurzfristige Kredite, während sie die langfristigen Hypothekarkredite mit langfristigen Mitteln finanzierte. Infolge dieser vorsichtigen Politik der Fristentransformation war allerdings das Potenzial für langfristige Kredite von Beginn an begrenzt. Angesichts der großen Kreditnachfrage, insbesondere im Hypothekengeschäft, stieß die Bank schon bald an ihre Grenzen. Bis zur Einführung des Pfandbriefs beschaffte die Hypo-Bank ihr Kapital für die langfristigen Ausleihungen aus dem Beteiligungskapital, dem so genannten „Bankfonds", und aus dem mit (freiwilligen) Rücklagen gebildeten „Reservefonds". Es war vorgesehen, das Beteiligungskapital in mehreren Abschnitten zunächst bis zu einem Höchstbetrag von 20 Mio. Gulden zu erweitern. Nach Eröffnung der Bank am 15. Oktober 1835 waren die Gelder der ersten Einzahlung in Höhe von einer Mio. Gulden bereits am Monatsende als Kredite ausgegeben worden, so dass die Bank bei der Staatsregierung um einen Überbrückungskredit in Höhe von 500 000 Gulden nachsuchen musste; der zweite Einzahlungs-

152 Die Einführung des Kontokorrentkredits verlief durchaus nicht reibungslos. Da dieses Finanzierungsinstrument lange Zeit als „Blanko-Kredit" angesehen wurde, war eine Abänderung des Bankgesetzes vom 15. April 1840 erforderlich. Vgl. Jungmann-Stadler, Brauer, S. 408 f.

termin wurde auf den 1. Dezember 1835, der Termin der dritten Einzahlung auf den 24. Oktober 1836 festgelegt. Wie schon zuvor, wurde erneut ein Überbrückungskredit erforderlich.[153] Die schnelle Absorption des neuen Kreditangebots weist einerseits auf die Dringlichkeit des Kreditbedürfnisses und die Kreditknappheit hin, andererseits deutet sie aber auch auf den hohen Grad an Akzeptanz hin, den die Hypo-Bank von Anfang an genoss.

Zwischen 1840 und 1855 stiegen die Hypothekenausleihungen von sieben Mio. auf über 16 Mio. Gulden. Damit war die laut Satzung erlaubte Kreditgrenze überschritten und die Bank gezwungen, die Ausgabe von größeren Annuitäten einzustellen. Auf die unweigerlich folgende Stagnation im Hypothekendarlehengeschäft[154] reagierte die Bank schließlich 1864 mit der Einführung einer Innovation: des Pfandbriefs.[155] Dieses Refinanzierungsinstrument war bestens dazu geeignet, die satzungsgemäß vorgegebene Beschränkung zu überwinden, indem die Hypo-Bank von der Eigenfinanzierung zur Fremdfinanzierung der Hypothekarkredite überging.[156] Bereits im ersten Jahr der Einführung des Pfandbriefs war die vom „Ministerium des Handels und der öffentlichen Arbeiten“ bestimmte Höchstgrenze des Pfandbriefumlaufs von 30 Mio. Gulden überschritten.[157] Der Wachstumstrend hielt auch in den folgenden Jahren unvermindert an[158] und machte wiederholt eine Ausweitung der Kontingentierung notwendig. Dass der Pfandbrief schnell zum „Verkaufsschlager“ wurde, hatte verschiedene Gründe: Er besaß die Eigenschaft der Mündelsicherheit, so dass auch Gemeinde- und Stiftungsverwaltungen sowie Sparkassen ihre Gelder anlegen durften. Der hohe Sicherheitsstandard und die kleine Stückelung weckten darüber hinaus das Interesse in allen Bevölkerungsschichten, vom Großanleger bis zum Kleinsparer. Somit verfügte der Pfandbrief über eine sehr breite Basis für die Kapitalakkumulation.[159] Dem Pfandbrief kann somit eine große Bedeutung für den gesamtwirtschaftlichen Aufschwung Bayerns insgesamt und Münchens im Besonderen zugemessen werden.[160]

153 Insgesamt gab es acht Einzahlungstermine, bis am 31. Dezember 1841 zehn Mio. Gulden einbezahlt waren, und weitere fünf Einzahlungstermine, bis schließlich Ende 1852 der Höchstbetrag von 20 Mio. Gulden erreicht wurde. Vgl. Historisches Archiv der HypoVereinsbank, Sitzungsprotokoll Nr. 14 vom 27. Oktober 1835; Sitzungsprotokoll Nr. 40 vom 7. Oktober 1841; Rechenschaftsbericht von 1852, S. 3; Hauptbuchhaltung, Brutto-Bilanzen 1835/36: Brutto-Bilanz vom 31. Dezember 1835.

154 Edlin-Thieme/ Jungmann-Stadler, Geschichte, S. 23 f.

155 Nicht erst ab diesem Zeitpunkt, sondern bereits seit 1849, als sich die Bank an der Begebung einer Eisenbahnanleihe beteiligte, kann ihr der Status einer Universalbank zugeschrieben werden. Vgl. Historisches Archiv der HypoVereinsbank, Sitzungsprotokoll des Direktoriums vom 21. Dezember 1849; ferner Jungmann-Stadler, Einführung, S. 228.

156 Außerhalb Bayerns wurde die Pfandbriefemission kurz vor der Bayerischen Hypotheken- und Wechsel-Bank von der „Allgemeinen Deutschen Kreditanstalt“ in Leipzig, der „Deutschen Hypothekenbank“ in Meiningen und der „Frankfurter Hypothekenbank“ praktiziert. Diese deutschlandweit verstärkte Gründung von Hypothekenbanken ist ein Ergebnis des erhöhten Finanzierungsbedürfnisses in der Landwirtschaft einerseits, andererseits aber auch der verstärkten Bautätigkeit in den im Zuge der Industrialisierung stark wachsenden Städten. Es bestand somit die Notwendigkeit, die Kapitalnachfrage der Grundbesitzer mit Hilfe eines leistungsstarken Bodenkreditsystems zu befriedigen. Vgl. Auler, Pfandbriefgeschäft, S. 23; Mössner, Bodenkreditsystem, S. 294; Goedecke/Kerl, Hypothekenbanken, S. 24.

157 Jungmann-Stadler, Einführung, S. 230.

158 Historisches Archiv der HypoVereinsbank, Geschäftsberichte der Bayerischen Hypotheken- und Wechsel-Bank, 1864, 1866, 1874.

159 Edlin-Thieme/ Jungmann-Stadler, Geschichte, S. 28.

160 Lutz/Stummer, Hundertfünfundzwanzig Jahre, S. 27 f.

Mit ihrem Wertpapiergeschäft gab die Hypo-Bank dem bayerischen, insbesondere dem Münchner Kapitalmarkt wesentliche Impulse. Sie profilierte sich als Effektenbank[161] insbesondere durch die Begebung von Staatsanleihen, die in erster Linie zur Refinanzierung des Eisenbahnbaus[162] und der Militärausgaben dienten.[163] Auch am Effektenhandel beteiligte sich die Bank, so z. B. mit einer vierprozentigen Grundrenten-Obligation der bayerischen Staatsregierung[164] oder mit ausländischen – insbesondere österreichischen und preußischen – Obligationen.[165] Ihrem Refinanzierungsbedarf und dem zunehmenden Engagement privater Anleger Rechnung tragend, emittierte die Bank 1863 erstmals eigene Bankobligationen.[166]

Für neu gegründete Industrieunternehmen war die Hypo-Bank bis in die 1860er Jahre hinein nahezu die einzige Kreditquelle, wenn ein größeres Investitionskapital bzw. eine umfangreichere Betriebsmittelfinanzierung benötigt wurde. Bei der Einführung des Kontokorrentkredits, der in diesem Zusammenhang von zentraler Bedeutung war, spielten die großen Brauereien eine Pionierrolle: Zwischen 1840 und 1855 hatte sich der Bedarf an den im Brauprozess erforderlichen Grundstoffen verdoppelt – eine Volumenausweitung, die mit herkömmlichen Methoden nicht zu finanzieren war.[167] So wurde der Kontokorrentkredit zunächst für die Brauindustrie ein wichtiges Kreditmittel. Der erste Unternehmer, der einen solchen Kredit beantragte, war Gabriel Sedlmayr (Spatenbräu). Dass die Bank schon wenig später Kontokorrentkredite in fast alle Wirtschaftsbereiche vergab, zeigt eine Stichprobe der Kontokorrentneuzugänge für die Zeit von 1857 bis 1867. Hier erscheinen neben den Brauereien Gewerbetreibende, Kaufleute, Fabrikbesitzer, aber auch Gutsbesitzer und Adelige als Kreditnehmer.[168]

Am Beispiel der Bayerischen Hypotheken- und Wechsel-Bank wird deutlich, dass einerseits eine große Kreditnachfrage vorhanden war – insbesondere seitens der aufkommenden Industrie, des wachsenden Gewerbes und der Landwirtschaft –, dass es andererseits aber auch anlagesuchendes Kapital in großem Umfang gab. Im Betrachtungszeitraum nahm die Hypo-Bank durch das Zusammenführen von Kreditangebot und Kreditnachfrage eine typische Bankfunktion in großem Stile wahr – und damit eine maßgebliche Stellung auf dem Finanzplatz München ein.

Die häufig anzutreffende Bezeichnung der Hypo-Bank als „gemischte Bank" unterstreicht das besondere Merkmal des Instituts, dass es als privatrechtliches Institut nicht nur die mittelständische Wirtschaft mit Krediten versorgte, sondern darüber hinaus,

[161] Ins Konsortialgeschäft stieg die Bank nicht vor dem Jahr 1869 ein.

[162] Historisches Archiv der HypoVereinsbank, Sitzungsprotokoll des Direktoriums vom 20. Februar 1851 sowie der dazugehörige Schriftwechsel der Bayerischen Hypotheken- und Wechsel-Bank mit dem bayerischen Finanzministerium; Sitzungsprotokoll des Direktoriums vom 2. März 1871.

[163] Insgesamt kamen vier Militäranleihen zustande. Die erste wurde im März 1855 ausgegeben, die zweite mit einem Volumen von zwölf Mio. Gulden im September 1859, die dritte im November 1861, die vierte im Jahr 1870. Vgl. Historisches Archiv der HypoVereinsbank, Sitzungsprotokolle des Direktoriums vom 8. März 1855, 22. September 1859, 3 Mai 1860, 28. November 1861 und 19. August 1870.

[164] Historisches Archiv der HypoVereinsbank, Sitzungsprotokolle des Direktoriums vom 26. Januar 1860 und 10. Mai 1860.

[165] Historisches Archiv der HypoVereinsbank, Sitzungsprotokoll des Direktoriums vom 27. März 1850.

[166] Historisches Archiv der HypoVereinsbank, Sitzungsprotokolle des Direktoriums vom 12. März 1863 und 30. April 1863.

[167] Jungmann-Stadler, Einführung, S. 409.

[168] Ebd., S. 409 f.

ausgestattet mit dem Notenprivileg, auch einen öffentlichen Auftrag hatte[169] und bis 1875 als alleinige Notenbank[170] in Bayern fungierte. Da es der Bank gelang, das Vertrauen der Bevölkerung in ihre Banknoten zu festigen[171], wurde aufgrund der weitverbreiteten Nutzung der Noten bereits 1853 die statutarisch festgelegte Höchstgrenze des Notenumlaufs von acht Mio. Gulden erreicht. Zu diesem Zeitpunkt reichten die baren Zahlungsmittel bei weitem noch nicht aus, um dem Transaktionsbedarf der Wirtschaft zu genügen, so dass sich der Wechsel im Handelsgeschäft nach wie vor großer Beliebtheit erfreute.[172] Als sich der Mangel an Zahlungsmitteln während des Kriegs von 1866 zuspitzte, stimmte die Regierung schließlich einer Erhöhung des Notenkontingents auf zwölf Mio. Gulden zu. Die zusätzlich in Umlauf gebrachten Noten wurden von der bayerischen Wirtschaft sofort aufgesogen und konnten den Bedarf immer noch nicht vollständig befriedigen.[173]

Im Aufstieg der Hypo-Bank spiegelt sich der Aufschwung der bayerischen Wirtschaft insgesamt wider. Schließlich wirkte die Bank nicht nur im Raum München, sondern in ganz Bayern. 1837 wurde eine Filiale in Augsburg eröffnet, dem damals noch mit München rivalisierenden Finanzzentrum. Hinzu kamen Filialen in Lindau (1857) und Kempten (1861). Während die Augsburger Filiale auf Veranlassung des Königs gegründet wurde, ging in Kempten die Initiative von den dortigen „commerziellen Autoritäten" aus[174], die ihren Finanzierungsbedarf über die Hypo-Bank decken wollten. Aber auch die Bank selbst war an einer räumlichen Expansion interessiert und beantragte die Errichtung weiterer Filialen in Passau und Landshut[175], die allerdings nicht genehmigt wurden.[176] Da aus politischen, aber auch aus Kostengründen der Aufbau eines breit angelegten Filialnetzes nicht möglich war, schuf sich die Bank ein System von Agenturen, das sich über das ganze Land erstreckte. Dabei arbeitete sie in der jeweiligen Region vorwiegend mit bekannten und angesehenen Händlern, Apothekern, Gewerbetreibenden und Beamten zusammen, die im Auftrag der Bank Hypothekendarlehen und Versicherungspolicen vermittelten.[177] Insgesamt wurde durch den Auf- und Ausbau des Filial- und Agenturnetzes die Reichweite der Bank erheblich erhöht und ihr Wirkungsgrad verstärkt.

[169] Andererseits konnte die Bank die Notenausgabe auch zu Refinanzierungszwecken nutzen, allerdings innerhalb vorgegebener Grenzen, deren Einhaltung sehr restriktiv gehandhabt wurde, so dass trotz vorheriger Gesuche eine Erhöhung des Notenumlaufs um vier Mio. Gulden zur Vermehrung der Betriebsmittel der Bank erst 1866 unter dem Einfluss des Deutschen Krieges bewilligt wurde. Vgl. Edlin-Thieme/Jungmann-Stadler, Geschichte, S. 29.

[170] Unverzinsliche Banknoten durfte nur die Bayerische Hypotheken- und Wechsel-Bank emittieren.

[171] Die Notenemission hatte nur langsam begonnen, da die Bevölkerung der Bank nicht das nötige Vertrauen entgegen gebracht hatte. Der Unterschied zu den damals üblichen Zettelbanken war noch nicht hinreichend bekannt. Auch die Stückelung in zehn Gulden wurde damals als zu hoch empfunden. Vgl. Otto, Entstehung, S. 243 f.

[172] Außerdem waren ausländische Banknoten in Umlauf, so zum Beispiel zehn bis 15 Mio. Gulden von der Frankfurter Bank. Diese hatte sich, um der großen Geldnachfrage in Bayern gerecht werden zu können, vom Frankfurter Senat eigens den Druck von Guldennoten für Bayern genehmigen lassen. Vgl. Dollhopf, Geschichte, S. 212 f.

[173] Ebd., S. 232.

[174] Historisches Archiv der HypoVereinsbank, Rechenschaftsbericht von 1861, S. V.

[175] Dass sich die Filialgründungen auf Süddeutschland konzentrierten, hängt mit der „Bankengeometrie" zusammen, die trotz ihrer gesetzlichen Aufhebung stillschweigend weiter Bestand hatte.

[176] Pronold, Organisation, S. 66 f. In den Rechenschaftsberichten aus den Jahren 1856/57 ist im Zusammenhang mit diesen Gründungsabsichten von „unüberwindlichen Schwierigkeiten" die Rede. Dahinter steht vermutlich die Tatsache, dass die Nürnberger Bank in Passau und Landshut bereits jeweils eine Filiale unterhielt. Mit Rücksicht auf die Nürnberger Bank sollte wohl eine Konkurrenzsituation vermieden werden.

[177] Jungmann-Stadler, Quelle, S. 440; Hruschka, Entwicklung, S. 376.

In den 1840er Jahren waren die Weichen für den Finanzplatz München in institutioneller Hinsicht gestellt. Die Sparkasse und die Hypo-Bank waren gegründet und setzten auf ihren jeweiligen Gebieten entscheidende Impulse. Die großen Privatbankiers konzentrierten sich zwar noch weitgehend auf das Staatskreditgeschäft, erkannten aber zunehmend den Kreditbedarf der Wirtschaft und begannen, sich auch auf diesem Gebiet stärker zu engagieren: zum einen mit der Gründung der Hypo-Bank, zum anderen aber auch bei der Eisenbahnfinanzierung, bei der sie das neue Finanzierungsinstrument der Aktiengesellschaft nutzten.

4.2 Versicherungswesen

Wie im Bankwesen setzte der bayerische Staat auch im Versicherungssektor Impulse. 1799 gründete Maximilian I. Joseph, einer gesamtdeutschen Bewegung folgend[178], die Allgemeine Brandversicherungsanstalt und belegte alle öffentlichen Gebäude mit Versicherungszwang. 1811 wurden alle bestehenden bayerischen Brandversicherungsanstalten der zentralen Anstalt angegliedert[179], die damit auf dem Gebiet der Gebäudebrandversicherung eine Monopolstellung innehatte.[180] Ausländischen Gesellschaften wurde die Erlaubnis zur Niederlassung zunächst entzogen, jedoch ab 1850 partiell wieder erteilt[181], so z. B. 1853 der Elberfelder Feuerversicherungsgesellschaft und der Leipziger Feuerversicherungsanstalt auf Aktien.[182] Zwischen 1861 und 1867 wurden in Bayern weitere 16 Feuerversicherungsgesellschaften zugelassen.[183]

Der übrige bayerische Versicherungsmarkt war von privaten Versicherungsgesellschaften geprägt. Die privatrechtlich organisierte Aachener-Münchner Mobiliar Feuer Versicherungsgesellschaft[184] entstand im Jahr 1825. Die größte Privatversicherung Münchens war die Versicherungsabteilung der Bayerischen Hypotheken- und Wechsel-Bank, die so genannte „Bayerische Versicherungsbank“[185], deren Tätigkeitsbereiche Lebens-[186], Renten- und Sachversicherungen umfasste.[187] Von 1836 an betrieb die Bank außerdem die „Mobiliar-Feuerversicherung“. Bereits im ersten Jahr konnten 2 280 Ver-

[178] Die öffentlich-rechtliche Brandversicherung verbreitete sich im 18. Jahrhundert, indem die jeweiligen Landesherren in ihrem Territorium entsprechende Anstalten gründeten. Vgl. Helmer, Entstehung, S. 67-90.

[179] Die Allgemeine Brandversicherungsanstalt war dezentral strukturiert. Die einzelnen, regional tätigen Anstalten wurden zu Außenstellen der Allgemeinen Brandversicherungsanstalt, die die zentrale Verwaltung übernahm. Da die oberste Aufsicht dem Ministerium des Innern oblag, liefen auch im Falle der öffentlich-rechtlichen Brandversicherung die Fäden in München zusammen. Vgl. Königliche Versicherungskammer, Landesanstalten, S. 22.

[180] Helmer, Entstehung, S. 86.

[181] Zorn, Gewerbe, S. 808; Koch, München, S. 7; Kahn, Großindustrie, S. 362.

[182] Rustmann, Geschichte, S. 12-16.

[183] Ebd., S. 21 ff.

[184] Während die Gebäudebrandversicherung weitgehend öffentlich-rechtlich organisiert war, blieb die Mobiliarfeuerversicherung privater Initiative überlassen.

[185] Damals existierten in Bayern nur wenige größere Versicherungsgesellschaften. Vgl. Arps, Versicherungsbank, S. 50.

[186] Die Versicherung für den Todesfall wurde Versicherungsnehmern im Alter zwischen zehn und 70 Jahren angeboten, die keinen Beruf und keine Lebensweise hatten, die besondere Gefahren mit sich brachten. Eisenbahnbedienstete mussten deshalb z. B. eine erhöhte Prämie bezahlen. Historisches Archiv der HypoVereinsbank, Reglementäre Grundbestimmungen für die Lebensversicherungs-Anstalt vom 5. Mai 1836 und 17. September 1857.

[187] Bayerische Hypotheken- und Wechsel-Bank, Hundert Jahre.

träge mit einer Gesamtversicherungssumme von über neun Mio. Gulden abgeschlossen werden; 1839 verfügte sie über einen Versicherungsbestand von über 48 Mio. Gulden. Diese Zahlen erscheinen vor dem Hintergrund der Tatsache, dass die Compagnie Royale d'Assurances Générales in den elf Jahren ihrer Tätigkeit in Bayern bis 1836 einen Bestand von lediglich 38 Mio. Gulden aufgebaut hatte, noch eindrucksvoller.[188] Der gelungene Markteintritt ist auch darauf zurückzuführen, dass neben drei unbedeutenden Gesellschaften nur die „Aachener Münchner" auf diesem Markt konkurrierte. Vor allem in den ersten zehn Jahren wurden die Geschäftsabschlüsse überwiegend in den Städten getätigt, weil auf dem Land die Nachbarschaftshilfe noch einen vergleichsweise großen Stellenwert einnahm.[189] Dies änderte sich jedoch im Laufe der Zeit. So standen 1850 beispielsweise einige fränkische Ortschaften vollständig bei der Feuer-Versicherungs-Anstalt unter Vertrag. Dem bei einer derartigen Konzentration bestehenden Risiko begegnete die Brandversicherung mit der Festsetzung maximaler Deckungssummen für einzelne Ortschaften.[190] 1859 war der Reservefonds in Höhe von einer Mio. Gulden voll einbezahlt.

Im Gegensatz zur damals noch weit verbreiteten Praxis[191] basierte die ebenfalls 1836 gegründete „Lebensversicherungs-Anstalt" der Bayerischen Hypotheken- und Wechsel-Bank nicht auf dem Gegenseitigkeitsprinzip, sondern auf dem Prämienprinzip.[192] Infolge der starken Inanspruchnahme dieser Versicherung blieb die Ertragslage hinter den Erwartungen zurück, woran auch die Einführung neuer Grundbestimmungen im Jahr 1858 nicht viel ändern konnte.

Eine 1846 eingeführte „Leibrenten-Anstalt" wurde in zwei „Tarifen" betrieben: Bei der „Leibrenten-Versicherung gegen Capitals-Erlegung" (Leibrenten I) hatte der Versicherungsnehmer einen Betrag zwischen 500 und 25 000 Gulden in einer Summe zu hinterlegen. Die Bank zahlte dann für die Lebensdauer des Versicherten jährlich eine nach dessen Alter bemessene unveränderliche Rente.[193] In der „Leibrenten-Versicherung mittels jährlicher Einzahlungen" (Leibrenten II) zahlte der Versicherungsnehmer während der Ansammlungszeit von zehn bis 25 Jahren durch Jahresbeiträge und eine Verzinsung von vier Prozent ein Kapital von mindestens 500 Gulden ein. Sobald dieser Betrag erreicht war, kam die Leibrente entsprechend der Leibrente I zur Auszahlung.[194] Beide Varianten entwickelten sich für die Versicherung im Betrachtungszeitraum wenig erfreulich, sowohl hinsichtlich der Policenzahl als auch hinsichtlich der Ertragslage. Insbesondere die Leibrente II stand in direkter Konkurrenz zum Angebot der 1839 gegründeten „Rentenanstalt" der Bayerischen Hypotheken- und Wechsel-Bank.

188 Rustmann, Geschichte, S. 3; Bayerische Versicherungsbank, Hundert Jahre, S. 31.
189 Rustmann, Geschichte, S. 20 f.
190 Bayerische Versicherungsbank, Hundert Jahre, S. 48.
191 Auch in der Lebensversicherung war das auf berufsständisch genossenschaftlicher Basis stehende Gegenseitigkeitsprinzip üblich. Erste große Lebensversicherungsgesellschaften entstanden aber Ende des 18. Jahrhunderts in England; die erste große deutsche Gesellschaft entstand 1827 in Gotha. Vgl. Pohl, Anfänge, S. 3, 69.
192 Zu Einzelheiten vgl. Historisches Archiv der HypoVereinsbank, Reglementäre Grundbestimmungen für die Lebensversicherungs-Anstalt vom 5. Mai 1836.
193 Historisches Archiv der HypoVereinsbank, Grundbestimmungen für die Leibrenten-Versicherungen der bayerischen Hypotheken- und Wechsel-Bank, Abschnitt I, München 1869.
194 Historisches Archiv der HypoVereinsbank, Grundbestimmungen für die Leibrenten-Versicherungen der bayerischen Hypotheken- und Wechsel-Bank, Abschnitt II, München 1869.

Die Rentenanstalt nahm eine Sonderstellung unter den Versicherungs-Anstalten ein, da sie keinen Gewinn erwirtschaften durfte.[195] In dieser Versicherung wurden so genannte „Jahresgesellschaften" gebildet, in denen jeweils mindestens 1 000 Mitglieder innerhalb von längstens drei Jahren zusammentraten. Je nach ihrem Alter wurden die Mitglieder in sieben Klassen mit verschiedenen Laufzeiten eingeteilt. Die Mitglieder bezogen eine jährliche Zeitrente, die so bemessen war, dass am Ende der Laufzeit das gesamte Kapital der jeweiligen Jahresgesellschaft unter Berücksichtigung der Verzinsung ausbezahlt war. Der wesentliche Unterschied zur Leibrentenanstalt bestand darin, dass die Renten der verstorbenen Mitglieder von den noch lebenden geerbt wurden, so dass letztere eine entsprechend höhere Rente bezogen, deren Höchstbetrag allerdings auf 200 Gulden begrenzt war.[196]

Ab 1839 trug die Versicherungssparte zwischen acht und 14 Prozent zur Dividende der Hypo-Bank bei. Mit dem umfangreichen Versicherungsbetrieb bewies die Bank ein hohes Maß an Innovationskraft, denn bis dato gab es in Bayern kein vergleichbares Institut. Da sich Bank- und Versicherungsgeschäft gegenseitig förderten, verwirklichte das Kreditinstitut bereits das Allfinanz-Konzept. So konnten die Kunden in den in ganz Bayern gegründeten Agenturen sowohl Versicherungen abschließen als auch Hypothekenanträge stellen. Zudem wurden die Versicherungsgelder bei der Bank angelegt. Bereits 1842 war die Versicherungsabteilung in mehreren Ländern des Deutschen Bundes und in der Schweiz tätig[197], so dass sie wesentlich zur Internationalisierung des Finanzplatzes München und zur dortigen Kapitalakkumulation beitrug.

Von den Aktivitäten der Hypo-Bank abgesehen, waren sämtliche großen Lebens- und Mobiliarversicherungen in den Händen preußischer und anderer ausländischer Gesellschaften[198], so z. B. die Londoner Phönix-Assekuranz-Sozietät, die als erste ausländische Versicherung in Bayern zugelassen worden war.[199] Im Gegensatz zur Lebens- oder Mobiliarversicherung kannte der Krankenversicherungsmarkt in der ersten Hälfte des 19. Jahrhunderts noch keine großen Versicherungsunternehmen; er wurde ausschließlich von regional tätigen privaten Unterstützungsvereinen getragen. Diese Betriebsform war auch in den Bereichen Lebens-, Renten- und Invalidenversicherung am häufigsten vertreten[200], hinsichtlich ihres Geschäftsvolumens – vor allem bei den Lebensversicherungen – stand sie im Schatten der großen Unternehmen.

Die vergleichsweise kleinen berufsständischen Kassen waren in München in großer Zahl vertreten.[201] Nur einige Beispiele[202] seien hier genannt: der Kranken- und Sterbe-

[195] Bayerische Hypotheken- und Wechsel-Bank, Rentenanstalt, S. 2.

[196] Historisches Archiv der HypoVereinsbank, Darstellung der Renten-Anstalt der Bayerischen Hypotheken- und Wechsel-Bank durch eine allgemein fassliche Erklärung der reglementären Grundbestimmungen derselben, 1840.

[197] Edlin-Thieme/Jungmann-Stadler, Geschichte, S. 24 f.; Arps, Versicherungsbank, S. 9 f.; Jungmann-Stadler, Hypo und Sparkassen, S. 142 f.

[198] Im Gegensatz zu Koch vertritt Arps die Auffassung, dass im 19. Jahrhundert in Bayern kaum ausländische Versicherungen tätig waren. Vgl. Arps, Versicherungsbank, S. 50.

[199] Koch, München, S. 6.

[200] Zur Entstehungsgeschichte dieser (Kranken-)Unterstützungskassen und zu deren Entwicklung in der ersten Hälfte des 19. Jahrhunderts vgl. Wagner-Braun, Bedeutung, S. 25-59.

[201] Aus diesem Grund wurde der Versuch einer statistischen Erfassung niemals unternommen. Einen Ausschnitt aus dem Gesamtmarkt liefern lediglich die Unterlagen der aufsichtführenden Behörden. Eine Zusammenstellung der aus diesen Quellen ermittelbaren bayerischen Krankenunterstützungsvereine ist zu finden in ebd., S. 326-338.

[202] Der Gründungsboom derartiger Kassen lag hauptsächlich in der zweiten Hälfte des 19. Jahrhunderts und im frühen 20. Jahrhundert.

verein der Zimmerleute und Schreiner (1820 gegründet), ferner die Unterstützungskassen der Ziegelarbeiter (1837), der Schlosser (1847), der Schweinemetzgergesellen und Verkäuferinnen (1848), der Schuhmacher (1859) und die „Glasgarten" Kranken- und Sterbe-Zuschusskasse (1862).[203] Der Versicherungsmarkt der genossenschaftlichen Zusammenschlüsse erstreckte sich auch auf die Bereiche Hagelschlag[204] und Tierseuchen. Fortschrittlichere Versicherungssparten wie Waren- und Transportversicherungen kamen in München erst in der zweiten Jahrhunderthälfte auf.[205]

Neben den berufsständischen Kassen lassen sich in München 1869 20 Feuerversicherungen, 21 Lebensversicherungen, sieben See-, Fluss- und Landtransportversicherungen und vier Versicherungen für zerbrechliche Güter nachweisen.[206] Zu erwähnen ist schließlich die zwischen 1856 und 1886 betriebene „Sparkassen-Tontine" – eine im Prinzip befristete Lebensversicherung, die sich aus den Einlagen und den Zinsen der Sparer finanzierte.[207]

4.3 Entstehung und erste Jahre der Börse

Die Münchner Effektenbörse wurde 1829 in Privatinitiative von der „Kaufmannsstube" gegründet und im Dezember 1830 eröffnet.[208] Im Gegensatz zu anderen Börsen[209] unterstand sie keiner staatlichen Regulierung.[210] Zunächst hatte die Börse nur die Aufgabe, den Effektentausch der Münchner Banken untereinander zu erleichtern und den Staatspapierhandel zu ordnen.[211] Da der Teilnehmerkreis nur sehr klein war, blieb der Wirkungskreis der Börse vorerst gering.[212] Meinungsverschiedenheiten über die Verwendung der Kapitalien führten schon im August 1832 zur Auflösung der „Kaufmannsstube" und die Geschäfte der Börse gingen an das so genannte „Handelsgremium" über. Bis Mitte des Jahrhunderts verlor die Börse daraufhin sogar im lokalen Münchner Bereich an Bedeutung.[213] Erst durch den Eisenbahnbau kam es zu einer vorübergehenden Belebung des Geschäfts. Da aber die meisten Geschäfte nach wie vor über die Augsburger Börse liefen[214], ging das Handelsvolumen bereits 1856 wieder zurück. Zudem war der Hypo-Bank, die vermutlich in der Lage gewesen wäre, die Börse zu fördern, der Handel in eigenem Namen noch untersagt, obgleich ihre Aktie als erste bayerische Aktie gehandelt worden war.[215]

203 Koch, München, S. 3; Wagner-Braun, Bedeutung [2002], S. 333.
204 So entstand im Jahr 1833 der Hagel-Assekuranz-Verein im Isarkreis, der sich 1889 wieder auflöste. Vgl. Koch, München, S. 6.
205 Krauss, Banken, S. 31.
206 Stadtarchiv München, Branchenbuch der Stadt München 1870.
207 Jungmann-Stadler, Hypo und Sparkassen, S. 144; Bayerische Hypotheken- und Wechsel-Bank, Hundert Jahre, S. 30.
208 Erste Pläne aus dem Jahr 1811 gelangten nicht zur Ausführung. Vgl. Spenkuch, Geschichte, S. 5.
209 Die Berliner Börse wurde zum Beispiel im Jahr 1805 unter staatlicher Aufsicht gegründet. Vgl. Gömmel, Entstehung, S. 164 f.
210 Spenkuch, Geschichte, S. 7 f.; Ruppel, Börse, S. 13 f.; Gömmel, Entstehung, S. 187 f.
211 Spenkuch, Geschichte, S. 17.
212 Ruppel, Börse, S. 19 f.
213 Ebd., S. 18.
214 Die Augsburger Börse war damals nicht zuletzt deshalb eine vorteilhafte Alternative, weil die Geschäfte dort erheblich schneller und mit größeren Umsätzen erledigt wurden. Vgl. Spenkuch, Geschichte, S. 30.
215 Ebd., S. 23-32; Ruppel, Börse, S. 19-24.

Durch den mit dem Ausbau des Schienennetzes verbundenen Finanzierungsbedarf, die Geschäftserfolge der Hypo-Bank und die Neuansiedlung von Banken waren die finanziellen Transaktionen in München um die Jahrhundertmitte insgesamt deutlich angestiegen. Zugleich hatte die Börse an Bedeutung verloren. Um diesem Missverhältnis entgegenzuwirken, wurde die Börse 1856 reformiert und allen Personen, die über einen einwandfreien Leumund verfügten, der Börsenzutritt gewährt; zur Gewährleistung von Rechtssicherheit wurden erstmals Handelsusancen schriftlich fixiert. Auch das Spektrum der gehandelten Papiere wurde erweitert, insbesondere um den ab 1864 von der Bayerischen Hypotheken- und Wechsel-Bank emittierten Pfandbrief. Hier wirkten sich Impulse innerhalb der Finanzbranche aus. So haben Börse und Banken als verwandte und sich gegenseitig unterstützende Bereiche den Standort München über „Spillover-Effekte"[216] vorangebracht, so dass die Münchner Börse und damit auch der Finanzplatz München seit der Jahrhundertmitte deutlich an Attraktivität gewannen. Erst jetzt konnte die Münchner der Augsburger Börse erfolgreich Konkurrenz bieten[217] – allerdings nur vorübergehend: Bereits 1866 brach die Börse aufgrund des preußisch-österreichischen Kriegs und einer Finanzkrise erneut ein und verlor ihren bisherigen Rechtsträger. Die Börsenversammlung wurde eingestellt.[218] Lediglich der Name der Börse wurde weiter geführt.[219]

Resümierend ist festzustellen, dass die Börse einerseits bis zur Mitte des 19. Jahrhunderts für die Entwicklung des Finanzplatzes München keine nennenswerten Signale setzen konnte, andererseits aber auch kaum Impulse von dem sich formierenden Finanzplatz empfing. Während die Stadt München im Bankensektor mit der Gründung der Hypo-Bank die Weichen zu Gunsten des Finanzplatzes stellen konnte, blieb Augsburg in Börsenangelegenheiten noch wesentlich länger, mindestens bis 1864, dominant.[220] Dass die Münchner Börse die Augsburger letztendlich doch überholen konnte, lag auch daran, dass sich München langsam zu einem Verkehrsknotenpunkt und damit zu einem Hauptumschlagplatz entwickelte.[221] Die Wahl Münchens als Standort für die Hypo-Bank hat langfristig betrachtet das Ende Augsburgs als führenden bayerischen Börsenplatz eingeleitet.[222] Hier ist bereits ein Sogeffekt im Sinne der Standorttheorie erkennbar: Als sich die Entwicklung Münchens zum führenden bayerischen Banken- und Versicherungsplatz abzeichnete, verlagerte sich auch das Börsengeschäft immer mehr nach München und das Branchencluster formierte und festigte sich. Auch sorgte die zunehmende Konkurrenz der Frankfurter Börse dafür, dass der Börsen- und Bankplatz Augsburg auf Dauer an Bedeutung verlor.[223]

216 Porter, Wettbewerbsvorteile, S. 162.

217 Im Bankensektor war München bereits Augsburg überlegen, nicht zuletzt dank der Bayerischen Hypotheken- und Wechsel-Bank. Die Gesamtzahl der in München notierten Papiere war zwischen 1833 und 1863 von 14 auf 53 gestiegen. Überwiegend handelte es sich um Bahnaktien, aber ab den 1840er Jahren finden sich auch erste Banken und Fabriken, die sich über die Ausgabe von Aktien und Obligationen in München finanzierten. Vgl. Ruppel, Börse, S. 19.

218 Baur weist allerdings darauf hin, dass in den Kursbüchern kein Anhaltspunkt zu finden sei, der die vollständige Schließung bestätigen würde. Vgl. Baur , Geschichte, S. 7 f.

219 Ruppel, Börse, S. 26; Spenkuch, Geschichte, S. 33-40; Gömmel, Entwicklung, S. 188.

220 Da die Augsburger Börse im Jahr 1816 deutlich früher gegründet wurde, hatte Augsburg einen zeitlichen und infrastrukturellen Vorteil. Die Börse erleichterte die Kapitalbeschaffung und ermöglichte so – unter der Beteiligung von Banken – zahlreiche Firmengründungen in der Rechtsform der Aktiengesellschaft. Dies begünstigte den Standort Augsburg in der ersten Hälfte des 19. Jahrhunderts. Vgl. Gömmel, Kapitalbildung, S. 342 ff.; Donaubauer, Bankwesen, S. 302.

221 Bosl, München, S. 102.

222 Zorn, Wirtschafts- und Sozialgeschichte, S. 62.

223 Donaubauer, Bankwesen, S. 306; Fassl, Führungsschichten, S. 222.

5. Der Finanzplatz München und der bayerische Staat

5.1 Rahmenbedingungen in Gewerbe und Landwirtschaft

Der in die Standortanalyse miteinbezogene Einfluss des Staates kann verschiedene Formen annehmen. Erstens kann der Staat direkt als Nachfrager auf dem Kapitalmarkt auftreten[224], zweitens kann er die gesamtwirtschaftlichen Rahmenbedingungen auf eine entweder fördernd oder hemmend wirkende Art setzen, und drittens kann er bestimmte Projekte ganz gezielt fördern. Im Fall des Finanzplatzes München sind alle Varianten anzutreffen.

Zunächst mussten in Bayern die Grundvoraussetzungen für die Industrialisierung geschaffen werden, deren Finanzierungsbedarf einen gut funktionierenden Kapitalmarkt mit einem Finanzzentrum überhaupt erst erforderlich machte. Im Vergleich zu anderen Ländern kam in Bayern der industrielle Aufschwung nur langsam in Gang. Staatliche Reformmaßnahmen in Gewerbe und Landwirtschaft nahmen daher als Rahmenbedingungen des Aufschwunges eine wichtige Stellung ein.

Die vollständige Gewerbefreiheit wurde in Bayern erst 1868 eingeführt; dennoch gab es bereits vorher zahlreiche Ansätze einer liberalen Gewerbepolitik, deren Anfänge in die Regierungszeit Maximilians I. Joseph und seines Ministers Montgelas fallen. Da in der Bevölkerung die Vorbehalte gegen die Zunftaufhebung zunächst noch groß waren, begann eine Politik der kleinen Schritte, durch die das Zunftsystem immer mehr geschwächt wurde: Die Zwangs- und Bannrechte wurden beschränkt, wobei sich die Aufhebung des Bierzwangs als besondere Etappe erwies, weil dadurch das für München besonders bedeutende Braugewerbe einen beachtlichen Aufschwung nehmen konnte.[225] Zudem wurde ein staatliches Konzessionssystem für die Einrichtung von Gewerbebetrieben eingeführt. Die zuständigen örtlichen Behörden vergaben die Konzessionen recht großzügig[226], um innerhalb der städtischen Wirtschaft ein möglichst großes Angebot an Gütern des täglichen Bedarfs bereitzustellen. So wurden für jede Stadt separate Verordnungen erlassen und örtliche Monopole zurückdrängt. In der Folgezeit nahm auch in München die Zahl der ansässigen Gewerbe stark zu.

Ludwig I. schloss sich zunächst der Politik seines Vaters an, war jedoch bereit, den Forderungen nach einer Verlangsamung der Reformen stattzugeben. Denn die größer werdende Konkurrenz und die knapperen Verdienstmöglichkeiten aufgrund der immer zahlreicher werdenden Gewerbebetriebe führten zu Protesten gegen die Liberalisierungspolitik. Deshalb wurde 1825 eine neue gewerbepolitische Gesetzgebung verabschiedet, die die Konzessionsvergabe strenger regelte.[227] Der gewünschte Erfolg blieb jedoch aus, da die neue Gewerbeordnung sehr liberal ausgelegt wurde.[228] Erst als sich die soziale Lage in den 1840er Jahren weiter verschärfte, wurden die Vorschriften der Gewerbegesetzgebung vorübergehend restriktiver ausgelegt[229], ehe sich Maximilian II.

[224] Vgl. Kap. II, S. 56 ff.
[225] Popp, Entstehung, S. 47.
[226] Schumann, Unternehmer, S. 28.
[227] Popp, Entstehung, S. 79; Birnbaum, Handwerk, S. 76.
[228] von Destouches, Gewerbe-Geschichte, S. 6.
[229] Vgl. zur Gewerbegesetzgebung allgemein Birnbaum, Handwerk, S. 95 ff.

Maximilian Joseph Graf von Montgelas (1799–1817 Minister der Auswärtigen Geschäfte, 1803–1806 Finanzminister, 1806–1817 Innenminister, 1809–1817 Finanzminister im Kurfürstentum bzw. Königreich Bayern) wurde als „innenpolitisch erfolgreichster deutscher Politiker des frühen 19. Jahrhunderts" (Hans-Ulrich Wehler) und „Architekt des modernen Staates" (Eberhard Weis) bezeichnet (Stich, C. Hess, 1816).

wiederum für die Beseitigung wirtschaftshemmender Vorschriften einsetzte, so dass es ab 1862 wieder zu einer liberalen Handhabung kam.[230]

Unabhängig davon, ob in Wirtschaftsfragen grundsätzlich eine eher liberale oder konservative Einstellung vorherrschte, war allen Regenten eines gemeinsam: die privilegierte Behandlung der Manufakturen, Fabriken und großen Gewerbebetriebe.[231] Diese Unternehmensformen blieben von einer restriktiven Überprüfung verschont und wurden zugleich durch den Ausbau der Verkehrswege und eine fortschrittliche Zollpolitik vom Staat unterstützt.[232] Auch wenn die staatliche Förderung im Vergleich zu anderen Ländern für eine rasche Industrialisierung nicht ausreichte, so hatte der bayerische Staat doch die Rahmenbedingungen klar abgesteckt.[233]

Auch die Reformgesetzgebung in der Landwirtschaft hatte eine Schlüsselfunktion für die industrielle Entwicklung Bayerns.[234] Erst die Bauernbefreiung begünstigte eine Veränderung der ländlichen Sozialstrukturen, führte zu einer Verbesserung der Produktionsverhältnisse, machte neue Produktionsmethoden möglich und führte so zu einer Verbesserung der Ertrags- und Einkommenslage in der Landwirtschaft.[235] Am 4. Juni 1848 wurde die Aufhebung der gutsherrlichen Gerichtsbarkeit sowie die Aufhebung

230 Möckl, König, S. 31 f.
231 Schumann, Unternehmer, S. 31.
232 Spilker, Gewerbe, S. 315.
233 Möckl, König, S. 29.
234 Grundlegend zur Bauernbefreiung u. a. Haff, Bauernbefreiung; Feichtner, Bauernbefreiung.
235 Henning, Wirtschafts- und Sozialgeschichte, S. 41.

und Ablösung der Grundlasten verfügt. Die Ablösezahlungen erhöhten die Kapitalnachfrage der Bauern und führten zu beachtlichen Kapitalumschichtungen. Zur Finanzierung der Ablösungen wurde eine Ablösungskasse ins Leben gerufen, welche die Entschädigung im Wert des 20-fachen Jahresbetrags an die Entschädigungsempfänger in vierprozentigen Ablösungsschuldbriefen ausbezahlte. Die Differenz zwischen der 18-fachen Leistung, die von den Bauern aufzubringen war, und der 20-fachen der Ablösungskasse übernahm der Staat. Dass von der Ablösemöglichkeit auch tatsächlich Gebrauch gemacht wurde, zeigt folgende Zahl: Allein 1869 leistete die Kasse inklusive der Zinsschuld einen Betrag von über 95,5 Mio. Gulden.[236] Entsprechend litt die Finanzlage des Staates unter dieser Grundlastenablösung.

5.2 Der staatliche Einfluss auf einzelne Finanzintermediäre

Bayerische Hypotheken- und Wechsel-Bank

Der Staat beschränkte seine Tätigkeit nicht nur auf die Gestaltung der wirtschaftlichen Rahmenbedingungen, sondern beeinflusste mit konkreten Maßnahmen auch einzelne Institutionen, die wiederum für die Entwicklung der Wirtschaft und speziell des Kapitalmarktes eine zentrale Bedeutung erlangten. Mit seinen grundlegenden Reformmaßnahmen in den Bereichen der Gewerbeförderung und der Bauernbefreiung legte der Staat zwar langfristig den Grundstein für die Industrialisierung Bayerns, kurzfristig kam es jedoch durch den Strukturwandel zu ernsthaften Problemen: Gewerbetreibende und Bauern standen vor Finanzierungsproblemen bis dahin nicht gekannten Ausmaßes. Die Behörden erkannten das Problem und erwogen die Gründung eines Bankinstituts, das sich der neuen Finanzierungsaufgabe annehmen sollte.[237]

Pläne für eine Bankgründung mit Schwerpunkt im Agrarkredit kamen bereits zu Beginn des 19. Jahrhunderts auf.[238] Eine Option betraf die Gründung von genossenschaftlich geprägten Kreditvereinen, die das Kreditbedürfnis der bayerischen Grundbesitzer befriedigen sollten. Ein entsprechendes Gesetz wurde 1825 zwar in Kraft gesetzt und blieb bis 1896 gültig. Es wurde allerdings nie in die Tat umgesetzt – vermutlich, weil die Regierung den Kreditvereinen eine Verbindung des Realkreditgeschäfts mit sonstigen Bankgeschäften nicht zugestehen wollte, und wohl auch deshalb, weil eine staatliche Einflussnahme hier kaum möglich gewesen wäre. Die Versorgung der Landwirtschaft mit (genossenschaftlichen) Hypothekarkrediten blieb also zunächst noch ein ungelöstes Problem.[239]

Die zweite und sich schließlich durchsetzende Option sah die Gründung eines auf erwerbswirtschaftlicher Basis operierenden Bankinstituts vor. Einer der ersten Vorschläge zur Errichtung einer bayerischen Nationalbank stammte von Freiherr von Böh-

236 Ebd., S. 21 f.

237 Bayerische Hypotheken- und Wechsel-Bank, Hundert Jahre, S. 15 f.

238 Dollhopf, Geschichte, S. 181.

239 Förger, Anfänge, S. 71 f. Dies änderte sich, als im Jahr 1896 in München die Bayerische Landwirthschaftsbank eGmbH gegründet wurde, die Vorläuferin der heutigen Münchner Hypothekenbank. Vgl. Kap. III.

nen aus dem Jahr 1819; er wurde allerdings für undurchführbar gehalten und deshalb von der Staatsregierung und der Ständeversammlung zurückwiesen.[240] Wenig später präsentierte der Finanzrat Johann Lorenz Freiherr von Schätzler ein weiteres Projekt, das die Errichtung einer Aktienbank zur Förderung der Geldzirkulation und zur Unterstützung von Landwirtschaft, Handel und Gewerbe vorsah. Nach seinen Vorstellungen sollten zwei Mio. Gulden des Aktienkapitals von den Aktionären und eine Mio. Gulden vom Staat aufgebracht werden. Angesichts der damaligen hohen Staatsschuld verwundert es nicht, dass auch dieser Vorschlag abgelehnt wurde.

Die staatliche Bürokratie nahm das Problem aber weiterhin ernst und drei Jahre später, im Jahr 1822, legte die Regierung der Ständeversammlung ein Konzept vor, das die Gründung einer Privatgesellschaft mit Sitz in München vorsah, zu deren Aufgaben alle gewöhnlichen Bankgeschäfte gehören sollten sowie die Vergabe von Hypothekarkrediten und die Emission von unverzinslichen sowie verzinslichen Bankzetteln. Besonders der letzte Punkt mobilisierte die Gegner dieses Vorschlags, die eine Zettelbank verhindern wollten, die durch die Ausgabe von Papiergeld vor allem den Staatsinteressen dienen würde. Interessant ist auch die Reaktion des Münchner Industriellen Joseph von Utzschneider.[241] München – so argumentierte er – sei überhaupt kein günstiger Ort, um eine bayerische Bank zu gründen, viel vorteilhafter wäre ein Sitz in Augsburg, das ein gutes Wechselrecht habe.[242] Dieser Hinweis zeigt, wie gering die Chancen in den 1820er Jahren eingeschätzt wurden, dass München zu einem bedeutenden Finanzplatz aufsteigen würde.

Ludwig I. wollte aber die Finanzierungsprobleme in Landwirtschaft und Gewerbe nicht länger dulden und beauftragte 1834 seinen Innenminister Fürst zu Oettingen-Wallerstein mit der Ausarbeitung eines Gutachtens über die Errichtung eines Kreditinstituts.[243] Unter den zahlreichen diskutierten Optionen schien die Gründung einer Hypothekenbank auf einer vom Staat geschaffenen gesetzlichen Grundlage der einzig gangbare Weg zu sein. Daher beauftragte der König seinen Staatsrat Karl Georg von Suttner mit dem Entwurf eines dafür erforderlichen Bankgesetzes.[244]

Obwohl zahlreiche Entwürfe bezüglich der Form des neu zu gründenden Bankinstituts von Seiten der Wirtschaft vorgelegt worden waren – ganz offensichtlich wurde das Projekt angesichts der gegebenen Kapitalmarktlage als dringend notwendig und lukrativ eingeschätzt –, nahm der König die Sache also schließlich selbst in die Hand und schuf die Voraussetzungen für die Gründung der Bayerischen Hypotheken- und Wechsel-Bank. Das von Staatsrat von Suttner entworfene Bankgesetz wurde nach mehreren Modifikationen durch den Reichsrat und die Kammer der Abgeordneten am 20. Juni 1834 verabschiedet und am 1. Juli 1834 von Ludwig I. unterzeichnet.

Unklar war zunächst, ob die Bank als ein rein privatwirtschaftliches Unternehmen oder als eine öffentlich-rechtliche Behörde gegründet werden sollte. Die Antwort auf diese Frage lässt sich aus einem Brief von Hofbankier Simon Freiherr von Eichthal[245]

240 Kahn, Großindustrie, S. 309.

241 Utzschneider gehörte neben Georg von Reichenbach und Josef Fraunhofer zu den wichtigsten Mitbegründern der Münchner optischen Industrie und zu den bedeutendsten Unternehmern seiner Zeit. Vgl. Birnbaum, Handwerk, S. 273.

242 Bayerische Hypotheken- und Wechsel-Bank, Hundert Jahre, S. 11 f.

243 Lutz/Stummer, Hundertfünfundzwanzig Jahre, S. 15.

244 Jungmann-Stadler, Gründung.

245 Freiherr von Eichthal war nicht nur maßgeblich an der Gründung der Bank beteiligt, sondern war der erste Vorstand der Bank und der mit der höchsten Summe beteiligte Aktionär.

aus dem Jahr 1833 ableiten: Der Bankier war der Meinung, dass nur eine private Bank die vorteilhafte Entwicklung der Geschäfte garantiere, dies von einer Regierungsanstalt aber nicht zu erwarten sei. Zugleich forderte er den Schutz und die Aufsicht des Staates, da seiner Meinung nach nur so Missstände vermieden werden konnten.[246] Ganz in diesem Sinne wurde die Bank als Aktiengesellschaft unter „dem Schutz und der fortwährenden Oberaufsicht der Staatsregierung" errichtet. Die Verbindung eines privaten Instituts mit der staatlichen Oberaufsicht[247] sollte das Vertrauen des Publikums in die Solidität des Instituts fördern. Zudem wollte der Staat wohl kein Risiko eingehen und verlangte daher eine staatliche Aufsicht, während er gleichzeitig die Übernahme von Haftungsleistungen zurückwies.[248]

Die Vermischung von privatrechtlichen und öffentlichen Regelungen hatte für die Bank in der Tat ganz entscheidende Vorteile. Sie genoss das für eine Notenbank äußerst wichtige Vertrauen der Bevölkerung, das sich aus mehreren Quellen speiste. Erstens sorgte die breite Streuung des Grundkapitals, an dem der König und namhafte Bankiers ebenso beteiligt waren wie Beamte, Geistliche und angesehene Privatleute, für einen Vertrauensvorschuss. Zweitens genossen die vom König unterzeichneten Statuten der Bank praktisch Gesetzescharakter, der eine zusätzliche Sicherheit schuf. Darüber hinaus besaß die Bank ihr eigenes Siegel, das Teile des bayerischen Wappens enthielt: Ihre Urkunden waren „gleich jener einer öffentlichen Behörde zu achten".[249] Schließlich sorgten die Leitung der Bank durch den renommierten Hofbankier Simon Freiherr von Eichthal und die Aufsicht durch den von der königlichen Staatsregierung eingesetzten Kommissär Graf von Lerchenfeld für das nötige Vertrauen in die Geschäftstüchtigkeit des neuen Instituts.[250] Dass der Staat über einen „Kommissär" die Aufsicht ausübte, war durchaus außergewöhnlich, da eine allgemeine Aufsichtsbehörde für private Bankinstitute damals nicht existierte.[251]

Der vom König als Gutachter bestellte Staatsrat Bernhard Grandeur beurteilte das Bankgesetz trotzdem kritisch. Seiner Meinung nach enthielt der Gesetzentwurf zu viele Beschränkungen und Lücken, um ein günstiges Ergebnis erwarten zu lassen.[252] Und in der Tat hatte die Bank unter den ihr auferlegten gesetzlichen Beschränkungen zu leiden, so dass sie nicht alle in sie gesetzten Erwartungen erfüllen konnte. Hemmend wirkten vor allem die starren Begrenzungen des Noten- und Annuitätengeschäfts, die eine rechtzeitige Anpassung an die steigenden Bedürfnisse der Wirtschaft unmöglich machten und damit private Initiativen verzögerten bzw. verhinderten.[253]

Das Bankgesetz hatte die Hypo-Bank mit einem exklusiven Notenprivileg ausgestattet. Dabei war der Vorsatz, die Wirtschaft mit einem funktionierenden Notenbankwesen zu unterstützen, durchaus neu. Zahlreiche „Traditionalisten" sprachen sich gegen dieses Prinzip aus und befürworteten vor allem aus etatistischen Motiven das Ziel, die neue Notenbank zum Abbau der Staatsschuld einzusetzen.[254] Solche Bestrebungen

[246] Jungmann-Stadler, Gründung.
[247] §§ 21 f. der Statuten von 1835.
[248] Obenaus, Aktiengesellschaften, S. 63.
[249] Bayerische Hypotheken- und Wechsel-Bank, Geschichte, passim.
[250] Dollhopf, Geschichte, S. 198.
[251] Pronold, Organisation.
[252] Jungmann-Stadler, Gründung.
[253] Dollhopf, Geschichte, S. 198 ff.
[254] Ebd., S. 173 f.

konnten jedoch verhindert werden[255], so dass die Hypo-Bank nicht nur auf dem Gebiet der Finanzierung zentrale Bedeutung erlangte, sondern auch als einzige Banknoten emittierende Stelle in Bayern. Umlaufendes Geld als Transaktionsmedium war für die aufstrebende bayerische Wirtschaft überaus wichtig. Allerdings gelang es der Bank nicht, für ein Geldmengenwachstum zu sorgen, das dem Wirtschaftswachstum angemessen gewesen wäre. Stattdessen war sie aufgrund gesetzlicher Vorgaben gezwungen, die umlaufende Geldmenge sehr begrenzt zu halten; der Aspekt „Inflationsschutz" wurde hier überbetont.

Der im Hinblick auf die wirtschaftlichen Gegebenheiten weitsichtige Antrag der Bankleitung auf eine Erhöhung des Notenumlaufs wurde von der Staatsregierung zunächst abgelehnt.[256] Dies offenbart die Kurzsichtigkeit und Unerfahrenheit des Staates in der Einschätzung volkswirtschaftlicher Zusammenhänge. Man argumentierte ebenso leidenschaftlich wie falsch gegen die Ausweitung des Notenprivilegs. Das volkswirtschaftliche Wachstumspotenzial, das durch weitere Notenemissionen möglich gewesen wäre, erkannte nur eine kleine Minderheit der Abgeordneten.[257]

So wegweisend die Staatsregierung bei der Gründung und Ausgestaltung der Hypo-Bank auch war, so wenig realistisch schätzte sie den Liquiditätsbedarf der wachsenden Wirtschaft ein; hier wirkte die staatliche Oberaufsicht restriktiv. Dennoch unterschied sich die Notenemission der Hypo-Bank drastisch von derjenigen anderer (Staats-)Banken, die in erster Linie dem Schuldenabbau des Staates zu dienen hatten. Insofern war die Politik der Regierung sehr modern. Erstmals wurden in Bayern mit volkswirtschaftlichen Zielsetzungen und ohne direktes Eigeninteresse des Staates reine Zahlungsmittel zur Verfügung gestellt. Auch erwähnte das Gesetz keinerlei finanzielle Begünstigung des Staates etwa durch die Vergabe billiger Kredite. Heinrich von Poschinger beklagte sogar, dass die bayerische Regierung bei der Gründung der Bank zu uneigennützig gewesen sei.[258]

In der ersten Hälfte des 19. Jahrhunderts wurde die Hypo-Bank als Vermittlerin zwischen privatem Kapitalangebot und privater Kapitalnachfrage[259] zum zentralen bayerischen Finanzintermediär mit der größten Breitenwirkung. Allerdings blieb sie bei ihren Finanzierungsaufgaben auf knappe Refinanzierungsmittel beschränkt: Ihr Kapital reichte nicht aus, um die Kreditnachfrage im Land auch nur annähernd decken zu können.

Dennoch begleitete die Regierung die Bank in ihren Expansionsbestrebungen und erteilte, wenn auch oft nach längerem Zögern, die notwendigen Genehmigungen. Zu nennen sind hier zum Beispiel die Genehmigung des Kontokorrentkredits und verschiedene Statutenänderungen, durch die u. a. die Leitungsorgane der Bank neu strukturiert wurden.[260] In das operative Geschäft griff der Staat nicht ein. Eine wichtige För-

[255] Die Bayerische Hypotheken- und Wechsel-Bank hatte als erste Bank ausschließlich das Recht, unverzinsliche Banknoten auszugeben. Nur diese Papiere entsprachen der heutigen Auffassung von Banknoten. Im Gegensatz dazu standen die verzinslichen Banknoten anderer Banken, die nach wie vor in Umlauf kamen und mehr den Charakter von Schuldverschreibungen hatten, der Finanzierung der emittierenden Bank dienten und nicht der Versorgung der Wirtschaft mit stoffwertlosem Geld.

[256] Dollhopf, Geschichte, S. 203.

[257] Ebd., S. 213-216.

[258] von Poschinger, Bankgeschichte, S. 16.

[259] Bayerische Hypotheken- und Wechsel-Bank, Hundert Jahre, S. 15 f.

[260] Der inzwischen gesteigerte Geschäftsumfang der Bank konnte von einer ehrenamtlichen Geschäftsleitung nicht mehr bewältigt werden. Nach der Reform unterstand die Geschäftsführung einer besoldeten und fest angestellten Bank-Administration, die in heutiger Terminologie dem Vorstand entsprach.

derung erfuhr die Bank durch die königliche Genehmigung zur Ausgabe von Pfandbriefen. Hiermit eröffneten sich der Bank wichtige Refinanzierungsmöglichkeiten, die allerdings mit der Auflage verbunden wurden, das Sparkassenwesen zu unterstützen.

Konkret bedeutete dies, dass die Sparkassen berechtigt waren, ihre Gelder bei täglicher Verfügbarkeit zu festen Zinsen bei der Bank anzulegen.[261] Für beide Institute war diese Auflage grundsätzlich von Vorteil, und der Finanzplatz München erfuhr in doppelter Hinsicht eine Förderung: Die Sparkassen erhöhten die am Kapitalmarkt vorhandene Liquidität und die Hypo-Bank vermittelte diese an die Kreditnehmer. Mit der Einführung des Pfandbriefs wurde zugleich ein Anlagemedium geschaffen, das nicht nur den Staatsobligationen Konkurrenz machte – insofern kann die Genehmigung der Regierung als ein nahezu „selbstloser Akt" gewertet werden –, sondern auch den Sparkassen.[262]

Diese Belebung des Wettbewerbs im Anlagebereich ist ein wichtiges Indiz für die Verbesserung des Kapitalmarktes. Wie dringend notwendig dieses Finanzierungs- und Anlageinstrument zur damaligen Zeit war, zeigt die Tatsache, dass die Pfandbriefemissionen bereits innerhalb weniger Monate die Hälfte des gestatteten Umlaufvolumens erreicht hatten und ständig weitere Erhöhungen des Kontingents beschlossen und genehmigt werden mussten.[263] Wie bei den Banknoten erwiesen sich die gesetzlichen Beschränkungen als sehr restriktiv, so dass die Bank immer wieder gezwungen war, um eine Lockerung der staatlichen Verordnungen nachzufragen. Die Motive für die Zurückhaltung der staatlichen Organe lagen wahrscheinlich in der Sorge, es könnte zu Missbräuchen und damit zu einem Vertrauensverlust des Publikums kommen.

Angesichts des großen Einflusses auf die Entstehung, Ausgestaltung und Entwicklung der Bank waren der Staat und besonders der König zu den wichtigsten Förderern des Finanzplatzes München geworden. Nicht weniger galt dies für die Förderung des Versicherungswesens. So zählte die Hypo-Bank zu den ersten inländischen privaten Anstalten, die das Versicherungsgeschäft betreiben durften, und half damit, die Idee der Sach- und Lebensversicherung in der bayerischen Gesellschaft zu verbreiten.[264] Die Ausstattung der Bank mit einer Versicherungsabteilung durch die Staatsregierung war auch deshalb wegweisend, weil der Münchner Magistrat eine restriktive Haltung gegenüber Versicherungsgesellschaften eingenommen hatte und vor allem im ersten Drittel des 19. Jahrhunderts verschiedene Vorschläge zur Errichtung von Versicherungen abgelehnt hatte.[265]

Für München war die Standortwahl im Falle der Hypo-Bank von besonderer Bedeutung. Da Augsburg bis 1830 als führender Finanzplatz Bayerns galt, wäre es durchaus naheliegend gewesen, das süddeutsche Finanzzentrum dauerhaft dort anzusiedeln. Schließlich verfügte Augsburg damals noch über die besseren Voraussetzungen. Die Tatsache, dass die für die bayerische Wirtschaft so zentral gewordene Notenbank nicht dort gegründet wurde, verdankt München der Intervention des Königs. Nicht zu unterschätzen dürfte in diesem Zusammenhang der Einfluss des Münchner Hofbankiers Simon Freiherr von Eichthal gewesen sein, der sich vehement für eine Neugründung in München einsetzte.[266] Alternativen zur Hauptstadt kamen nicht zum Zuge; daran

[261] Hirschhorn, Sparkasse, S. 21; Spiethoff, Größe, S. 56 f.
[262] Jungmann-Stadler, Hypo und Sparkassen, S. 158.
[263] Bayerische Hypotheken- und Wechsel-Bank, Hundert Jahre, S. 32 f.
[264] Lutz/Stummer, Hundertfünfundzwanzig Jahre, S. 22.
[265] Koch, Pioniere, S. 285; Koch, München, S. 6 f.
[266] Müller, Bank, S. 123.

änderten auch die Bemühungen Augsburger Kaufleute nichts – so zum Beispiel ein konkreter Plan aus dem Jahr 1824, eine Bayerische Nationalbank mit Sitz in Augsburg zu errichten.[267] Mit der Ansiedlung der gewichtigen neuen Bank hätte das Handelszentrum Augsburg seine Bedeutung deutlich erhöhen können. Es ist zu vermuten, dass der gute Ruf des Augsburger Handels zumindest teilweise auf das Bankgeschäft hätte übertragen werden können. Auf diesen Bonus wurde zugunsten der Hauptstadt verzichtet. Die Signalwirkung dieser Standortentscheidung prägte die Weiterentwicklung Münchens als aufstrebendes Finanzzentrum.

Königliche Bank in Nürnberg

Die Gründung der Hypo-Bank in München ist auch unter dem Aspekt von besonderem Interesse, dass damals bereits ein traditionsreiches, in Nürnberg ansässiges Bankhaus existierte, das für eine entsprechende Aus- und Umgestaltung durchaus geeignet gewesen wäre. Dieses Institut, die Königliche Bank, war kein rein erwerbswirtschaftlich orientiertes Unternehmen, das ebenfalls das Staatswappen tragen durfte.

Dass die Königliche Bank im Jahr 1807 nach Nürnberg verlegt wurde und nicht nach München, hing vor allem damit zusammen, dass die bis dahin im fränkischen Raum arbeitende Bank bereits gute Geschäftskontakte nach Nürnberg geknüpft hatte[268] und München zu Beginn des Jahrhunderts noch nicht als ernstzunehmende Alternative galt. Die Königliche Bank fungierte in erster Linie als Staatsbank und genoss deshalb weder in Finanzkreisen noch bei den Parlamentsmitgliedern das für eine Notenbank erforderliche Vertrauen. Aufgrund der staatlichen Abhängigkeit der Bank befürchtete man eine „Papiergeldwirtschaft" nach französischem Vorbild.[269]

Grundlage der Tätigkeit der Königlichen Bank war, dass der Staat für ihre Schulden haftete und ein Gesellschaftsvertrag zwischen dem König und den Aktionären die rechtliche Basis der Geschäfte regelte. Obwohl das Institut dem bayerischen Finanzministerium unterstand, brachte die Staatsregierung ihm kaum Interesse entgegen; nennenswerte staatswirtschaftliche Aufgaben fielen ihm in der ersten Hälfte des 19. Jahrhunderts noch nicht zu. Das Desinteresse reichte sogar so weit, dass Finanzminister Joseph Ludwig Graf von Armansperg die Bank im Jahr 1827 der Stadt Nürnberg überlassen hätte, wenn nicht der König selbst, der auf die Gewinne der Bank nicht verzichten wollte, dies verhindert hätte. Zudem wandte sich das Finanzministerium gegen eine räumliche Ausdehnung des Wirkungskreises der Bank und verweigerte ihr im Jahr 1823 eine Niederlassung in München. 1834 wurde die Umwandlung der Königlichen Bank in die geplante Nationalbank sogar explizit vorgeschlagen, aber sowohl König als auch Regierung bestanden auf einem Sitz in der Landeshauptstadt München.

Ab 1835 wurde streng darauf geachtet, dass sich der Wirkungskreis der Königlichen Bank nicht mit dem der Bayerischen Hypotheken- und Wechsel-Bank überschnitt („bayerische Bankengeometrie").[270] In der insgesamt zu konstatierenden Benachteiligung der Königlichen Bank gegenüber der Hypo-Bank, der bevorzugten Bank Ludwigs I.,

[267] Dollhopf, Geschichte, S. 182-186.
[268] Müller, Bank, S. 116.
[269] Lutz/Stummer, Hundertfünfundzwanzig Jahre, S. 15.
[270] Ebd., S. 17.

spiegelte sich der Einsatz des bayerischen Staates für die Entfaltung Münchens zu einem wichtigen Finanzplatz wider. Erst unter Maximilian II. wurde der Königlichen Bank seit den 1850er Jahren eine größere Bedeutung zugebilligt. 1850 wurden die bei der Staatsschuldentilgungskasse angelegten Einlagen auf sie übertragen, so dass sie ihre Geschäftsbereiche ausweiten und nun auch staatswirtschaftliche Aufgaben in größerem Umfang wahrnehmen konnte: Die Bank deponierte staatliche Bestände und übernahm die Pflege von Staatsanleihen.[271] Es wurden Niederlassungen in München und Augsburg gegründet; die Umsätze der Bank stiegen zwischen 1850 und 1860 um das Zehnfache. Damit konnte die Königliche Bank nun auch ihren Beitrag zur Entwicklung des Finanzplatzes München leisten, wenngleich sie nach wie vor im Schatten der Hypo-Bank stand.[272] Erst nach dem Ersten Weltkrieg wurde der Hauptsitz der Königlichen Bank, die fortan als Bayerische Staatsbank firmierte, nach München verlegt.[273]

Sparkassenwesen

Die Ursprünge des Sparkassenwesens in Bayern reichen in die 1820er Jahren zurück. Das Gemeindeedikt von 1818 sprach den Gemeinden das Recht auf Selbstverwaltung und damit auch die Verantwortung für das Sparkassenwesen zu. Die rechtlichen und politischen Voraussetzungen für die Umsetzung des Sparkassengedankens wurden in der Regierungszeit von Maximilian I. Joseph mit der „Allgemeinen Verordnung das Armenwesen betreffend" geschaffen.[274] Außerdem wurde den bayerischen Sparkassen mit der Verordnung vom 26. Februar 1823 die Möglichkeit gegeben, die Spargelder zinsbringend bei der Staatsschuldentilgungskasse anzulegen.[275] Damit wurde einerseits das Sparverhalten der unteren Schichten gefördert und andererseits die Finanzierung der Staatsschulden gesichert.[276] Somit darf neben dem sozialpolitischen Aspekt der bayerischen Sparkassengründungen nicht übersehen werden, dass Maximilian I. Joseph durch die Verpflichtung der Staatsschuldentilgungskasse, Sparkassengelder anzunehmen, die Möglichkeit erhielt, zusätzliche Gelder ohne Zustimmung der Kammer zu sammeln.[277] So verwundert es auch nicht, dass verschiedene Initiativen zur Gründung und Förderung von Sparkassen, die der Ständeversammlung ein Mitspracherecht eingeräumt hätten, vom König abgelehnt wurden.[278]

Dass auch Ludwig I. bemüht war, die Sparkassen zu fördern, zeigt folgendes Zitat: „Die möglichste Ausdehnung des wohltätigen Instituts der Sparkasse, insbesondere die Einführung solcher Kassen in den kleineren Städten und Märkten bildet einen unserer lebhaftesten Wünsche."[279] Dennoch wurde 1828 der Antrag eines Abgeordneten, per Verordnung eine Sparkasse in jeder Gemeinde einzurichten, von der Regierung mit der Begründung abgewiesen, dass dies keine feste Vorschrift, sondern nur eine Verhaltensmaßregel sein solle.[280]

271 Bayerische Staatsbank 1780-1955, S. 144.
272 Ebd., S. 157 f.
273 Müller, Bank, S. 128.
274 Spiethoff, Größe, S. 11.
275 Stadtsparkasse München, Hundertfünfundzwanzig Jahre, S. 12.
276 Spiethoff, Größe, S. 38; Stadtsparkasse München, Hundertfünfundzwanzig Jahre, S. 22.
277 Heydenreuther, König, S. 460 ff.
278 Ebd., S. 462-471.
279 Spiethoff, Größe, S. 19.
280 Ebd., S. 20.

Während der Regentschaft Ludwigs I. wurde bereits über eine Zentralstelle für die bayerischen Sparkassen diskutiert. Einer der größten Befürworter dieses Projekts war der Innenminister Fürst zu Oettingen-Wallerstein, dem die Förderung des Sparkassenwesens nicht ausreichend erschien. Er versprach sich von einem Zentralinstitut einen größeren Aufschwung der Sparkassen und ein breiteres Sparen in der Bevölkerung. Darüber hinaus sollte es den Sparkassen erlaubt werden, Kredite direkt an die Sparer selbst oder auch an Dritte zu gewähren. In einer durchaus richtigen Einschätzung der Sachlage wurde bereits vor einer zu engen Verbindung zur Staatsschuldentilgungskasse gewarnt. Das Projekt wurde schließlich abgelehnt; die Kritik des Innenministers an der Verbindung von Tilgungskasse und Sparkassen hatte dem Monarchen offenbar missfallen.[281]

Als neue Grundlage für das Sparkassenwesen wurde am 30. Januar 1843 eine Verordnung mit strengeren Rahmenbedingungen erlassen, der zufolge die Inanspruchnahme der Sparkassen ausschließlich dem weniger wohlhabenden Bevölkerungsteil vorbehalten sein sollte. Auch die Verwendung der Sparkasseneinlagen wurde weiterhin lebhaft diskutiert, da die Zusammenarbeit mit der Tilgungskasse die Darlehensvergabe an Handwerker und Landwirte verhinderte. Wie umfangreich das dem Mittelstand dadurch entgangene Darlehensvolumen war, zeigen die in kürzester Zeit gestiegenen Sparkassengelder bei der Staatsschuldentilgungskasse. Hier trat der Staat in direkte Konkurrenz zu den Finanzierungsinteressen des Mittelstandes. Während die Hypo-Bank mit dem Ziel der Mittelstandsfinanzierung gegründet worden war, stand im Fall der Sparkassen die Haushaltsfinanzierung im Vordergrund. Die Schlussfolgerung liegt nahe, dass Ludwig I. bei den Sparkassen seinen Interessen Vorrang gegenüber dem allgemeinen Zweck einräumte. 1843 wurde diese Politik aber durch eine Bestimmung geändert, der zufolge der Staat „aufgrund der Rückführung der Staatsverpflichtung“[282] keine zusätzlichen Sparkassengelder mehr annehmen durfte.[283]

Kein anderer Banktyp war so stark und so dauerhaft von staatlicher Einflussnahme gekennzeichnet wie die Sparkassen. Neben dem wohltätigen Grundgedanken stand das Motiv der Finanzierung der Staatsschuld. Die verzinsliche Wiederanlage der Sparkassengelder zum überwiegenden Teil bei der Staatsschuldentilgungskasse brachte für die Sparkassen einerseits zunächst Erfolg am Markt und Prosperität, andererseits bedeutete die Abhängigkeit von der Politik und dem Verhalten der Staatsschuldentilgungskasse auch ein enormes Risiko, das die Sparkasse München nur allzu deutlich zu spüren bekam. In der Literatur wird in diesem Zusammenhang sogar gelegentlich von einem „Staats- und Gemeindeegoismus“ gesprochen, da durch die Verbindung zwischen Staatsschuldentilgungskasse und Sparkassengeldern ein Mechanismus zur Gestaltung der Staatsschuld bestand.[284] Der Vorteil dieser Symbiose für den Finanzplatz München aber war, dass die Kleinsparer in den Kapitalkreislauf integriert wurden und der Sparkasse München so ein guter Start ermöglicht wurde.

[281] Stadtsparkasse München, Hundertfünfundzwanzig Jahre, S. 14.
[282] Ebd.
[283] Spiethoff, Größe, S. 30 f.
[284] Heydenreuther, König, S. 461.

6. Fazit

Noch zu Beginn des 19. Jahrhunderts waren keine Anzeichen für den Aufstieg Münchens zum führenden süddeutschen Finanzplatz erkennbar. Woran lag es also, dass schon wenig später die Grundsteine für ein überregionales Finanzzentrum gelegt werden konnten? Kamen die entscheidenden Impulse von den Kapitalnachfragern oder eher von der Angebotsseite, also von den Finanzintermediären? Oder hatte der bayerische Staat diese Entwicklung in entscheidendem Maße gefördert?

Eine monokausale Erklärung kann in diesem Fall nicht gegeben werden. Die mit der Bauernbefreiung und der Gewerbefreiheit neu entstandene Kapitalnachfrage gab erste Anstöße. Zwar ging von dem im ersten Drittel des 19. Jahrhunderts expandierenden Kleingewerbe nur ein relativ geringer Impuls aus. Dies änderte sich aber infolge der fortschreitenden Industrialisierung mit dem Betriebsgrößenwachstum und der Ausbreitung der fabrikmäßigen Produktionsweise, die nicht zuletzt – gemeinsam mit den technischen Innovationen – die Wirtschaftsstruktur Münchens und auch Bayerns deutlich veränderte und den Investitionsbedarf stark erhöhte.

Vor allem im zweiten Drittel des 19. Jahrhunderts stieg in einigen Branchen bzw. im Zusammenhang mit besonderen Projekten die Kapitalnachfrage enorm an. Zu nennen sind hier vor allem der Eisenbahnbau, der mit der vorgelagerten Schwerindustrie zum wichtigsten Wirtschaftszweig in München und Bayern avancierte[285], der Donau-Main-Kanal, die expandierende Bautätigkeit insgesamt und im industriellen Bereich vor allem der Investitionsbedarf der Brauereien, der optischen Industrie und der Maschinen- und Metallindustrie.[286] Die damit einhergegangene Erhöhung der Kapitalnachfrage läutete auch in München ein neues Zeitalter ein und brachte für die Stadt den Durchbruch im Industrialisierungsprozess. Unter den zahlreichen Finanzinnovationen dieser Zeit fand insbesondere die Rechtsform der Aktiengesellschaft als wichtiges Instrument der Eigenkapitalbeschaffung erstmals eine größere Verbreitung. Die zunehmende Fungibilität der Aktien förderte außerdem die Etablierung der Börse.

Den Privatbankiers kam bei der Entwicklung Bayerns eine tragende Rolle zu, nicht nur bei der Finanzierung der zeitweise sehr großen Staatsschuld, sondern insbesondere auch bei der Finanzierung des Eisenbahnbaus und bei der Gründung von Aktiengesellschaften im Allgemeinen. Vor allem aber wurde ihr Einsatz bei der Gründung und Führung der Bayerischen Hypotheken- und Wechsel-Bank für München prägend. Freiherr Simon von Eichthal (München), der die Bank lange Zeit leitete, Freiherr von Rothschild (Frankfurt am Main) und Joel Jakob von Hirsch (Würzburg) hielten ein Aktienkapital von über einer Mio. Gulden. Unter den insgesamt 75 Gründungsaktionären waren 13 Bankiers, die die Kapitalmajorität auf sich vereinigten. Auch im Bankausschuss, dem Kontrollorgan der Bank, waren die Privatbankiers dominant. Elf der insgesamt 40 Mitglieder des Ausschusses waren Bankiers, die wiederum mit hohen Summen beteiligt waren.[287] Auch Ludwig I. und die Königinwitwe befanden sich unter den Gründungsaktionären und den Mitgliedern des Bankausschusses. Der König hatte die Hypo-Bank also nicht nur auf politischer Ebene gefördert, sondern investierte auch als Privatmann Kapital in dieses Projekt.

285 Steffan, Bayerische Vereinsbank, S. 38.
286 Im Einzelnen dazu: Stahl, Joseph von Utzschneider, S. 74-147.
287 Pronold, Sozialstruktur, S. 9 f.

Der Kgl. Bayerische Hofbankier Simon von Eichthal (1787–1854) war Mitbegründer und Erster Direktor der Bayerischen Hypotheken- und Wechsel-Bank (1834–1844 und 1850–1854).

Mit der Gründung der Bank stellte der Staat ein Institut zur Verfügung, das der Kreditnot in Handel, Gewerbe und Landwirtschaft entgegenwirken sollte, nachdem der Staat selbst mit seinen Reformgesetzen und Reformmaßnahmen in eben diesen Bereichen ganz wesentlich zur Entstehung dieses Kreditbedürfnisses beigetragen hatte. Die Hypo-Bank erwies sich im Laufe der Zeit als eine der wichtigsten Institutionen des Münchner Finanzplatzes mit bedeutenden Auswirkungen auf den bayerischen Kapitalmarkt. Denn in der ersten Hälfte des 19. Jahrhunderts bestand – der These Knut Borchardts folgend – die Problematik der Unternehmensfinanzierung auch im süddeutschen Raum weniger im Mangel an Kapital als vielmehr in der fehlenden Investitionsbereitschaft bzw. in den fehlenden Investitionsmöglichkeiten und in der starken Kapitalabsorbtion durch den Staat.[288] Es fehlten die Institutionen, die dazu geeignet gewesen wären, das wachsende Finanzierungs- und Kreditbedürfnis zu koordinieren und zu befriedigen.[289] Erst das Entstehen eines angemessenen Bankwesens und damit verbunden die erhöhte Kapitalmobilität und die verbesserte Markttransparenz ließen Kreditnachfrage und -angebot ansteigen.[290]

Mit der Bayerischen Hypotheken- und Wechsel-Bank entstand eine private Bank, die die Wirtschaft auch durch ihr ausschließliches Notenausgaberecht mit dem nötigen Transaktionsmedium Geld versorgte und damit die Voraussetzungen für einen regen Wirtschaftsaustausch schuf. Natürlich war das Volumen der ausgegebenen Banknoten gemessen an den wirtschaftlichen Erfordernissen viel zu gering, entscheidend aber war die von der Bayerischen Hypotheken- und Wechsel-Bank ausgehende grundlegende Reform des Notenbankwesens: Der Wechsel vom Staatspapiergeld zum reinen Transaktionsmedium wurde vollzogen. Somit wurde die Bank zur Wegbereiterin für das

[288] Borchardt, Frage, S. 217-222.
[289] Schremmer, Wirtschaft, S. 590; Born, Geld, S. 92.
[290] Borchardt, Frage, S. 223 ff.

moderne Notenbankwesen, das wiederum die Basis für eine gezielte Geldpolitik war, die dann im 20. Jahrhundert als wirtschaftspolitisches Instrument von zentraler Bedeutung werden sollte.

Mit der Gründung der Hypotheken- und Wechsel-Bank in Zusammenhang stehende Innovationen förderten den Kapitalmarkt im besonderen Maße. Erstens eröffnete die Einführung des Hypothekarkredits der Wirtschaft nun auch langfristige Finanzierungsmöglichkeiten; zweitens wurde mit dem Kontokorrentkredit ein Instrument der kurzfristigen Betriebsmittelfinanzierung eingeführt; drittens wurde mit der Emission von unverzinslichen Banknoten Geld im modernen Sinne in Umlauf gebracht; und viertens wirkte der neu eingeführte Pfandbrief in dreifacher Weise fördernd: Er erhöhte die Liquidität der Bank und damit des Kreditmarktes, da er als Refinanzierungsinstrument die Bank in die Lage versetzte, den dringend benötigten langfristigen Kredit in größerem Umfang bereitzustellen. Er stellte darüber hinaus ein mündelsicheres und für längere Anlagefristen geeignetes Papier mit fester Verzinsung dar. So wurde mit dem Pfandbrief nicht nur der Kreditmarkt, sondern auch der Markt für Finanzanlagen um eine äußerst lukrative Alternative bereichert. Schließlich war es der Münchner Börse gelungen, über den Pfandbriefhandel ihr Handelsvolumen erhöhen.

So sehr die Gründung der Bank auch von staatlicher Seite unterstützt worden war, so sehr wirkte der Staat auf ihre Geschäftstätigkeit oftmals auch hemmend bzw. verzögernd ein. Die staatlichen Eingriffe betrafen in erster Linie die Genehmigung bzw. Ablehnung der vorgelegten Statuten und Anträge, die sich mit der Einführung der von der Bank neu entwickelten Finanzierungs- und Anlageinstrumente befassten. Die Regierung wollte so z. B. der Einführung des Pfandbriefs anfangs nicht zustimmen, und auch die restriktiven Bestimmungen bezüglich des Notenumlaufs behinderten die Entfaltungsmöglichkeiten der Bank – obgleich diese Restriktionen einem Schutz- und Kontrollbedürfnis entsprangen, dem sich der Staat verpflichtet fühlte.

Ein Kapitalmarkt benötigt ausreichende Liquidität. Die Sparkassen integrierten in ihrer Funktion als Kapitalsammelstellen die Ersparnisse weiter Kreise der Bevölkerung in den Kapitalkreislauf. Während sie auf diese Weise dem Sparbedürfnis der Bevölkerung gerecht wurden, halfen sie auf der anderen Seite, den Finanzierungsbedarf des Staates zu befriedigen und – in unterschiedlichem Umfang – auch das der jeweiligen Gemeinden und des Mittelstandes; die Sparkasse München zum Beispiel hatte ihr Aktivgeschäft erst nach ihrer Wiedereröffnung diversifiziert.

In der ersten Jahrhunderthälfte bereicherten also neue Finanzintermediäre den bis dato traditionell von den Privatbankiers dominierten Markt, so dass am Finanzplatz München alle auch später relevanten Banktypen vertreten waren, d. h. die Bankenstruktur war in ihren Grundzügen angelegt. Dabei spielte der Standortfaktor „Unternehmensstrategie und Unternehmerpersönlichkeiten" für München eine entscheidende Rolle, denn der Aufschwung wurde ganz wesentlich von dem Engagement, dem Problembewusstsein und dem Weitblick einiger führender Persönlichkeiten getragen. Auf unternehmerischer Seite ist hier vor allem Joseph Anton Maffei zu nennen, und zwar in zweierlei Hinsicht: zum einen als kapitalstarker Gründer und Leiter der ersten bayerischen Lokomotiv- und Maschinenfabrik in München[291] und zum anderen als Förderer des privat finanzierten Eisenbahnbaus, insbesondere der Strecke Augsburg – Nürnberg,

[291] Vgl. den Abschnitt „Brauerein" in Kap. II.3.4.

bei der er planerisch tätig war und zudem ein größeres Aktienpaket zeichnete.[292] Die Synergieeffekte dieser beiden Engagements sind freilich nicht zu übersehen. Mit seiner Lokomotivenfabrik setzte er den Grundstein für die später für München so wichtige Maschinen- und Metallindustrie, welche die Landeshauptstadt zur „Eisenbahnstadt" werden ließ. Neben seinen Verdiensten um die bayerische Wirtschaft trat er außerdem durch sein Engagement bei der Gründung der Bayerischen Hypotheken- und Wechsel-Bank hervor, als er Aktien im Wert von 250 000 Gulden zeichnete.[293]

Führende, die wirtschaftliche Entwicklung Münchens prägende Persönlichkeiten gab es auch in dem zweiten wichtigen Sektor, dem Brauereiwesen. Die weitblickenden Vertreter des Braugewerbes nahmen das Biersatzregulativ von 1811, das den Bierpreis und die Zusammensetzung des Bieres regelte, zum Anlass, ihren Betrieb auszubauen und zu modernisieren. Denn nun lohnte sich die Einführung moderner Brautechniken und Maschinen, da eine bessere Ausnutzung der Betriebsanlagen möglich war. In erster Linie waren dies Ludwig Brey mit seiner Brauerei „Zum Löwenbräu", Gabriel Sedlmayr (Spatenbräu), Joseph Sedlmayr (Leistbräu), Georg Pschorr (Pschorr und Hackerbräu) sowie Anton Wagner (Augustiner Brauhaus).[294] Die Branche erwies sich zum einen in technischer Hinsicht als sehr innovativ[295], zum anderen ging eine hohe Investitionsnachfrage von ihr aus.[296] Aus den Expansionsbestrebungen der großen Brauereien resultierte auch eine Neuheit auf dem Gebiet der Unternehmensfinanzierung, nämlich die rege nachgefragten und umfänglich in Anspruch genommenen Kontokorrentkredite.

Schließlich war es für den Aufstieg Münchens von großer Bedeutung, dass das traditionelle süddeutsche Finanzzentrum Augsburg zurückfiel und andere bayerische Städte im Wettstreit um das Finanzzentrum nicht antraten. Dass Augsburg seine Position an München abtreten musste, lag zum einen an dem durch externe Faktoren mitverursachten Bedeutungsverlust Augsburgs seit dem Beginn des 19. Jahrhunderts und zum anderen daran, dass es den Augsburger Bankiers nicht gelang, eine Notenbank in ihrer Heimatstadt zu gründen. Die in Augsburg dominante Textilindustrie nahm im Laufe des 19. Jahrhunderts im Industrialisierungsprozess keine Schlüsselposition mehr ein, ganz im Gegensatz zur Maschinenbauindustrie, die sich besonders in München konzentrierte und hier ab der Jahrhundertmitte entscheidende Impulse setzte. Mit Blick auf die Gründung der Hypo-Bank liegt die Annahme nahe, dass München den Aufstieg zu einem wichtigen Bank- und Börsenplatz hauptsächlich seinem Status als Residenz- und Regierungssitz zu verdanken hatte. Allerdings erfuhren die anderen Münchner Finanzintermediäre – die Börse, die Königliche Bank oder die Münchner Sparkasse – keine vergleichbare, den Kapitalmarkt fördernde Unterstützung durch den Staat. Auch mit der Verdrängung ausländischer Versicherungsgesellschaften vom Münchner Markt hatte der Staat dem Finanzplatz keinen Dienst erwiesen.

Dagegen wurde München als Landeshauptstadt auf vielfältige Weise gefördert, sei es auf kulturellem Gebiet oder in den Bereichen Infrastruktur und Bauwesen. Diese Maßnahmen unterstützten die Zentrumsbildung und damit indirekt wiederum den Finanzplatz. Die konsequente Ausrichtung des neu gebauten Eisenbahnschienennetzes auf München als Landeszentrum machte die Stadt zum Verkehrsknotenpunkt und lieferte

[292] Liebl, Privateisenbahn, S. 82.
[293] von Zwehl, Joseph Anton von Maffei, S. 287.
[294] Heckhorn/Wiehr, München, S. 17.
[295] Bereits 1818 benutzte der Brauer Sedlmayr vom Oberspaten eine 1-PS-Dampfmaschine.
[296] Struve, Entwicklung, S. 50.

zusätzliche Wachstumsimpulse. Hier beeinflusste der Staat den Standortfaktor „Verkehrsinfrastruktur" zugunsten der Landeshauptstadt. Die günstige Verkehrsanbindung machte die Stadt für weitere Industrieansiedlungen attraktiv – wieder mit positiven Auswirkungen auf den Kapitalmarkt. Das Zusammentreffen mehrerer wirtschaftlicher, gesellschaftlicher und politischer Faktoren begünstigte den Wirtschaftsstandort München. Somit ging die wirtschaftliche Entwicklung mit der des Finanzplatzes Hand in Hand. Gegenseitige Impulse hielten den Entwicklungsprozess in Gang. Das Wirtschaftswachstum der Stadt München sowie die dort vorhandene Industrie-, Gewerbe- und vor allem Bankenstruktur waren um die Jahrhundertmitte so weit entwickelt, dass die Grundvoraussetzungen für eine erfolgreiche Entwicklung Münchens als Finanzzentrum gegeben waren.

Kapitel III

Der Aufstieg zum führenden bayerischen Finanzplatz (1860er Jahre bis 1914)

von Rainer Gömmel

Ein bedeutender Finanzplatz ist ohne entsprechendes Umfeld nur schwer vorstellbar. Doch was kennzeichnet ein solches Umfeld? Für die Zeit um 1800 und die folgenden zwei, drei Jahrzehnte ist die Antwort relativ einfach: Die bedeutendsten, jahrhundertealten Handelsstädte entwickelten sich auch zu entsprechenden überregionalen Finanzzentren, wenngleich dieser Zusammenhang für die frühere Handelsmetropole Nürnberg kaum gilt. Warum sich umgekehrt München als bis dahin relativ unbedeutende Handelsstadt nach jener Zeit, aber noch vor Mitte des 19. Jahrhunderts allmählich zu einem Finanzplatz herausgebildet hat, wurde in Kapitel II untersucht.

Im Folgenden geht es vor allem um die grundsätzliche Frage, warum sich in der zweiten Hälfte des 19. Jahrhunderts in München bereits existierende Finanzdienstleistungsunternehmen weiterentwickelt haben und andere Anbieter hinzugekommen sind, die dann zusammen München zum führenden bayerischen Finanzplatz aufsteigen ließen. Konkret ausgedrückt bedeutet dies die Suche nach den wesentlichen Standortfaktoren, die sich aus dem wirtschaftlichen, politischen und demografischen Umfeld ableiten lassen, das München im Vergleich zu anderen bayerischen Städten offenbar begünstigte. Die Frage nach Hintergründen, Ursachen und Bedingungen für Unternehmens- und Filialgründungen, Standortverlagerungen und Beteiligungen gewinnt vor allem im Hinblick auf das damalige Informations- und Kommunikationssystem an Bedeutung, weil dieses im Vergleich zur Gegenwart wesentlich aufwändiger, d. h. mit höheren Kosten verbunden war.

Die grundsätzliche Frage nach der Herausbildung eines umfassenden Marktes für Finanzdienstleistungen lenkt zwangsläufig den Blick auf die Anbieter solcher Dienstleistungen. Generell waren dies zum damaligen Zeitpunkt im Bankensektor Privatbankiers, Aktienbanken mit verschiedenen Geschäftsfeldern und Schwerpunkten, Sparkassen und Kreditgenossenschaften. Komplettiert wurde dieses Bankensystem durch zumindest eine Notenbank. Demgegenüber war das Versicherungswesen ganz allgemein institutionell weniger ausdifferenziert, was durch die relativ späte Gründung der weltweit ersten selbständigen Rückversicherungsgesellschaft, der „Kölnischen Rückversicherungsgesellschaft" im Jahre 1852, zum Ausdruck kommt.[1] Das Versicherungsgeschäft wurde lange Zeit von Banken betrieben. Auf die Gründe wird näher einzugehen sein.

Die für einen bedeutenden Finanzplatz notwendige Börse existierte in München auch, führte aber seit 1830 jahrzehntelang eher ein Kümmerdasein. Hinsichtlich der

[1] Mossner, Entwicklung, S. 98.

Struktur des Münchner Kapitalmarktes kann die allgemeine Ausgangssituation um 1860 grob folgendermaßen skizziert werden: Neben einem für damalige Verhältnisse zumindest in institutioneller Hinsicht kompletten Bankensystem stand ein weniger ausgebautes Versicherungswesen und eine gänzlich unterentwickelte Börse. Es empfiehlt sich also, Struktur und Entwicklung des Banken-, Versicherungs- und Börsenwesens darzustellen, um dann nach den eingangs erwähnten Ursachen für jene Entwicklung zu fragen. Zunächst soll jedoch der Blick auf das wirtschaftliche und soziale Umfeld des Finanzplatzes gerichtet werden.

1. Münchens Wirtschaft im Überblick

Das rasche Bevölkerungswachstum Münchens ist in dem hier betrachteten Zeitraum auf den ersten Blick das herausragende Merkmal. Zwischen 1871 und 1913 stieg die Einwohnerzahl von etwa 170 000 auf 620 000, also um fast das Vierfache[2], und ließ München damit hinter Berlin und Hamburg zur drittgrößten deutschen Stadt anwachsen. Dieses starke Wachstum wird häufig auf die Möglichkeiten eines großen Marktes zurückgeführt, der durch ein Eisenbahnnetz geschaffen wurde.[3] Ähnlich verhielt es sich mit der zweitgrößten bayerischen Stadt, Nürnberg, die im selben Zeitraum sogar relativ stärker wuchs, nämlich um deutlich mehr als das Vierfache von 81 000 auf 345 000 Einwohner.[4]

Neben der unterschiedlichen absoluten Einwohnerzahl ist auch ein wichtiger qualitativer Unterschied zwischen beiden Städten festzustellen, der die Sozialstruktur betrifft: Trotz Einführung der allgemeinen Gewerbefreiheit in Bayern 1868 stieg die Zahl der industriellen Großbetriebe und damit die der Arbeiter in München während der Hochindustrialisierungsphase nur relativ langsam an. Mitte der 1860er Jahre existierten nur wenige große Industriebetriebe, so etwa die Maffei'sche Lokomotivfabrik mit 700 bis 800 Beschäftigten und die 1866 gegründete Lokomotivfabrik Krauss mit wenig mehr als 300 Arbeitern (1869). Die Waggonfabrik Rathgeber hatte Anfang der 1870er Jahre rund 650 Mann Belegschaft. Damit stellte der Maschinenbau den Schwerpunkt der Münchner Industrie dar, während die einzige mechanische Baumwollspinnerei 1865 nur 40 Beschäftigte aufwies.[5]

In den folgenden Jahrzehnten, insbesondere ab etwa 1880, nahm die Zahl der Fabrikbetriebe allmählich zu und verteilte sich auch auf andere Branchen. Beispiele dafür sind die in der Gründerzeit entstandenen Gummiwerke von Robert Metzeler, die bis zum Ersten Weltkrieg auf eine Betriebsgröße von über 1 000 Beschäftigten expandierten[6], sowie die großen Brauereien (Paulaner, Pschorr, Hacker, Franziskaner, Löwen, Spaten), denen die von Carl von Linde 1879 gegründete „Gesellschaft für Lindes Eismaschinen AG" eine wichtige Voraussetzung für einen großen Absatzmarkt und die Dominanz in Europa verschaffte.[7] Im 1854 erbauten Königlichen Glaspalast fand auf Initiative des Münchner Ingenieurs Oskar von Miller 1882 die erste internationale Elektrizitätsaus-

[2] Angermaier, München, S. 308; Wiest, Munizipalsozialismus, S. 10.
[3] So etwa Tipton, Variations, S. 135.
[4] Gömmel, Wachstum, S. 186 f.
[5] Winkel, Wirtschaft, S. 36 f.
[6] Angermaier, München, S. 312.
[7] Schäder, Brauindustrie, S. 222.

stellung statt, auf der immerhin elf Münchner Firmen mit ihren elektrotechnischen Erzeugnissen warben.[8] Die Verlegung der optischen Fabrik Rodenstock 1885 von Würzburg nach München und der Aufschwung der graphischen Industrie sind weitere Indikatoren einer sich allmählich ausdifferenzierenden Gewerbestruktur.

Begleitet wurde dieser im Vergleich zu typischen Industriestädten wie Nürnberg eher langsame Industrialisierungsprozess seit Mitte der 1870er Jahre von aufwendigen, wegen des Bevölkerungswachstums aber unbedingt notwendigen kommunalen Infrastrukturmaßnahmen. Ab 1874 begann man mit dem Bau einer modernen Kanalisation und ab 1880 mit der Wasserversorgung aus dem Mangfalltal, die aber erst seit 1890 bedeutende Mengen liefern konnte.[9] Der zentrale Schlachthof ersetzte 1878 die bis dahin rund 800 Einzelschlachtplätze der Stadt. Die erste große Initiative zur Elektrifizierung der Stadt, ausgelöst durch die erwähnte Elektrizitätsausstellung von 1882, wurde von der Gasgesellschaft zunächst erfolgreich bekämpft, so dass erst 1891 eine elektrische Zentrale errichtet werden konnte. Sie diente ab 1895 immer mehr der Elektrifizierung der kommunalen (Pferde-)Straßenbahnen, deren Linien schließlich bis 1900 alle elektrisch betrieben wurden.[10]

Diese Infrastrukturmaßnahmen scheinen von den Gemeindekollegien aber weniger zur Förderung von Industrie und Gewerbe durchgeführt worden zu sein. Investitionsbereite Unternehmer klagten vielmehr über Behinderungen durch hohe Grundstückspreise, hohe Erschließungskosten, eine Flut von strengen Bauvorschriften aus Feuerschutzgründen, aber auch in Bezug auf die Fassadengestaltung von Firmen- und Fabrikgebäuden; sie beklagten sich allgemein über eine umständliche und schleppende Antragsbearbeitung seitens der städtischen Behörden.[11] Nachteilig für einen raschen Industrialisierungsprozess wirkten sich noch Anfang des 20. Jahrhunderts auch Faktoren aus, die in die Vergangenheit der Stadt zurückreichten: Es fehlte an gut ausgebildeten Facharbeitern, und die große Zahl der Feiertage sowie die geringe Arbeitsmotivation, die solchen freien Tagen folgte, wirkten produktivitätshemmend.[12] München verstand sich vor allem aufgrund der Bemühungen der Könige Maximilian II. (1848-1864) und Ludwig II. (1864-1886) eher als Stadt der Kunst und Wissenschaften. Letztere erfuhren durch die 1864 gegründete Polytechnische Hochschule eine wesentliche Ausweitung im naturwissenschaftlich-technischen Bereich, was die Ansiedlung technisch hochspezialisierter, aber relativ kleiner Betriebe begünstigte. Ebenso verständlich ist auch, dass Kunstgewerbe und Kunsthandel München eine führende Stellung auf dem deutschen und internationalen Kunstmarkt verschafften.[13]

Der Handel insgesamt war lange Zeit vorwiegend auf Landesprodukte wie Bier, tierische Fette, Getreide und Getreideprodukte beschränkt.[14] Er war aber nicht nur auf die Versorgung der Stadt ausgerichtet, sondern diente seit den 1850er Jahren auch als überregionaler Umschlagplatz. Ein Beispiel dafür ist die 1853 eröffnete Maximilianschranne, ein nach dem damaligen König benannter Getreidemarkt, der insbesondere den Getreidezwischenhandel förderte. Mit der im gleichen Jahr fertiggestellten Ludwigs-Nord-

[8] Turner, Elektrizität, S. 226.
[9] Busse, Gemeindebetriebe, S. 8.
[10] Ebd., S. 9.
[11] Angermaier, München, S. 313.
[12] Ebd., Anm. 12.
[13] Ausführlich dazu Grösslein, Kunstausstellungen.
[14] Winkel, Wirtschaft, S. 43.

Süd-Bahn mit den Endpunkten Berlin und Bodensee sowie der 1860 eröffneten Strecke nach Salzburg, die den Anschluss an Wien und über den Brenner nach Italien ermöglichte[15], wurden die Handelswege ausgebaut und das Angebot vergrößert. Bis Ende des 19. Jahrhunderts stieg München zum führenden süddeutschen Obst- und Gemüsegroßmarkt auf.[16]

Die hier skizzierte Entwicklung fand ihren Niederschlag in der Sozialstruktur. Kurz vor dem Ersten Weltkrieg gehörte München noch zur Gruppe der am wenigsten industrialisierten Großstädte Deutschlands. Überdurchschnittlich waren der Handel und die wegen der Metropolfunktion bedingten staatlichen Verwaltungsbehörden vertreten. Insgesamt resultierte daraus eine relativ breite und heterogene Mittelschicht von Handwerksmeistern, Kaufleuten, Beamten, Angestellten, kleinen Unternehmern und Hausbesitzern, die etwa 35 bis 40 Prozent der Gesamtbevölkerung umfasste, während die Oberschicht aus Industriellen, Großkaufleuten, Bankiers, freiberuflichen Akademikern und leitenden Angestellten sieben bis acht Prozent der Einwohner zählte.[17]

Vor diesem Hintergrund ist die insbesondere seit Einführung der Gewerbefreiheit rasche Entwicklung Münchens zum wichtigsten bayerischen Standort für Banken und Versicherungen zu sehen.

2. Struktur und Entwicklung der Bankinstitute

2.1 Privatbankiers

Generell erreichten die Privatbankiers europaweit um die Mitte des 19. Jahrhunderts ihren Zenit.[18] Bis dahin war das Staatsanleihegeschäft ihr wichtigstes Betätigungsfeld, hinzu trat, seit 1835, ein wachsendes Engagement im Eisenbahnbau. Die Industriefinanzierung wurde eher zurückhaltend betrieben.[19] In München war die Beteiligung der führenden Privatbankiers an der Gründung der Bayerischen Hypotheken- und Wechsel-Bank maßgeblich.

Die zahlenmäßige Entwicklung

Einen ersten Hinweis auf die langfristige Bedeutung der Münchner Privatbankiers liefert ihre zahlenmäßige Entwicklung. Bis in die 1860er Jahre war die Zahl eher rückläufig, wobei allerdings zu bedenken ist, dass in den damaligen Adressbüchern – die hier als Quelle dienen – Bankiers zusammen mit Großhändlern in einer Rubrik geführt wurden und sich dadurch Überschneidungen ergaben. In der folgenden Übersicht sind nur solche Firmen ausgewiesen, die das Bank-, Wechsel- und Inkassogeschäft betrieben:

15 Zorn, Gewerbe, S. 796.
16 Widmann, Großmarkthalle, S. 8, 29.
17 Angermaier, München, S. 309.
18 Pohl, Bankensysteme, S. 222.
19 Pohl, Banken, S. 200-205.

Abbildung 1: Anzahl der Münchner Privatbankiers (1865-1915)

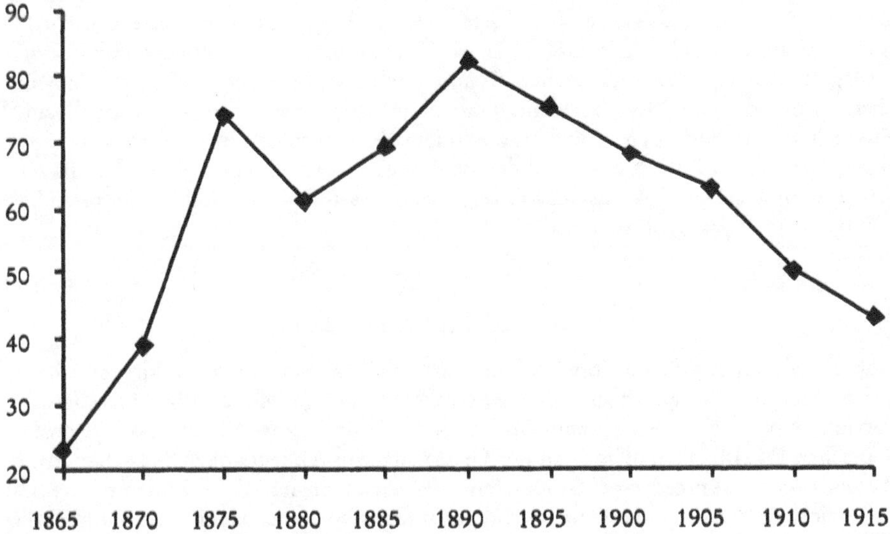

Quelle: Donaubauer, Privatbankiers, S. 14.

Bemerkenswert ist der langfristige Anstieg bis 1890, wobei die Zeit von 1870 bis 1875 eindeutig im Zeichen der allgemeinen Gründungswelle stand, in deren Verlauf in Deutschland allein zwischen 1870 und 1872 nicht weniger als 107 Aktienbanken gegründet wurden.[20] In München waren die herausragenden und dauerhaften Neugründungen die Privatbankhäuser Merck, Finck & Co. und Heinrich Aufhäuser. Auf sie wird später noch näher einzugehen sein. Die Reinigungskrise dauerte in München bis etwa 1880. Während jener Zeit sind die meisten Neugründungen, von denen Adele Spitzeders Dachauer Bank wohl das meiste Aufsehen erregte, wieder verschwunden. Bei Spitzeder handelte es sich um eine erfolglose Schauspielerin, die in München ab 1870 für Spareinlagen monatlich zehn Prozent Zinsen bot, die sie zunächst durch wachsende Einlagen „refinanzierte". Ende 1872 wurde der Schwindel offenkundig, als mehrere Gläubiger ihr Geld zurückforderten. Etwa 31 000 Bürger, überwiegend aus der Dachauer Gegend (deshalb „Dachauer Bank"), wurden um acht Mio. Gulden betrogen.[21] Dass nach dieser Krise der zahlenmäßige Aufschwung weiterging, ist offensichtlich ein Beweis für die sich im Rahmen der Expansion Münchens bietenden Geschäftsmöglichkeiten, wobei damit noch nichts über deren Umfang ausgesagt ist.

Eindeutig ist der Abschwung seit den 1890er Jahren zu erklären: Der regional tätige Privatbankier war gegenüber den Universal- und Spezialbanken immer weniger konkurrenzfähig und insbesondere mit der Industriefinanzierung überfordert. Relativ wenige konnten sich auf spezielle Geschäftsfelder zurückziehen und haben überlebt. Die insgesamt schwierige Situation der Privatbankiers wird in verschiedener Hinsicht

[20] Born, Geld, S. 157.
[21] Ausführlich dazu Ettenhuber, Stadtsparkasse München, S. 92-103.

deutlich. Besonders die Fluktuation ist auffallend: Von den in München 1865 ansässigen 23 Häusern waren dreißig Jahre später nur noch sieben vorhanden, obwohl sich die Zahl insgesamt mehr als verdreifacht hatte.[22] Die nachfolgende Abnahme erklärt sich in hohem Maße durch Geschäftsaufgaben bzw. Übernahmen durch Aktienbanken. Letzteres lag durchaus im gesamtdeutschen Trend.[23] Zwischen 1899 und 1908 gingen in München zwölf kleinere Privatbankhäuser allein in der Bayerischen Vereinsbank auf.[24] Zuvor hatte die Bank bereits zwei renommierte Privatbanken übernommen: 1885 das Bankgeschäft von Hirsch und 1892 das Bankhaus Moritz Guggenheimer. Die Bayerische Hypotheken- und Wechsel-Bank zeigte sich wesentlich zurückhaltender und übernahm erst 1915 das Bankhaus Fraenkel & Selz.

Das Geschäft der Privatbankiers

Neben der zahlenmäßigen Entwicklung weist das Münchner Privatbankiergewerbe im gesamtdeutschen Vergleich auch Gemeinsamkeiten hinsichtlich wichtiger Geschäftsfelder auf. So beteiligten sich bis zum Ausbruch der Gründerkrise 1873/74 fast alle großen deutschen Privatbankiersfirmen an der Gründung von Aktienbanken. Sie sahen in den Aktienbanken weniger eine Konkurrenz als vielmehr nützliche Hilfsinstitute zur Finanzierung besonders kapitalaufwendiger und risikoreicher Gründungs- und Emissionsgeschäfte im Industrie- und Eisenbahnbereich.[25] In München erfolgten um 1870 drei große Gründungen von Aktienbanken, die rasch an dauerhafter Bedeutung gewannen: die Bayerische Vereinsbank und die Bayerische Handelsbank, beide 1869, sowie die Süddeutsche Bodencreditbank von 1871.

Die Konzession für eine Aktienbank mit dem Namen „Bayerische Vereinsbank" erhielt am 11. April 1869[26] ein Gründungskomitee, das aus mehreren Münchner und Augsburger Bankiers, der Anglo-Österreichischen Bank sowie weiteren Persönlichkeiten aus Bayerns Hochadel und Wirtschaft bestand. Carl von Eichthal, Sohn und Erbe Simon von Eichthals, des Mitbegründers der Bayerischen Hypotheken- und Wechsel-Bank, Max Wilmersdoerffer, Moritz Guggenheimer und Emil von Hirsch waren in München ansässige Bankiers[27], ebenso Christoph Robert von Froelich, der aber aus dem Augsburger Privatbankhaus J. Chr. Froelich & Soehne stammte. Carl von Stetten vertrat die Augsburger Privatbank Paul von Stetten.[28] Bedeutsam war, dass Christoph Robert von Froelich 1858 das Bankhaus A. E. von Eichthal in München gekauft hatte und dieses wiederum mit dem Personal und dem ganzen Kundenstamm wenige Tage nach dem Erhalt der Konzession für die Bayerische Vereinsbank an diese verkaufte.

[22] Donaubauer, Privatbankiers, S. 14.
[23] Born, Geld, S. 328; Pohl, Konzentration, S. 745 f.
[24] Bankhaus H. Aufhäuser, Hundert Jahre, Abschnitt „Die Bank" [o. P.]
[25] Born, Geld, S. 327.
[26] Dieses Datum nennt Steffan, Bayerische Vereinsbank, S. 6; bei Donaubauer, Privatbankiers, S. 62, findet sich der 11. September 1869.
[27] Emil von Hirsch war auch in Würzburg tätig.
[28] Steffan, Bayerische Vereinsbank, S. 6.

Etwa zur gleichen Zeit, am 14. Februar 1869, beantragten andere Privatbankiers die Errichtung der „Bayerischen Handelsbank" in München, die dann wenige Monate später, am 11. Mai 1869, das Bankgeschäft aufnahm.[29] An dieser Gründung beteiligten sich im Gegensatz zur Bayerischen Vereinsbank keine Privatbankiers aus München. Die Initiatoren waren Gustav Obermayer vom Bankhaus J. J. Obermayer aus Augsburg, A. von Reinach vom Bankhaus M. Reinach aus Frankfurt am Main sowie der Bankier Theodor von Dreifus von der Firma Gebrüder Benedict aus Stuttgart.[30] Diese und ein weiterer Gründer, die Franko-Österreichische Bank in Wien, waren von den Perspektiven des Bankplatzes München offenbar überzeugt.

Die „Süddeutsche Bodencreditbank" wurde am 17. Juni 1871 in München gegründet, nachdem die Initiatoren am 15. Mai 1871 die Konzession erhalten hatten. Dieses Institut unterschied sich von der Bayerischen Vereinsbank und der Bayerischen Handelsbank dadurch, dass es die erste in Bayern zugelassene reine Hypothekenbank war.[31] Ihr Grundkapital war mit 14 Mio. Gulden zwar deutlich niedriger als das der Bayerischen Vereinsbank mit 21 Mio. Gulden, trotzdem war ihre anfängliche Kapitalausstattung höher. Denn bei der Bayerischen Vereinsbank wurde zunächst nur ein Viertel der Aktien (= 15 000 zu 350 Gulden) ausgegeben. Erst als diese zu mindestens 40 Prozent, d. h. 2,1 Mio. Gulden, eingezahlt waren, durfte ein weiteres Viertel emittiert werden. Bei der Süddeutschen Bodencreditbank dagegen zahlten die Gründer bereits zu Beginn 40 Prozent des Gesamtkapitals ein, also 5,6 Mio. Gulden. Eine solche Summe konnte von Privatbankiers kaum aufgebracht werden.

Und in der Tat befanden sich unter den Gründern der Bodencreditbank mit der Bank für Handel und Industrie (Darmstadt), der Österreichischen Creditanstalt (Wien) und dem A. Schaaffhausen'schen Bankverein (Köln) vorwiegend kapitalkräftige Aktienbanken und mit Theodor Cramer-Klett aus Nürnberg ein vermögender und überaus erfolgreicher Kaufmann und Industrieller, der im Übrigen als Initiator des ganzen Projekts gilt. Die Privatbanken waren im Gründerkreis durch die Bankhäuser Philipp Nicolaus Schmidt (Frankfurt am Main) und Schöller & Co. (Wien) vertreten, die beide als international renommierte Häuser galten. Hinzu kamen die Gräflich Castell'sche Creditcasse (Castell, Unterfranken) und schließlich die Münchner Privatbank Merck, Christian & Co. (seit 1879 Merck, Finck & Co.). Gerade letztgenannte Bank zeigt in hervorragender Weise, dass die Bedeutung der Privatbankiers bei der Gründung von Aktienbanken weniger in ihrer kapitalmäßigen Beteiligung lag. Vielmehr brachten sie ihre unternehmerischen Fähigkeiten und Fachkenntnisse ein. Selbst an ihrer eigenen Firma waren die Bankiers Merck, Christian und Finck eher minimal beteiligt, denn es handelte sich um eine Kommandite der Darmstädter Bank. Vom Kapital der Privatbank in Höhe von 700 000 Gulden im Gründungsjahr 1870 zeichnete die Darmstädter Bank 325 000 Gulden (46,4 Prozent), weitere 275 000 Gulden (39,3 Prozent) entfielen auf Theodor von Cramer-Klett und nur 100 000 Gulden (14,3 Prozent) hielten die Inhaber, davon am meisten Heinrich Merck (75 000 Gulden). Der damalige Prokurist Wilhelm Finck rückte bereits 1871 zum Mitinhaber auf und wurde 1875 in den Aufsichtsrat der Süddeutschen Bodencreditbank berufen, dem auch Heinrich Merck angehörte. Dessen Bedeutung für die Südboden kommt auch dadurch zum Ausdruck, dass er die Vorberei-

[29] Grimm, Bayerische Handelsbank, S. 57.
[30] Kahn, Großindustrie, S. 325.
[31] Süddeutsche Bodencreditbank, Hundertfünfundzwanzig Jahre, S. 9.

tungen für die Konzessionserteilung übernommen hatte und neben Cramer-Klett, der Darmstädter Bank sowie dem Grafen Arco-Valley (München) mit seiner Privatbank Merck, Christian & Co. den Gründungsantrag stellte.[32]

Die Privatbank Merck, Finck & Co. zählte von Anfang an zu den größeren Häusern in München, zumal sie ihr Kapital innerhalb von drei Jahren mehr als verdoppelte und auf 1,6 Mio. Gulden erhöhte. Damit war sie in der Lage, neben dem Gründungs- und Beteiligungsgeschäft auch die Finanzierung von Handel und Industrie zu betreiben, wobei ihr ein entscheidender Anteil zugesprochen wird.[33] Eine solche Ausrichtung war ihr vermutlich von Cramer-Klett vorgegeben worden, denn dieser spürte während der starken Expansion seiner Maschinenfabrik Klett & Co. (der späteren Maschinenfabrik Augsburg-Nürnberg AG), die sich vorwiegend dem Eisenbahnwagenbau widmete, spätestens seit der zweiten Hälfte der 1850er Jahre den Mangel an leistungsfähigen Kreditinstituten für die Industriefinanzierung in Bayern. Mit Ausnahme der Königlichen Bank in Nürnberg, die ihm Anfang der 1850er Jahre einen Kredit über 200 000 Gulden eingeräumt hatte, fand sich kein Kreditinstitut, das seinen Anforderungen genügt hätte, weder das Fürther Bankhaus Samuel Ansbacher, das bald überfordert war, noch die Münchner Privatbanken Hirsch und Eichthal, die zu größeren Krediten an die Industrie nicht bereit waren.[34]

Merck, Finck & Co. pflegte neben dem Gründungs- und Industriegeschäft auch das Depositen-, Kredit- und Wertpapiergeschäft, womit der Charakter einer Universalbank deutlich wird. Ein weiteres wesentliches Geschäftsfeld wurde das Anleihegeschäft für die öffentliche Hand, insbesondere für kleinere und mittlere Städte. Die Bank beteiligte sich auch an Konsortien zur Finanzierung von Eisenbahnprojekten und an der Ausgabe von österreichisch-ungarischen Staatsobligationen.[35]

Einblicke in die Geschäftsfelder kleinerer Münchner Privatbanken ermöglicht das ebenfalls 1870 gegründete Bankhaus Heinrich Aufhäuser (bis 1892 Aufhäuser & Scharlach). Wie eine Reihe anderer Münchner Privatbankiers betrieb es vorwiegend den Handel mit Wertpapieren.[36] Im ersten Geschäftsjahr (1870) betrug sein Eigenkapital lediglich rund 14 400 Gulden, dem knapp 27 000 Gulden Fremdkapital gegenüberstanden. Auf der Aktivseite wurden über 28 000 Gulden eigene Wertpapiere und etwa 10 000 Gulden für noch nicht abgewickelte Kommissionsgeschäfte ausgewiesen. Diese Positionen kennzeichnen die Geschäftsaktivitäten der Privatbank, denn die Bilanzsumme betrug nur rund 44 000 Gulden.[37] An der grundsätzlichen Ausrichtung des Hauses änderte sich in den folgenden drei Jahrzehnten nur wenig. Der Effektenhandel blieb stets das vorrangige Geschäft und wurde im langfristigen Durchschnitt sogar noch verstärkt. Geändert hat sich lediglich die Struktur des Wertpapiergeschäftes, d. h. das Eigengeschäft ging zugunsten des Kommissionsgeschäftes deutlich zurück. Die folgende Tabelle 3 kann nur die tendenzielle Entwicklung anzeigen, weil nicht alle Bilanzpositionen klar zugeordnet werden konnten. Insbesondere war der sprunghafte Anstieg des Fremdkapitals 1900/01 um fast das Vierfache nicht zu klären. Der im Jahr 1900 drastisch zurückgegangene Gewinn deutet auf die damalige Bankenkrise hin, von der offensichtlich auch diese Privatbank betroffen wurde.

[32] Achterberg, Süddeutsche Bodencreditbank, S. 8-13.
[33] Born, Geld, S. 330.
[34] Eibert, Unternehmenspolitik, S. 74 f.
[35] Pohl, Merck, Finck & Co., S. 8.
[36] Moser/Winkler, Wegmarken, S. 47.
[37] Daten entnommen aus ebd., S. 45, 49.

Sitz des Bankhauses Aufhäuser in der Münchner Altstadt (Löwengrube 10, drittes Gebäude v. l.) (Fotografie, Georg Pettendorfer, 1905).

Tabelle 3: Ausgewählte Kennzahlen des Bankhauses Aufhäuser (1870-1901)

	Effekten		Kredite	Eigenkapital	Rendite des Eigenkapitals (in Prozent)
	in Prozent der Bilanzsumme				
	gesamt	davon eigene			
1870-79	65	48	–	72	16
1880-89	74	53	18	90	11
1890-99	70	27	23*	64	16
1900-01	87	17	4	26	8

* ohne 1895 (= 53 Prozent) nur 19 Prozent
Eigene Berechnungen nach: Bayerisches Wirtschaftsarchiv München, F 20381, Bilanzen Aufhäuser.

Grundsätzlich dürfte das Bankhaus Aufhäuser repräsentativ für viele andere Privatbanken gewesen sein, die wegen ihrer im Vergleich zu Aktienbanken und großen Privatbanken niedrigen Kapital-, insbesondere Eigenkapitalausstattung für eine bedeutsame Industrie- und Handelsfinanzierung nicht in Frage kamen. Gleichwohl waren sie für die Entwicklung des Kapitalmarktes in verschiedener Hinsicht sehr wichtig, was am Beispiel von Aufhäuser gezeigt werden kann.

Nach dem ersten Geschäftsjahr (1870), das verständlicherweise ganz im Zeichen des Eigengeschäftes stand, folgten zwei Jahre, in denen Eigen- und Kommissionsgeschäft etwa gleichrangig betrieben wurden – offensichtlich mit großem Erfolg, denn in der Bilanz von 1872 machte der Gewinn im Vergleich zum Eigenkapital fast 90 Prozent aus. Im Krisenjahr 1873 betrieb Aufhäuser fast nur das Eigengeschäft und realisierte einen

Verlust, der ein Fünftel seines Eigenkapitals vernichtete, das aber in den vorangegangenen guten Jahren auf das Achtfache gegenüber 1870 aufgestockt worden war.[38] Zwischen 1874 und 1879, also während der allgemeinen Depression und Stagnation, in der das Eigenkapital zwischen 80 und 98 Prozent der Bilanzsumme betrug, ging das Kommissionsgeschäft vermutlich unfreiwillig sehr stark zurück. In dieser Zeit war es schwierig, Wertpapierkunden zu gewinnen. Die „Geschäftslosigkeit" an der Börse erreichte „eine früher nicht gekannte Ausdehnung", nur „in einheimischen Anlagewerten, vor allem Pfandbriefen, war mitunter lebhafter Verkehr."[39]

Es war deshalb im Hinblick auf den lokalen Kapitalmarkt sehr wichtig, dass ein Privatbankier wie Aufhäuser in den 1870er Jahren genügend Eigenkapital hatte, um diese Börsenflaute zu überstehen und ein sogar deutlich wachsendes Eigengeschäft zu betreiben. Gerade die Münchner Börse, die im Grunde erst ab 1869 an Bedeutung gewann, war auf diesen Handel dringend angewiesen. Außerdem durfte der Bankier das Vertrauen seiner vermögenden Kunden während der Krise nicht enttäuschen, sie sollten im folgenden Aufschwung schließlich wieder kaufen, was sie ab 1880 auch fast schlagartig taten. Weiterhin ist auf die grundsätzliche Bedeutung eines auf den Effektenhandel spezialisierten Privatbankiers hinzuweisen: Er mobilisierte Kapital, insbesondere für die einheimische Wirtschaft und den Staat. Schon im ersten Geschäftsjahr 1870 war Aufhäuser im Besitz einer breiten Palette börsengängiger Papiere. Neben bayerischen Staatsobligationen und Pfandbriefen, Bundesschatzanweisungen, amerikanischen, ungarischen, österreichischen und rumänischen Staatsanleihen finden sich auch größere Posten an Losen verschiedener Emittenten, „Franco-Actien", Anteilscheine der bayerischen Ostbahn und der österreichischen Kronprinz-Rudolf-Bahn.[40] Es dürfte für die Münchner Börse von entscheidender Bedeutung gewesen sein, dass sie nach der überstandenen Krise der 1870er Jahre im folgenden Jahrzehnt der Konsolidierung von einem wachsenden Eigen- und Kommissionsgeschäft der Privatbanken gestützt wurde, zumal das ganze Geschäft fast ausschließlich und damit äußerst solide mit Eigenkapital finanziert worden ist.

2.2 *Aktienbanken*

Als in Deutschland um 1850 eine erste Gründungswelle von Aktienbanken einsetzte, unter denen vor allem die Bank für Handel und Industrie in Darmstadt (kurz: Darmstädter Bank) (1853), die Disconto-Gesellschaft in Berlin (1851) und die Berliner Handels-Gesellschaft (1856) – die beiden letztgenannten in der Rechtsform der Kommanditgesellschaft auf Aktien – herausragten, war die Bayerische Hypotheken- und Wechsel-Bank als eine der ersten deutschen Aktienbanken bereits seit rund 20 Jahren erfolgreich am Markt. Unter verbesserten politischen Rahmenbedingungen und bei gleichzeitigem gesamtwirtschaftlichen Aufschwung setzte Ende der 1860er Jahre erneut eine verstärkte Gründungstätigkeit ein. Wie erwähnt, wurden in München 1869 die Bayerische Vereinsbank und die Bayerische Handelsbank errichtet. Die Commerz- und Disconto-

[38] Diese und die folgenden Daten berechnet nach Bayerisches Wirtschaftsarchiv München, F 20381, Bilanzen Aufhäuser.
[39] Bericht des Münchner Handelsvereins für 1878 zit. n. Baur, Geschichte, S. 101.
[40] Moser/Winkler, Wegmarken, S. 48 f.

Bank in Hamburg und die Deutsche Bank in Berlin, beide 1870 gegründet, können noch derselben Phase zugerechnet werden; denn 1870 sind insgesamt nur fünf Effektenbanken in Deutschland entstanden. Dagegen bestimmten die Jahre 1871 und 1872 mit 36 bzw. 35 neuen Instituten[41] den eigentlichen Gründungsboom. München war daran nur mit der Süddeutschen Bodencreditbank (1871) beteiligt.

Im Folgenden wird zunächst untersucht, wie sich zum Zeitpunkt der verstärkten Gründungsaktivitäten (um 1870) der Kern des Münchner Kapitalmarktes, nämlich die Bayerische Hypotheken- und Wechsel-Bank, präsentierte und inwieweit diese Bank auch in den folgenden Jahrzehnten eine Führungsrolle spielte. Anschließend wendet sich die Darstellung den ab 1869 gegründeten Aktienbanken zu, wobei das Hauptaugenmerk auf der Bedeutung für den lokalen Kapitalmarkt liegen wird.

Bayerische Hypotheken- und Wechsel-Bank

Bei ihrer Gründung im Jahr 1835 war die Bayerische Hypotheken- und Wechsel-Bank (im Weiteren kurz: Hypo-Bank) schwerpunktmäßig eine Hypothekenbank. Da sie laut Statut auch „andere Bank- und Wechselgeschäfte“, d. h. das kurzfristige Kreditgeschäft, betreiben durfte sowie zur Ausgabe von Banknoten berechtigt war, kam ihr zumindest der Status einer gemischten Bank zu. Von einer Universalbank konnte man sicher noch nicht sprechen. Dazu fehlten vor allem das Wertpapier- und das Einlagengeschäft. Im ersten Fall waren ihr, wieder laut Statut (§ 7), „Commissionsgeschäfte und Geschäfte in ausländischen Staatspapieren“ untersagt, und im Hinblick auf das Einlagengeschäft (damals „Geldübernahmsgeschäft“) sah sie keine „nützliche Verwendungsmöglichkeit“ für die ihr anvertrauten Gelder.[42] Beide Geschäftsfelder sollten sich erst später entwickeln.

Allerdings hatte die Bank von Anfang an insofern einen universellen Charakter, als sie ein für damalige Verhältnisse breit gefächertes Versicherungsgeschäft betreiben sollte. Zu diesem Zweck wurden verschiedene „Anstalten“ errichtet, die aber organisatorisch dem Gesamtunternehmen eingegliedert wurden: Von den sechs Hauptabteilungen der Bank war die Mobiliar-Feuer-Versicherungs-Anstalt die Abteilung IV, während die Renten-Anstalt, die Lebensversicherungs-Anstalt sowie die Leibrenten-Anstalt zusammen die Abteilung V bildeten.[43]

Anfang der 1860er Jahre war die Hypo-Bank in ein entscheidendes Stadium getreten. Die Bindung der langfristigen (Hypotheken-) und kurzfristigen (Wechsel-) Kredite an den „Bankfonds“, d. h. an das Grundkapital, und der Zinssatz von vier Prozent, der meistens unter dem tatsächlichen Realzins lag, schufen einen permanenten Nachfrageüberhang, d. h. die Hypo-Bank war mit ihrer ursprünglichen Konstruktion nicht in der Lage, den lokalen und regionalen Kapitalmarkt ausreichend zu bedienen. Die ab 1855 ausgereichten Hypothekendarlehen zu fünf Prozent mit beiderseitiger, halbjähriger Kündigung, welche sich aus den Tilgungen und Rückflüssen speisten, konnten keine endgültige Lösung sein. Dieser kam man erst mit dem 1864 als Refinanzierungsinstru-

[41] Pohl, Deutschland, S. 265.
[42] Gutschmidt, Aufbau, S. 110.
[43] Bayerische Versicherungsbank, Hundert Jahre, S. 21-25.

ment eingeführten Pfandbrief näher. Die Bank selbst hatte bereits 1858 auf die Einführung des Pfandbriefsystems gedrängt, erhielt aber von der Oberaufsicht der Staatsregierung, dem Minister des Handels und der öffentlichen Arbeit, eine Absage: Übergroße staatliche Vorsicht siegte über ökonomischen Sachverstand.

Die administrativ zurückgestaute Nachfrage saugte binnen anderthalb Jahren die festgesetzte Maximalsumme von 30 Mio. Gulden auf, so dass am 17. Juli 1865 das Pfandbrief-Darlehensgeschäft durch öffentliches Ausschreiben zunächst wieder geschlossen wurde[44], Anfang 1866 aber eine Aufstockung um weitere 30 Mio. Gulden erfuhr. Bis etwa 1890 wiederholte sich in fast regelmäßigen mehrjährigen Abständen die stets gleiche Situation: Die behördlich festgesetzte Höchstumlaufgrenze der Pfandbriefe wurde erreicht und nach entsprechendem Gesuch der Bank erhöht. Diese staatliche Gängelung mag expansionshemmend gewirkt haben, hatte aber zusammen mit den strengen Beleihungsgrundsätzen der Bank zur Folge, dass diese bis Mitte der 1860er Jahre keinen Verlust ausweisen musste, was zweifellos dem Ruf der Bank zugute kam. Zwischen 1893 und 1910 stützte sich das Wachstum dann auf fünf Kapitalerhöhungen.[45]

Der Pfandbrief war augenscheinlich maßgeschneidert für die damalige Bank-Administration, denn das Pfandbriefgeschäft wurde rasch zu einer Domäne der Hypo-Bank und damit die Hypothekenabteilung zum Kernstück der Gesamtbank. Während im Jahr der Einführung des Pfandbriefes, 1864, der Anteil der Pfandbriefdarlehen an den gesamten Hypothekenausleihungen bei knapp 40 Prozent lag, erhöhte sich dieser Anteil bereits 1870 auf 68 Prozent und bis Mitte der 1880er Jahre auf über 95 Prozent.[46] Als 1908 der Darlehensbestand und ein Jahr später der Pfandbriefumlauf die Milliarden-Grenze überschritten, war das Münchner Institut zur größten deutschen Hypothekenbank aufgestiegen.[47] Das war nur dadurch möglich, dass sie ab 1896 ihr Hypothekengeschäft auf das gesamte Reichsgebiet ausdehnte und sich vornehmlich auf größere Städte in Preußen und Sachsen konzentrierte, wo sie offensichtlich ihrer bisherigen Maxime, nämlich strenge Prüfung der Kreditgesuche, treu blieb.

Damit wird zugleich deutlich, dass sich die Kundenstruktur im Laufe der Zeit erheblich verändert hatte. Zwar lagen bis in die 1890er Jahre, ähnlich wie unmittelbar nach der Einführung des Pfandbriefes, die relativ kleinen Darlehen an Bauern mit und ohne Nebenerwerb zahlenmäßig weiterhin an der Spitze, wertmäßig wurden aber die Hypotheken für Hausbesitzer und gewerbliche Unternehmen in größeren Städten immer bedeutender.[48] Natürlich machte sich hier der Standort der Bank, nämlich eine dynamisch wachsende Großstadt inmitten einer landwirtschaftlich geprägten Umwelt, vorteilhaft bemerkbar. Wie es scheint, war die Nachfrage nach Darlehen kontinuierlich hoch, was aber offenbar nie dazu führte, dass die Bank von ihrem Grundsatz einer strengen Bonitätsprüfung abgewichen ist. Ebenso konsequent hielt sie an ihrer Vorstellung von der Natur des Hypothekendarlehens fest, indem sie sich weigerte, das Amortisationsdarlehen in der Landwirtschaft aufzugeben. Das langfristige Darlehen musste also nach einem festgelegten Tilgungsplan in gleichen Annuitäten (Tilgungs- und Zinsbeträgen) getilgt werden. Eine Alternative wäre die Rückzahlung in einem festen Betrag (Fälligkeitshypothek) gewesen.

44 Jungmann-Stadler, Hypo und Sparkassen, S. 151.
45 Edlin-Thieme/Jungmann-Stadler, Geschichte, S. 32.
46 Eigene Berechnungen nach Bayerische Hypotheken- und Wechsel-Bank, Hundert Jahre, S. 50.
47 Edlin-Thieme/Jungmann-Stadler, Geschichte, S. 31.
48 Jungmann-Stadler, Hypo und Sparkassen, S. 151; Edlin-Thieme/Jungmann-Stadler, Geschichte, S. 31.

Auch der Boom Anfang der 1870er Jahre wurde kritisch betrachtet, obwohl zwischen 1872 und 1874 die Darlehenszuwächse durchschnittlich bei mehr als 20 Prozent jährlich lagen.[49] Die Bank blieb aber von der allgemeinen Krise ab 1874 verschont, die lediglich dazu führte, dass die Wachstumsraten auf teilweise unter drei Prozent sanken. Gründe dafür waren der im Vergleich zu anderen Märkten weniger rückläufige Immobilienmarkt und die weiterhin praktizierte strenge Bonitätsprüfung. Die Hypo-Bank erreichte Ende der 1870er Jahre in Bayern bei den Hypothekendarlehen einen Marktanteil von rund 56 Prozent. Allein mit diesem Geschäftsbereich rückte sie den Münchner Kapitalmarkt in den Mittelpunkt.

Der ebenfalls wichtige ursprüngliche Auftrag der Hypo-Bank, die Unterstützung der bayerischen Wirtschaft durch die Emission von Banknoten, soll hier nur grob skizziert werden, da sie diesen Geschäftszweig nur bis 1875 betrieben hat. Er ging anschließend auf die selbständige Bayerische Notenbank über. Die Hypo-Bank hatte 1865 die festgesetzte maximale Ausgabe von acht Mio. Gulden erreicht, so dass diese im Gefolge der wachsenden Wirtschaft mit behördlicher Genehmigung auf zwölf Mio. Gulden erhöht wurde. Unabhängig vom betriebswirtschaftlichen Nutzen des Notenprivilegs für die Bank, das sich vorzüglich und bequem für das Wechselgeschäft eignete, war es für den gesamten Bankplatz München ein Prestigeobjekt, mit dem Einfluss auf die Wirtschaft genommen werden konnte.

Durch die strenge Bindung des Bankgeschäftes an das eingezahlte Grundkapital[50] hielt sich der in Hauptabteilung III zusammengefasste Geschäftsbereich „Escompte- und Leihgeschäft, Giro-, Depositen- und Geldübernahme“ zwangsläufig in engen Grenzen, zumal sich die Bank bis Mitte der 1850er Jahre eher als passive Kapital- und Geldvermittlerin sah. Erst unter dem Druck des angespannten Hypothekengeschäftes wurden Einlagen mit dreimonatiger Kündigung (zu drei Prozent) angenommen und 1862 Bankobligationen ausgegeben, ohne dass man sich aber zur Hereinnahme von täglich fälligen Geldern entschließen konnte.[51] Insgesamt spielte bis 1914 das Einlagengeschäft für die Hypo-Bank nur eine untergeordnete Rolle. Die Depositen stagnierten seit Mitte der 1870er Jahre und lagen (zum Jahresende) zwischen vier und neun Mio. Mark[52]; dies war im Sinne der Geschäftspolitik. Anders etwa bei der Deutschen, Dresdner und Commerzbank, deren „Fremde Gelder“ Ende des 19., Anfang des 20. Jahrhunderts zwischen 40 und 68 Prozent der Bilanzsumme betrugen.[53] Die reinen Depositen erreichten bei der Deutschen Bank 1894 mit 75 Mio. Mark das damalige Aktienkapital.[54] Für den Finanzplatz München musste dies allerdings nicht negativ sein, denn schließlich gab es mit der Sparkasse einen „Spezialisten“ für das Einlagengeschäft. Die Sparkasse war allmählich durchaus eine Alternative für Anleger. Nachdem 1872 die Statuten eine Aufhebung der Einlagenbeschränkung vorgesehen hatten, wurde 1875 das Einlagenmaximum pro Jahr und Sparer auf 1 000 Mark (das entsprach etwa dem 1,5-fachen des Jahresverdienstes eines gelernten Arbeiters) und insgesamt auf 3 000 Mark festgesetzt. Außerdem konnten ab 1909 über diesen Betrag hinausgehende Einlagen in Inhaberschuldbriefen der Stadt München angelegt werden, ab 1911 bis zu einem Betrag von 50 000 Mark. Zu dieser Zeit betrug neben der ursprünglichen Sparergruppe (untere

[49] Eigene Berechnungen nach Bayerische Hypotheken- und Wechsel-Bank, Hundert Jahre, S. 50.
[50] Drei Fünftel entfielen auf das Hypotheken- und zwei Fünftel auf das Bankgeschäft.
[51] Edlin-Thieme/Jungmann-Stadler, Geschichte, S. 15.
[52] Jungmann-Stadler, Hypo und Sparkassen, S. 155, Tab. 6.
[53] Eigene Berechnungen nach Krause, Commerz- und Disconto-Bank, S. 382, Tab. 13.
[54] Riesser, Großbanken, S. 177.

Bevölkerungsschichten) der Anteil von „Privatpersonen" (u. a. „Gewerbsleute") rund 20 Prozent.[55]

Anders verhielt es sich bei der Hypo-Bank mit dem Wechsel- und Lombardgeschäft, das immerhin durch den Firmennamen betont wurde und wohl das gebräuchlichste Finanzierungsinstrument des Handels und Gewerbes darstellte. Tatsächlich entwickelte sich das Wechselgeschäft zur bedeutendsten Sparte im Bankgeschäft, was zumindest Augsburger Bankiers bei der Gründung der Hypo-Bank noch bezweifelt hatten; denn für sie schien es fraglich, ob man Münchner Wechsel überhaupt in Frankfurt, also am wichtigsten deutschen Wechselplatz, diskontieren könnte. Aufgrund eines begrenzten Kundenkreises und einer wenig flexiblen Handhabung des Diskontsatzes entwickelte sich das Wechselgeschäft bis Mitte der 1860er Jahre auf einem eher mäßigen Niveau von etwa 0,6 bis 3,5 Mio. Gulden.[56] Allerdings handelte es sich dabei um die Wechselbestände zum Jahresende. Die Umsätze lagen 1875 bereits bei rund 66 Mio. Gulden (etwa 113 Mio. Mark) und erhöhten sich bis 1913 auf fast 600 Mio. Mark.[57] Das zeigt den Aufstieg zu einem der führenden Wechselplätze in Deutschland, denn seit langem hatte die Hypo-Bank Wechsel auch von außerhalb Bayerns zum Diskont angenommen.

In der Zeit um 1870/80 wagte das Institut nicht nur den entscheidenden Schritt zur Universalbank, sondern festigte gleichzeitig auch die Position Münchens als bayerisches Finanzzentrum. Dies geschah mit Hilfe des Wertpapiergeschäfts, das ursprünglich kein Gründungsziel war. Als Grundstein für die neue Geschäftssparte gilt das Jahr 1849, als die Bank erstmals die Emission einer bayerischen Eisenbahnobligation übernahm. Da der Gewinn ausschließlich in der Provisionszahlung von 0,417 Prozent bestand[58], dürfte das vorrangige Ziel der Bank darin gelegen haben, sich als platzierendes und vermittelndes Institut am Münchner Platz zu etablieren. Das gelang offensichtlich, denn bis Anfang der 1860er Jahre übernahm die Hypo-Bank mehrfach Anteile von bayerischen Eisenbahnanleihen. Die größten dieser Art fallen in die Jahre 1869 und 1875 mit 4,5 bzw. 5 Mio. Mark. Sie gelten auch als eigentlicher Einstieg in das Konsortialgeschäft der Hypo-Bank. Dies war für den Finanzplatz München außerordentlich wichtig, weil genau in dieser Zeit die Münchner Börse den neuerlichen Versuch unternahm, zu einem wirklich bedeutenden Effektenmarkt aufzusteigen.

Bis 1875 machten die Anleihen des bayerischen Staates den Hauptteil der von der Hypo-Bank emittierten Effekten aus. Hinzu kamen neben den erwähnten Eisenbahnanleihen Militär-Anleihen (1855, 1859 und 1861) und von 1857 bis 1860 Grundrenten-Obligationen, also durch Grundpfandrechte besicherte staatliche Obligationen. Diese sind deshalb bemerkenswert, weil hier die Bank offenbar zum ersten Mal das Eigen- und das Kommissionsgeschäft betrieben hat. Sie übernahm die Papiere nämlich nicht direkt vom Emittenten, dem Staat, sondern erwarb die Stücke an der Börse und verkaufte sie dann oder stellte sie in die eigene Reserve ein. In der Beurteilung dieses Geschäftes kam es im Übrigen zu Differenzen zwischen der (beaufsichtigenden) Direktion und der (geschäftsführenden) Administration.[59] Schließlich erfolgte eine Beteiligung der Hypo-Bank an der Emission der ersten Anleihe des Norddeutschen Bundes

[55] Ettenhuber, Stadtsparkasse München, S. 107; Hirschhorn, Sparkasse, S. 23, 25, 29, 76.
[56] Gutschmidt, Aufbau, S. 296.
[57] Edlin-Thieme/Jungmann-Stadler, Geschichte, S. 16, 36.
[58] Eigene Berechnungen nach Historisches Archiv der HypoVereinsbank, SPDIR 1849/55, Sitzungsprotokoll des Direktoriums vom 21. Dezember 1849.
[59] Historisches Archiv der HypoVereinsbank, SPDIR 1860/64, Sitzungsprotokoll des Direktoriums vom 26. Januar 1860, Bl. 3.

vom Juli 1870 in Höhe von 100.000 Talern, was als ein Prestigegewinn für den Finanzplatz München gesehen werden kann.

Ab etwa 1875 etablierte sich die Hypo-Bank endgültig im Wertpapiergeschäft und wurde so zu einer nachhaltigen Stütze für die einheimische Börse. In den zwei Jahrzehnten bis Mitte der 1890er Jahre gelang es vor allem, den Münchner Markt weit und umfassend über Bayern hinaus zu öffnen. Insbesondere die Aufnahme der Hypo-Bank in das Preußen-Konsortium unter Führung der Preußischen Seehandlung im Jahr 1880 bedeutete einen Meilenstein, auch wenn die Bank bis 1890 keine einzige direkte Beteiligung an einer Reichsanleihe vermittelt bekam, sondern nur Unterbeteiligungen bei der Seehandlung, der Disconto-Gesellschaft und der Dresdner Bank Berlin. Immerhin galt dieses Konsortium, das sich erst 1880 um nichtpreußische Banken erweiterte, als Institution, die sich nur schwer Neulingen öffnete.[60] Bis Ende der 1880er Jahre blieb das Verhältnis zur Reichsbank allerdings gespannt, da diese die Hypo-Bank bei ihrem neu gegründeten Konsortium nicht berücksichtigte.[61] Möglicherweise verhielt sich die Reichsbank deshalb reserviert, weil sie seit 1876 in Bayern mit der Bayerischen Notenbank konkurrierte.

Bei den Anleihen nichtbayerischer Bundesländer gelang ein bemerkenswerter Aufschwung. Trotz schwacher Konjunktur war von 1875 bis 1881 ein Boom bei württembergischen Staatspapieren festzustellen, der nicht zuletzt auf die gute Geschäftsbeziehung zur Württembergischen Vereinsbank zurückzuführen war. Die meisten nichtbayerischen Wertpapiere im Handel der Hypo-Bank kamen jedoch, insbesondere seit der Aufnahme in das Preußen-Konsortium, aus Preußen. Herausragend waren dabei zunächst die so genannten preußischen Verstaatlichungsbahnen. Als Beispiel seien die Aktien der Eisenbahn Breslau-Freiburg-Schweidnitz und der Oberschlesischen Eisenbahngesellschaft genannt.[62] Außerdem gab Preußen in den frühen 1880er Jahren Schatzanweisungen heraus, an deren Begebung sich die Hypo-Bank beteiligte.[63] Im Hinblick auf das länderübergreifende Wertpapiergeschäft gelang der Hypo-Bank der Einstieg an den wichtigsten deutschen Finanzplätzen: In Frankfurt am Main wurden enge Verbindungen zu M. A. Rothschild, Erlanger & Söhne sowie den Frankfurter Bankverein geknüpft, während in Berlin die Disconto-Gesellschaft die wichtigste Partnerin wurde, mit der man schließlich 1905 die Bayerische Disconto- und Wechsel-Bank mit Sitz in Nürnberg gründete.[64] Für Österreich war um 1880 der Wiener Bankverein der bedeutendste Kooperationspartner.

Die Zeit ab Mitte der 1890er Jahre bis zum Ersten Weltkrieg stand im Zeichen starken Wachstums und weiterer Internationalisierung. An den Emissionen des Reiches war die Hypo-Bank, insbesondere seit der Jahrhundertwende, mit durchschnittlich zwei Prozent beteiligt, was bei der größten Anleihe von 1906 über 560 Mio. Mark immerhin einen Betrag von 11,2 Mio. Mark ausmachte. Von der ersten Kriegsanleihe im Septem-

[60] Reiter, Bundesanleihekonsortium, S. 102.

[61] Historisches Archiv der HypoVereinsbank, SPDIR 1887/28, Sitzungsprotokoll des Direktoriums vom 5. Juli 1887, Bl. 5-21.

[62] Historisches Archiv der HypoVereinsbank, SPDIR 1883/37, Sitzungsprotokoll des Direktoriums vom 11. September 1883, Bl. 7.

[63] Bei den preußischen Schatzanweisungen vom März 1882 vergab die Hypo-Bank übrigens Unterbeteiligungen an die junge Bayerische Vereinsbank und die Süddeutsche Bodencreditbank. Auch das ist ein hervorragendes Beispiel dafür, wie sehr sich der Münchner Kapitalmarkt bis zu diesem Zeitpunkt verbreitert hatte.

[64] Bayerische Hypotheken- und Wechsel-Bank, Hundertfünfundzwanzig Jahre, S. 50-53.

ber 1914 wurden über 24,7 Mio. Mark bei der Hypo-Bank, davon zehn Mio. Mark von ihr selbst, gezeichnet.[65]

Wie schon erwähnt, sollte die Hypo-Bank von Anfang an das Versicherungsgeschäft betreiben, wofür im Gesamtunternehmen zwei Hauptabteilungen eingerichtet wurden, eine für die Mobiliar-Feuerversicherung, die andere für die Lebensversicherung. Die für beide Sparten 1836 errichteten „Anstalten" hatten unterschiedliche Ausgangsbedingungen. Die Lebensversicherungs-Anstalt war in Bayern ohne Konkurrenz, d. h. der einzige Anbieter am Markt. Dagegen war 1834 die Aachener Feuerversicherungsgesellschaft als inländische Gesellschaft – unter der Firma „Münchener und Aachener Mobiliar-Feuer-Versicherungsgesellschaft" – zugelassen worden. Andererseits wurde 1836 der Gothaer Feuerversicherungsbank sowie drei französischen Gesellschaften die Konzession für Bayern entzogen. Deshalb ging die Regierung davon aus, dass für die Anstalt der Hypo-Bank ein genügend großer Bedarf bestünde. Diese Vermutung sollte sich bewahrheiten, denn die Feuerversicherung konnte gleich nach ihrer Einrichtung ein beständiges Wachstum verzeichnen. Bis 1846 war die gesamte Versicherungssumme mit zweistelligen Raten gewachsen, in den 1850er Jahren mit durchschnittlich jährlich fünf Prozent und in den 1860er Jahren mit acht Prozent, so dass 1870 ein Bestand von über einer halben Mio. Gulden erreicht wurde.[66]

Diese Entwicklung sagt allerdings nichts über den vorhandenen Bedarf aus. Tatsächlich mussten um 1850 verschiedene Versicherungsanträge abgelehnt werden, weil das Risiko zu groß geworden war. Als Konsequenz erteilte die Regierung 1853 der Elberfelder Feuerversicherungsgesellschaft und der Leipziger Feuerversicherungsanstalt die Geschäftserlaubnis für Bayern.[67] Zwischen 1861 und 1867 kamen dann noch weitere 16 Feuerversicherungsgesellschaften hinzu. Etwa zu dieser Zeit zählte die Feuer-Versicherungs-Anstalt der Hypo-Bank zu den zwölf größten Anstalten Deutschlands.[68]

Die Lebensversicherungs-Anstalt der Bank basierte nicht auf Gegenseitigkeit, sondern auf Prämienzahlung. Außerdem konnte nur der Todesfall versichert werden. Erst ab 1858 war die Erlebensfall-Versicherung möglich. Bis um 1850 beschränkten sich die Versicherungsabschlüsse vorwiegend auf die größeren Städte, da der Versicherungsgedanke in der ländlichen Bevölkerung wenig verbreitet war.[69] Ähnlich wie bei der Feuerversicherung entwickelte sich der Versicherungsbestand kontinuierlich aufwärts und erreichte trotz exogener Ereignisse wie Revolution (1848) und Krieg (1866) um 1870 knapp sechs Mio. Gulden.[70]

Der Hypo-Bank kam insgesamt eine Pionierrolle zu, als es darum ging, am Finanzplatz München in der ersten Hälfte des 19. Jahrhunderts ein zeitgemäßes Versicherungsangebot zu entwickeln und dieses bis um 1870 zu etablieren. Der weitere Verlauf des Münchner Versicherungswesens wird in einem späteren Abschnitt dargestellt.

[65] Historisches Archiv der HypoVereinsbank, SPDIR 1906/20, Sitzungsprotokoll des Direktoriums vom 11. April 1906; SPDIR 1914/40, Sitzungsprotokoll des Direktoriums vom 23. September 1914.

[66] Eigene Berechnungen nach Historisches Archiv der HypoVereinsbank, Rechenschaftsberichte der Bayerischen Hypotheken- und Wechsel-Bank 1836-1870.

[67] Rustmann, Geschichte, S. 16.

[68] Bayerische Versicherungsbank, Hundert Jahre, S. 55 f.

[69] Fried, Sozialentwicklung, S. 768 f.

[70] Historisches Archiv der HypoVereinsbank, Rechenschaftsberichte der Bayerischen Hypotheken- und Wechsel-Bank 1848, 1866, 1870.

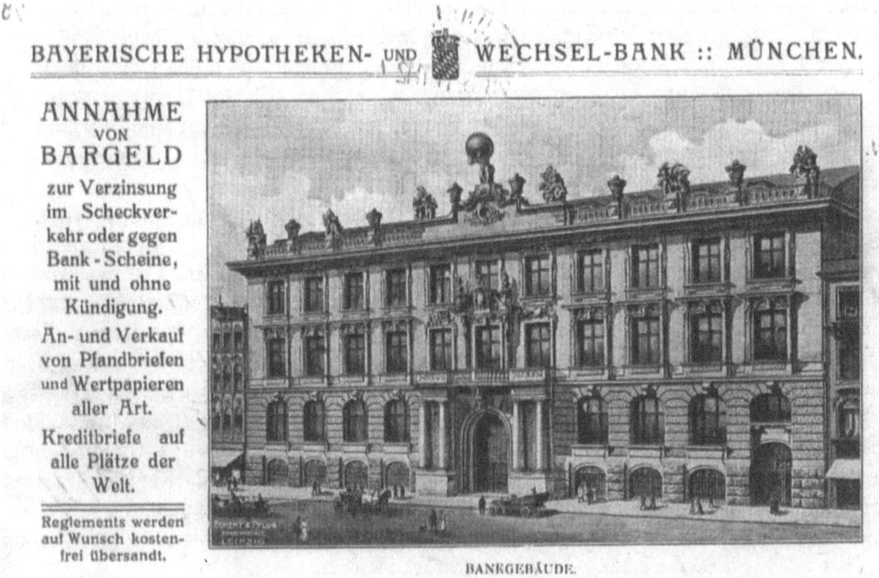

Der „neue" Sitz der Bayerischen Hypotheken- und Wechsel-Bank in der Theatinerstraße wurde in den Jahren 1895–1898 nach den Plänen des Berliner Architekten Emil Schmidt erbaut (Druck, 1902).

Bayerische Vereinsbank

Als 1869 die Bayerische Vereinsbank als Kredit- und Hypothekenbank, d. h. als gemischte Hypothekenbank nach dem Vorbild der Bayerischen Hypotheken- und Wechsel-Bank, gegründet wurde, war München allein durch jene Bank bereits zum wichtigsten bayerischen Finanzplatz aufgestiegen. Die Bilanzsumme der Hypo-Bank betrug 1869 89,5 Mio. Gulden gegenüber 51,3 Mio. Gulden der Königlichen Bank in Nürnberg. Diese war allerdings stärker im Depositengeschäft und im Bereich der Betriebskredite für Handel und Industrie engagiert.[71] Die Frage, ob eine weitere, ähnlich ausgerichtete Aktienbank am gleichen Platz erfolgreich sein könnte, stellte sich eigentlich nicht. Wie das Hypothekengeschäft der Hypo-Bank gerade in den 1860er Jahren gezeigt hatte, war die Nachfrage nach Realkrediten offensichtlich weit größer, als von nur einer Bank gedeckt werden konnte. Das wird auch an der 1867 gegründeten Württembergischen Hypothekenbank deutlich, die ihr Geschäft sofort auf Bayern ausgedehnt, dort bereits 1869 fast die Hälfte ihrer Ausleihungen untergebracht hatte[72] und von der Hypo-Bank nicht als bedrohliche Konkurrenz betrachtet wurde.

[71] Steffan, Bayerische Vereinsbank, S. 39.
[72] Ebd., S. 41.

Die Vereinsbank zielte also folgerichtig auf den Hypothekarkredit, wobei neben dem agrarisch strukturierten Umland auch das immer stärker wachsende München einen lukrativen Markt bot. Zudem beabsichtigte die Bank vor allem auch den Kommunalkredit zu pflegen. Was die Vereinsbank zunächst wesentlich von der Hypo-Bank unterschied, war die ausdrückliche, statutarisch festgelegte Ausrichtung auf eine Filialbank.[73] Langfristig betrachtet stärkte dies den Finanzplatz München, zumal keine Begrenzung auf Bayern vorgesehen war.

Ein anderer Unterschied zur Hypo-Bank lag in der Refinanzierung der ausgereichten Realkredite. Die Hypo-Bank nutzte ab 1864 dafür immer stärker den Pfandbrief. Die Vereinsbank dagegen verwendete bis 1880 Bodenkreditobligationen. Das waren verzinsliche Obligationen bis zur Höhe der ausgereichten Hypothekendarlehen und bis zum siebenfachen Betrag des einbezahlten Aktienkapitals.[74] Ende 1871 betrug dieses 2,1 Mio. Gulden.[75] Es reichte aber wegen der lebhaften Kreditnachfrage schon nach kurzer Zeit nicht mehr aus, so dass die restlichen 60 Prozent der ersten Emission Anfang 1871 und 1872 eingezahlt und das Grundkapital damit auf 5,25 Mio. Gulden erhöht wurde. Diese Aufstockung des Eigenkapitals war in doppelter Hinsicht wichtig. Zum einen konnten damit Kommanditbeteiligungen in Landshut, Regensburg und Landau/Pfalz durchgeführt und damit ein wichtiger Schritt zur Expansion außerhalb Münchens getan werden, zum anderen wurde auf diese Weise der ab 1874 einsetzende und bis 1878 währende Rückgang der Kreditoren kompensiert.[76]

Die räumliche Ausdehnung der Bayerischen Vereinsbank zeigt erneut die mittlerweile eingetretene Dominanz des Bankplatzes München. In dem früher dominierenden Augsburg hatten sich 1871 ortsansässige Bankiers aufgrund der als unzureichend erachteten Kreditversorgung der lokalen Industrie zur Gründung einer Aktienbank, der Augsburger Bank, entschlossen.[77] Die Initiatoren, Albert Erzberger, Hugo von Froelich, Franz Frommel, Paul Schmid, Carl von Stetten, Nathan Wilmersdörffer sowie der Gutsbesitzer Johann von Stetten, erkannten aber, dass sie das vorgesehene Grundkapital von 3,5 Mio. Gulden[78] und eine künftige Aufstockung um denselben Betrag nicht aus eigener Kraft würden aufbringen können. Sie brauchten die Beteiligung einer großen Aktienbank, so wie das bei der Vereinsbank mit der Anglo-Österreichischen Bank, bei der Gründung der Bayerischen Handelsbank (1869) mit der Franko-Österreichischen Bank und bei der ebenfalls 1871 gegründeten Süddeutschen Bodencreditbank mit gleich drei Aktienbanken der Fall war.[79] Die Zweitrangigkeit des Bankplatzes Augsburg gegenüber München scheint um 1870 zumindest von der Mehrzahl der Augsburger Privatbankiers erkannt worden zu sein. Umstritten waren dagegen die Erfolgsaussichten,

[73] Dass die Vereinsbank kein Notenprivileg und keine Versicherungsabteilung hatte, ist in diesem Zusammenhang nicht entscheidend.

[74] Steffan, Bayerische Vereinsbank, S. 25. Über die Modalitäten dieser Obligationen und damit die Unterschiede zum Pfandbrief, also Laufzeit, Verzinsung, Form der Tilgung und Kündigungsrecht der Bank, ist nichts bekannt.

[75] Das waren statutengemäß 40 Prozent von einem Viertel des Grundkapitals (21 Mio. Gulden). Zum Vergleich: Bei der Hypo-Bank war seit 1852 das Grundkapital („Bankfonds") von 20 Mio. Gulden voll einbezahlt.

[76] Steffan, Bayerische Vereinsbank, S. 69.

[77] Donaubauer, Privatbankiers, S. 63.

[78] Dieses wurde nur zu 50 Prozent einbezahlt.

[79] Bank für Handel und Industrie, Österreichische Creditanstalt und Schaaffhausen'scher Bankverein.

in Augsburg selbst Aktienbanken zu gründen, das Feld also nicht gänzlich auswärtigen Instituten, insbesondere der seit 1837 existierenden Filiale der Hypo-Bank, zu überlassen. Denn diese hatte sich sehr positiv entwickelt und erreichte etwa ein Viertel bis ein Drittel des Münchner Umsatzes, in den 1850er Jahren im Wechsel- und Lombardgeschäft sogar ähnliche Umsatzzahlen.[80]

Die Initiatoren der Augsburger Bank konnten bei ihrem Projekt die aufstrebenden Münchner Aktienbanken nicht ignorieren[81] und wandten sich zwecks einer Beteiligung an die Bayerische Vereinsbank. Das lag insofern nahe, als Carl von Stetten zwei Jahre zuvor maßgeblicher Mitbegründer eben jener Bank in München gewesen war. Tatsächlich brachte die Vereinsbank daraufhin 500.000 Gulden für das Augsburger Projekt auf. Wie sehr man sich bereits an den Münchner Verhältnissen orientierte, wird daraus ersichtlich, dass die Statuten denen der Vereinsbank glichen, die Augsburger Bank also auch eine gemischte Hypothekenbank war, und dass sie außerdem – nach dem Vorbild der Hypo-Bank – das Versicherungsgeschäft betreiben sollte. Ganz offenkundig ging die Vorstellung der Augsburger Gründer dahin, mit der Schaffung einer Aktienbank nach Art der Hypo-Bank das erfolgreiche Münchner Modell zu kopieren, um so den zurückgebliebenen Augsburger Kapitalmarkt wieder in Schwung zu bringen. Der Verwaltungsrat der Bayerischen Vereinsbank war jedoch der Meinung, dass der Bankplatz Augsburg[82] künftig nur eine untergeordnete Rolle spielen würde, und glaubte nicht an einen entscheidenden Aufschwung. Gewissermaßen als Ersatz für eine nicht zustande gekommene Filiale in Augsburg beteiligte sich die Vereinsbank aber schließlich doch mit den erwähnten 500.000 Gulden. Die vorsichtige Zurückhaltung der jungen Vereinsbank zeigt offensichtlich das Bemühen, das Gesamtunternehmen, das 1869 ja überaus erfolgreich gestartet war, nicht zu gefährden; denn ab 1873 waren Debitoren und Kreditoren rückläufig. Überdies bewährten sich bis dahin ihre Kommanditbeteiligungen (Landshut, Regensburg, Landau/Pfalz) als Instrument der Expansion.

Die Augsburger Bank existierte nicht lange; denn nach einem durchaus erfolgreichen ersten Geschäftsjahr stellte die Bank bereits 1872 ihre Geschäfte ein und endete 1877 durch Liquidation.[83] Einer anderen Quelle zufolge erlitt sie 1873/74, also unmittelbar nach Ausbruch der Gründerkrise, durch den Zusammenbruch eines Augsburger Bankiers und mehrerer Kemptener Handelshäuser „sowie durch unglückliche Effekten- und Konsortialgeschäfte erhebliche Verluste".[84] Allerdings ist zu fragen, wieso nach einem erfolgreichen ersten Geschäftsjahr bereits der erste Rückschlag genügte, um das ganze Projekt aufzugeben – es sei denn, die „erheblichen Verluste" hätten eine Sanierung tatsächlich nicht zugelassen. Es ist jedoch kaum davon auszugehen, dass die Verluste relativ (bezogen auf das Eigenkapital) größer waren als z. B. bei der Privatbank Aufhäuser im Jahr 1873, die sich über die allgemeine Krise hatte retten können. Auch überrascht in diesem Zusammenhang, dass die Vereinsbank nach der Liquidation der Augsburger Bank 1877 sofort eine Kommanditbeteiligung an dem neu gegründeten Augsburger Bankhaus Leyherr & Co. übernahm, was grundsätzlich auf eine positive Einschätzung des Augsburger Marktes schließen lässt. Eine solche Prognose stellten auch die Gründer der 1872 in Augsburg errichteten Effecten- und Discontobank, der Augsburger Bankier

[80] Edlin-Thieme/Jungmann-Stadler, Geschichte, S. 15.
[81] Donaubauer, Privatbankiers, S. 64.
[82] Steffan, Bayerische Vereinsbank, S. 71.
[83] Donaubauer, Privatbankiers, S. 66.
[84] Steffan, Bayerische Vereinsbank, S. 71.

Sitz der Bayerischen Vereinsbank am Promenadenplatz/Ecke Maffeistraße (Druck, 1905).

Hermann Hirsch und die Österreichisch-Deutsche Bank aus Frankfurt am Main: Ihre Motive nehmen ausdrücklich Bezug auf die zwar geschwundene Bedeutung Augsburgs als Bankplatz, gleichzeitig aber auch auf eine dennoch vorhandene bankmäßige Unterversorgung von Gewerbe und Industrie.[85]

Nach überstandener Krise, insbesondere dem Rückgang von Debitoren und vor allem Kreditoren, begann ab 1876 der Aufstieg der Vereinsbank. Zu diesem Zeitpunkt war sie gegenüber der Hypo-Bank fast verschwindend klein. Diese wies 1876 in ihrer Bilanz allein 227 Mio. Mark Pfandbriefdarlehen aus, die Vereinsbank dagegen nur 36 Mio. Mark Hypothekendarlehen. Als gemischte Hypothekenbank betonte sie in den folgenden Jahrzehnten bis zum Ersten Weltkrieg stärker als ihre große Konkurrentin das Bankgeschäft. In diesem Bereich konnte sie mit rund 110 Mio. Mark zur Hypo-Bank aufschließen, während sie im Pfandbriefgeschäft nur etwa zwei Fünftel des Volumens erreichte, d. h. 494 Mio. Mark.[86]

Wie bei der Hypo-Bank hing auch das Wachstum der Vereinsbank von ihrem unmittelbaren Umfeld ab. In der Hypothekenabteilung korrelierte der Anstieg eindeutig mit dem Wohnungsbau. Die Bankabteilung dagegen entwickelte sich bis um 1890 mit niedrigen, im Vergleich zur Bevölkerung unterdurchschnittlichen Wachstumsraten, um danach deutlicher und ab etwa 1905 fast sprunghaft anzusteigen.[87] Hier zeigt sich ein-

[85] Donaubauer, Privatbankiers, S. 66 f.
[86] Steffan, Bayerische Vereinsbank, S. 85.
[87] Ebd., S. 422, Schaubild 67.

deutig die Hinwendung zur Finanzierung der nun stärker wachsenden Münchner Industrie – ein merklicher Unterschied zur Hypo-Bank, die diesen Geschäftsbereich viel deutlicher der Hypothekenabteilung unterordnete. Für den lokalen Kapitalmarkt war diese Differenzierung von Vorteil. Das gleiche gilt im Hinblick auf die im Vergleich zur Hypo-Bank viel früher einsetzende Expansion durch Filialgründungen, wobei diese in beiden Fällen nach dem gleichen Grundschema verliefen: Vornehmlich Privatbankhäuser und seltener kleine Aktienbanken oder Kreditgenossenschaften mit lokaler Bedeutung wurden übernommen und als Filialen weitergeführt. Während die Vereinsbank zwischen 1886 und 1914 auf diese Weise 15 Privatbanken und zwei weitere Banken übernahm, begann die Hypo-Bank, abgesehen von ihren frühen Filialen Augsburg, Lindau und Kempten (1837-1861) sowie Landshut (1898), erst ab 1918 mit der planmäßigen Gründung eigener Filialen.[88] Auffallend bei der Expansionspolitik der Bayerischen Vereinsbank ist der Umstand, dass sie sich eindeutig auf Bayern beschränkte. Diese Konzentration auf den bayerischen Markt hat tendenziell Münchens Position gestärkt.

Bayerische Handelsbank

Wie an anderer Stelle bereits erwähnt, wurde die Bayerische Handelsbank 1869 von nicht in München ansässigen Privatbankiers und der Franko-Österreichischen Bank aus Wien gegründet. Vom nominalen Grundkapital in Höhe von zwölf Mio. Gulden waren bis 1878 3,6 Mio. Gulden einbezahlt. Im Vergleich zur Bayerischen Vereinsbank waren das 68 Prozent. Etwa zehn Jahre später erreichte das Grundkapital über 80 Prozent und bis 1913 hatten beide Banken fast das gleiche Grundkapital: die Bayerische Vereinsbank 45 Mio., die Handelsbank 44,5 Mio. Mark.[89]

Die Bayerische Handelsbank wurde ebenfalls als gemischte Hypothekenbank gegründet, unterschied sich im operativen Geschäft aber lange Zeit deutlich von der Hypo-Bank und der Vereinsbank. Ihrem Namen entsprechend widmete sie sich hauptsächlich den Aufgaben einer Geschäftsbank, also dem Wechsel-, Effekten- und Einlagengeschäft.[90] Der langfristige Hypothekarkredit wurde erst später aufgenommen. Damit stand sie weniger in Konkurrenz zu den beiden anderen Aktienbanken als vielmehr zu den Privatbankiers. Eine gewisse Ähnlichkeit mit der Vereinsbank wies ihre Expansionspolitik auf. Bereits 1870 eröffnete sie in Frankfurt am Main, dem damals noch führenden Börsenplatz, eine Filiale und beteiligte sich an Bankgründungen in Stuttgart, Leipzig, Chemnitz und Berlin.[91] Etwas später als die Vereinsbank, aber mindestens im gleichen Umfang, gründete sie dann zwischen 1899 und 1912 durch Übernahmen 27 Filialen ausschließlich in Bayern. Auffallend dabei ist, dass es sich ganz überwiegend um kleine Bankgeschäfte in entsprechend kleinen Städten handelte, von Würzburg, Aschaffenburg, Schweinfurt, Bayreuth, Hof und Regensburg abgesehen.[92]

[88] Donaubauer, Privatbankiers, S. 74 f.
[89] Eigene Berechnungen nach Kahn, Großindustrie, S. 324 ff.
[90] Bayerische Handelsbank München, Hundertfünfundzwanzig Jahre, S. VIII.
[91] Grimm, Bayerische Handelsbank, S. 57 f.
[92] Kahn, Großindustrie, S. 320.

Darin kommt vor allem ein Wandel in der Geschäftspolitik zum Ausdruck. Die Handelsbank hatte sich zunächst stark auf den Münchner Markt konzentriert und gleichzeitig weniger auf das Hypothekengeschäft, das sich entsprechend langsam entwickelte. Sie blieb vorerst gewissermaßen ihrem Firmennamen treu. Gegen Ende des 19. Jahrhunderts sollte dann mit Hilfe kleiner, über Bayern verstreuter Filialen zum einen der ländliche Hypothekarkredit und zum anderen der Pfandbriefabsatz gefördert werden. Beides ist überzeugend gelungen. Zwischen 1890 und 1912 stieg der Pfandbriefumlauf von bescheidenen 83 Mio. Mark auf fast 380 Mio. Mark. Die gleiche Entwicklung weisen die Hypothekendarlehen mit 88 Mio. bzw. 392 Mio. Mark auf.[93] Die jahrzehntelange Konzentration auf München konnte dadurch seit der Jahrhundertwende deutlich gelockert werden. Machten bis dahin die allein in München vergebenen langfristigen Darlehen weit über 90 Prozent des gesamten Darlehensbestandes aus (z. B. 1897 genau 98 Prozent), so ging dieser Anteil rasch auf unter 50 Prozent zurück, obwohl die auf München entfallenen Darlehen absolut weiter anstiegen.

Die Bedeutung der Handelsbank für den Finanzplatz München bestand also darin, dass sie in den ersten drei Jahrzehnten genau in das Geschäftsfeld vorstieß, das die Hypo-Bank bewusst lange Zeit eher nebenbei und die Vereinsbank zwar stärker, aber nicht vorrangig betrieb: das allgemeine Bankgeschäft, insbesondere das Einlagen- und Wertpapiergeschäft. Auf diese Weise gewann sie im Kontokorrentgeschäft relativ viele mittlere und kleinere Kunden. Der zweite Unterschied bestand darin, dass sich die Handelsbank bis ca. 1900 fast ausschließlich auf München beschränkte. Erst danach expandierte sie im ganzen rechtsrheinischen Bayern und ging bei der Beleihung städtischer Grundstücke auch über die bayerischen Grenzen hinaus. Auch der Umstand, dass die Bayerische Handelsbank auf dem großen Grundstück einer in Konkurs geratenen Waggonfabrik ab 1881 sehr erfolgreich ein Lagerhaus betrieb, ist nicht zu unterschätzen; denn sie unterstützte damit den für München wichtigen Getreidehandel.

Süddeutsche Bodencreditbank

Als die Südboden 1871 gegründet wurde, existierten in München bereits drei gemischte Hypothekenbanken, die sich dem Hypothekarkredit mit unterschiedlicher Intensität widmeten. Insofern war zumindest formal noch Platz für ein Institut, das als reine Hypothekenbank fungieren sollte. Aber auch materiell, d. h. unter dem Aspekt des Marktes, schien die neue Gründung gerechtfertigt; denn die Hypo-Bank hatte bis zu jener Zeit ein kontinuierliches, in den 1860er Jahren geradezu stürmisches Wachstum erfahren[94], und auch die noch junge Vereinsbank musste wegen der lebhaften Kreditnachfrage bereits Anfang 1871 ihr Grundkapital aufstocken. Die Württembergische Hypothekenbank schließlich war ebenfalls seit 1867 sehr erfolgreich auf dem Münchner Markt tätig.

Auch ein Blick auf die Gründungsmitglieder der Südboden lässt den Schluss zu, dass der damalige Markt fachmännisch eingeschätzt wurde: drei renommierte Aktienbanken, zwei alteingesessene und erfolgreiche Privatbankiers aus Frankfurt am Main und Wien

[93] Ebd., S. 330 f.
[94] Die Hypothekendarlehen sind zwischen 1860 und 1870 um mehr als das 3,5fache gestiegen.

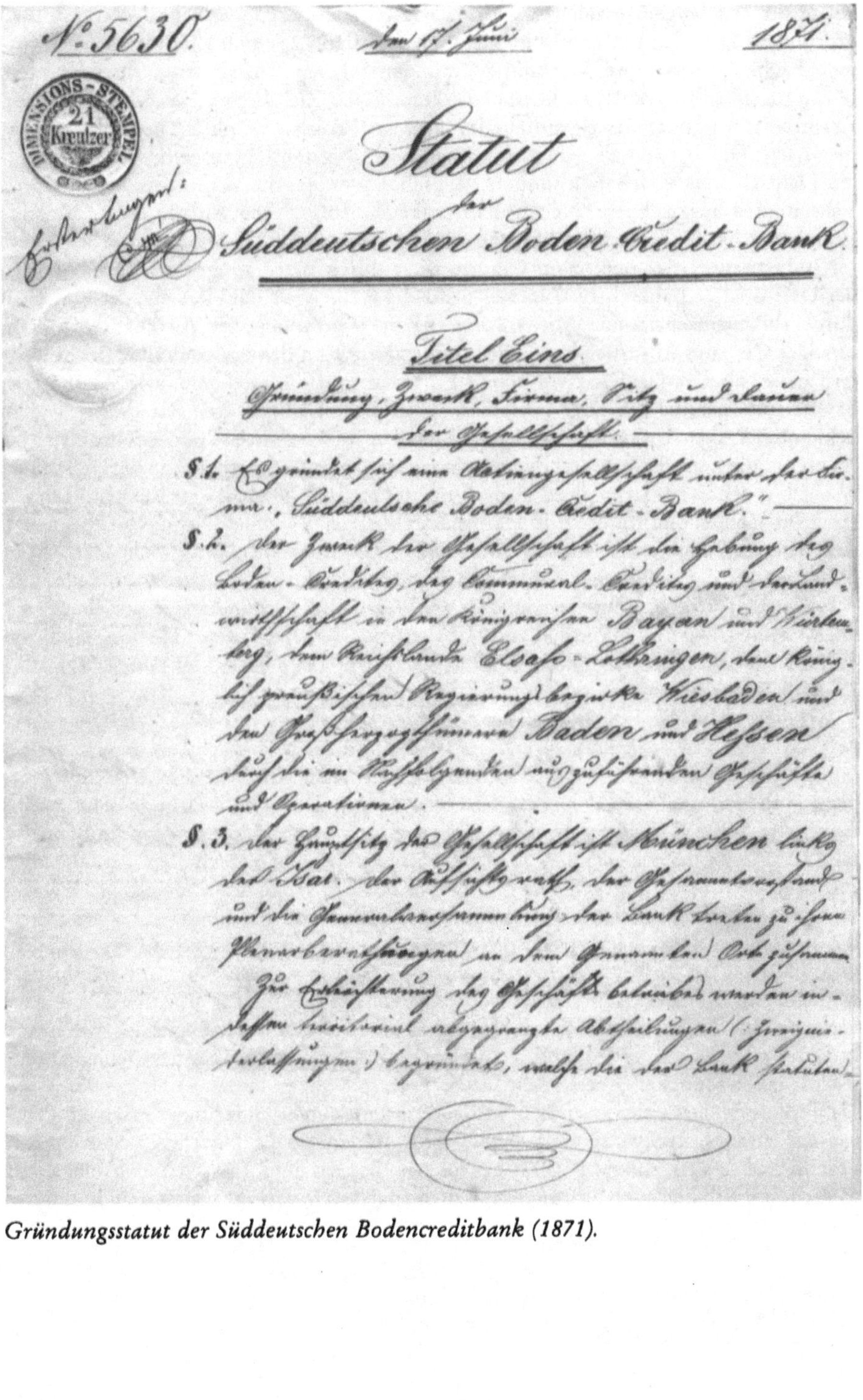

Gründungsstatut der Süddeutschen Bodencreditbank (1871).

sowie die seit langem etablierte Gräflich Castell'sche Creditcasse und die erst 1870 gegründete Privatbank Merck, Finck & Co., deren Inhaber sich aber durch unbestrittene Fachkenntnisse und Vertrautheit mit den lokalen Verhältnissen auszeichneten; bliebe neben aristokratischen Grundbesitzern, deren Ziel die Stärkung des ländlichen Realkredits war, noch der eigentliche Initiator des Projekts, nämlich Theodor von Cramer-Klett. Dieser kann als eine der größten und fähigsten Unternehmerpersönlichkeiten Deutschlands im 19. Jahrhundert angesehen werden, die sich insbesondere durch Vielseitigkeit auszeichnete. Neben dem überaus erfolgreichen Aufbau seiner Maschinenfabrik Klett & Co. in Nürnberg (ab 1873 Maschinenbau AG Nürnberg) sowie anderer Industrieunternehmen nahm Cramer-Klett durch Beteiligungen an Kommanditen der Darmstädter Bank ab 1867 immer mehr die Rolle eines Bankiers ein, die vor allem durch seine entscheidende Mitwirkung bei der Gründung des Bankhauses Merck, Finck & Co. zum Ausdruck kam. Die Hinwendung zum Bankgeschäft überrascht insofern nicht, als Cramer-Klett vor seiner Einheirat in die Maschinenfabrik Klett & Co. bereits unternehmerisch tätig gewesen war und im Übrigen eine Banklehre in dem bekannten Prager Bankgeschäft Leopold Lämel absolviert hatte. Cramer-Klett erkannte schon um die Jahrhundertmitte die unzureichende Industriefinanzierung durch Banken, weshalb er schon bald nach ihrer Gründung im Jahr 1853 geschäftliche Beziehungen zur Bank für Handel und Industrie in Darmstadt aufnahm. Zudem war er davon überzeugt, dass eine fortschreitende Industrialisierung nur durch einen entsprechenden Wohnungsbau für die wachsende Zahl der Arbeiter möglich sei, was wiederum bedeutete, dass die städtische Wohnungsnot und Bodenspekulation vermindert werden mussten.[95] Da Wohnungsbau und Hypothekarkredit aber zwei Seiten derselben Medaille sind, war es nur folgerichtig, die Gründung einer weiteren, vor allem aber einer reinen Hypothekenbank anzuregen.

Mit dieser Motivation kamen als Standort der neuen Bank nur München oder Nürnberg in Frage. Für Nürnberg sprach das größere industrielle Wachstumstempo. In der fränkischen Großstadt war 1871 mit der Vereinsbank Nürnberg eine leistungsfähige gemischte Hypothekenbank entstanden. Dass dort ein lukrativer Markt gesehen wurde, beweist auch die Gründung der Bayerischen Centralbank, später Fränkische Bank, im Jahr 1872[96], mit der vielleicht ein Gegengewicht zu München geschaffen werden sollte. Für München sprach dagegen eine um 1870 doppelt so große und ebenfalls stark wachsende Bevölkerung sowie die weit größeren Möglichkeiten für den ländlichen Realkredit, an dem vor allem die Vertreter des aristokratischen Grundbesitzes unter den Gründungsmitgliedern der Südboden interessiert waren. Ein weiterer Umstand begünstigte München im Falle der Südboden deutlich, nämlich die von Anfang an vorgesehene Ausbreitung über Bayern hinaus, für die München als Hauptstadt mit Regierungssitz besser geeignet war. Cramer-Klett und sicher auch alle anderen Gründer entschieden sich jedenfalls für München als Sitz der Gesellschaft.

Die Südboden erhielt vermutlich wegen ihrer renommierten Gründer rasch ein Privileg, das ihren Aufschwung stark begünstigte: Bereits im Frühjahr 1873 wurden ihre Pfandbriefe, deren Ausgabe 1872 begann, in Bayern und Hessen zur Anlage von Gemeinde-, Kirchen- und Stiftungskapitalien zugelassen, d. h. sie waren mündelsicher.[97]

[95] Achterberg, Süddeutsche Bodencreditbank, S. 10.
[96] Donaubauer, Privatbankiers, S. 68.
[97] Kahn, Großindustrie, S. 334.

Dieses Privileg hatte zum damaligen Zeitpunkt neben der Südboden nur die Hypo-Bank. Verbunden war damit allerdings der (übliche) Umstand, dass ab 1875 die bayerische Staatsregierung von ihrem Recht der Staatsaufsicht Gebrauch machte und einen Königlichen Kommissar ernannte, der an allen Sitzungen der Gesellschaftsorgane teilnahm und der, was vermutlich wichtiger war, durch seine Unterschrift auf den Pfandbriefen bestätigte, dass die Vorschriften über Höhe und Deckung der Pfandbriefe eingehalten wurden.[98] Die Gewährung dieses öffentlichen „Qualitätssiegels" war sicher eine Ursache dafür, dass die Südboden trotz anhaltender allgemeiner Wirtschaftskrise von Anfang an hohe Wachstumsraten bei dem Absatz von Pfandbriefen verzeichnen und schon 1875 einen Umlauf von fast 94 Mio. Mark ausweisen konnte.[99] Das war vier Jahre nach der Gründung fast die Hälfte der von der Hypo-Bank ausgegebenen Pfandbriefe. Für die Aussage, dass die Südboden schon zu diesem Zeitpunkt überwiegend außerhalb Bayerns tätig gewesen sei[100], findet sich keine Bestätigung. Offensichtlich erstreckte sich damals die Beleihungstätigkeit auf einige Provinzen Preußens, auf Sachsen sowie Württemberg, Baden und Hessen, „das größte Gewicht wurde jedoch stets auf die Entwicklung des Geschäftes in allen Teilen Bayerns gelegt; hier fand nicht nur von jeher der Absatz der Pfandbriefe in weitaus überwiegendem Maße statt, auch die hypothekarischen Ausleihungen der Bank nach Bayern weisen nach Postenzahl und Summe eine ständig steigende Zunahme auf."[101] Kurz vor dem Ersten Weltkrieg entfielen von den gesamten Hypothekendarlehen etwa 65 Prozent auf Bayern, rund 30 Prozent auf Preußen und der Rest auf die oben genannten übrigen Länder.

Bereits 1885 rückte die Südboden hinter der Hypo-Bank auf den zweiten Platz der größten deutschen Pfandbriefinstitute auf und war damit die führende reine Hypothekenbank.[102] Auch in den folgenden Jahrzehnten blieb es bei dieser Reihenfolge, wobei sich auch am Größenverhältnis beider Banken kaum etwas änderte, d. h. der Pfandbriefumlauf der Südboden betrug etwa die Hälfte des Volumens der Hypo-Bank. Dass die zwei bedeutendsten Hypothekenbanken und Pfandbriefinstitute Deutschlands ihren Sitz in München hatten, unterstreicht zum einen die Stellung Bayerns als „klassisches" Land des Pfandbriefs und zum anderen das Gewicht Münchens als Finanzplatz, vor allem natürlich innerhalb Bayerns.

Königliche Filialbank München

Als 1806 die fränkischen Fürstentümer und die Reichsstadt Nürnberg an Bayern fielen, wurde die Königlich-Preußische Bank von Ansbach nach Nürnberg verlegt. Sie firmierte fortan bis 1918 als Königlich Bayerische Bank, nachdem der König die preußischen Aktien übernommen hatte. Erst 1850 wurden die königlichen Aktien durch ein staatliches Stammkapital ersetzt, d. h. die Bank in eine reine Staatsbank umgewandelt.[103]

98 Das war natürlich auch bei den Pfandbriefen der Hypo-Bank und später der Bayerischen Vereinsbank der Fall.
99 Kahn, Großindustrie, S. 334.
100 Steffan, Bayerische Vereinsbank, S. 74, nennt für 1875 einen Hypothekenbestand von 101 Mio. Mark, davon 77 Mio. Mark außerhalb Bayerns.
101 Kahn, Großindustrie, S. 334.
102 Weidenhammer, Entwicklung, S. 48.
103 Zorn, Gewerbe, S. 806.

Die Verordnung von 1850 sah zwar die Möglichkeit vor, dass die Königliche Bank ihren bisherigen lokalen Wirkungskreis auf das ganze bayerische Staatsgebiet ausdehnen konnte, doch wurde ihr das bis 1875 verwehrt. In der Praxis galt die mit der Gründung der Hypo-Bank vom König angeordnete bayerische „Bankgeometrie“: Die Hypo-Bank sollte sich ohne Konkurrenz auf Südbayern beschränken, die Königliche Bank entsprechend auf Nordbayern und die Pfalz.[104]

Da die Königliche Bank das Recht zur Ausgabe verzinslicher Banknoten hatte, die allerdings weniger Geldfunktion besaßen als vielmehr der Kapitalbeschaffung für die Bank dienten, stand sie für die im Bankgesetz von 1834 geplante bayerische Notenbank zur Diskussion. König und Regierung beharrten aber darauf, dass die Notenbank ihren Sitz in der Landeshauptstadt haben sollte, und so wurde die 1835 gegründete Hypo-Bank auch privilegierte Notenbank.[105] Der Aufgabenbereich der Königlichen Bank konzentrierte sich im Gegensatz zur Hypo-Bank auf Kredite für Industrie, Gewerbe und Handel, später auch ausdrücklich an Landwirte. Insbesondere nach der Bankverordnung von 1850 wurden auch staatswirtschaftliche Aufgaben wahrgenommen: Die staatlichen Hauptkassen legten ihre verfügbaren Bestände bei der Königlichen Bank an und beauftragten sie mit Geldüberweisungen. Die Bank löste die Zinsscheine der Staatsanleihen ein und wirkte bei der Begebung staatlicher Anleihen mit. Während die Anleihen des bayerischen Staates immer umfangreicher wurden, gab die Hypo-Bank ihre Funktion als staatlich privilegierte Notenbank immer mehr ab, da sie diese Bevorzugung nicht mehr nötig hatte, und widmete sich mehr und mehr rein erwerbswirtschaftlichen Zielen. Nicht zuletzt durch diese Entwicklung stiegen die Umsätze der Königlichen Bank von 1850 bis 1860 um das Zehnfache, die Betriebsmittel zwischen 1853 und 1863 auf das Vierfache.[106] Obwohl die Bank zu dieser Zeit immer noch auf Nordbayern beschränkt war, spürte sie die Konkurrenz des 1864 von der Hypo-Bank in München eingeführten Pfandbriefs, der zu einem populären Anlagemittel wurde und der Königlichen Bank Einlagen entzog, insbesondere solche gegen Schuldscheine.

Die Königliche Bank konnte erst 1875 auf den lukrativen Münchner (und Augsburger) Markt vorstoßen, nachdem das Notenprivileg der Hypo-Bank auf die (im selben Jahr gegründete) Bayerische Notenbank übergegangen war. Die Hypo-Bank orientierte sich ab diesem Zeitpunkt rein erwerbswirtschaftlich und war dementsprechend nur noch den Bestimmungen des Aktienrechts unterworfen. Die Zweigniederlassung der Königlich Bayerischen Bank firmierte als Königliche Filialbank München und entwickelte sich rasch nicht nur zur größten Niederlassung der Bank, sondern zählte auch hinsichtlich ihrer Umsätze „zu den größten am hiesigen Platze.“[107]

Dieser Aufstieg hatte mehrere Gründe und zeigt gleichzeitig wesentliche Merkmale des Finanzplatzes München, aber auch Bayerns insgesamt. Bis Anfang der 1870er Jahre war die Königliche Bank neben den Privatbankiers die einzige Kreditquelle für Handel und Industrie. Die Nürnberger, Ludwigshafener, Schweinfurter und Hofer Industrie bezog ihre Fremdmittel überwiegend von der Königlichen Bank. Auch die in München ansässige Eisengießerei und Maschinenbauanstalt Maffei war Großkunde neben vielen kleinen und mittleren Gewerbetreibenden sowie Landwirten. Die Königliche Bank finanzierte auch frühzeitig mit kurz- und langfristigen Darlehen kommunale Projekte.[108]

[104] Steffan/Diehm, Bayerische Staatsbank, S. 146.
[105] Müller, Königliche Bank, S. 123.
[106] Steffan/Diehm, Bayerische Staatsbank, S. 145 f., 157.
[107] Kahn, Großindustrie, S. 342.
[108] Steffan/Diehm, Bayerische Staatsbank, S. 170.

Sitz der Königlichen Filialbank an der Ecke Kardinal Faulhaber Straße/Salvatorstraße (Druck, 1905).

Gerade die Vielfalt der Darlehensnehmer zeigt, wie groß der Bedarf an Kreditbanken mit unterschiedlichen Schwerpunkten das ganze 19. Jahrhundert hindurch war. Insofern bedeutete es für München eine wesentliche Bereicherung, dass mit der Zweigniederlassung der Königlichen Bank ein in der Finanzierung von Handel und Gewerbe sowie im Effektengeschäft erfahrenes Institut vor Ort war. Als Depositenbank ergänzte sie vor allem die Geschäftsbereiche der Bayerischen Handelsbank durch die Annahme spezieller Einlagen, nämlich die von Behörden. Überhaupt spielte die öffentliche Hand, insbesondere das Land, eine immer größere Rolle für die Bank, die sich nun am Sitz der verschiedenen staatlichen Verwaltungskassen befand und so den überwiegenden Teil des staatlichen Giroverkehrs besorgte. Dieser hatte allein 1912 ein Volumen von über 3,22 Mrd. Mark.[109]

Bis zum Ersten Weltkrieg pflegte die Filialbank in München vor allem den kurzfristigen Kredit, insbesondere den Wechsel- und Lombardkredit. Der Wechselbestand der Gesamtbank lag Ende 1912 mit über 112 Mio. Mark deutlich über dem der Hypo-Bank (42 Mio. Mark); ähnliches gilt für den Lombardkredit mit fast 16 Mio. gegenüber drei Mio. Mark.[110] Dabei ist zu bedenken, dass die Hypo-Bank schon frühzeitig begonnen hatte, Wechsel aus ganz Deutschland zu diskontieren, weil ihr in Bayern nicht genügend Wechselmaterial angeboten wurde.[111] Gleiches kann in weit höherem Maße von der Filialbank angenommen werden, womit ihre Bedeutung für den Münchner Finanzplatz

[109] Kahn, Großindustrie, S. 342.
[110] Edlin-Thieme/Jungmann-Stadler, Geschichte, S. 36; Kahn, Großindustrie, S. 341.
[111] Bayerische Hypotheken- und Wechsel-Bank, Hundertfünfundzwanzig Jahre, S. 37 f.

eindrucksvoll zur Geltung kommt. Im Übrigen war die Bezeichnung „Filialbank" insofern auch berechtigt, als sie in Bayern rechts- und linksrheinisch 1913 mit 22 Filialen, d. h. in allen größeren Städten, vertreten war.

Filialen von auswärtigen Großbanken

Als die Deutsche Bank (Berlin) am 1. Juli 1892 in München eine Filiale eröffnete, lag diese Entscheidung im Trend der Geschäftspolitik aller Berliner Großbanken. Diese reagierten ab etwa 1890 auf das Vordringen von regionalen Aktienbanken in die Reichshauptstadt, indem sie nun ihrerseits die Geschäftstätigkeit auf die Provinzen ausdehnten. In welcher rechtlichen und organisatorischen Form dies geschah, war von Fall zu Fall verschieden.

Die Filialgründung der Deutschen Bank in München war allerdings keine Reaktion auf entsprechende Aktivitäten bayerischer Banken in Berlin, da letztere[112] weiterhin auf Bayern konzentriert waren und erst Jahre später (bayerische) Filialen gründeten. Allein mit ihrem Hypotheken- und Wechselgeschäft stießen sie auch auf nichtbayerische Märkte vor. Insofern liegt die Annahme nahe, dass nun umgekehrt der inzwischen wichtigste bayerische Finanzplatz zu einem lohnenden Standort für die Deutsche Bank geworden war.[113] Aus Sicht der Deutschen Bank präsentierte sich der Münchner Bankplatz um 1890 vor allem als großer Anbieter von Hypotheken und kurzfristigen Industriekrediten einschließlich des Wechselkredits. Im Hinblick auf die Industriefinanzierung konnte die Deutsche Bank aufgrund ihrer Beziehungen und ihrer Erfahrung im internationalen Geschäft gerade für die exportorientierte Industrie verbesserte Bankdienstleistungen anbieten. Sie zeichnete sich denn auch rasch bei der Gründung und Umwandlung von Industrieunternehmen in Aktiengesellschaften aus und hat „eine größere Anzahl bayerischer Industriewerte an der Münchner Börse zur Einführung gebracht."[114]

Gerade die zuletzt genannten Geschäfte sowie das Depositengeschäft ließen die Deutsche Bank ihre erste bayerische Filiale in München und nicht in Nürnberg, der Stadt mit der weitaus größeren Industriedichte, gründen. Dorthin ging sie 1905 mit einer Zweigniederlassung, vermutlich als unmittelbare Reaktion auf die Expansionspolitik der Berliner Disconto-Gesellschaft im süddeutschen Raum, die nach der Umwandlung der Mannheimer Privatbank N. H. Ladenburg & Söhne in die Süddeutsche Disconto-Gesellschaft vor einer Ausdehnung nach Bayern stand. Hier trafen sich die Interessen der Disconto-Gesellschaft und der Hypo-Bank. Erstere wollte ihre Expansion in Nordbayern beginnen und dann in südliche Richtung fortsetzen, letztere war aufgrund der Nachwirkungen der bayerischen Bankgeometrie im Norden nur wenig repräsentiert.[115] Beide Banken einigten sich auf die gemeinsame Gründung der Bayerischen Disconto- und Wechsel-Bank AG mit Sitz in Nürnberg im Juni 1905. Für die Muttergesellschaft in München brachte das einen großen strategischen Vorteil; denn gleichzeitig mit der Gründung wurde je eine renommierte Privatbank in Nürnberg (G. J. Gutmann), Augsburg (P. C. Bonnet) und Würzburg (F. Günthert) übernommen, d. h. sowohl ein

112 Namentlich Hypo-Bank, Bayerische Vereinsbank, Bayerische Handelsbank und Süddeutsche Bodencreditbank.
113 Allgemein dazu Salzmann, Ursprung, S. 50.
114 Kahn, Großindustrie, S. 344.
115 Donaubauer, Privatbankiers, S. 112.

wertvoller Kundenstamm wie auch Filialen in Augsburg und Würzburg gewonnen. Noch im Laufe des Jahres 1905 errichtete die Disco-Wechsel, teils durch Übernahme, in sieben kleineren nordbayerischen Städten Filialen, denen bis Ende 1913 im gleichen Raum zehn weitere Niederlassungen folgten.[116] Die Hypo-Bank hatte mit dieser Strategie eine Konkurrenz durch die Berliner Disconto-Gesellschaft in München vermieden und sich gleichzeitig in Nordbayern etabliert.

In München selbst hatte die Pfälzische Bank 1898 durch die Übernahme des Bankhauses Pichler sel. Erben eine Filiale errichtet. Die Pfälzische Bank war in Ludwigshafen 1867 als genossenschaftliches Unternehmen gegründet und nach starkem Wachstum 1883 in eine Aktiengesellschaft umgewandelt worden.[117] Ihr Grundkapital betrug vor dem Ersten Weltkrieg 50 Mio. Mark und lag damit deutlich unter dem der Hypo-Bank (65 Mio. Mark) und etwas über dem der Vereinsbank (45 Mio. Mark) bzw. der Handelsbank (44,5 Mio. Mark). Die Pfälzische Bank und ihre Filiale in München pflegten grundsätzlich alle Sparten des Bankgeschäftes, hatten aber ihr Schwergewicht in der Umwandlung von Industrieunternehmen in Aktiengesellschaften und deren Finanzierung, in der Unterbringung von Pfandbriefen sowie in der „Einführung, Notierung und Vertretung der einschlägigen Effekten an der Börse zu München."[118] Sie konkurrierten also vor allem mit der Handelsbank, der Deutschen Bank und der Dresdner Bank, die später, nämlich 1906, eine Filiale in München errichtete. In einem ähnlichen Marktsegment mit Akzent auf dem heute so bezeichneten Privat- und Firmenkundengeschäft operierte die Filiale der Bank für Handel und Industrie (Darmstädter Bank). Diese wandelte die 1898 in München gegründete Bayerische Bank 1905 in die Bayerische Bank für Handel und Industrie um, wobei das Privatbankhaus Gutleben & Weidert, eines der größten und angesehensten in Bayern, übernommen wurde. Durch Aktientausch[119] erfolgte 1910 die Verschmelzung der Darmstädter Bank mit der Bayerischen Bank für Handel und Industrie, die damit zur Filiale wurde. Damit waren alle deutschen Großbanken in München vertreten.

2.3 *Sparkassen*

Als 1848 die Münchener Sparkasse ihre Zahlungen einstellen musste, kam es noch im selben Jahr zur Gründung einer neuen Sparkasse. Grundlage dieser Entscheidung war wiederum das Bedürfnis breiter Bevölkerungsschichten, kleine Beträge zinsbringend anzulegen, d. h. ein Institut für Klein- und Kleinstsparer zu schaffen, da weder die Hypo-Bank und noch weniger die Privatbankiers dieses Geschäft in nennenswertem Umfang betrieben. Auch die seit 1869 gegründeten Aktienbanken widmeten sich dem Einlagengeschäft bis 1914 eher nebenbei, so dass sie für die Sparkasse auch langfristig kaum eine Konkurrenz darstellten.[120] Allerdings ist die Neue Sparkasse der ihr zugeordneten Rolle als Sammelstelle kleiner Sparkapitalien erst ab etwa 1880 gerecht geworden. Bis dahin war ihr Einlagenbestand nur ganz langsam auf 3,7 Mio. Mark gewachsen,

[116] Bayerische Hypotheken- und Wechsel-Bank, Hundertfünfundzwanzig Jahre, S. 39.
[117] Kahn, Großindustrie, S. 351 f.
[118] Ebd., S. 353.
[119] Acht Mio. Mark Aktien der Bayerischen Bank für Handel und Industrie gegen sechs Mio. Mark Aktien der Darmstädter Bank; vgl. ebd., S. 350.
[120] Jungmann-Stadler, Hypo und Sparkassen, S. 154.

also wenig im Vergleich zu den knapp acht Mio. Mark der Hypo-Bank.[121] Bis zu diesem Zeitpunkt hatten die Sparkassenstatuten in verschiedener Hinsicht restriktiv gewirkt. So war z. B. bis 1873 die maximale Einlage pro Sparer auf 200 Gulden beschränkt. Nach einer kurzfristigen Freigabe der Einlagenhöhe wurde sie im November 1875 schließlich auf 3 000 Mark festgesetzt. Damit waren nicht mehr nur „Minderjährige und Minderbemittelte" zugelassen. Außerdem wurde der Zinssatz deutlich auf 3,6 Prozent erhöht.[122] Diese Änderungen waren aufgrund der Erfahrungen der Jahre 1869 bis 1872, also den eigentlichen „Gründerjahren", notwendig geworden. In jener Zeit waren die Einlagen rückläufig, weil bei fast stagnierenden Einzahlungen die jährlichen Auszahlungen von etwa 0,5 Mio. Mark (1869) auf fast 0,9 Mio. Mark (1872) anstiegen. Auch Kleinsparer hatten in diesen Jahren des Börsenbooms andere lukrative Anlagemöglichkeiten. Neben risikoreichen Spekulationspapieren und schnellen Gewinn verheißenden Lotteriescheinen waren auch die soliden Pfandbriefe der Hypo-Bank begehrt.[123] Nach Gründerkrise und anschließender Stabilisierung der gesamtwirtschaftlichen Lage bis 1880 stieg der Einlagenbestand dann sprunghaft an, bis 1913 um fast das 24-fache auf über 87 Mio. Mark.[124] Zur gleichen Zeit stagnierte die Hypo-Bank bei 8,5 Mio. Mark. Damit war es der Sparkasse München gelungen, die Sparmöglichkeiten der rasch wachsenden Bevölkerung zu nutzen.

Mit dem Ausbau des Passivgeschäftes war notwendigerweise eine entsprechende Entwicklung des Aktivgeschäftes verbunden. Auch dies erfolgte im Wesentlichen erst ab 1880. Obwohl es der Sparkasse gemäß den Statuten von 1869 möglich gewesen wäre, Hypothekarkredite auszureichen, geschah dies zunächst nicht. In jenem Jahr waren andere Städte wie Nürnberg, Augsburg, Würzburg und vor allem das kleine Ansbach mit fast zwei Mio. Gulden Hypotheken in diesem Bereich bereits weit fortgeschritten. Die beiden städtischen Kollegien (Gemeindebevollmächtigte und Magistrat) genehmigten 1880 die Buchhypothek, eingeschränkt allerdings auf Wohngebäude im Stadtbezirk. Außerdem durften keine Industrieobjekte und unbebauten Grundstücke beliehen werden.[125] Inwieweit damit bloße Vorsicht oder der Wunsch nach einer möglichst geringen Konkurrenz zu anderen Banken verbunden war, ist fraglich. Fakt ist, dass sich das Hypothekengeschäft trotz der Beschränkungen rasch entwickelte, ebenso die Kreditvergabe an fremde Gemeinden (seit 1891) und an Kirchengemeinden (seit 1895). Bis 1905 waren mehr als 18 Mio. Mark Hypothekarkredite und über zehn Mio. Mark an Gemeinden ausgereicht.[126]

Ein weiterer Bereich des Aktivgeschäftes, nämlich das Wertpapiergeschäft, konnte ebenfalls zügig ausgebaut werden. Die Sparkasse war von Anfang an befugt, Gelder in Staatsanleihen und Eisenbahnaktien anzulegen; allmählich engagierte sie sich besonders in mündelsicheren Wertpapieren und Reichsschuldbuchforderungen. Beide zusammen betrugen 1913 über 33 Mio. Mark. Übertroffen wurde diese Anlage nur von den Hypotheken, die vor allem seit 1910 (19,4 Mio. Mark) sprunghaft auf fast 37 Mio. Mark zugenommen hatten.[127]

[121] Hirschhorn, Sparkasse, S. 74 f.; Jungmann-Stadler, Hypo und Sparkassen, S. 115.
[122] Hirschhorn, Sparkasse, S. 23.
[123] Ettenhuber, Stadtsparkasse München, S. 91 f.
[124] Hirschhorn, Sparkasse , S. 74 f.
[125] Ebd., S. 64.
[126] Ettenhuber, Stadtsparkasse München, S. 123.
[127] Hirschhorn, Sparkasse, S. 65, Tafel I, II.

Das erste institutseigene Gebäude der Münchner Sparkasse in der Ledererstraße wurde im Jahr 1899 fertig gestellt (Fotografie, 1900).

Zu Beginn des 20. Jahrhunderts präsentierte sich die Sparkasse mit 44 Mitarbeitern[128] als modernes Institut mit besonderen Akzenten. Im Jahre 1913 besaß fast jeder dritte Münchner Einwohner ein Sparbuch, d. h. die Sparkasse hatte breite Bevölkerungsschichten erreicht. Nach wie vor stellten Dienstboten, Lehrjungen, Arbeiter und Gehilfen mit knapp 40 Prozent den größten Teil der Einleger, gefolgt von etwa 30 Prozent Kindern und Pfleglingen (bzw. deren Eltern und Vormünder). Mit 20 Prozent erschienen aber jetzt „Privatpersonen", die vor 1880 praktisch unbedeutend gewesen waren, z. B. 1867 nicht einmal drei Prozent der Einleger gestellt hatten.[129] Allein in dieser Hinsicht hat die Sparkasse den Münchner Kapitalmarkt in einem wichtigen Segment stark entwickelt. Auf der anderen Seite, im Aktivgeschäft, war sie ebenfalls weniger direkte Konkurrentin der anderen Kreditinstitute, sondern ergänzte sie und kooperierte teilweise mit ihnen direkt oder indirekt. So wurde der Hypo-Bank seitens der Staatsregierung die Ausgabe von Pfandbriefen 1864 nur genehmigt, wenn sie im Gegenzug Sparkassengelder zu einem höheren Zins als marktüblich hereinnahm. Das mag auf den ersten Blick für die Hypo-Bank ungünstig gewesen sein, war aber andererseits für sie wachstumsfördernd; denn der Sparkasse wurde auch erlaubt, ihre Einlagen in Pfandbriefen anzulegen, was deren Absatz langfristig zweifellos begünstigte.

128 Ettenhuber, Stadtsparkasse München, S. 144.
129 Eigene Berechnungen nach Hirschhorn, Sparkasse, S. 76.

Der Sitz der Münchner Industriebank am Frauenplatz gegenüber dem Dom wurde 1899 bezogen. 1862 als Münchner Darlehensverein gegründet, firmiert die älteste gewerbliche Kreditgenossenschaft Bayerns heute als Münchner Bank e. G.

2.4 *Kreditgenossenschaften*

Mit den Kreditgenossenschaften ist in der zweiten Hälfte des 19. Jahrhunderts ein völlig neuer Bankentyp entstanden, der das Angebot am Kapitalmarkt aus institutioneller Sicht komplettierte. Als Konsequenz der Liberalisierungsgesetze benötigten Bauern und Handwerker als neu entstandener Mittelstand Investitions- und Betriebskapital, das ihnen die etablierten Kreditinstitute aber nur in sehr eingeschränktem Maße gewährten, weil diese die neuen Nachfrager weder für kreditfähig noch für kreditwürdig hielten.[130] So fand die Idee der genossenschaftlichen Selbsthilfe schließlich auf dem Gebiet des Kreditwesens durch Wilhelm Raiffeisen und Hermann Schulze-Delitzsch Anwendung.

[130] Historischer Verein Bayerischer Genossenschaften, Einführung, S. 9.

Die bayerische Genossenschaftsbewegung begann mit der Errichtung des „Münchener Darlehen Vereins (mit Solidarhaft)" im Juli 1862, der Vorläuferinstitution der heutigen Münchner Bank e. G. Die drei Jahre später erfolgte Namensänderung in „Münchener Industrie-Bank" signalisierte, dass die Bank nicht nur dem Handwerk zur Verfügung stehen sollte, sondern auch kleineren Industrieunternehmen. Damit wurde nach außen hin deutlich, dass sie die allmählich in Gang gekommene Industrialisierung in Bayern und speziell in der Landeshauptstadt fördern sollte.[131] Die Bank entwickelte sich von Anfang an sehr zügig, nicht zuletzt weil sich die Zusammenarbeit mit der Hypo-Bank bewährte, die zum Zweck der Geschäftsausweitung einen Bankkredit zur Verfügung stellte.[132] Auch die Gründerkrise stellte keine ernsthafte Gefährdung dar.

Abbildung 2: Ausgegebene Darlehen der Münchener Industrie-Bank (in Tsd. Mark)

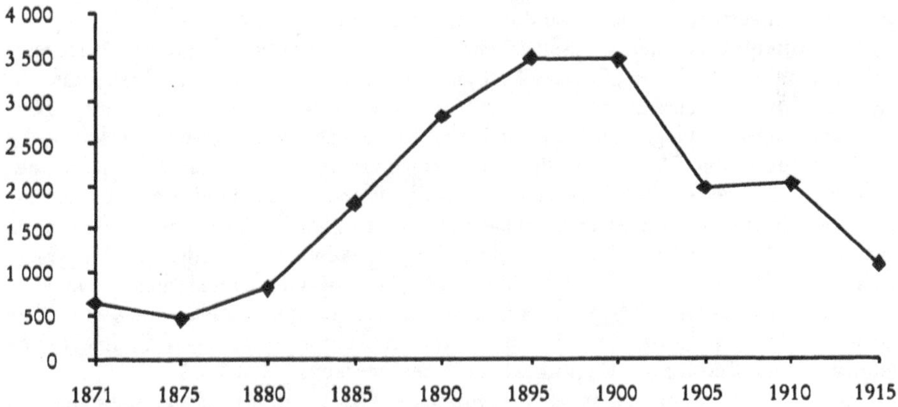

Quelle: Münchener Industrie-Bank, Geschäftsbericht 1937, S. 26 f.

Der steile Anstieg der Ausleihungen seit etwa 1880 entspricht der Entwicklung aller damals am Markt befindlichen und bisher vorgestellten Institute und spiegelt den wirtschaftlichen Aufschwung Münchens wider. Den Abschwung nach der Jahrhundertwende erklärte die Bank in ihrer Publikation zum hundertjährigen Jubiläum mit einer sich verlangsamenden Konjunktur, was allerdings kaum der Realität entsprechen dürfte (und der Entwicklung anderer Banken widerspricht). Im Jahre 1912 hatte die Genossenschaft 2 866 Mitglieder und eine Bilanzsumme von über sieben Mio. Mark.[133]

Auch wenn der Münchener Darlehensverein bzw. die Industrie-Bank hinsichtlich ihres Geschäftsvolumens im Vergleich zu anderen Kreditinstituten vor Ort noch keine herausragende Rolle spielten, so bildete München in organisatorischer Hinsicht doch den Ausgangspunkt für die gewerblichen Kreditgenossenschaften Bayerns. Im Jahre 1877 wurde in München der Bayerische Genossenschaftsverband gegründet.[134] Allerdings war dieser Verband nur einer von drei in Bayern existierenden gewerblichen

[131] Lutz, Münchener Industrie-Bank [o. P.].
[132] Ruhland, Entwicklung, S. 135.
[133] Lutz, Münchener Industrie-Bank [o. P.].
[134] Ausführlich dazu Hüttl, Genossenschaftsverband Bayern, S. 338-351.

Genossenschaftsverbänden.[135] Aufgrund der Gebietsabgrenzungen traten die bayerischen Verbände aber nicht in Konkurrenz zueinander, denn jeder gewerblichen Genossenschaft stand es frei, sich einem regionalen Verband anzuschließen oder ganz selbstständig zu bleiben.[136]

Nachdem die Idee, genossenschaftliche Realkreditinstitute zu gründen, in der ersten Hälfte des 19. Jahrhunderts nicht hatte realisiert werden können, wurde sie in den 1880er Jahren erneut aufgegriffen, trotz der bereits bestehenden gemischten und reinen Hypothekenbanken. Es sollte ein Institut entstehen, das ausschließlich den spezifischen Problemen der Landwirtschaft dienen und dabei besondere Rücksicht auf den kleinen und mittleren Grundbesitz nehmen sollte. Tatsächlich hatten sich gerade hier die finanziellen Probleme der Landwirtschaft verschärft: Die sinkenden Getreidepreise seit den 1870er Jahren drückten die Erlöse, gleichzeitig stieg der Investitionsbedarf aufgrund der im Zuge der Industrialisierung verstärkt erforderlichen Technisierung, mit der die Abwanderung der Arbeitskräfte kompensiert werden musste, und schließlich zwang der drastisch gestiegene Viehbestand zum Bau zusätzlicher Stallungen.[137]

Die Gründung der genossenschaftlichen Hypothekenbank erfolgte am 2. Dezember 1896 unter der Firma „Bayerische Landwirtschaftsbank eGmbH". Der Staat förderte die Landwirtschaftsbank[138], indem er ihre Pfandbriefe (wie bei den anderen Banken auch) für die Anlage von Gemeinde- und Stiftungskapitalien geeignet erklärte, für die Versendung der Pfandbriefe Portofreiheit gewährte und der Bank das Recht zur Führung des bayerischen Wappenschildes in den Pfand- und Schuldbriefen einräumte. Wie groß der Bedarf in diesem Kreditsegment war, zeigt die Darlehensentwicklung in den folgenden 15 Jahren bis 1911: Die Hypothekendarlehen stiegen von knapp sechs Mio. Mark auf über 164 Mio. Mark, daneben die Gemeindedarlehen von etwa 0,3 Mio. Mark auf fast 19 Mio. Mark.[139] Dass die ursprüngliche Zielsetzung, vor allem kleine landwirtschaftliche Betriebe zu fördern, erreicht wurde, zeigen die im Durchschnitt kleinen Beträge der Hypothekendarlehen von etwa 6 400 Mark.

Der Sitz der Landwirtschaftsbank in München war aus drei Gründen nahe liegend: Zum einen war München längst zum führenden bayerischen Finanzplatz aufgestiegen, zum anderen war die gesamte Spitze der Genossenschaftsorganisation in München konzentriert.[140] Insbesondere wurden dort 1893 der „Bayerische Landesverband landwirtschaftlicher Darlehenskassenvereine e. V." sowie fast zeitgleich die Geldausgleichsstelle für die bayerischen landwirtschaftlichen Kreditgenossenschaften[141] und 1903 die Geldausgleichsstelle für die gewerblichen Genossenschaften gegründet. Und schließlich, drittens, hatte München noch immer ein großes landwirtschaftliches Umfeld.

Gerade die Gründung des Münchener Darlehensvereins (1862) sowie die Niederlassung aller wichtigen genossenschaftlichen Spitzenverbände in München seit 1877 zeigen, dass im letzten Drittel des 19. Jahrhunderts der Finanzplatz München auch zum bayerischen Genossenschaftszentrum wurde.

[135] Daneben gab es einen fränkischen und einen linksrheinischen Verband.
[136] Historischer Verein Bayerischer Genossenschaften, Einführung, S. 16 f.
[137] Förger, Anfänge, S. 73-76.
[138] Heute Münchener Hypothekenbank e. G.
[139] Hüttl, Ursprung, S. 57.
[140] In München saß z. B. der Landwirtschaftliche Verein, in dessen Gebäude die Hypothekenbank untergebracht war.
[141] Sie firmierte als „Bayerische Zentral-Darlehenskasse" und diente der Refinanzierung für die einzelnen Kreditgenossenschaften.

2.5 Die Bayerische Notenbank

Als nach der Reichsgründung 1871 ein einheitliches Geld- und Währungssystem (Goldstandard, Mark-Währung) geschaffen wurde und die Deutsche Reichsbank zum 1. Januar 1876 ihre Tätigkeit aufnahm, bedeutete dies das Ende des Notenprivilegs der Hypo-Bank. Hätte sie dieses behalten, so wäre das nach dem neuen Reichsgesetz mit der Aufgabe verschiedener Geschäftszweige verbunden gewesen. Die Hypo-Bank entschied sich daher für eine Ausgliederung ihres Notenemissionsrechts und gründete 1875 die Bayerische Notenbank in Form einer Aktiengesellschaft mit Sitz in München.

Die neue Notenbank bedeutete natürlich einen Verlust für die Hypo-Bank, die entsprechend ihrem Notenemissionsrecht von zwölf Mio. Gulden (etwa 20,6 Mio. Mark) Aktiva in Höhe von 4,8 Mio. Gulden als Notendeckung auf ihre Nachfolgerin übertragen musste; denn nach wie vor galt eine 2/5-Deckung in Form von Edelmetall, Reichskassenscheinen und guten Handelswechseln. Außerdem übernahm die Bayerische Notenbank von der Hypo-Bank deren drei Filialen in Augsburg, Kempten und Lindau als eigene Niederlassungen. Das Stammkapital der Notenbank betrug 15 Mio. Mark, von denen zwei Drittel den Aktionären der Hypo-Bank zum Nennwert angeboten wurden, während das restliche Drittel je zur Hälfte der Hypo-Bank und der bayerischen Staatsregierung ebenfalls zum Nennwert vorbehalten blieb. Den auf ihre Aktien entfallenden Gewinnanteil hatte die Hypo-Bank an die Staatskasse abzuführen, soweit eine Aktienverzinsung von 4,5 Prozent überschritten wurde.[142]

Die Bayerische Notenbank war allerdings nicht lange die einzige in Bayern tätige Notenbank, denn die Deutsche Reichsbank nahm schon 1876 ihr Geschäft in Bayern auf, wobei ihr Filialnetz neben der Hauptstelle in München aus zwei Bankstellen und acht Nebenstellen, bis 1899 auf 28 Nebenstellen steigend, bestand. Demgegenüber hatte die Bayerische Notenbank von Anfang an sechs Filialen[143] und 28 Nebenstellen, die bis 1899 auf 50 ausgebaut wurden.[144] Trotz der engen gesetzlichen Beschränkungen der Notenemission der Bayerischen Notenbank, die eine Gestaltungsmöglichkeit vergleichbar derjenigen der Reichsbank ausschlossen, hatte sie als Hüterin zumindest eines Teils der nationalen Währung wie die übrigen Privatnotenbanken die Verpflichtung, die Volkswirtschaft zu fördern.[145] Dies bedeutete vor allem, dass sie mangels ausreichender eigener Rechte, Fähigkeiten und Größe die Reichsbank bei der Erfüllung ihrer währungspolitischen Aufgaben zu unterstützen hatte. Dazu gehörte insbesondere die Diskontpolitik der Reichsbank, die sie nicht durchkreuzen durfte. Dies wäre allerdings wegen der relativ geringen Größe der Bayerischen Notenbank auch kaum möglich gewesen, zumindest nicht langfristig. Wie noch zu zeigen sein wird, konterkarierte sie die Diskontpolitik der Reichsbank bis Anfang der 1880er Jahre.

Die Hauptaufgabe der regionalen Notenbank war eine andere: Da die Reichsbank in ihrer Eigenschaft als Zentralnotenbank keine übergeordnete Bank hatte, bei der sie sich im Bedarfsfall hätte refinanzieren können, musste sie bei der Kreditvergabe eher restriktiv, vorsichtig und schematisiert, d. h. wenig flexibel, vorgehen. Dies schloss weite Teile der Volkswirtschaft von einer direkten Kreditgewährung durch die Reichsbank aus. In diese Lücke konnten und sollten die regionalen Notenbanken stoßen. Gerade in der

142 Gutschmidt, Aufbau, S. 184, 187.
143 Augsburg, Kempten, Lindau, Nürnberg, Würzburg und Ludwigshafen.
144 Heil, Reichsbank, S. 15 f.
145 Wachinger, Bayerische Notenbank, S. 77.

Gewährung von solchen Krediten für Handel, Gewerbe und Landwirtschaft, für die sich die Reichsbank nicht zuständig sah, lag die Bedeutung der Bayerischen Notenbank. Hinzu kamen Geschäftsfelder, die von der Reichsbank überhaupt nicht besetzt wurden bzw. für die Privatnotenbank aufgrund der Gesetzeslage besonders einträglich waren. Dazu gehörte die Hereinnahme fremder Gelder, wodurch die Privatnotenbanken ihr Notenprivileg überhaupt erst ausnutzen konnten.[146] Durch die vorgeschriebene Dritteldeckung in bar hatte die Bayerische Notenbank bei einer maximalen Notenausgabe von 70 Mio. Mark, die fast immer erreicht wurde, entsprechend hohe Barvorräte zu halten.

Vorteile hatte die Reichsbank im Giroverkehr. Durch ihr wesentlich größeres Geschäftsgebiet bot sie ihren Kunden im Girobereich erhebliche Reichweitenvorteile. Allerdings verlangte die Reichsbank dafür relativ hohe, bei ihr zu haltende Mindesteinlagen. Damit schloss sie die meisten Privatleute und kleineren Unternehmen von ihrem Giroverkehr aus. Diesen Kundenkreis konnte sich die Bayerische Notenbank erschließen. Dabei war ihr im Vergleich zur Reichsbank engmaschigeres Filialnetz von Vorteil. Sie war 1881 immerhin in 46 und 1912 in 87 bayerischen Städten vertreten.[147] Im Übrigen besetzte sie ihre Filialen meist mit ortsansässigen Kaufleuten, was ihr einen Vertrauensbonus bei der Bevölkerung einbrachte.

In den ersten Jahren betrachteten sich beide Institute, Reichsbank und Bayerische Notenbank, eher als Konkurrenten denn als Partner. Die Reichsbank hielt z. B. die ihr vorgelegten Noten der Bayerischen Notenbank möglichst lange zurück. Dadurch erhöhte sich die Summe der im Umlauf befindlichen Noten, ohne dass sie der bayerischen Wirtschaft zur Verfügung standen. Außerdem musste die Bayerische Notenbank für die von der Reichsbank zurückbehaltenen Noten auch noch Notensteuer an das Reich zahlen, wenn das steuerfreie Notenkontingent von 32 Mio. Mark überschritten wurde. Das führte zu einem sehr distanzierten Verhältnis zwischen beiden Notenbanken, das sich erst ab etwa 1880 besserte, als man sich auf die gemeinsame wirtschaftspolitische Verantwortung besann, die schließlich beiden auch einen unternehmerischen Gewinn bringen sollte.[148] Die Reichsbank übernahm die Rolle einer aktiven Zentralnotenbank und konzentrierte sich mehr auf die Währungspolitik und die Bedienung von Großkunden. Die Bayerische Notenbank konnte sich dagegen wegen ihrer größeren Flächendeckung dem Kleinkundengeschäft widmen.

Die Bedeutung der Bayerischen Notenbank kommt vor allem in der Notenemission und dem Diskontgeschäft zum Ausdruck, wobei zumindest ersteres vollständig von der Reichsbank hätte übernommen werden können. Jedenfalls hatte die Bayerische Notenbank ein Notenemissionsrecht über 32 Mio. Mark. Weitere 38 Mio. Mark konnte sie emittieren, musste dafür aber eine Notensteuer entrichten.[149] Bereits im ersten Geschäftsjahr stieß die Bayerische Notenbank mit 67 Mio. Mark fast an die erlaubte Grenze, so dass der weitere Bedarf an Zahlungsmitteln vorwiegend durch die Reichsbank gedeckt wurde. Allerdings kamen auch Noten anderer Privatnotenbanken in Bayern in Umlauf, weil es nicht gelang, diese Noten vollständig an die jeweilige Ausgabebank „zurückzuschieben“, wie es gesetzlich vorgeschrieben war. Daraus kann auf eine relative Geldknappheit in Bayern geschlossen werden.

146 Ebd., S. 79.
147 Gutschmidt, Aufbau, S. 191; Kahn, Großindustrie, S. 337.
148 Ausführlich dazu Jungmann-Stadler, Folgen, S. 442-452.
149 Heil, Reichsbank, S. 41.

Im Diskontgeschäft hatte die Bayerische Notenbank gegenüber der Reichsbank lange einen Wettbewerbsvorteil. Sie hatte ein weit verzweigtes Filialnetz, war mit den örtlichen Verhältnissen besser vertraut, und schließlich galt die Reichsbank als „Preußenbank".[150] Außerdem gewährte die Bayerische Notenbank bis 1883 einen im Durchschnitt um etwa 0,6 Prozent niedrigeren Diskontsatz als die Reichsbank.[151] Erst 1896 gelang es dieser, in Bayern mit etwa 390 Mio. Mark mehr Wechsel als die Bayerische Notenbank (358 Mio. Mark) zu diskontieren.[152] Allerdings blieb auch weiterhin ein qualitativer Unterschied bestehen, der die besondere Bedeutung der Bayerischen Notenbank unterstreicht: Sie offerierte je nach Bedarf, Marktsituation und Qualität des Wechselmaterials Privatdiskontsätze, die teilweise deutlich unter dem offiziellen Diskontsatz lagen. Dies ging zwar zu Lasten der Rentabilität, konnte aber andererseits der gezielten wirtschaftlichen Förderung dienen.

3. Die Börse zu München

Als 1830 in München unter der Rechtsträgerschaft der „Kaufmannsstube" eine Börse eröffnet wurde, stand sie vor allem in Konkurrenz zur 1816 gegründeten Augsburger Börse. Diese erlebte dadurch zwar vorübergehend spürbare Einbußen, umgekehrt nahm die Münchener Börse bis 1838 aber nur einen mäßigen Aufschwung und erfuhr danach wieder bis 1855 einen völligen Rückgang der Geschäfte. Als Gründe werden die damals geringe Bedeutung Münchens als Handelsplatz, etwa im Vergleich zu Augsburg und Nürnberg, die unzureichende Organisation mit dem Handelsgremium als Zwangskorporation und schließlich die verbesserten Verkehrsverbindungen nach Augsburg und Frankfurt am Main genannt.[153] Die geringe Bedeutung der Münchner Börse in der ersten Hälfte des 19. Jahrhunderts wird dadurch sichtbar, dass auswärtige Notierungen dreimal wöchentlich von der Augsburger Börse, ab 1846 täglich von Berlin und ab 1849 täglich von Frankfurt am Main und Wien übernommen wurden.

Ab 1856 setzte eine spürbare Belebung ein, die aber weniger der ersten „Münchener Börsenordnung" zuzurechnen ist, sondern dem allgemeinen wirtschaftlichen Aufschwung. Die Zahl der Notierungen stieg von 30 (1856) auf 53 im Jahre 1868, darunter inzwischen 16 Dividendenpapiere. Gefragt waren in erster Linie bayerische Staatspapiere, Aktien der expandierenden Bayerischen Hypotheken- und Wechsel-Bank, Aktien und Zwischenscheine der Bayerischen Ostbahnen sowie die fünfprozentige Österreichische Nationalanleihe von 1854. Bei den übrigen zugelassenen Werten waren die Kursnotierungen weniger regelmäßig, in vielen Fällen nur sporadisch.[154] Allerdings brach im Zuge des Krieges von 1866 der Börsenverkehr zusammen und verlagerte sich nach Wien, Frankfurt am Main und Berlin.

Der eigentliche und nachhaltige Aufschwung der Münchner Börse begann erst 1869. Mit der Gewerbefreiheit war die Zwangskorporation „Handels-Gremium" überflüssig geworden. Nun übernahm der 1869 gegründete „Münchner Handelsverein", ein freier

150 Schumann, Privatnotenbanken, S. 7.
151 Heil, Reichsbank, S. 31.
152 Ebd., S. 20.
153 Ruppel, Börse, S. 18.
154 Baur, Geschichte, S. 96.

Haus für Handel u. Gewerbe A. G. in München.

1000 MK.

1000 MK.

3% № 0702 3%

Schuldverschreibung

zu

TAUSEND MARK

Reichs Währung.

Der Inhaber dieser Schuldverschreibung ist mit Mk. 1000.— an dem von der Aktiengesellschaft „Haus für Handel und Gewerbe" in München auf Grund des rückseits im Auszuge [illegible]druckten Schuld- und Hypothekenbriefes vom [illegible]eutigen Tage aufgenommenen Anlehen zu Mk. 1,300.000 beteiligt. Das Anlehen ist mit 3 % verzinslich und erfolgt die Zinszahlung halbjährig am 1. Mai und 1. November.

MÜNCHEN, a[illegible] 23. Oktober 1899.

Haus für Handel und Gewerbe

Obligation zum Bau des Hauses für Handel und Gewerbe (1899). Gemeinsame Bauherren des von Friedrich Thiersch entworfenen Gebäudes am Maximiliansplatz waren die Münchner Handelskammer und die Börse. Die Bauarbeiten begannen 1899, 1901 wurde das Haus bezogen. Bis zu ihrem Umzug in das ehemalige Gebäude der Deutschen Bank am Lenbachplatz 1963 hatte die Münchner Börse hier ihren Sitz.

Verein von Münchner Geschäftsleuten, die Börse und eröffnete sie praktisch neu. Aber auch der folgende Aufschwung war weniger das Ergebnis jener organisatorischen Änderung als vielmehr der wirtschaftlichen Entwicklung. Zwar wurden genau zu dieser Zeit mit der Bayerischen Vereinsbank (1869) und der Süddeutschen Bodencreditbank (1871) zwei große Aktienbanken gegründet, die sich hauptsächlich dem Bodenkreditgeschäft widmeten und damit dem Pfandbriefhandel an der Münchner Börse weitere Impulse verliehen. Es war aber nicht so sehr der Pfandbriefhandel, der zum allmählichen Aufschwung der Münchner Börse beigetragen hat, denn 1869 befand sich unter den insgesamt 57 gehandelten Papieren lediglich ein einziger Pfandbrief, dem 1871 ein nichtbayerischer folgte.[155] Im Zusammenhang mit der allgemeinen Hochkonjunktur stieg die Zahl im Jahre 1872 auf fünf, um dann bis 1877 auf diesem Niveau zu verharren. In jener Zeit der Gründerkrise und Rezession waren es fast ausschließlich Aktien sowie Staatspapiere und andere Rentenwerte, die den Börsenumsatz bestimmten. Verantwortlich dafür waren ganz vorwiegend die Privatbankiers, wie das Beispiel des Bankhauses Aufhäuser eindrucksvoll belegt.

Langfristig betrachtet, wurden an der Münchner Börse immer überwiegend Rentenwerte gehandelt, die sich seit den 1880er Jahren deutlich auf inländische Papiere konzentrierten:

Tabelle 4: Gehandelte Wertpapiere an der Münchner Börse (1869-1914)

	Renten		Aktien	
	inländisch	ausländisch	inländisch	ausländisch
1869	20	15	11	11
1880	53	45	30	8
1890	75	53	67	9
1900	108	49	93	7
1914	234	58	96	6

Eigene Berechnungen nach: Baur, Geschichte, Anhang Nr. 19 „Zugänge und Abgänge 1869 bis 1914".

Diese Entwicklung spiegelt tendenziell auch die jeweiligen Umsätze wider. So lag der Anteil der Aktien bei den Neu- und Nachemissionen zwischen 1897 und 1914 meistens unter zehn Prozent der Gesamtzulassungen.[156] Der Eindruck, dass die Münchner Börse für den Aktienhandel relativ unbedeutend blieb, wird außer von der geringen Zahl ausländischer Aktien auch durch die Struktur der deutschen Werte bestätigt: Bis 1884 wurden hier keine Aktien nichtbayerischer Industriegesellschaften gehandelt, danach stagnierte ihre Zahl zwischen einer und vier Aktien. Ähnliches gilt für Bankwerte aus dem übrigen Deutschland. Seit 1872 erhöhten sie sich von zwei auf lediglich acht bis zum Ausbruch des Ersten Weltkrieges.[157]

Bei den Rentenwerten spielte der Pfandbrief nicht immer die dominierende Rolle, die ihm in der Literatur häufig zugesprochen wird.[158] Abgesehen von der bis Anfang der

[155] Dieser blieb bis 1891 der einzige nichtbayerische Wert. Danach kamen bis 1903 lediglich fünf weitere hinzu. Vgl. Baur, Geschichte, Anhang Nr. 19 „Zugänge und Abgänge 1869 bis 1914".
[156] Eigene Berechnungen nach ebd., Anhang Nr. 29 „Neu- und Nachemissionen 1897 bis 1914".
[157] Daten entnommen aus ebd., Anhang Nr. 19 „Zugänge und Abgänge 1869 bis 1914".
[158] So etwa seit 1908 durch Spenkuch, Geschichte, S. 78 f.

1880er Jahre starken Stellung der ausländischen Rentenwerte, unter denen österreichungarische Papiere herausragten, betrug der Anteil der Pfandbriefe deutscher, d. h. fast ausschließlich bayerischer Provenienz am Handel mit inländischen Rentenwerten weniger als 20 Prozent. Entsprechend größere Bedeutung hatte die breite Palette an Staatspapieren, städtischen Anleihen, Verkehrsobligationen, Industrie- und Bankobligationen sowie Bodenkredit-Obligationen. Erst allmählich und insbesondere seit der Jahrhundertwende stieg der Pfandbriefanteil bis 1914 auf 35 Prozent.[159]

Die Bedeutung des Pfandbriefs für die Münchner Börse bedarf aber einer weiteren Relativierung. Erst seit 1896, also zu dem Zeitpunkt, als die Hypo-Bank ihr Hypothekengeschäft auf das gesamte Reichsgebiet ausdehnte, stieg die Zahl der gehandelten bayerischen Pfandbriefe rasch von zehn auf 37 (1914) an. Gleiches gilt für außerbayerische Pfandbriefe, jedoch mit einer zeitlichen Verzögerung. Während sich die Zahl jener Pfandbriefe zwischen 1900 und 1905 nur von fünf auf zwölf Werte erhöhte, folgte ab 1906 ein stürmisches Wachstum: 1914 wurden mit 45 Werten deutlich mehr als die erwähnten 37 bayerischen Pfandbriefe gehandelt.

Insgesamt kann daraus folgender Schluss gezogen werden: Bis Mitte der 1890er Jahre hatte die Münchner Börse ihre bayerische Rivalin in Augsburg längst überholt. Dort blieb trotz frühzeitiger Industrialisierung im Textilbereich und Maschinenbau der Markt begrenzt und beschränkte die Börse auf die lokale Ebene. Zu Beginn des 20. Jahrhunderts notierten dort zahlenmäßig weniger als die Hälfte der in München gehandelten Papiere. Rentenwerte und insbesondere Pfandbriefe konzentrierten sich im dynamisch wachsenden München, wo die zwei größten Pfandbriefinstitute Deutschlands, Hypo-Bank und Südboden, zusammen mit der Vereinsbank einen gleichfalls ständig expandierenden Kapitalmarkt schufen. Im Pfandbriefsegment war er zu Beginn des 20. Jahrhunderts deutschlandweit führend, so dass die Münchner Börse für außerbayerische Pfandbriefe immer lukrativer wurde. Ab 1908 überholten diese die bayerischen Pfandbriefwerte deutlich. Fast ebenso wichtig waren die bayerischen städtischen Anleihen, deren Zahl sich im Gegensatz zu den Pfandbriefen bereits seit Mitte der 1880er Jahre kontinuierlich von elf (1885) auf 64 (1914) steigerte. Vor Ausbruch des Ersten Weltkriegs notierten damit an der Münchner Börse insgesamt 82 Pfandbriefe, 80 ganz überwiegend bayerische Kommunalobligationen und 30 überwiegend außerbayerische Staatspapiere.[160] Zusammen repräsentierten diese Papiere etwa 60 Prozent aller inländischen Werte (Renten und Aktien).

Bis zum Ersten Weltkrieg war die Münchner Börse an die vierte Stelle der wichtigsten deutschen Börsen gerückt. Gemessen am Volumen neuer Emissionen im Jahre 1913 betrug das Größenverhältnis zu Berlin (= 100): Frankfurt am Main 89, Hamburg 75 und München 39.[161] Dabei zeigten sich allerdings große strukturelle Unterschiede. So hatte z. B. Frankfurt am Main mit rund 30 Prozent den höchsten Anteil an ausländischen Papieren, und von den inländischen hat die Hälfte aus Aktien bestanden.[162] In München betrug der „Auslandsanteil" nur 16 Prozent, und die Aktien machten an den inländischen Papieren nur 29 Prozent aus. Im Teilmarkt „Pfandbrief" hatte München aber absolut und relativ die führende Position eingenommen.

[159] Eigene Berechnungen nach Baur, Geschichte, Anhang Nr. 19 „Zugänge und Abgänge 1869 bis 1914".
[160] Eigene Berechnungen nach ebd.
[161] Eigene Berechnungen nach Baehring, Börsen-Zeiten, S. 158.
[162] Ebd.

4. Das Versicherungswesen

4.1 Der staatliche Bereich

Der erste Kristallisationspunkt für das bayerische Versicherungswesen war 1811 durch die Angliederung der verschiedenen regionalen öffentlich-rechtlichen Gebäudebrandversicherungen an die Allgemeine Brandversicherungsanstalt in München entstanden, die 1834 das absolute Gebäudeversicherungsmonopol erhielt. Daran änderte auch die Reichsgründung 1871 nichts, weil sich Bayern bei den Reichsgründungsverhandlungen ein entsprechendes Reservatrecht ausbedungen hatte. Die Brandversicherung erhielt 1875 eine eigene Behörde und firmierte fortan als „Bayerische Brandversicherungskammer". Diese Institution wurde in den folgenden Jahrzehnten durch weitere Versicherungssparten ergänzt, die den Erfordernissen eines Agrarstaates entsprachen: 1884 wurde ihr die neu gegründete Bayerische Landeshagelversicherungsanstalt unterstellt. Als 1896 eine Landesviehversicherungsanstalt hinzukam, führte dies gleichzeitig zu einer Neuorganisation: Die bisherige Brandversicherungskammer erhielt die Bezeichnung „Bayerische Versicherungskammer" mit den Abteilungen für Brandversicherung, Hagelversicherung und Viehversicherung.[163]

Vor allem die Hagelversicherung galt als problematisch und versicherungstechnisch schwierig, weil Bayern als eines der hagelgefährdetsten Gebiete Europas galt. Tatsächlich differierten die Beitragszahlungen und die Entschädigungen im Laufe weniger Jahre ganz erheblich. So war z. B. im Gründungsjahr 1884 die Beitragssumme fast doppelt so hoch wie die Entschädigungszahlungen, während 1900 die gezahlte Entschädigungssumme um mehr als 40 Prozent und 1908 sogar um fast 55 Prozent über den Beiträgen lag[164], so dass entsprechende Nachschüsse notwendig wurden.

Tabelle 5: Die Brand- und Hagelversicherung der Bayerischen Versicherungskammer (1866-1915; in Mio. Mark)

Jahre	Brand		Hagel	
	Beiträge	Entschädigung	Beiträge	Entschädigung
1866/70	21,3	20,5	–	–
1871/75	18,4	16,1	–	–
1876/80	23,6	17,0	–	–
1881/85	20,3	17,2	0,4	0,3
1886/90	22,1	17,2	3,1	2,9
1891/95	31,6	26,2	6,9	6,6
1896/00	32,6	28,3	10,8	11,4
1901/05	41,8	30,5	16,0	14,3
1906/10	42,3	30,0	21,5	20,8
1911/15	50,7	36,2	23,6	16,5

Eigene Berechnungen nach: Heibl, Geschichte, S. 137, 160; Schmitt-Lermann, Bayerische Versicherungskammer, S. 501.

[163] Schmitt-Lermann, Hundert Jahre, S. 29, 33 f.
[164] Eigene Berechnungen nach ebd., S. 501.

Langfristig erwies sich die Versicherungskammer als wichtige Kapitalsammelstelle. Insbesondere an der Haftsumme der Brandversicherung wird ersichtlich, dass die Versicherungskammer vor allem seit Mitte der 1890er Jahre expandierte. Während sich die Haftsumme im Geschäftsjahr 1865/66 noch auf etwa 1,8 Mrd. Mark und 1894/95 bereits auf 4,7 Mrd. Mark belief, stieg sie bis 1914/15 auf fast 10,5 Mrd. Mark an.[165]

Da neben der Gebäudebrandversicherung kein weiteres staatliches Versicherungsmonopol existierte, kam dem privatrechtlich organisierten Versicherungsmarkt langfristig eine wesentlich größere Bedeutung zu.

4.2 Der privatwirtschaftliche Bereich

Bis zum Ersten Weltkrieg dominierte bei den privaten Versicherungen eindeutig die Mobiliar-Feuerversicherung. Hier verzichtete der bayerische Staat zwar auf ein Monopol, versuchte aber eine strenge Aufsicht und Kontrolle auszuüben, insbesondere als er bei den bis 1832 zugelassenen zehn Versicherungsgesellschaften[166] Missstände zu entdecken glaubte. Ihnen wurde ungeregeltes und teilweise betrügerisches Verhalten vorgeworfen, so dass „beinahe sämtliche Landräte die Regierung um rasche Hilfe anriefen gegen diesen Unfug."[167] Fortan mussten die Geschäftsführer der Gesellschaften bayerische Untertanen sein und zugleich wurde die Geschäftsführung auf bestimmte Bezirke beschränkt. Da sich nach Auffassung des Staates keine Besserung einstellte, griff er direkt in den Markt ein. Bayern sollte möglichst unabhängig vom Ausland sein. Das bedeutete zum einen den Entzug der Konzession für fast alle ausländischen Feuerversicherer und andererseits die möglichst rasche Gründung bayerischer Gesellschaften. Dieses Vorgehen stellte keineswegs einen Sonderfall dar. Auch in anderen Staaten des Deutschen Bundes riefen einheimische Versicherer nach dem Staat, um Schutz vor Auslandskonkurrenten zu erhalten. Als Ausland galten auch die deutschen Länder.[168]

Die Bedeutung der Hypo-Bank als Versicherer

Vermutlich war es Zeitdruck, der die bayerische Regierung veranlasste, die 1835 gegründete Hypo-Bank satzungsgemäß auch das Versicherungsgeschäft betreiben zu lassen. Fast gleichzeitig (1834) erhielt die Aachener Feuer-Versicherungs-Gesellschaft eine Konzession für Bayern, weil sie dort als „Münchener und Aachener Mobiliar-Feuer-Versicherungs-Gesellschaft" firmierte und zumindest optisch als bayerisches Unternehmen wahrgenommen werden konnte.[169] Vorläufig vervollständigt wurde der bayerische Brandversicherungsmarkt durch die 1836 gegründete Nürnberger Feuerversicherungsanstalt auf Gegenseitigkeit. Ihre Auflösung erfolgte bereits 1839 durch eine Vereinigung

165 Schmitt-Lermann, Hundert Jahre, S. 496 f.
166 Es handelte sich um sieben ausländische und drei nichtbayerische Versicherer. Vgl. Rustmann, Geschichte, S. 5.
167 Zit. n. ebd., S. 6.
168 Arps, Pfeilern, S. 45.
169 Kellenbenz, Wirtschaftsgeschichte, S. 151 f.

mit der Feuerversicherungsanstalt der Hypo-Bank.[170] Damit war München der führende Versicherungsplatz in Bayern geworden. Gleichzeitig wurde der Hypo-Bank wie im Bankgeschäft nun auch im Versicherungsgeschäft die Pionierrolle zugewiesen, da sie neben der Feuerversicherung ebenfalls ab 1836 die Lebensversicherung betreiben sollte. Später kamen noch andere Sparten, insbesondere die Unfall- und Haftpflicht- sowie die Rückversicherung hinzu.

Der staatliche Schutz für die einheimischen Versicherer wurde seit etwa 1850 gelockert, nachdem sich Klagen aus der Bevölkerung über die beiden faktischen Monopolisten (Hypo-Versicherungsanstalt und Münchener und Aachener Feuerversicherung) gehäuft hatten. Allein bei der Mobiliar-Feuerversicherung wurden bis 1861 insgesamt acht Gesellschaften zugelassen, denen bis 1867 weitere 16 folgten, überwiegend aus anderen deutschen Staaten und der Schweiz.[171]

Zu jener Zeit wies die (staatliche) Gebäudebrandversicherung eine deutlich höhere Versicherungssumme auf als die Mobiliar-Feuerversicherung. Um 1890 waren die Summen in beiden Sparten dann mit etwa vier Mrd. Mark gleich, bis zum Ersten Weltkrieg stiegen sie mit ähnlichen Wachstumsraten auf jeweils rund zehn Mrd. Mark.[172] Im Vergleich zum Sozialprodukt, das im Durchschnitt pro Jahr um drei Prozent wuchs[173], kam die Brandversicherung durchschnittlich auf etwa 3,7 Prozent. Eine fast identische Entwicklung absolut und relativ wies im Übrigen Sachsen auf[174], das damals als eine der gewerbereichsten und wachstumsstärksten Regionen Deutschlands galt. Damit wird die Dynamik des bayerischen Versicherungsmarktes deutlich.

Um 1900 waren in Bayern 26 Mobiliar-Feuerversicherer zugelassen. Davon waren drei Gesellschaften in München ansässig[175], 20 stammten aus dem übrigen Deutschland und drei aus dem Ausland. In dieser Zeit betrug die Versicherungssumme insgesamt 6,1 Mrd. Mark, wobei allein auf die Hypo-Bank 3,9 Mrd. Mark[176], also rund 64 Prozent, entfielen. Zu Beginn der statistischen Erhebungen im Jahre 1887 betrug der Anteil fast genau 50 Prozent und 1905, dem Jahr der Ausgliederung in eine selbständige Gesellschaft, 55 Prozent.[177] Die Hypo-Bank war mit ihrer Feuerversicherungsanstalt also von Anfang an eindeutiger Marktführer. Vor allem in der starken Wachstumsphase der Branche zwischen 1887 und 1900 (durchschnittlich jährlich etwa 4,2 Prozent) agierte sie mit jährlichen Wachstumsraten von sechs Prozent besonders erfolgreich.[178]

Die Lebensversicherungsanstalt der Hypo-Bank war bei ihrer Gründung 1836 erst die dritte deutsche Gesellschaft in dieser Sparte. Hier verlief allgemein der Geschäftsgang bis zum Beginn der 1860er Jahre sehr schleppend, teils weil die Lebensversicherung weitgehend unbekannt war, teils weil verschiedene technische Schwierigkeiten nur unzurei-

170 Rustmann, Geschichte, S. 9.

171 Ebd., S. 21 f.

172 Borscheid/Drees, Versicherungsstatistik, S. 164 f., 179.

173 Das gilt für das deutsche Sozialprodukt.

174 Borscheid/Drees, Versicherungsstatistik, S. 293 f., 296.

175 Die Feuer-Versicherungsanstalt der Hypo-Bank, die Münchener und Aachener Gesellschaft sowie seit 1893 die Süddeutsche Feuerversicherungsbank. Vgl. Rustmann, Geschichte, S. 44 f.

176 Historisches Archiv der HypoVereinsbank, Rechenschaftsbericht der Bayerischen Hypotheken- und Wechsel-Bank 1900.

177 Eigene Berechnungen nach Historisches Archiv der HypoVereinsbank, Rechenschaftsbericht der Bayerischen Hypotheken- und Wechsel-Bank 1905; Borscheid/Drees, Versicherungsstatistik, S. 179.

178 Eigene Berechnungen nach Historisches Archiv der HypoVereinsbank, Rechenschaftsbericht der Bayerischen Hypotheken- und Wechsel-Bank 1887; 1900; ferner Borscheid/Drees, Versicherungsstatistik, S. 179.

chend gelöst werden konnten, und schließlich weil sich die breite Masse der Bevölkerung diese Form des Sparens nicht leisten konnte. „Bis Anfang der [18]90er Jahre war die Lebensversicherung eine Klassenversicherung vornehmlich für die noch kleine und gut verdienende Berufsgruppe des tertiären Sektors."[179] Hinzu kamen weitere Einschränkungen, wie an den Statuten der Münchner Anstalt deutlich wird. Die nicht auf Gegenseitigkeit, sondern auf Prämienzahlung basierende Gesellschaft versicherte nur den Todesfall und schloss viele Risiken aus, z. B. Tod im Zweikampf, durch Selbstmord, im Krieg, auf See, auf einer Reise in besonders kalte oder heiße Regionen, auf einer Reise in Länder mit ansteckenden Krankheiten usw. Als 1837 ein Arzt von der Münchner Lebensversicherungsanstalt wegen einer geplanten Reise nach Rom abgewiesen wurde, geschah dies nicht wegen der dort noch herrschenden Cholera, sondern weil der schnelle „Übergang und die Veränderung der Lebensweise in Beziehung auf Getränke und Speisen Gefahren für die Gesundheit zur Folge haben können".[180] Die neuen Grundbestimmungen von 1857 ergänzten vor allem die Todesfall- durch eine Erlebensfallversicherung.

Wie wichtig vor allem zu Beginn der Versicherungstätigkeit der Hypo-Bank das in der Bevölkerung herrschende Misstrauen erachtet wurde, zeigt die Lebensversicherung des Fürsten zu Oettingen-Wallerstein, der 1836 einen Vertrag über 25.000 Gulden abschloss. Er sollte für die Öffentlichkeit eine Vorbildfunktion haben. Dies war im Übrigen für die folgenden 25 Jahre die höchste Summe bei der Hypo-Bank, bei der in diesem Zeitraum die durchschnittliche Versicherungssumme pro Vertrag 1.146 Gulden (= 1.965 Mark) betrug.[181] Auf dem Gebiet des späteren Deutschen Reiches lag der Durchschnitt in jener Zeit (1836-1860) mit rund 4.000 Mark mehr als doppelt so hoch.[182] Bei allmählich steigenden Neuzugängen wuchs die Lebensversicherungssumme bis Mitte der 1860er Jahre auf etwa 8,7 Mio. Mark an. Dann folgten zwei fast sprunghafte Entwicklungen: Über den Gründerboom (1871/73) hinaus stieg die Versicherungssumme von 5,7 Mio. Mark (1870) auf 19,7 Mio. Mark (1880). Der nächste Schub setzte 1883 ein, als sich die Versicherungssumme bei nunmehr deutlich steigenden Neuzugängen von etwa 20 Mio. Mark (1882) auf 144 Mio. Mark (1900) mehr als versiebenfachte.[183] Im Reichsdurchschnitt war die Entwicklung weniger dynamisch; denn die Versicherungssumme stieg in diesem Zeitraum von etwa 1,2 Mrd. auf 3,1 Mrd. Mark. Auf gesamtstaatlicher Ebene sind die markanten Zuwächse zwischen 1900 und 1913 zu beobachten, die auf das Gesetz vom 24. Juni 1891 zurückgeführt werden, das die steuerliche Abzugsfähigkeit von Lebensversicherungsbeiträgen ermöglichte.[184] Deutlich zeigt sich bei diesem Vergleich wieder die erfolgreiche Geschäftspolitik der Hypo-Lebensversicherung. Von 1887 bis 1901[185] stieg ihr Anteil am gesamten bayerischen Lebensversicherungsbestand von 11,2 Prozent auf knapp 17 Prozent, wobei der bayerische Markt zugleich mit 239 Prozent stärker wuchs als der gesamtdeutsche mit 214 Prozent.[186]

179 Ebd., S. 5.
180 Sitzungsprotokoll der Administration vom 14. September 1837, in: Bayerische Hypotheken- und Wechsel-Bank, Anfänge, S. 91
181 Bayerische Versicherungsbank, Hundert Jahre, S. 29.
182 Eigene Berechnungen nach Borscheid/Drees, Versicherungsstatistik, S. 61.
183 Eigene Berechnungen nach Historisches Archiv der HypoVereinsbank, Rechenschaftsberichte der Bayerischen Hypotheken- und Wechsel-Bank 1865-1900.
184 Borscheid/Drees, Versicherungsstatistik, S. 5, 62.
185 Mangels statistischer Unterlagen ist nur für diese Zeit ein Vergleich mit Bayern und dem Deutschen Reich möglich.
186 Eigene Berechnungen nach Historisches Archiv der HypoVereinsbank, Rechenschaftsbericht der Bayerischen Hypotheken- und Wechsel-Bank 1887; 1901; Borscheid/Drees, Versicherungsstatistik, S. 51, 62.

Lange bevor die Hypo-Bank 1897 das sich ebenfalls erfolgreich entwickelnde Unfallversicherungsgeschäft sowie das weniger erfolgreiche Rückversicherungsgeschäft aufnahm, hatte die Hypothekenabteilung 1879 die Ausgliederung der Versicherungsabteilung in eine selbstständige Versicherungsbank beantragt.[187] Begründet wurde der Antrag mit dem starken Wachstum des Versicherungsgeschäftes, das die Hypo-Bank gewissermaßen nicht mehr klar als Bank erkennen ließ. Dies wiederum zeigt, zu welch überragendem Finanzdienstleister die Hypo-Bank als Gesamtunternehmen bereits in den 1870er Jahren aufgestiegen war. Erst das Gesetz vom 12. Mai 1901 über private Versicherungsunternehmen erlaubte einen gemeinsamen Betrieb von Bank und Versicherung nur noch im Ausnahmefall und führte letztlich zur Abspaltung der Versicherungs-Anstalten von der Hypo-Bank, d. h. im Jahr 1905 zur Gründung der „Bayerischen Versicherungsbank A.G.", der sämtliche Versicherungsverträge übertragen wurden. Dadurch änderte sich im Grunde nur die Organisation der Hypo-Bank; für die Entwicklung des Finanzplatzes München hatte es dagegen keine Folgen, da der Firmensitz unverändert blieb und die Hypo-Bank das gesamte Aktienkapital übernahm.[188]

Andere wichtige Versicherungsunternehmen

Als 1880 die Münchener Rückversicherungs-Gesellschaft gegründet wurde, galten die äußeren Umstände als schwierig. Vor allem die Schadensquote war in dieser Branche erheblich größer als bei den Erstversicherern, die außerdem die Rückversicherer wegen hoher Provisionserwartungen als „Quelle des Gewinns" und Sammelbecken für hohe Risiken betrachteten.[189] Den in Deutschland, Österreich und der Schweiz bis 1871 gegründeten zwölf Rückversicherungsgesellschaften folgten im Gründungsboom bis 1873 weitere 13 Unternehmen. Die zusätzliche Konkurrenz brachte eine Verschlechterung der Prämien und führte letztlich zum Ausscheiden von zehn der Neugründungen.

Vor diesem Hintergrund schien die geplante Gründung einer weiteren Gesellschaft in München ein großes Wagnis zu sein, auch wenn die wachsende Nachfrage nach Rückversicherungen offenkundig war. Bis 1878 stieg die eingenommene Bruttoprämie aller deutschen Rückversicherer von 108.000 Mark (1853) über 7,4 Mio. Mark (1863) auf 13,1 Mio. Mark an.[190] Andererseits zahlten deutsche Erstversicherer insgesamt über 32 Mio. Mark Rückversicherungsprämien an ausländische Rückversicherer.[191] Aus all dem kann gefolgert werden, dass sich in einem wachsenden, aber heftig umkämpften Markt eine Neugründung nur durch die besondere Qualität ihres Managements würde durchsetzen können. Ebendies schienen allein die Gründungsmitglieder der Münchener Rück zu garantieren. Initiiert wurde die Gründung von Carl von Thieme, Sohn eines Vorstandsmitgliedes der Thuringia-Versicherung, der die seit 1871 in München ansässige Generalagentur der Thuringia-Versicherung für Bayern leitete. Zudem vertrat er 1879 noch zwei weitere ausländische Versicherungen verschiedener Sparten[192] und kann insofern als hervorragender Versicherungsexperte gelten. Hinzu kamen die erfolgrei-

[187] Die beiden Hauptabteilungen Mobiliar-Feuer-Versicherung und Lebensversicherungs-Anstalt waren 1871 zusammengelegt worden.
[188] Bayerische Hypotheken- und Wechsel-Bank, Hundertfünfundzwanzig Jahre, S. 41.
[189] Arps, Pfeilern, S. 208.
[190] Schaefer, Feuerrückversicherung, S. 53.
[191] Meuschel, Geschichte, S. 15.
[192] Thuringia, Hundert Jahre, S. 216.

chen Bankengründer und Bankiers Theodor von Cramer-Klett und Wilhelm von Finck. Als Gründungsmitglied fungierte auch – in enger Verbindung mit von Cramer-Klett und von Finck – die Darmstädter Bank, die ein Drittel des Aktienkapitals (drei Mio. Mark) übernahm. Ein weiteres Drittel hielt die Vermögensverwaltungsfirma von Cramer-Klett, ein Sechstel das Bankhaus Merck, Finck & Co., das restliche Sechstel verteilte sich zu gleichen Teilen auf fünf Personen, darunter Wilhelm von Finck, Friedrich von Schauss (Direktor der Süddeutschen Bodencreditbank) und der bereits erwähnte Carl von Thieme, der künftig auch als Vorstand fungierte.[193]

Mit der Gründung der Münchener Rück kann generell der Aufstieg dieser Branche gleichgesetzt werden[194], der durch einen „neuen Stil der Rückversicherung"[195] bestimmt wurde. Dieser äußerte sich vor allem in einer Ablösung der meist fakultativen Einzelrückversicherung durch die beidseitige obligatorische Generalrückversicherung, bei der die Münchener Rück also das gesamte Portefeuille eines Erstversicherers in Deckung nahm, im Ersatz hoher Provisionen durch eine Gewinnbeteiligung der Erstversicherer am Erfolg des Rückversicherers, in der Ausbreitung von Quotenverträgen[196] zur Begründung dauerhafter Partnerschaften sowie in der Risikominderung durch regionale und branchenmäßige Streuung des Geschäftes. So wurde z. B. die bisherige Maxime „ein kleines, aber gutes Geschäft" durch „ein möglichst großes und weitverzweigtes Geschäft" ersetzt.[197] Auch gelang es der Münchener Rück durch den Abschluss von Retrozessionsverträgen, mit denen sie sich also ihrerseits rückversicherte, Risiken auszulagern. Ihre Pionierrolle kommt schließlich noch dadurch zum Ausdruck, dass sie sich im Gegensatz zu anderen deutschen Rückversicherern[198] sofort in möglichst vielen europäischen und bald auch überseeischen Gebieten Geschäftspartner suchte.

Gewissermaßen im Sog der Münchener Rück entwickelte sich Deutschland bis zum Ersten Weltkrieg zum führenden Rückversicherungsland der Welt. Während sich seit 1880 die Prämieneinnahmen der deutschen Erstversicherer versechsfachten, stiegen die der Rückversicherer im gleichen Zeitraum um das 27-fache.[199] Im Jahre 1911 existierten in Deutschland 37 Rückversicherungsgesellschaften, die rund 433 Mio. Mark Prämieneinnahmen erzielten, was einem Weltmarktanteil von etwa 70 Prozent entsprach. Die Münchener Rück hatte in Deutschland einen Anteil von rund 44 Prozent.[200] Damit war sie zur größten Rückversicherungsgesellschaft der Welt aufgestiegen, die auch 1906 das große Erdbeben von San Francisco verkraftete. Dort war ein Schaden von etwa 1,5 Mrd. Mark entstanden, den über Rückversicherung und Retrozessionen 250 Gesellschaften in aller Welt zu tragen hatten. Nur die Perfektion des Rückversicherungsgeschäfts bewahrte vor allem die zahlreichen amerikanischen Erstversicherer vor dem großen Zusammenbruch.[201]

[193] Münchener Rück, Geschäftsbericht 1978/79, S. 6, 17; Arps, Pfeilern, S. 211.
[194] Borscheid/Drees, Versicherungsstatistik, S. 38.
[195] Arps, Pfeilern, S. 213.
[196] Hier gibt der Erstversicherer einen bestimmten Prozentsatz seines Versicherungsbestandes in Rückdeckung, unabhängig von der Größe der Risiken.
[197] Schaefer, Feuerrückversicherung, S. 31.
[198] Zum Beispiel die Kölnische Rückversicherungsgesellschaft.
[199] Borscheid/Drees, Versicherungsstatistik, S. 39.
[200] Eigene Berechnungen nach Kahn, Großindustrie, S. 364.
[201] Borscheid/Drees, Versicherungsstatistik, S. 39.

Wie sich die Versicherungsbranche selbst sah: „Der Segen der Versicherung", dargestellt auf einem Wandgemälde im Gebäude der Königlichern Versicherungskammer (Druck, 1925).

Die Münchener Rück, die innerhalb von drei Jahren nach ihrer Gründung zur deutschen Marktführerin aufstieg[202], war letztlich das Produkt eines erfolgreichen Zusammenwirkens der Geschäftsführung mit dem Aufsichtsrat. Der dynamische Vorstand und Akquisator Carl von Thieme einerseits und der kompetente, tatsächlich kontrollierende siebenköpfige Aufsichtsrat andererseits entwickelten den bereits erwähnten „neuen Stil der Rückversicherung", der sich letztlich in einer gezielten Portefeuilleplanung, Bestandsmischung und Risikonivellierung durch Retrozession zeigte. Vorrangig wurde mit dem Instrument des gegenseitig obligatorischen Rückversicherungsvertrags und mit dem Quotenvertrag operiert. Daraus folgte fast zwangsläufig der Versuch, sich entweder bei Direktversicherern zu beteiligen oder eigene Tochtergesellschaften zu gründen.

Der 1889 gefasste Entschluss der Münchener Rück, die Allianz-Versicherung als neue Gesellschaft zu gründen, noch dazu außerhalb Bayerns mit Sitz in Berlin, hatte wohl zwei Gründe: Da die preußischen Behörden bei der Neuzulassung von Gesellschaften aus anderen Bundesstaaten zwei Jahresabschlüsse verlangten, hätte eine „bayerische Allianz" erst im dritten Jahr nach ihrer Gründung den preußischen Markt bearbeiten können.[203] Vor allem aber wollte die Münchener Rück mit der geographischen Trennung auch eine geschäftliche Distanz demonstrieren, um nicht den Anschein gegenüber anderen Direktversicherern (und damit Kunden) zu erwecken, man wolle über eine

[202] Borscheid, Hundert Jahre, S. 15.
[203] Arps, Zeiten [1965], S. 8.

Tochtergesellschaft in das Direktgeschäft einsteigen.[204] Die Münchener Rück beteiligte sich deshalb lange Zeit nicht am Kapital der Allianz. Allerdings waren beide Unternehmen praktisch in Personalunion miteinander verbunden: Wilhelm Finck hatte den Vorsitz im Aufsichtsrat, in dem die Münchener Rück drei weitere von insgesamt sieben Mitgliedern stellte.[205] Carl von Thieme war von Anfang an Vorstandsmitglied der Allianz und leitete ihre Direktion in München. Vom Allianz-Kapital in Höhe von vier Mio. Mark übernahm das Bankhaus Merck, Finck & Co. rund 1,5 Mio. Mark. Im Übrigen mietete sich die Münchener Rück in den Berliner Räumlichkeiten der Allianz ein.

Mit der Allianz, die vorrangig die Unfall- und Transportversicherung, aber auch die Rückversicherung betrieb, konnte die Münchener Rück ihre Geschäftsgrundlage wesentlich verbreitern. Vor allem hatten die Zedenten der Münchener Rück, also deren Erstversicherer, nun einen weiteren Rückversicherer, wobei die Allianz in der Feuerversicherung ihr Geschäft zu Originalbedingungen der Münchener Rück in Retrozession gab und damit gewissermaßen nur die Rolle eines Vorzeichners übernahm.[206] Der Finanzplatz München hatte mit der Allianz-Gründung 1890 sein Angebot an Versicherungsdienstleistungen komplettiert. Das galt sowohl im Hinblick auf die verschiedenen Sparten wie auch für die Direkt- und Rückversicherung.

Der Eindruck, dass München um 1890 den Durchbruch zum künftig größten deutschen Versicherungsmarkt schaffte, wird durch zwei weitere Gründungen verstärkt. Die „Deutsche Lebensversicherungsbank Arminia A. G." wurde 1889 zunächst als „Militärdienstkosten-Versicherungsanstalt" mit dem Ziel gegründet, bestimmte Spezialversicherungen zu betreiben, so etwa ab 1892 die „Töchter-Aussteuerversicherung". In diesem Fall wird die bevorzugte Stellung Münchens als rasch wachsende bayerische Hauptstadt mit einem relativ hohen Anteil einkommensstarker Bürger an der Gesamtbevölkerung deutlich. Die „Arminia" hatte bald eine so starke Basis, dass sie Ende 1892 das eigentliche Lebensversicherungsgeschäft aufnahm und sich innerhalb weniger Jahre zur größten Lebensversicherungsanstalt Bayerns entwickelte. Der Hauptzweig der 1892 gegründeten „Süddeutschen Rückversicherungs-Aktien-Gesellschaft" war das Feuergeschäft. Daneben betrieb sie vorrangig auch die Unfall- und Haftpflichtversicherung.[207]

Hinter dem dominierenden bayerischen Versicherungsplatz München stand Nürnberg mit weitem Abstand auf dem zweiten Platz. Dort wurde 1884 die Nürnberger Lebensversicherungs-Bank gegründet, die 1885 die erste Unfallversicherungspolice in Bayern ausstellte.

5. Fazit

Zu Beginn der Untersuchung wurde die Frage gestellt, welche Standortfaktoren München im Vergleich zu anderen bayerischen Städten, insbesondere Nürnberg und Augsburg, begünstigt haben. Offenkundig handelte es sich dabei um das Zusammenwirken von Faktoren unterschiedlicher Art, die jeweils für sich betrachtet notwendige und in

[204] Borscheid, Hundert Jahre, S. 20.
[205] Justizrat Pemsel, Reichsrat Ritter von Maffei und Direktor von Schauss.
[206] Herzog, Geschichte, S. 108.
[207] Kahn, Großindustrie, S. 359, 366.

ihrer Gesamtheit hinreichende Bedingungen für die Herausbildung eines Finanzplatzes von internationalem Rang darstellten. Die Faktoren selbst waren institutioneller, wirtschaftlich-demographischer und personenbezogener Art, ohne damit eine Gewichtung zum Ausdruck zu bringen.

Mit der Grundsatzentscheidung von König Ludwig I., 1834 in München eine Hypotheken- und Wechsel-Bank zu schaffen, die gleichzeitig die wichtigsten Versicherungssparten sowie die Funktion einer Notenbank übernehmen sollte, war die Absicht verbunden, dadurch einen bislang unvollkommenen, zersplitterten Kapitalmarkt zu ordnen. Damit sollten die bisher zu hohen Kosten für viele potenzielle Kreditnachfrager gesenkt werden. Dieses Problem war unstrittig, fraglich war der Standort der neuen Bankinstitution. Zum damaligen Zeitpunkt sprachen die Umstände eher für den führenden bayerischen Bankplatz Augsburg, und es finden sich keine wesentlichen Gründe, die gegen einen erfolgreichen Aufstieg der Hypo-Bank in Augsburg gesprochen hätten. Dass der König seinen Residenzplatz als Standort einer universellen großen Regionalbank bevorzugte, mag eine rein emotionale Entscheidung gewesen sein, die aber eine zusätzliche ökonomische Begründung erhält. Schließlich unterstand die Bank einer strengen staatlichen Aufsicht, die durch das geographische Zusammenfallen der Sitze von Aufsichtsbehörden und Bank sichtbar dokumentiert werden konnte. Später allerdings, insbesondere seit etwa 1870, als München bevölkerungsmäßig stark und wirtschaftlich relativ verhalten, aber stetig wuchs, wurde der wirtschaftlich-demographische Faktor bedeutsamer und kann als Vorteil gegenüber Augsburg und dem immer stärker industriell geprägten Nürnberg gesehen werden, da die Hypo-Bank nach wie vor auf das Hypothekengeschäft ausgerichtet war und somit in einer Metropole mit agrarischem Umland günstige Bedingungen vorfand.

Der universelle Charakter der Hypo-Bank prädestinierte im Falle eines langfristigen Erfolges München als herausragenden Finanzplatz. Ein solcher Erfolg der Hypo-Bank war spätestens in den 1860er Jahren offenkundig, so dass die Gründungen der Bayerischen Vereinsbank und der Bayerischen Handelsbank 1869, also am Beginn eines Wirtschaftsaufschwungs, in München als selbstverständlich erscheinen. Die Gründer der „Effecten- und Discontobank“ in Augsburg (1872) haben als Motiv ausdrücklich auf die Hypo-Bank und Bayerische Vereinsbank sowie die damit geschwundene Bedeutung Augsburgs als Bankplatz hingewiesen, die zu einer drohenden bankmäßigen Unterversorgung der Augsburger Wirtschaft geführt hätten.[208] Damit wurde ein durch die Münchner Banken verursachter Strukturwandel im Bankwesen angesprochen, der München die Rolle des künftig führenden bayerischen Bankplatzes zuwies. Die Anfang der 1870er Jahre in Augsburg und Nürnberg gegründeten Aktienbanken wurden vom Staat deshalb genehmigt, weil sich daran erfahrene Privatbankhäuser sowie eine bereits bestehende Aktienbank beteiligten und damit die lokale, dynamisch wachsende Wirtschaft kreditmäßig versorgt werden sollte; aufgrund der damaligen Informations- und Kommunikationsmöglichkeiten eine nahe liegende Entscheidung.

Der Erfolg der Hypo-Bank weist auf die zentrale Bedeutung des Faktors Personal und Management hin. Allein die Verbindung einer Bank mit einer Versicherungsanstalt, die für sich betrachtet in jener Zeit als besondere Herausforderung gelten musste und in Deutschland einzigartig war, stellte an die Geschäftsführung höchste Ansprüche. Insofern stehen die anfänglichen und späteren Direktoren Simon von Eichthal, Franz Xaver

[208] Donaubauer, Privatbankiers, S. 66 f.

Riezler, Christian August Erich und Johann Baptist Stroell, um nur einige zu nennen, für ein dauerhaftes, kontinuierliches Wachstum unter Vermeidung großer Risiken. Sie haben die Hypo-Bank zum Kristallisationskern eines Bankplatzes entwickelt, der dann weitere Gründungen induzierte, nicht nur gemischte und Spezialbanken, sondern auch und vor allem Versicherungen. Diese Entwicklung seit etwa 1870 ist ganz besonders mit zwei Namen verbunden, ohne die der Aufstieg Münchens als Finanzplatz nicht vorstellbar ist: Theodor von Cramer-Klett und Wilhelm von Finck. Der erste kann als herausragendes universelles Unternehmertalent charakterisiert werden, der entscheidend die Gründungen des Bankhauses Merck, Finck & Co. (1870), der Süddeutschen Bodencreditbank (1871) und der Münchener Rückversicherung (1880) veranlasste sowie ihre Ausrichtungen vorgab. Der Bankier Wilhelm von Finck wiederum, der ebenfalls die Südboden und die Münchener Rück mitbegründete, erwies sich als Unternehmer mit visionärem Weitblick.

Als 1885 die Südboden hinter der Hypo-Bank zum zweitgrößten Pfandbriefinstitut und zur größten reinen Hypothekenbank Deutschlands aufgestiegen war und 1890 die Münchener Rück als größte deutsche Rückversicherungsgesellschaft die Allianz-Versicherung gründete, war München als Bank- und Versicherungsplatz zwar zum Selbstläufer mit großen Agglomerationseffekten geworden, trotzdem ist auch zu Beginn des 20. Jahrhunderts die herausragende Bedeutung und Stellung der Hypo-Bank nicht zu übersehen: Die mit Abstand größte regionale Universalbank, gleichzeitig größtes deutsches Pfandbriefinstitut, beschäftigte knapp 700 Mitarbeiter. Ihre 1906 als Bayerische Versicherungsbank selbständig gewordene Versicherungsabteilung folgte mit 534 Beschäftigten (1912/13) an zweiter Stelle aller in Bayern tätigen Finanzdienstleister. Demgegenüber umfasste das Personal der Deutschen Lebensversicherungsbank Arminia AG etwa 500 und das der Münchener Rück rund 350 Angestellte. Erfolg und Bedeutung der Bayerischen Versicherungsbank kommen aber auch in ihrem Geschäftsvolumen zum Ausdruck. In den Sparten Feuer- und Lebensversicherung entfielen auf sie 55 bzw. 17 Prozent des gesamten bayerischen Marktes, d. h. sie stellte das größte bayerische Versicherungsunternehmen dar, das aber weiterhin „in geschäftlicher Interessengemeinschaft mit dem Mutterinstitut“ stand.[209]

Aus theoretischer Sicht repräsentiert der Aufstieg Münchens zum führenden bayerischen Finanzplatz seit den 1860er Jahren ein klares Entwicklungsmodell: Ein Finanzinstitut, bestehend aus den drei Säulen Geschäftsbank, Notenbank und Versicherungsanstalt stellte langfristig die in einer modernen Wirtschaft elementaren Finanzdienstleistungen bereit. Der durchaus nicht selbstverständliche Erfolg dieses gewagten, weil komplexen Instituts zog um 1870 ähnlich erfolgreiche Nachahmer an. Die weitere Entwicklung der Geschäftsbanken, Kreditgenossenschaften, Sparkasse, Versicherungen sowie der Börse setzte dann eine entsprechende Entwicklung des wirtschaftlich-demographischen Umfeldes voraus. Dieses war eine rasch wachsende Großstadt mit für damalige Verhältnisse breitem Wohlstand, unter deren 500 000 Einwohnern um die Jahrhundertwende immerhin mehr als 2 000 Millionäre lebten.[210]

[209] Bayerische Versicherungsbank, Hundert Jahre.
[210] Ettenhuber, Stadtsparkasse München, S. 126.

Kapitel IV

Münchens Finanzinstitute in Kriegs- und Krisenzeiten

von Albert Fischer

Den Leitern der in München ansässigen Finanzinstitute mochte am Vorabend des Ersten Weltkrieges bereits bewusst gewesen sein, dass sie die vergleichsweise ruhigen Fahrwasser der Wilhelminischen Ära in absehbarer Zeit verlassen würden. Das Ausmaß der Umwälzungen, das ihre Branche in den folgenden drei Jahrzehnten erleben sollte, dürfte aber kaum jemand erahnt haben. Die Umwälzungen und ihre Ursachen waren bekanntlich keine bloß innerbayerischen – sie waren deutsche und globale. In Bayern vollzogen sie sich indes, wenigstens in Teilen, auf eine spezifische Art und Weise. Insofern lohnt der Blick auf beide Ebenen, die deutsche und die bayerische. Im Folgenden sollen daher zuerst die grundlegenden Entwicklungen jener Jahre in genere skizziert werden. Anschließend sind ihre konkreten Ausprägungen in München im Detail zu untersuchen. Sprechen wir vom Finanzplatz München, interessieren uns drei Sphären: die der Börse, die der Banken und die der Versicherungen. Im Vordergrund soll hier das Bankwesen stehen. Analysiert werden soll es, indem das Los namhafter Vertreter seiner wesentlichen Sparten in Augenschein genommen wird, der (Aktien-)Hypothekenbanken, der Notenbanken und Staatsbanken, der Girozentralen sowie der Privatbankiers.

Das Fehlen einer Sparte in dieser Auflistung verweist bereits auf eine – resp. aus zeitgenössischer bayerischer Sicht: die alles überwölbende – „Problematik“: Nicht eine der deutschen Großbanken hatte ihren Hauptsitz in München. Sie domizilierten ausnahmslos in der Reichshauptstadt: Von Deutscher Bank über Dresdner Bank bis hin zu Commerz- und Privatbank, allesamt operierten sie von Berlin aus, unterhielten in München lediglich Filialen und selbst diese erst seit den 1890er Jahren.[1] Gewiss, im nationalen Wettbewerb gegenüber der Preußenmetropole bestehen zu können, das zu erhoffen, wäre für die Münchner Institute bzw. für den Standort München bereits zur Zeit der Reichsgründung vermessen gewesen. Allenfalls wäre solches Frankfurt am Main oder Hamburg, vielleicht auch Köln, zuzutrauen gewesen. Das Ausmaß aber, in dem sich das Finanzwesen seither auf Berlin konzentrierte, war doch frappierend, so sehr München auch im innerstaatlichen Vergleich gegenüber Augsburg und Nürnberg an Bedeutung gewinnen mochte.[2] Eine der zu beantwortenden Fragen ist daher auch, ob und, wenn ja, inwieweit sich die bis dato erlebte Zentralisierungstendenz im Untersuchungszeitraum fortsetzen sollte. Doch zunächst zu den grundlegenden Entwicklungen der Jahre 1914 bis 1945.

[1] Die Deutsche Bank errichtete 1892 eine Niederlassung in München, die – seit 1896 bereits in Nürnberg und Fürth tätige – Dresdner Bank 1906. Die Commerzbank eröffnete 1918 und die Disconto-Gesellschaft 1921 eine Filiale in Bayern: Steffan/Diehm, Staatsbank, S. 194 f.; Zorn, Wirtschafts- und Sozialgeschichte, S. 61.

[2] Buchheim, Finanzmetropole, S. 104 ff.

Folgen der Inflation: Münchner Geldschein mit aktuellem Wert überstempelt (1923).

1. Grundlegende Entwicklungen

Der Untersuchungszeitraum war, wie in der Kapitelüberschrift angeklungen, ein überaus krisenhafter. Den ersten Einschnitt verkörperten der Erste Weltkrieg und die durch ihn mit verursachte, erst schleichende, dann trabende und 1923 schließlich galoppierende Inflation. Das Finanzwesen, insbesondere das Bankwesen, wurde hiervon in seinen Grundfesten berührt. Das stürmische, nahezu ununterbrochene Wachstum der Vorkriegszeit schwächte sich, mochten die Geschäftsvolumina auch inflationsbedingt nominal anschwellen, real ab. Preisbereinigt gingen Bilanzsummen und insbesondere Eigenkapitalien, wie sich später im Zuge der Währungsstabilisierung offenbaren sollte, zurück.[3] Bei alledem verlagerten sich die geschäftlichen Schwerpunkte. Das Reich mühte sich seit dem August 1914, die immensen Kriegsausgaben zu finanzieren. Es okkupierte also den Kapitalmarkt, platzierte in großem Stile Schatzwechsel, Schatzanweisungen und Schuldverschreibungen.[4] In der Folge verzeichneten die Kreditinstitute ein relativ sinkendes Kreditgeschäft, insbesondere ein zurückgehendes Langfristgeschäft. Der Wertpapierhandel, für fremde wie auch für eigene Rechnung, gewann an Bedeutung.[5]

[3] Holtfrerich, Auswirkungen, S. 198.
[4] Haller, Rolle, S. 121 ff.
[5] Kiehling, Börse, S. 100 ff.

In der unmittelbaren Nachkriegszeit eskalierte die Entwicklung. Die Reichsregierung bediente sich nun unverhohlen der Notenpresse, um ihre Ausgaben zu finanzieren.[6] Die Mark verlor immer schneller an Wert. Schuldner nutzten dies, um ihre Verbindlichkeiten in entwerteter Währung zu begleichen.[7] Die in Jahrzehnten gewachsenen Engagements der Banken zerstoben im Nichts. An ihre Stelle trat, auch bei solchen Instituten, die sich traditionell im langfristigen Kreditgeschäft betätigten, das kurzfristige, das Tagesgeschäft. Gelder waren nur mehr auf Sicht zu erlangen, wurden nur mehr auf Sicht ausgeliehen.[8] Zugleich blühte der Effektenhandel fort. Die Bilanzsummen verlängerten sich auf dem Papier, in „Papiermark", ins Unermessliche. In Wirklichkeit, d. h. umgerechnet in die an die Vorkriegsparität angelehnte, zu 0,24 US-Dollar notierende Goldmark, schrumpften sie rapide. Lediglich die zu guter Letzt praktizierte Ausreichung wertbeständiger, an Gold oder Devisen gebundener Darlehen vermochte dem in gewissem Maße Einhalt zu gebieten.[9] Als der Schleier der Inflation schließlich gelüftet wurde, mit der Einführung der Rentenmark im Oktober 1923 und der, ebenfalls zur Vorkriegsparität notierenden, Reichsmark im August 1924, bot das Finanzwesen ein desolates Bild. Die Bilanzsummen der deutschen Banken und Sparkassen waren gegenüber Ende 1913 um vier Fünftel gesunken, das Eigenkapital um über 70 Prozent.[10]

In den „goldenen" Zwanzigerjahren konnte sich das Kreditwesen nach einer vorübergehenden Stabilisierungskrise wieder erholen, wenigstens hinsichtlich seines Geschäftsumfangs: Die aggregierte Bilanzsumme aller deutschen Banken und Sparkassen erreichte 1930 mit 63,3 Mrd. RM fast wieder das Niveau des letzten Vorkriegsjahres.[11] Ihre Eigenkapitalquoten aber verharrten auf deutlich niedrigerem Niveau.[12] Überhaupt ruhten die Kreditgebäude auf weniger stabilem Fundament als früher. Der deutsche Kapitalmarkt war im Zuge der Inflation völlig zerstört worden. Zudem war nicht nur der Bestand an Geldkapital verloren. Auch die Kapitalbildung blieb jetzt hinter den Erfordernissen zurück.[13] Anleihen und Pfandbriefe konnten daher nur in geringem Umfang und nur zu – sowohl im Vergleich zur Vorkriegszeit wie im Vergleich zu anderen Ländern – überaus hohen Effektivzinsen untergebracht werden.[14] Zweierlei Konsequenzen zeitigte dies. Erstens betätigten sich die Banken in immer höherem – will sagen: gefährlich hohem Maße – als Fristentransformatoren. Sie verschafften sich Kurzgelder und leiteten diese, de facto, auf lange Sicht an Industriebetriebe oder, so geschehen bei einigen Landesbanken, an Gebietskörperschaften weiter. Obendrein, das zweite Moment, verschuldeten sie sich hierbei im Ausland.[15] Würden die betreffenden Mittel abgerufen, drohte ihnen die Zahlungsunfähigkeit.

Im Juli 1931 sollte eben das der Fall sein. 1929 war der Zustrom an ausländischem Kapital endgültig abgeebbt. Nach dem nationalsozialistischen Wahlerfolg im September 1930 wurden umfängliche Mittel aus Deutschland abgezogen. Die Devisenvorräte der

[6] Holtfrerich, Inflation, S. 167 ff.
[7] Pfleiderer, Mark, S. 72 ff.
[8] Born, Beginn, S. 50.
[9] Pfleiderer, Reichsbank, S. 179 f.
[10] Statistisches Reichsamt, Banken, S. 179, Tab. 34.
[11] Ohne Privatbankiers und Geldinstitute der Post. Vgl. Deutsche Bundesbank, Geld- und Bankwesen, S. 74.
[12] Eigenkapital (inkl. offene Reserven) 1930: 4,8 Mrd. RM (Bilanzsumme: 63,3 Mrd. RM), 1913: 7,1 Mrd. M (Bilanzsumme: 66,4 Mrd. M); ebd., S. 75.
[13] Prion, Geld- und Kapitalmarkt, S. 332 ff.
[14] Girnth, Rentenmarkt, passim.
[15] Fischer, Kreditpolitik, S. 510 ff.

Reichsbank schrumpften ebenso rasch wie die liquiden Positionen der Banken.[16] In den Folgemonaten dauerte der Abfluss fort. Nach dem Zusammenbruch der größten österreichischen Kreditbank, der Credit-Anstalt für Handel und Gewerbe, im Mai 1931 verschärfte sich die Situation weiter.[17] Immer mehr Kreditinstitute mussten immer höhere ausländische und inzwischen auch inländische Einlagen zurückzahlen, konnten ihr Vermögen aber, eben wegen seines langfristigen Charakters, nicht mehr in hinreichendem Umfang verflüssigen. Das fragile Gebäude begann in sich zusammenzustürzen. Am 1. Juli stellte die Rheinische Landesbank, die größte deutsche Landesbank, ihre Zahlungen ein.[18] Zwölf Tage später folgte eine der größten deutschen Aktienbanken, die Darmstädter und Nationalbank KGaA (Danat-Bank). Als daraufhin ein allgemeiner Run einsetzte, ließ die Reichsregierung die Pforten aller deutschen Kreditinstitute für zwei Tage schließen und umfassende Stützungsmaßnahmen einleiten. Die Danat-Bank wurde mit der Dresdner Bank fusioniert; diese und diverse weitere Häuser, unter ihnen alle namhaften Großbanken, wurden mit verlorenen Zuschüssen saniert, dem Gros des deutschen Kreditwesens mit Krediten in Milliardenhöhe Liquidität zugeführt.[19]

Zum Zeitpunkt der nationalsozialistischen „Machtergreifung" war die „deutsche Bankenkrise" (Born) dann weitgehend bewältigt. Allerdings hatten sich die Engagements der Kreditinstitute und insbesondere der Großbanken gegenüber ihren zwischenzeitlichen Höchstständen – 1929 im Falle der Letzteren, 1930 im Falle des Kreditwesens in toto – wieder deutlich vermindert. Die Wechselkredite der Berliner Großbanken hatten sich binnen zweier Jahre um über die Hälfte von 2,6 auf 1,2 Mrd. RM verringert, ihre Debitoren waren von 9,6 auf 5,6 Mrd. RM zurückgegangen.[20] Das NS-Regime „übernahm" also ein zwar stabilisiertes, aber dramatisch geschwächtes Kreditwesen. Zugleich waren die Marktmechanismen bereits in Teilen außer Kraft gesetzt – der Devisenverkehr war im Juli 1931 staatlicher Zwangswirtschaft unterworfen, der Kapitalmarkt durch diverse Interventionen der Reichsregierung reguliert[21] und speziell die Banken waren in einem bis dato nicht gekannten Ausmaß dem Zugriff des Staates ausgesetzt worden. Letzteres war weniger darauf zurückzuführen, dass sich die Commerzbank und die Dresdner Bank infolge der Sanierungsmaßnahmen zu über 90 Prozent, die Deutsche Bank zu 30 Prozent im Eigentum des Reiches befanden, als vielmehr darauf, dass das Bankwesen erstmals in Gänze der Aufsicht der öffentlichen Hand unterworfen worden war.[22]

Die Regierung Hitler scheute sich nicht, die damit verbundenen Möglichkeiten zu nutzen und das Kreditwesen in ihrem Sinne zu instrumentalisieren. Versicherungen, Banken und Börsen hatten von jetzt an vorrangig die Bedürfnisse des Staates zu befriedigen, konkret: Mittel erst für die Aufrüstung, dann für die Kriegsführung bereitzustellen. Hierfür waren selbstverständlich weitere, vom NS-Regime selbst erlassene Gesetze und Verordnungen von Belang, das „Gesetz über den organischen Aufbau der Wirtschaft"[23] beispielsweise, das die deutschen Kreditinstitute in eine dem Reichswirtschaftsministerium unterstellte Zwangsorganisation überführte, die „Reichsgruppe

[16] James, Reichsbank, S. 185 ff.
[17] Born, Bankenkrise, S. 66 f.
[18] Fischer, Kollaps, S. 8 ff.
[19] Born, Bankenkrise, S. 169 f.; Benjamin, Sanierung, passim.
[20] Deutsche Bundesbank, Geld- und Bankwesen, S. 78.
[21] Irmler, Bankenkrise, S. 298 ff.
[22] Wandel, Bankwesen, S. 151 ff.
[23] Gesetz vom 27. Februar 1934, in: RGBl. I (1934), S. 185 ff.

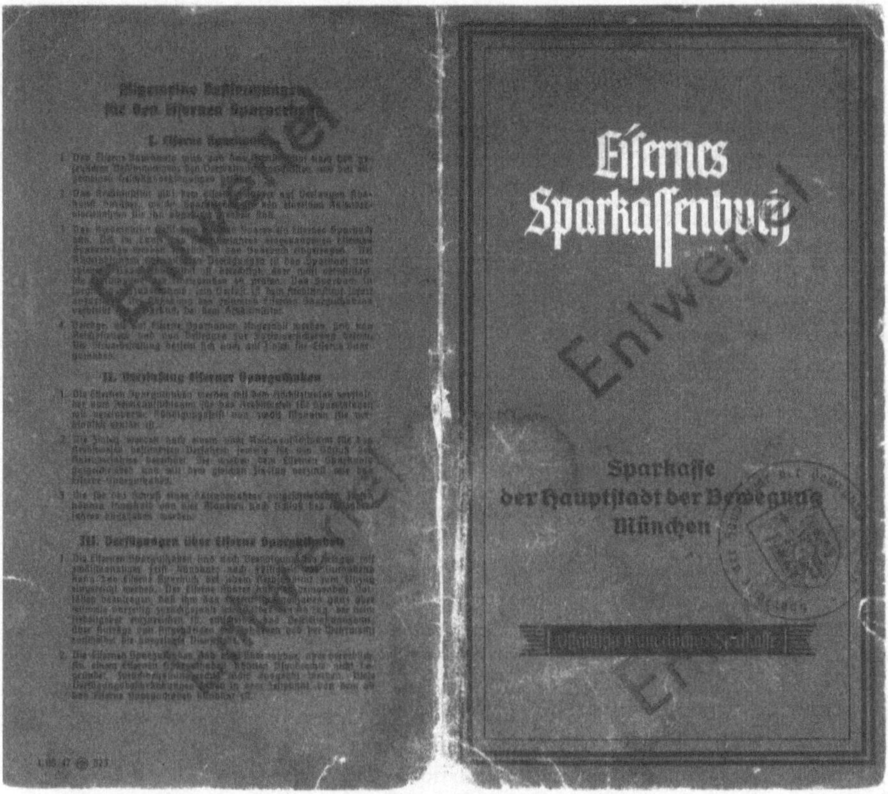

In der NS-Zeit wurden die Banken als Kapitalsammelstellen des Reiches instrumentalisiert. Auch in der „Hauptstadt der Bewegung" häuften sich auf den so genannten „Eisernen Sparkassenbüchern" die Einlagen der Sparkassenkunden (Sparbuch der Städtischen Sparkasse München, 1942).

Banken", oder das Anleihestockgesetz, das in letzter Konsequenz dazu diente, den Kapitalmarkt und insbesondere die Börse den Emissionen der öffentlichen Hand vorzubehalten.[24] Auch das in veränderter Form noch heute gültige Kreditwesengesetz ist seinerzeit entstanden (1934)[25], das, obschon es zuvorderst einer neuerlichen Bankenkrise vorbauen sollte, ebenfalls zu den genannten Zwecken missbraucht werden konnte. Zur Lenkungspolitik des Regimes gesellten sich sodann die Folgewirkungen der Krise

[24] Anleihestockgesetz vom 4. Dezember 1934, in: RGBl. I (1934), S. 1222 f. In diesem Gesetz und den ergänzenden Verordnungen wurden die Ausschüttungsmöglichkeiten der Aktiengesellschaften eng begrenzt, d. h. es wurde untersagt, Dividendenbeträge, die sechs Prozent bzw., sofern die Ausschüttung 1933 höher ausgefallen war, acht Prozent überstiegen, in bar auszuzahlen. Ein erheblicher Teil der – im NS-Aufschwung rasch steigenden – Gewinne wurde daher in den Unternehmen belassen. Die Innenfinanzierung gewann dementsprechend an Bedeutung.

[25] Gesetz vom 5. Dezember 1934, in: RGBl. I (1934), S. 1203 ff.

und, notabene, die des einsetzenden Aufschwungs. Dass die deutschen Kreditinstitute trotz des gesamtwirtschaftlichen Booms bis 1936, die Berliner Großbanken sogar bis 1937 kontinuierlich sinkende Debitoren vermeldeten[26] und zu guter Letzt, so eine Klage des Vorstandssprechers der Deutschen Bank, geradezu „nach guten Debitoren suchen" mussten[27], war nämlich nicht nur auf die Interventionen des Staates zurückzuführen. Es resulierte auch aus dem – aus den bitteren Erfahrungen der Krisenzeit gespeisten – Bemühen und der – im Aufschwung tatsächlich gegebenen – Möglichkeit ihrer industriellen Kunden, Schulden rasch abzutragen und Neuinvestitionen fürderhin aus eigener Kraft zu finanzieren.[28]

Die Grundzüge der Entwicklung des Finanzsektors seit 1933 sind damit genannt. Er unterlag einer bis dato nicht gekannten Einflussnahme der öffentlichen Hand. Deren führende Repräsentanten verfolgten Ziele, die seiner Prosperität nicht unbedingt dienlich waren. So begrüßten und beförderten sie, auch aus grundsätzlichen Erwägungen heraus[29], seinen relativen Bedeutungsverlust: Während das Sozialprodukt von 1932 bis 1938 um 77 Prozent anwuchs, verlängerten sich die Bilanzsummen der Kreditinstitute um ganze 37 Prozent.[30] Insbesondere aber wünschte die NS-Regierung, dass der Finanzsektor die finanziellen Ressourcen der Gesellschaft dem kredithungrigen Staate zuleitete.[31] Überragende Bedeutung gewann diese Zielsetzung dann nach dem Ausbruch des Zweiten Weltkrieges, als der Kapitalbedarf des Staates regelrecht explodierte. Banken und Versicherungen mutierten jetzt in der Tat zu Kapitalsammelstellen des Reiches. Im Zuge der „geräuschlosen" Kriegsfinanzierung investierten sie ein immer höheres Quantum der ihnen anvertrauten Einlagen in Staatspapiere.[32] Ihre Bilanzentwicklung ähnelte daher bald derjenigen, die in den ersten Jahren des Untersuchungszeitraumes zu beobachten gewesen war. Die Bilanzen der Banken und Versicherungen wurden nominell, aufgebläht von eben jenen Staatspapieren, immer länger.[33] Realiter aber wurden ihre Werte ein zweites Mal zerstört. Die Offenlegung dieses Prozesses, das Losbrechen der vorerst noch zurückgestauten Inflation, war von da an nur mehr eine Frage der Zeit.

2. Börsen

Das Los der deutschen Börsen spiegelte die angesprochene Lage des Kapitalmarktes wider. Sie wurden im Untersuchungszeitraum zweimal für einen längeren Zeitraum geschlossen, während des Ersten Weltkrieges und im Gefolge der Bankenkrise, vom Juli

[26] Deutsche Bundesbank, Geld- und Bankwesen, S. 74 f., 78 f.
[27] Mosler, Gegenwartsfragen, S. 139.
[28] Hierzu: Spoerer, Scheingewinn, passim.
[29] Vgl. dazu: Barkai, Wirtschaftssystem, S. 29 ff., 198 ff., dort insbesondere die auf den NS-Propagandisten bzw. „NS-Wirtschaftstheoretiker" Gottfried Feder zurückgehende Differenzierung zwischen „schaffendem" Industriekapital und „raffendem" Finanzkapital.
[30] Deutsche Bundesbank, Geld- und Bankwesen, S. 7, 74.
[31] Kopper, Marktwirtschaft, S. 156 ff.
[32] Geräuschlose Kriegsfinanzierung: Die Reichsregierung veräußerte ihre Schuldpapiere jetzt nicht mehr, wie noch im Ersten Weltkrieg im Falle der Kriegsanleihen geschehen, an Bürger und Sparer unmittelbar, sondern ausschließlich an institutionelle Anleger. Auflegung und Platzierung vollzogen sich dabei in einem gleichsam automatisierten Verfahren, unter faktischem Ausschluss der Öffentlichkeit, „geräuschlos". Vgl. Wandel, Bankwesen, S. 186 ff.; ferner Kap. IV.2.
[33] Deutsche Bundesbank, Geld- und Bankwesen, S. 74.

1931 bis zum April 1932. Sie erlebten stürmische Aufschwünge, so in der Hyperinflation des Jahres 1923 oder im Vorfeld des deutschen „schwarzen Freitags", des 13. Mai 1927.[34] Sie verloren schließlich an Bedeutung in der Ära des Nationalsozialismus. Der Münchner Börse erging es diesbezüglich nicht anders als ihren Pendants in anderen Teilen Deutschlands. Dabei gewann und verlor sie an Gewicht gleichermaßen. Sie gewann innerhalb Bayerns und im süddeutschen Raum. Sie verlor, weil sich die Dominanz der hauptstädtischen, der Berliner Börse verfestigte und die Münchner darüber hinaus hinter andere Börsen zurückfiel.[35] Unmittelbar vor dem Ersten Weltkrieg hatte sie in der Rangfolge der deutschen Börsen, gemessen an den Nominalbeträgen der Zulassungen, nach Berlin, Frankfurt und Hamburg an vierter Stelle gelegen.[36] Knapp 28 Jahre später fand sie sich in einer Erhebung vom Januar 1942, noch hinter Düsseldorf, im Aktienhandel an fünfter und im Rentenhandel an sechster Stelle wieder.[37]

Bei Kriegsausbruch, am 30. Juli 1914, hatte die Münchner Börse ihre Pforten also schließen müssen. Vom Staate war das so angeordnet worden, um Panikverkäufe zu verhindern. Einen Effektenhandel hatte es jedoch weiterhin gegeben. Nur vollzog er sich jetzt extern, im Freiverkehr von Bank zu Bank. Dabei blieb es fast vier Jahre lang. Es dauerte bis zum 2. Januar 1918, bis der amtliche Handel in Aktien, und bis zum 1. September 1919, bis der Handel in Rentenwerten wieder aufgenommen wurde. Dann aber entwickelten sich die Geschäfte der Börse, wie angedeutet, umso rasanter. Die Zeitgenossen suchten sich der Inflation zu erwehren, indem sie in Sachwerte flohen, und das bedeutete hier: in Unternehmensbeteiligungen; sie erwarben Aktien. Deren (in Mark notierte) Kurse stiegen rasch. Dies wiederum heizte die Spekulation an.[38] „Alles kaufte und verkaufte Aktien", berichtete der Träger der Münchner Börse, der Handelsverein. Etablierte wie junge Unternehmen wussten die Atmosphäre zu nutzen. Ununterbrochen wurden neue Aktiengesellschaften gebildet und zum Handel zugelassen. Zuletzt musste die Börsenleitung sogar Ruhetage einführen, um die anfallende Arbeit bewältigen zu können. In der Endphase der Inflation wurden 133 bayerische Aktien notiert, der historisch höchste Stand, der je in heimischen Werten erreicht wurde. Weitere 83 Aktien waren zwischenzeitlich dem neuen geregelten Freiverkehr zugeführt worden: Die Gründung des „Ausschusses für Geschäfte in nicht amtlich notierten Werten" datiert ebenfalls im Jahre 1923.[39]

Der Rentenmarkt hatte seinen Zenit schon 1922 überschritten. Damals waren allein 174 bayerische Werte zugelassen gewesen. Im Folgejahr hatte sich das Angebot an festverzinslichen Werten infolge von Kündigungen, Auslosungen und Rückkäufen wieder verringert. Auch Anleiheschuldner wussten nämlich die Gunst der Stunde zu nutzen und ihr Debet in wertloser Papiermark zu tilgen. Nach der Währungsstabilisierung – die im Übrigen die Aktienanleger in ihrer Haltung bestätigen sollte: während die auf „alte" Mark lautenden Obligationen zunächst entwertet blieben, notierten die Aktien gleichsam über Nacht und ohne Umstellungsverluste in neuer Währung[40] – setzte sich

[34] Vgl. zu den jeweiligen Börsenumsätzen das von Henning bezifferte Aufkommen an Börsenumsatzsteuer; Henning, Börsenkrisen, S. 213, Tab. 1.
[35] Vgl. zur Dominanz der Berliner Börse: Walter, Märkte, S. 397; James, Strukturwandel, S. 164 f.
[36] Wormser, Börse, S. 288, Tab. 20; Gömmel, Entstehung, S. 188 f.
[37] Ruppel, Börse, S. 44.
[38] Kiehling, Börse, S. 81 f.
[39] Ruppel, Börse, S. 38.
[40] Im Fortgang wurden die entwerteten Pfandbriefe und Obligationen und die ihnen entgegenstehenden Schulden allerdings „wiederaufgewertet". Vgl. Kap. IV.3.

der Rückgang fort. 1937 sollte der Rentenkurszettel noch 85 bayerische, ferner 40 außerbayerische und 24 ausländische Werte umfassen.[41] Nicht anders verhielt es sich am Aktienmarkt, abgesehen davon, dass sich die Wende dort ein Jahr später vollzog. Mit der Einführung der Rentenmark fanden die Umsatzrekorde ein Ende. Im weiteren Verlauf kam es 1926 und 1927 zwar noch einmal zu beachtlichen Kursanstiegen. Die Börsenumsätze schwollen wieder an. Als Reichsbankpräsident Hjalmar Schacht die Großbanken jedoch nötigte, die – von ihm als übertrieben erachtete – Kursentwicklung mittels einer Verknappung ihrer Wertpapierkredite abzustoppen, brach die vermeintliche Hausse in sich zusammen.[42] Der deutsche „schwarze Freitag" datiert daher, wie bereits angesprochen, nicht im Oktober 1929, sondern am 13. Mai 1927. Seither tendierten die Notierungen und Umsätze rückläufig. Bis zum Kollaps der New Yorker Börse verloren die hiesigen Aktien durchschnittlich ein Viertel an Wert, während die amerikanischen um fast 100 Prozent weiter anstiegen.[43]

„Der eigentliche Schlag" (Henning) ereilte die deutschen Börsen dann im Gefolge der Bankenkrise. Im Juli 1931 wurden sie und also auch die Münchner Börse geschlossen. Wieder sollten – jetzt freilich nicht durch einen Kriegsausbruch, sondern durch den Zusammenbruch des deutschen Bankwesens ausgelöste – Panikverkäufe verhindert werden. Und: Wieder entwickelte sich in Reaktion darauf ein sich außerhalb des Parketts vollziehender freier Handel. Es waren die Banken, in Sonderheit die Berliner Großbanken, die Interessenten in den folgenden neun Monaten den Wertpapierkauf und -verkauf weiter ermöglichten.[44] Der amtliche Handel wurde, abgesehen von einer wenige Tage währenden Interimsphase im September, erst im April des Folgejahres wieder aufgenommen, in einer Finanzwelt, in der nichts mehr so war wie zuvor. Ob in der Folgezeit überhaupt noch von einem wirklich freien Markt die Rede sein konnte, mag dahingestellt bleiben.[45] Dass die Börse fortan gravierenden Einschränkungen unterworfen war, ist evident. Diese betrafen keineswegs nur den Außenverkehr, wenn beispielsweise infolge der neuen Devisenzwangswirtschaft der grenzüberschreitende Wertpapierhandel gehemmt wurde. Sie betrafen die Börse in ihrem Kern. So wurde nämlich nicht nur auf Geheiß des Staates die Emission von Aktien strengeren Kontrollen unterworfen und speziell die Prospekthaftung verschärft.[46] Die Börse war auch auf das Segment der Kassageschäfte reduziert worden: Der Terminhandel war in der Krise verboten worden und blieb es auch weiterhin. Vor allem aber hatte die Reichsregierung im Dezember 1931 eine Zinskonversion „verordnet". Die Zinssätze aller festverzinslichen Wertpapiere hatten durchschnittlich im Verhältnis vier zu drei herabgesetzt werden müssen. Aus „Achtprozentern" waren über Nacht „Sechsprozenter" geworden.[47]

Ende 1931 verzeichneten die Rentenkurse – wohlgemerkt im telefonischen Freiverkehr – einen vorläufigen Tiefstand. Allerdings gab es Unterschiede: Sechsprozentige Industrieobligationen notierten zu 36 Prozent, solche der Gemeinden und Gemeinde-

[41] Ruppel, Börse, S. 40.
[42] Benning, Freitag, S. 73 ff. Wertpapierkredite: mit Wertpapieren besicherte Kredite, hier insbesondere solche, die zum – in der Regel spekulativen – Erwerb von Aktien aufgenommen und dann mit just den erworbenen Papieren besichert worden waren.
[43] Henning, Börsenkrisen, S. 248, Tab. 4, S. 251.
[44] Ebd., S. 265.
[45] Zeitgenossen sprachen bald von einer „Bewirtschaftung des Markts": Reinhart, Banken, S. 610.
[46] Henning, Börsenkrisen, S. 266.
[47] Notverordnung vom 8. Dezember 1931, in: RGBl. I (1931), S. 699.

verbände zu 37 Prozent, Pfandbriefe zu 70 Prozent.[48] Der Grund hierfür überrascht nicht: Die desolate Lage der von der Weltwirtschaftskrise gebeutelten Industrie und der faktische Bankrott zahlreicher, unter überbordenden Soziallasten kollabierter Kommunen hatte die Hoffnung auf deren Zahlungsfähigkeit schwinden lassen.[49] Die von den Hypothekenbanken aufgelegten und durch Grundpfandrechte abgesicherten Pfandbriefe galten als vergleichsweise krisensicher. Der Münchner Börse bzw. den Eignern der dort gehandelten Papiere mochte dies insofern „zugute gekommen" sein, als in der Isarmetropole ein überdurchschnittlich hoher Anteil des Handelsvolumens in Pfandbriefen erzielt wurde.[50] Just darin dürfte denn auch das einzige wirkliche Spezifikum der hier interessierenden Börse bestanden haben. Obschon keine präzisen Vergleichszahlen vorliegen – selbst in einer jüngeren Untersuchung konnte das Volumen der seinerzeit an den deutschen Börsen gehandelten Wertpapiere anhand des Börsenumsatzsteueraufkommens nur vage geschätzt werden[51] –, können wir davon ausgehen, dass die in München gehandelten Volumina sich entsprechend dem gesamtdeutschen Trend entwickelt haben. Sie bewegten sich also nach der Wiedereröffnung des Amtlichen Handels im April 1932 der Stückzahl wie dem Werte nach zunächst auf niedrigem Niveau.[52]

Noch im selben Jahr aber begannen die Kurse wieder anzuziehen. Im Dezember 1932 lagen sie durchweg höher, im Falle der Industrieobligationen sogar doppelt so hoch wie ein Jahr zuvor. In den Folgejahren erholten sie sich weiter, die Aktien langsamer – sie notierten im Jahresdurchschnitt 1935 noch 40 Prozent niedriger als 1928 –, die Renten schneller – sie hatten das nämliche Niveau bereits 1934 weit überschritten.[53] Speziell das Kursniveau der Zinspapiere war indes mehr denn je Eingriffen der Reichsregierung zuzuschreiben. Dass und zu welchen Zwecken sie den Kapitalmarkt zu instrumentalisieren suchte, wurde angesprochen. Speziell die Börsen waren von einer ganzen Reihe der diesbezüglichen Normen betroffen. So waren seit 1933 alle Zulassungsanträge dem bei der Reichsbank angesiedelten Zentralen Kapitalmarktausschuss zu unterbreiten. Und dieser verhängte über die Privatwirtschaft ein faktisches Emissionsverbot. Ausschließlich das Reich sollte in den kommenden Jahren Effekten auflegen dürfen.[54] In der Folge verringerte sich das Volumen umlaufender Aktien kontinuierlich, während das an umlaufenden Reichspapieren von 1935 an rapide anstieg. Und wenn später, in den ausgehenden dreißiger und frühen vierziger Jahren, doch wieder Aktiengesellschaften zum Zuge kamen, handelte es sich für gewöhnlich um solche, die den Rüstungs- bzw. Kriegszielen des Regimes dienlich waren.[55]

Verlor die Effekte als solche bereits an Bedeutung – sichtbar darin, dass ihr Umlaufvolumen (bzw. das der von privaten Unternehmen und Banken emittierten) während des NS-Wirtschaftsaufschwungs auf nahezu unverändertem Niveau verharrte[56] –, so galt dies in Sonderheit für den Handelsplatz Börse. Selbst insoweit vom Reich neue

48 Untersuchungsausschuß, S. 466.
49 Zur Rolle der Kommunalfinanzen: Fischer, Landesbank, S. 295 ff.
50 Zeitgenössischen Berichten zufolge verschaffte deren „Vorherrschaft" der Münchner Börse „einen nicht zu verkennenden Rückhalt": Bayerische Staatsbank, Geschäftbericht 1931, S. 7.
51 Henning, Börsenkrisen, S. 212 ff.
52 Untersuchungsausschuß, S. 466.
53 Ebd.; ferner Statistisches Jahrbuch des Deutschen Reichs 56 (1937), S. 402 f.
54 Kopper, Marktwirtschaft, S. 148.
55 Deutsche Bundesbank, Geld- und Bankwesen, S. 290 f., Tab. 1.02.
56 Die Zahl der Aktiengesellschaften im „Altreich", d. h. ohne Österreich und Sudetenland, sollte sich von 1930 bis 1941 sogar halbieren: Henning, Börsenkrisen, S. 273.

Papiere emittiert wurden, ließ die Regierung diese nämlich nur in Teilen über die Börsen platzieren. Stattdessen war sie früh bestrebt, sie direkt unterzubringen, zunächst auch bei privaten Kapitalanlegern, indem sie ihre Anleihen zur öffentlichen Zeichnung auflegte, dann fast ausschließlich bei Versicherungen, Banken und Sparkassen.[57] Dies hatte praktische Gründe: Die Rüstungs- und Kriegsfinanzierung sollte „geräuschlos" erfolgen, ohne dass die Bürger davon Kenntnis erhielten. Und es hatte ideologische Gründe: Die Aversion der Nationalsozialisten gegen die vermeintlich „jüdische" Börsenwelt, das „raffende Kapital", wurzelte tief.[58] – Notabene: Die Judenpolitik tangierte die an der Börse Beschäftigten selbstverständlich auch unmittelbar, in persona. Bereits 1933 wurden jüdische Kursmakler von der Mitwirkung an der Börse ausgeschlossen, wurden die Börsen „arisiert".[59]

Dass die Münchner Börse bisweilen umfängliche Pfandbrief- oder Aktienemissionen vermelden konnte, widerspricht der skizzierten Entwicklung nicht. In den betreffenden Fällen handelte es sich um die Wiederzulassung von Aktien, deren Notierung in der Krise ausgesetzt worden war, bzw. um die Ersetzung höher verzinslicher Pfandbriefe durch niedriger verzinsliche.[60] Es war nämlich nicht bei der einen Zinssenkung des November 1931 geblieben. Anfang 1935 hatte die Regierung eine weitere erzwungen. Das Gros der mit sechs Prozent oder höher verzinsten Papiere war erneut, nun in 4,5-Prozenter, konvertiert worden.[61] Und eine weitere Ursache gab es dafür, dass in München neue Werte zugelassen wurden. Ihr wurden einerseits einige bis dato in Berlin notierte Effekten bayerischer Emittenten administrativ zugeteilt.[62] Vor allem aber absorbierte sie, „die bedeutendste Veränderung"[63] jener Jahre, die Augsburger Börse. Diese, einst die bedeutendste in ganz Bayern, war längst zu einem Schatten ihrer selbst geworden, hatte sich nur mehr als Spezialmarkt für südbayerische Textilwerte halten können, mit einem Umsatzvolumen zweihundert Mal kleiner als das hauptstädtische.[64] Nun also ging sie mit Wirkung vom 1. Januar 1935 in der Münchner, fortan „Bayerische Wertpapierbörse" genannten Schwester auf. Auch diese Maßnahme war im Übrigen von der Reichsregierung oktroyiert worden. Per Dekret hatte sie die Zahl der deutschen Börsen von 21 auf neun reduziert, die an den aufgelassenen Standorten gehandelten Werte den verbleibenden zugeteilt und zugleich einige, auch Berliner Werte, „umverteilt".[65]

War die Börse vorher gelenkt worden, so geriet sie im Kriege, spätestens mit der Kursstoppverordnung des 25. Januar 1943, zur Kommandowirtschaft. Wie schon in den Jahren zuvor die Warenpreise eingefroren worden waren, so wurden jetzt auch die Effektenkurse festgezurrt.[66] Wäre dies nicht geschehen, wären speziell die Aktienkurse

[57] Hansmeyer/Caesar, Kriegswirtschaft, S. 393 ff., 403 ff.
[58] Henning, Börsenkrisen, S. 270: „Für die Nationalsozialisten war der Handel mit Effekten an Börsen grundsätzlich nicht akzeptabel."
[59] Genschel, Verdrängung, S. 118.
[60] Ruppel, Börse, S. 43.
[61] Gesetz vom 24. Januar 1935, in: RGBl. I (1935), S. 45.
[62] Vgl. Kap. IV.2.
[63] Ruppel, Börse, S. 44.
[64] Ebd.
[65] Henning, Börsenkrisen, S. 277.
[66] In der Verordnung wurde bestimmt, dass die Aktienkurse vom 23. Februar 1943 künftig nicht mehr überschritten werden durften. In weiteren Verordnungen vom 30. März und vom 29. September 1943 wurde der Reichswirtschaftsminister darüber hinaus ermächtigt, die Börsenkurse durch Festsetzung von Börsenpreisen und auch von Preisen für nicht an der Börse gehandelte Wertpapiere festzustellen: ebd., S. 282.

– wie in der vorigen Inflation – gestiegen resp. weiter gestiegen; seit Kriegsbeginn hatten sich ihre Notierungen bereits um die Hälfte erhöht.[67] Aufgrund des Kursstopps stiegen sie nicht weiter. In der Folge verebbte das Angebot nahezu vollständig. Und da dies, anders als in früheren Phasen, nicht durch einen florierenden externen Verkehr kompensiert werden konnte – seit dem 1. November 1941 herrschte „Börsenzwang", d. h. Aktien durften nicht mehr außerhalb der Börsen gehandelt werden –, blieb die überbordende Nachfrage unbefriedigt. Die an der Münchner Börse erzielten Tagesabschlüsse sanken auf Marginalbeträge, beschränkten sich nur noch auf einige wenige Werte, mit Umsätzen von 1 000 bis 2 000 RM. Die Hauptaufgabe der Börse bestand nur mehr darin, die knappen Wertpapiere unter den vielen Kaufinteressenten zu „verteilen", bei Zuteilungsquoten von einem Prozent und weniger.[68] Das also war das „Geschäft", das der Börse verblieben war: die Zuteilung von Wertpapieren zu Festpreisen. Der Preisbildung, einer ihrer ureigenen Aufgaben, war sie entledigt. Insofern setzte die Münchner Börse, als sie am 27. April 1945, drei Tage vor dem Einmarsch der amerikanischen Truppen, als letzte deutsche Börse ihre Pforten schloss, ihrer Tätigkeit kein wirkliches Ende – dieses war, wenigstens, sofern wir den Terminus Börse im klassischen Sinne interpretieren, längst vollzogen –, sondern allenfalls ein formelles.

Es bleibt festzuhalten, dass die Münchner Börse im Untersuchungszeitraum keine spezifische, von derjenigen der anderen deutschen Börsen abweichende Entwicklung vollzog. Ihr Los wurde von der allgemeinen Entwicklung bestimmt. Dabei bestand die, wie eine Untersuchung zur Geschichte des Finanzplatzes Frankfurt aufzeigt[69], weniger ökonomisch, als vielmehr politisch durch die Hauptstadtfunktion induzierte Dominanz Berlins fort. Die dortige Börse avancierte endgültig zur deutschen Leitbörse. Dass der Freiverkehr in solchen Phasen, in denen die Börsen geschlossen blieben, weitgehend von den in Berlin domizilierenden Großbanken und ihren Filialen abgewickelt wurde, dürfte die Position der Kapitale weiter gestärkt haben. Die Münchner Börse blieb also Regionalbörse. Als solche konnte sie allerdings, anders als manches ostdeutsche Pendant und möglicherweise gerade wegen der relativen Ferne zur Metropole, ihren Status festigen. Paradoxerweise sah sie sich darin just vom NS-Regime bestärkt. Nicht nur, dass dieses die Schließung der Augsburger Börse veranlasste: Trotz seiner generellen Zentralisierungsabsichten, die sich beispielsweise darin äußerten, dass es die Zuständigkeit für die Börsenaufsicht von den Ländern auf das Reich transferierte, verhalf es nämlich dem Prinzip der Heimatbörse zum Durchbruch. Effekten waren seit 1935 an jener Börse zu handeln, in deren Wirtschaftsbezirk ihre Emittenten residierten. Andererseits war es das NS-Regime, das die Münchner Börse nach und nach ihrer Funktionen beraubte und sie zu guter Letzt, gleich ihren außerbayerischen Pendants, zu einer dem Reichswirtschaftsminister unterstellten Quasi-Behörde degenerieren ließ.

[67] Deutsche Bundesbank, Geld- und Bankwesen, S. 295, Tab. 2.02 b.
[68] Ruppel, Börse, S. 44.
[69] Holtfrerich, Finanzplatz, S. 168 ff.

3. Hypothekenbanken

Dass die Münchner Börse vor dem Ersten Weltkrieg die drittgrößte, später immerhin noch die viertgrößte deutsche Pfandbriefbörse verkörperte[70], findet eine Erklärung im Engagement der diversen in München ansässigen Hypothekenbanken, vor allem aber in dem zweier Institute: der Bayerischen Hypotheken- und Wechsel-Bank AG (Hypo-Bank) und der Bayerischen Vereinsbank AG. Sie verkörperten den von der Reichsbank als „gemischte Hypothekenbank" bezeichneten Typus, betrieben – wie den Statistikern der Reichsbank zufolge außer ihnen nur noch die Mecklenburgische Hypotheken- und Wechsel-Bank[71] – zwei Geschäftssparten, die sich, nicht nur in ihrer Fristigkeit, so sehr unterschieden, wie sich zwei Sparten des Bankgeschäfts eben unterscheiden konnten: das kurzfristige (Unternehmens-) Kreditgeschäft und das – dominierende – langfristige Hypotheken- und Kommunalkreditgeschäft.[72] Innerhalb der Gruppe der Hypothekenbanken nahmen sie daher eine Sonderstellung ein. Wichtiger für unsere Betrachtung ist indes der bemerkenswerte Umfang ihrer Geschäfte. Vor dem Ausbruch des Ersten Weltkrieges addierten sich die Bilanzsummen aller deutschen Hypothekenbanken Ende 1913 auf einen Betrag von rund 14 Mrd. M. Ein Siebtel davon, über zwei Mrd. M, steuerten die zwei genannten Institute bei. Beziehen wir die Engagements zweier weiterer Münchner Hypothekenbanken mit ein, die der von 1921 an mit der Vereinsbank verbundenen Bayerischen Handelsbank und die der von ihr 1937 mehrheitlich erworbenen Süddeutschen Bodencreditbank (Südboden), so ergibt sich eine Summe von über drei Mrd. M (knapp 23 Prozent der Bilanzsumme aller Hypothekenbanken im Reich).[73] Von Bedeutung für den Finanzplatz München waren sie demnach von Beginn an. Dabei war die Hypo-Bank (mit einer Bilanzsumme von knapp 1,4 Mrd. RM) die gewichtigere von beiden. Sie soll daher im Mittelpunkt unserer Betrachtungen stehen.

Wie entwickelten sich also, unsere erste Frage, die Geschäfte der Hypo-Bank in den Kriegsjahren? Wenig überraschend, vor dem Hintergrund der geschilderten grundlegenden Tendenzen. Die geschwundenen Möglichkeiten, Pfandbriefe zu platzieren und somit Realkredite anbieten zu können, einerseits und der drastische Rückgang der Bautätigkeit (der Wohnungsbau verringerte sich bis 1918 auf vier Prozent des Vorkriegstandes![74]) und damit der Nachfrage nach Realkrediten andererseits ließen das langfristige Engagement stagnieren. Ende 1918 bilanzierte die Bank nicht anders als Ende 1913 Hypotheken- und Kommunaldarlehen im Umfang von knapp 1,2 Mrd. M. Umgekehrt expandierte das kurzfristige Geschäft: von 0,1 auf 0,4 Mrd. M.[75] Auch das überrascht in keiner Weise. Wie alle deutschen Banken erlebte die Hypo-Bank während des Krieges eine regelrechte Kreditorenschwemme. Die neuen Gelder heischten nach Anlage, und in München entschied man sich nicht anders als an anderer Stelle im Reich. Man akquirierte Schatzwechsel und Schatzanweisungen der öffentlichen Hand, beteiligte sich an

[70] Wormser, Börse, S. 225, Tab. 18.
[71] Untersuchungsausschuß, S. 230 ff.
[72] Ausführlich zu den einzelnen Geschäftszweigen z. B.: Steffan, Bayerische Vereinsbank, passim.
[73] Bayerische Hypotheken und Wechsel-Bank, Geschäftsbericht 1913; Bayerische Vereinsbank, Geschäftsbericht 1913; Bayerische Handelsbank, Geschäftsbericht 1913; Süddeutsche Bodencreditanstalt, Geschäftsbericht 1913; Deutsche Bundesbank, Geld- und Bankwesen, S. 84, 86.
[74] Fischer, Bergbau, S. 798.
[75] Bayerische Hypotheken- und Wechsel-Bank, Geschäftsbericht 1918.

der (kurzfristigen) Finanzierung des Weltkrieges.[76] Vordergründig ergab sich dadurch eine Bilanzverlängerung, von 1,4 auf 1,7 Mrd. M. In Wirklichkeit war bereits dieses Wachstum eine Schimäre. Der Geldwert war in den betreffenden Jahren um rund die Hälfte zurückgegangen. Das Geschäftsvolumen hatte sich also, in stabiler Währung gemessen, schon jetzt erheblich verringert. In der Nachkriegszeit kam diese Entwicklung dann vollends zum Tragen. Das in Jahrzehnten gewachsene Vermögen wurde von der Inflation gleichsam hinweggefegt.[77] Nach der Währungsstabilisierung, Ende 1924, belief es sich mit 0,2 Mrd. RM auf gerade einmal ein Siebtel des Vorkriegsstandes:

Tabelle 6: Bilanzentwicklung der Bayerischen Hypotheken- und Wechsel-Bank und deutscher Bankengruppen 1913-1929 (1913: in Mio. M; 1924, 1929: in Mio. RM)

	1913	1924	1929
Bayerische Hypotheken- und Wechsel-Bank	1 380	205	964
Deutsche Hypothekenbanken[1)]	11 948	570	5 844
Großbanken	8 391	4 439	13 765

Quelle: Bayerische Hypotheken- und Wechsel-Bank, Geschäftsberichte 1913-1929; Deutsche Bundesbank, Geld- und Bankwesen, S. 78, 84, 86.
[1)] ohne Bayerische Hypotheken- und Wechsel-Bank, Bayerische Vereinsbank.

Damit hatte die Hypo-Bank ein stärkeres Minus zu verzeichnen als das deutsche Kreditwesen in seiner Gesamtheit und insbesondere als die Berliner Großbanken. Die Letzteren vermeldeten gegenüber 1913 einen Rückgang um die Hälfte, alle Kreditinstitute einen um vier Fünftel. Die Situation war aber weit besser als bei den übrigen Hypothekenbanken. Deren Minus belief sich nämlich auf 95 Prozent.[78] Auch dieser Sachverhalt überrascht indes nicht. Den beiden dominierenden bayerischen Häusern, der Vereinsbank nicht minder als der Hypo-Bank, kam jetzt ihr „gemischter" Charakter zu Gute. Sie hatten sofort nach der Stabilisierung das kurzfristige Geschäft wieder aufnehmen können, konnten diesen Part ihres Engagements also rasch rekonstruieren.[79] Hypothekenbanken, die über eine solche Sparte nicht verfügten – mithin auch Handelsbank und Südboden – mussten sich unterdessen in Geduld üben. Bis zum Wiederaufbau des klassischen Hypothekarkredits dauerte es noch hin. In der Folge entfielen zum Jahresende 1924 sage und schreibe 38 Prozent des Geschäftsvolumens aller deutschen Hypothekenbanken auf jene beiden in München domizilierenden Institute.[80]

Hatte der Standort München dadurch an Gewicht gewonnen? Kaum, jedenfalls nicht dadurch. Zum einen war der außerordentlich hohe Marktanteil ein nur temporärer. Er würde zwangsläufig im selben Maße zurückgehen, in dem es der Branche gelingen wür-

[76] Ebenso verhielt es sich bei den anderen o. g. Instituten: Steffan, Bayerische Vereinsbank, S. 166 f.
[77] Ausführlich zu den Inflationsjahren: Lutz/Stummer, Hundertfünfundzwanzig Jahre, S. 48 ff.
[78] Datenbasis wie in Tabelle 6; ferner: Deutsche Bundesbank, Geld- und Bankwesen, S. 74; zum Abfall der Hypothekenbanken: Holtfrerich, Auswirkungen, S. 198.
[79] Bayerische Hypotheken- und Wechsel-Bank, Geschäftsbericht 1924; Bayerische Vereinsbank, Geschäftsbericht 1924.
[80] Bayerische Hypotheken und Wechsel-Bank, Geschäftsbericht 1924; Bayerische Vereinsbank, Geschäftsbericht 1924; Bayerische Handelsbank, Geschäftsbericht 1924; Süddeutsche Bodencreditanstalt, Geschäftsbericht 1924; Deutsche Bundesbank, Geld- und Bankwesen, S. 84, 86.

de, ihr eigentliches, das Hypothekarkreditgeschäft wiederaufzurichten. Zum anderen war das Gewicht von Hypo-Bank und Vereinsbank, wählen wir das gesamte Kreditwesen als Bezugsrahmen, gesunken. Messen wir allerdings ihr Gewicht statt an quantitativen an qualitativen Faktoren, relativiert sich das Bild. Beide Häuser hatten in der Nachkriegszeit nämlich weit über die Landes- und Reichsgrenzen hinaus gegriffen. Die Hypo-Bank hatte sich am Berliner Bankhaus Hardy & Co., an der ebenfalls in Berlin ansässigen Handelsbank AG, der Dresdner Handelsbank AG, der Bank für Handel und Verkehr AG in Chemnitz sowie an der Handels- und Verkehrsbank in Hamburg beteiligt, hatte sich mit der Allgemeinen Deutschen Credit-Anstalt in Leipzig und dem Barmer Bankverein Hinsberg, Fischer & Co. liiert und schließlich die Salzburger Kredit- und Wechsel-Bank AG gegründet.[81]

Und in einer Hinsicht – besser: in einer Perspektive – hatten beide ganz zweifelsohne dazu beigetragen, die Position ihres Standorts zu stärken: in der innerbayerischen. Der Vereinsbank war es, wie angedeutet, 1921 gelungen, die Bayerische Handelsbank und darüber hinaus die Vereinsbank in Nürnberg in einer Interessengemeinschaft an sich zu binden, die Bankabteilungen beider Institute gar (Pohl: „in Bayern [die] bis dahin bedeutendste Bankenfusion“[82]) völlig auf sich zu transferieren.[83] Die Hypo-Bank hatte 1916 die Majorität, 1918 das komplette Aktienkapital der ebenfalls von Nürnberg aus operierenden Disconto- und Wechsel-Bank erworben, um deren Geschäfte dann wenige Jahre später auf sich überzuleiten.[84] Das Gewicht der Frankenmetropole war dadurch zweifelsohne geschwächt worden, zumal sich im öffentlichen Bankwesen Ähnliches zutrug, wie im Folgenden noch deutlich werden wird. Darüber hinaus hatten die beiden „gemischten“ Hypothekenbanken etliche kleinere Privatbanken übernommen sowie zahlreiche Filialen eröffnet.[85] Der innerbayerische Konzentrationsprozess hin zur Landeshauptstadt hatte sich also fortgesetzt, und die Hypothekenbanken hatten ihr Scherflein dazu beigetragen.

In den „goldenen“ Zwanzigerjahren konnten sich die beiden Institute dann erholen und auch ihr eigentliches, das langfristige Geschäft reaktivieren. Die Wachstumsraten waren jetzt beachtlich. Die Bilanzsumme der Hypo-Bank übertraf 1930 erstmals wieder die Milliardengrenze. Das Niveau der Vorkriegszeit wurde aber nicht mehr erreicht. Ganz besonders galt dies für das Kerngeschäft. Ende 1913 waren mit 1,2 Mrd. M fast 90 Prozent des Vermögens auf Hypothekar- und Kommunaldarlehen entfallen.[86] 17 Jahre später waren es mit (angesichts der völligen Zerstörung des Kapitalmarktes ist anzumerken: immerhin) knapp 0,7 Mrd. RM nur mehr zwei Drittel. Lediglich die kurzfristigen Engagements hatten an Bedeutung gewonnen, sichtbar in der von 77 000 M auf

[81] Donaubauer, Privatbankiers, S. 173 f.; Edlin-Thieme/Jungmann-Stadler, Geschichte, S. 56; Steffan, Bayerische Vereinsbank, S. 196 f. (dort auch Details zur Expansion der Vereinsbank).

[82] Pohl, Konzentration, S. 335.

[83] Steffan, Bayerische Vereinsbank, S. 199 ff.; Grimm, Bayerische Handelsbank, S. 125. Die Bayerische Vereinsbank hatte das Aktienkapital der beiden anderen Institute zu 100 Prozent übernommen. Diese waren an der Vereinsbank mit insgesamt 27 Prozent beteiligt worden. 1937 sollte die Interessengemeinschaft allerdings aufgegeben und durch diverse Einzelvereinbarungen ersetzt werden.

[84] Donaubauer, Privatbankiers, S. 163 f.; Lutz/Stummer, Hundertfünfundzwanzig Jahre, S. 47, 53.

[85] Eine Aufstellung der zahlreichen von der Hypo-Bank übernommenen Häuser findet sich in: Donaubauer, Privatbankiers, S. 168 f.; eine entsprechende der Vereinsbank findet sich in: Pohl, Konzentration, S. 334 f.

[86] Bayerische Hypotheken- und Wechsel-Bank, Geschäftsbericht 1913.

1. A.—1. O. Rückzahlung seitens der Bank bis 1. Oktober 1926 ausgeschlossen.

Ser. I Lit. B

6%

Gold-Hypothekenpfandbrief

der

Bayerischen Hypotheken- und Wechsel-Bank

Die

Bayerische Hypotheken- und Wechsel-Bank

schuldet dem Inhaber dieses Gold-Hypothekenpfandbriefes den Goldwert von 35,842290 Gramm Feingold =

Hundert Goldmark

(1 Gramm Feingold = 2,79 Goldmark).

Dieser Betrag wird mit jährlich sechs vom Hundert verzinst. Die Zinsen werden halbjährig je am 1. April und 1. Oktober nachträglich bezahlt. Der Goldwert von Kapital und Zinsen bemißt sich nach dem amtlich festgestellten Londoner Goldpreis. Die Umrechnung in die deutsche Währung erfolgt nach dem Mittelkurse der Berliner Börse für Auszahlung London auf Grund der letzten amtlichen Notierung vor dem ersten Tage des dem Fälligkeitstage vorangegangenen Monats. Die Zahlungen werden in deutscher Reichswährung in den jeweils geltenden deutschen Zahlungsmitteln geleistet. Im übrigen gelten die umstehend abgedruckten Einzelbestimmungen.

München, den

Bayerische Hypotheken- und Wechsel-Bank.

Der Staatskommissär als Treuhänder:

100 100 100 100 6%

Goldhypothekenpfandbrief der Bayerischen Hypotheken- und Wechsel-Bank AG, München (1926).

199 000 RM angewachsenen Position „Debitoren".[87] Die Kapitalseite spiegelte die Verschiebung wider. Die umlaufenden Pfandbriefe und Kommunalobligationen hatten sich gegenüber 1913 dem Betrag nach fast halbiert, die Kreditoren mehr als vervierfacht. Es blieb somit dauerhaft bei der seit dem Beginn des Untersuchungszeitraums zu beobachtenden zwiespältigen Entwicklung: einem relativen Rückgang bzw. einer nur partiellen Rekonstruktion des langfristigen und einer rasanten Zunahme des kurzfristigen Geschäfts. Folgerichtig nahmen Hypo-Bank und Vereinsbank weiterhin eine Mittelposition ein. Sie erholten sich dank des kurzfristigen Geschäfts rascher als ihr Branchenumfeld – ihre vereinte Bilanzsumme erreichte Ende 1929 drei Viertel des Standes von 1913, die aller deutschen Hypothekenbanken nur die Hälfte – und aufgrund des langfristigen Geschäfts langsamer als das gesamte Kreditwesen und speziell die Großbanken (rund 90 bzw. rund 160 Prozent).[88]

Dass sie von den großen Berliner Häusern derart überflügelt wurden, lag somit in strukturellen Entwicklungen begründet, eben in der – infolge der desolaten Verfassung des Kapitalmarktes – überdurchschnittlichen Bedeutung des Kurzkreditgeschäftes. Es findet indes eine weitere Ursache in ihrer anders gearteten, und das meint hier: vorsichtigeren, Geschäftspolitik. Die Hypothekenbanken hatten sich noch nie als große Fristentransformatoren verstanden, hatten ihre (langfristigen) Darlehen vielmehr traditionell aus (ebenso befristeten) Pfandbriefen und Obligationen finanziert. Nach der Wiederaufnahme ihres Kerngeschäfts waren sie zu vorinflationären Gepflogenheiten zurückgekehrt. Sie reichten seither – anders als die Großbanken, die jetzt in großem Stile faktische langfristige Kredite kurzfristig refinanzierten[89] – Darlehen nur insoweit aus, als sie über entsprechende Kapitalien verfügten.[90] (Ein Gutteil ihres Wachstums resultierte ohnehin aus der vom Gesetzgeber angeordneten parallelen Wiederaufwertung vorinflationärer Pfandbriefe und Hypotheken.[91] Aufgrund der so genannten „Wiederaufwertungsgesetze" vom 14. Juli 1925 wurden diese nun nämlich doch revalutiert, auf 25 Prozent ihres realen Gestehungswertes.[92]) Zweifelsohne erwies sich eine solche Vorsicht als wachstumshemmend und erklärt zum Teil das relative Zurückbleiben der Münchner Institute. Es sollte sich aber nur allzu bald zeigen, wie recht man dort handelte, als man auf eine Expansion nach Berliner Vorbild verzichtete.

Als die Bankenkrise im Sommer 1931 das Land erschütterte und zahlreiche Kreditinstitute zahlungsunfähig wurden bzw. nur durch massive Hilfszahlungen der öffentlichen Hand am Leben erhalten werden konnten, blieben nämlich sowohl die Hypo-

[87] Bayerische Hypotheken- und Wechsel-Bank, Geschäftsbericht 1929.

[88] Bayerische Hypotheken- und Wechsel-Bank, Geschäftsbericht 1913, 1929; Bayerische Vereinsbank, Geschäftsberichte 1913, 1929; Deutsche Bundesbank, Geld- und Bankwesen, S. 74, 78, 84, 86.

[89] Vgl. Kap. IV.1.

[90] Die Direktion der Hypo-Bank 1927: „Die Pflicht eines seriösen Leiters einer Hypothekenbank ist es, nicht mehr Darlehen zu geben, als er geben kann auf Grund alsbald möglicher endgültiger Pfandbriefverwertung. [...] Es ist falsch und gefährlich, wenn dieser Weg verlassen wird." Bayerische Hypotheken- und Wechsel-Bank, Geschäftsbericht 1927, S. 5 f.

[91] Im Falle der Hypo-Bank wurden aufgrund der Wiederaufwertungsgesetzgebung Hypotheken und Pfandbriefe im Umfang von rund 200 Mio. RM rekonstruiert: Lutz/Stummer, Hundertfünfundzwanzig Jahre, S. 57.

[92] Der Aufwertungssatz differierte: Bei Pfandbriefen und Hypotheken belief er sich, wie erwähnt, auf 25 Prozent des realen Gestehungswertes, bei sonstigen Anleihen privatwirtschaftlicher Schuldner auf 15 Prozent, bei öffentlichen Anleihen je nach Erwerbszeitpunkt auf 2,5 bis maximal 12,5 Prozent. Festzuhalten bleibt: Anleihegläubiger mussten dank der Wiederaufwertung ebenso wenig einen inflationären Totalverlust verzeichnen wie die Halter von Aktien. Ausführlich hierzu: Holtfrerich, Inflation, S. 315 ff.

Bank als auch die Vereinsbank gänzlich ungerührt. Sie waren unverändert in der Lage, ihre Gläubiger zu befriedigen – ihre Forderungen in Fremdwährung lagen seinerzeit höher als ihre diesbezüglichen Verbindlichkeiten! –, sie hatten auch keine nennenswerten Verluste zu verzeichnen.[93] Folgerichtig beanspruchten sie zu keinem Zeitpunkt externe Hilfen, weder in Form verlorener Zuschüsse noch in Gestalt von Liquiditätskrediten.[94] Ihre Geschäfte nahmen in der Krise dementsprechend einen ganz anderen Verlauf als die anderer Banken. Das Kreditwesen als Ganzes erlitt 1931 einen Rückgang von acht Prozent, die Großbanken sogar einen von 26 Prozent. Die Hypo-Bank aber vermeldete am Jahresende einen Zuwachs (!) von knapp zwei Prozent (vgl. Abbildung 3). Um keine Missverständnisse aufkommen zu lassen: Die günstige Entwicklung der Münchner Banken war nicht nur, wohl nicht einmal in erster Linie einer bewusst betriebenen, atypisch weitsichtigen Geschäftspolitik geschuldet. Sie profitierten zunächst wiederum von strukturellen Momenten, insbesondere der relativen Krisenfestigkeit und der geringeren Konjunkturempfindlichkeit des Realkreditgeschäfts. Die Geschäftspolitik war aber auch von Bedeutung. Und dass die anderen deutschen Hypothekenbanken sich ähnlich wacker schlugen, widerspricht dem keineswegs. Diese waren nämlich, wie dargelegt, nicht im Kurzkreditgeschäft aktiv und folglich nicht im selben Ausmaß wie die Bayern der Verlockung umfänglicher Fristentransformationen ausgesetzt gewesen.

Abbildung 3: Bilanzentwicklung der Bayerischen Hypotheken- und Wechsel-Bank und deutscher Bankengruppen 1928–1932 [1928 = 100]

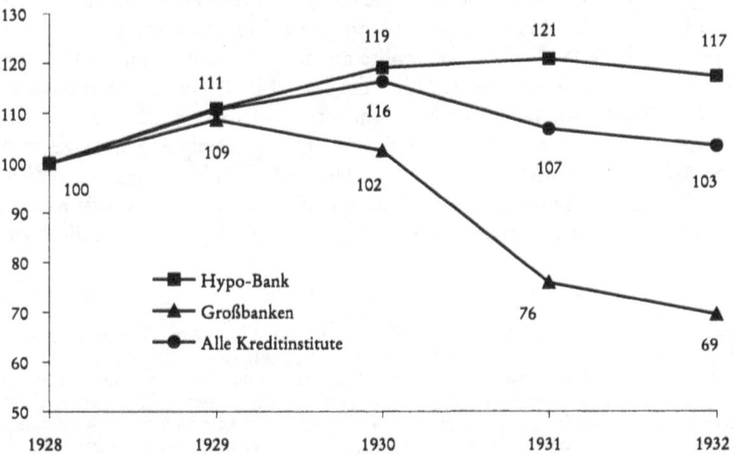

Quelle: Bayerische Hypotheken- und Wechsel-Bank, Geschäftsberichte 1928-1932; Deutsche Bundesbank, Geld- und Bankwesen, S. 74, 78.

[93] Abschreibungen waren durchaus erforderlich, auf einen im Werte gefallenen Effektenbestand sowie auf diverse notleidende Forderungen, doch nahmen sie zu keinem Zeitpunkt ein solches Ausmaß an, dass ein Verlust hätten ausgewiesen werden müssen. Im Gegenteil konnte die Vereinsbank bei einer von 1931 an auf fünf Prozent halbierten Dividende ihre offenen Rücklagen zwischen 1930 und 1934 um 1,1 Mio. RM erhöhen: Steffan, Bayerische Vereinsbank, S. 264. Ebenso verhielt es sich bei der Hypo-Bank: Edlin-Thieme/Jungmann-Stadler, Geschichte, S. 59.

[94] Lutz/Stummer, Hundertfünfundzwanzig Jahre, S. 58; Bayerische Hypotheken und Wechsel-Bank, Hundert Jahre, S. 108; zur Vereinsbank: Edlin-Thieme/Jungmann-Stadler, Geschichte, S. 59.

Die Bankenkrise überstanden Hypo-Bank und Vereinsbank mithin unbeschadet. Dennoch zeitigte die Weltwirtschaftskrise ihre Spuren auch in ihren Büchern; weniger in ausbleibenden Zins- und Tilgungszahlungen: Die Rückstände hielten sich in engen Grenzen, und Kreditausfälle gab es, wie gesagt, kaum. Die Realkreditinstitute waren jedoch nicht nur von den seitens der Reichsregierung verordneten Zinssenkungen betroffen. Sie litten insbesondere unter dem 1931 verhängten Kommunalkreditverbot[95] und unter einer erst rückläufigen, dann stagnierenden Kreditnachfrage der Landwirtschaft. Und nach der „Machtergreifung" sollte sich daran wenig ändern, zumal seitens des NS-Regimes mit dem „Reichserbhofgesetz"[96] die agrarische Verschuldung weiter erschwert wurde. Tatsächlich partizipierten die Hypothekenbanken am nun einsetzenden Konjunkturaufschwung noch weniger als das Bankwesen insgesamt. Vom Amtsantritt Hitlers bis Ende 1938 verlängerte sich die aggregierte Bilanz des Bankwesens um 37 Prozent, die der Hypothekenbanken nicht einmal um zwei Prozent.[97] Allein, ein weiteres Mal offenbarte sich die Münchner Sonderentwicklung. Hypo-Bank und Vereinsbank konnten nämlich auch jetzt höhere Wachstumsraten erzielen als ihre Pendants andernorts. Ihr Geschäftsvolumen erhöhte sich um 16 Prozent (unter Einbezug von Handelsbank und Südboden um 20 Prozent), das der übrigen deutschen Hypothekenbanken verringerte sich um zwei Prozent.[98] Auch in der nationalsozialistischen Ära kam den bayerischen Instituten somit ihr spezifischer Charakter zu Gute. Ihre – gemessen am Branchenschnitt – überdurchschnittlichen Ergebnisse resultierten nämlich in erster Linie aus Zuwächsen in der kurzfristigen Sparte.[99]

Dass diese in den Kriegsjahren weiter an Bedeutung gewann, bedarf keiner großen Erläuterung. Das Darlehensgeschäft der beiden Häuser sollte Ende 1944 nur unwesentlich über dem Stand vor der Bankenkrise liegen und, nebenbei bemerkt, noch immer deutlich unter dem des Jahres 1913. Hingegen sollte auf zwei Positionen, die 1938 eine geradezu marginale Größe verkörpert hatten, über die Hälfte der gemeinsamen Bilanzsumme (rund 3,9 Mrd. RM) entfallen. Anleihen (und verzinsliche Schatzanweisungen) von Reich und Ländern sollten mit knapp 0,2 Mrd. RM zu Buche stehen, Schatzwechsel und unverzinsliche Schatzanweisungen mit über 1,9 Mrd. RM.[100] Hypo-Bank und Vereinsbank erging es also im Kriege nicht anders als den übrigen deutschen Kreditinstituten. Sie sollten sogar, betrachten wir speziell den Anteil der öffentlichen Wertpapiere am

[95] Die Reichsregierung hatte am 5. August 1931 die Kreditaufnahme von Gemeinden und Gemeindeverbänden verboten. Hierzu ausführlich: Fischer, Landesbank, S. 303 ff.

[96] Edlin-Thieme/Jungmann-Stadler, Geschichte, S. 55; Lutz/Stummer, Hundertfünfundzwanzig Jahre, S. 61. Aufgrund das Reichserbhofgesetzes vom 29. September 1933 wurden rund 700 000 landwirtschaftliche Betriebe (reichsweit ca. 40 Prozent der agrarischen Anbaufläche) zu unveräußerlichen und unteilbaren Erbhöfen erklärt. Eine Belastung von Erbhöfen durch Hypotheken oder Grundschulden war fortan untersagt.

[97] Deutsche Bundesbank, Geld- und Bankwesen, S. 74, 84, 86.

[98] Ebd.; Bayerische Hypotheken- und Wechsel-Bank, Geschäftsberichte 1932, 1938; Bayerische Vereinsbank, Geschäftsberichte 1932, 1938; Bayerische Handelsbank, Geschäftsberichte 1932, 1938; Süddeutsche Bodencreditanstalt, Geschäftsberichte 1932, 1938.

[99] Ebd. Dass der Zuwachs von Handelsbank und Südboden noch höher ausfiel als der von Hypo- und Vereinsbank, resultierte indes aus zwei Akquisitionen der Südboden im Jahre 1934. Diese hatte sich erst mit der Deutschen Realkreditbank AG, dann mit der Mitteldeutschen Bodencredit-Anstalt vereinigt. In der Folge war ihre Bilanzsumme von 243 Mio. RM Ende 1933 auf 376 Mio. RM Ende 1934 angestiegen: Süddeutsche Bodencreditanstalt, Geschäftsberichte 1933, 1934.

[100] Bayerische Hypotheken- und Wechsel-Bank, Geschäftsberichte 1938, 1944; Bayerische Vereinsbank, Geschäftsberichte 1938, 1944.

gesamten Vermögen, fast zum nationalen Durchschnitt aufschließen.[101] Die geschilderte Lenkungspolitik des NS-Regimes, die Okkupation des Kapitalmarktes, das Abwürgen des privaten Kreditgeschäfts und die dadurch erzwungene Hinwendung der Banken zu den Schuldpapieren des Reiches, hatte also vor den Realkreditinstituten nicht Halt gemacht. Auch die in München ansässigen Institute waren zu Kassenstellen des Regimes deformiert worden.

Fazit: Die Bayerische Hypotheken- und Wechsel-Bank und die Bayerische Vereinsbank vollzogen im Untersuchungszeitraum eine durchaus spezifische Entwicklung. Bedingt durch ihren Charakter als „gemischte" Hypothekenbanken, in gewissem Maße auch dank einer glücklichen Hand ihrer Leitungsebenen, verzeichneten sie fast durchweg höhere Zuwachsraten als andere Hypothekenbanken, obschon niedrigere als das deutsche Bankwesen insgesamt. In der Folge war ihr Gewicht innerhalb der Gesamtbranche, sofern wir die Bilanzentwicklung als Indikator heranziehen, leicht rückläufig. Branchenintern aber gewannen sie weiter an Bedeutung. Die Überlieferung der beiden letzten Friedensjahre belegt es: Ihr Anteil an der aggregierten Bilanzsumme aller deutschen Hypothekenbanken stieg von 14,7 Prozent im Jahr 1913 auf 23,4 Prozent 1938. Beziehen wir wiederum die nach 1921 mit der Vereinsbank verbundene, ebenfalls in München residierende (und von 1921 an als Hypothekenbank klassischen Typs agierende) Handelsbank sowie die 1937 von der Vereinsbank akquirierte Südboden[102] mit ein, erhöhte sich dieser Anteil sogar von 22,7 auf 32,4 Prozent.[103] Für den Finanzplatz München war das selbstredend von Bedeutung. Betrachten wir ferner ihre in Krisenzeiten – wie der des Sommers 1931 – zu beobachtende relative Stabilität und ihre entsprechend stabilisierende Außenwirkung, berücksichtigen wir schließlich ihre erfolgreichen Akquisitionen und Übernahmen[104] und insbesondere das Faktum, dass es keiner Berliner Großbank gelang, eines dieser Häuser zu absorbieren oder überhaupt eine führende Stellung im bayerischen Raum zu erringen[105], so ist zu konstatieren: Die Münchner Hypothekenbanken haben dazu beigetragen, den Standort im innerbayerischen wie im gesamtdeutschen Maßstab zu stärken.

[101] Am 30. September 1944 entfielen 57 Prozent des Vermögens aller deutschen Banken (263,7 Mrd. RM exklusive Realkreditinstitute und ländliche Kreditgenossenschaften) auf die o. g. Positionen: Deutsche Bundesbank, Geld- und Bankwesen, S. 74.

[102] 1934 hatte sich die Südboden ihrerseits mit der Mitteldeutschen Bodenkredit-Anstalt in Greiz und 1937 mit der Bayerischen Bodencredit-Anstalt in Würzburg vereinigt: Achterberg, Süddeutsche Bodencreditbank, S. 77.

[103] Bayerische Hypotheken und Wechsel-Bank, Geschäftsberichte 1913, 1938; Bayerische Vereinsbank, Geschäftsberichte 1913, 1938; Bayerische Handelsbank, Geschäftsberichte 1913, 1938; Süddeutsche Bodencreditanstalt, Geschäftsberichte 1913, 1938; Deutsche Bundesbank, Geld- und Bankwesen, S. 84, 86. Lassen wir ihr Kurzkreditgeschäft außer Betracht, untersuchen wir also speziell ihren Anteil am langfristigen Kreditgeschäft der Hypothekenbanken, so ergibt sich ein geringerer, aber gleichwohl gegebener Zuwachs von 14 Prozent (1913) auf 17 Prozent (1938) resp. von 22 auf 27 Prozent. Dass sich im Falle der Vereinsbank der Anteil der außerhalb Bayerns vergebenen Hypotheken von 18 auf 37 Prozent nahezu verdoppelte, überrascht daher nicht. Vgl. Steffan, Bayerische Vereinsbank, S. 247.

[104] Zu Zusammenschlüssen und Übernahmen der Südboden: ebd., S. 262.

[105] Pohl, Konzentration, S. 338, bezeichnet völlig zu Recht die „Konzentrationsentwicklung in Bayern als ein einmaliges Beispiel am Rande des großen Konzentrationsprozesses der Berliner Großbanken."

4. Notenbank und Staatsbank

Bleiben wir kurz bei der Hypo-Bank. Es wurde noch nicht erwähnt, dass sie dereinst als einziges Münchner Institut hatte Banknoten ausgeben dürfen. Selbstverständlich war das lange her. Schon 1875 hatte sie auf ihr Notenprivileg verzichten müssen. Übernommen hatte es die Bayerische Notenbank[106], die damals als Aktiengesellschaft mit einem (eingezahlten) Grundkapital von 7,5 Mio. M installiert worden war. Auf dieses gestützt, durfte sie seither Banknoten im Umfang von bis zu 70 Mio. M emittieren.[107] Auch nach 1918 war das der Fall: Bayern verfügte noch während der Weimarer Republik über eine eigene Notenbank: Nun war deren Handlungsspielraum von Beginn an eng bemessen gewesen. Als sie ihren Betrieb aufgenommen hat, hatte es längst die Mark als deutsche Einheitswährung gegeben, war die aus der Preußischen Bank hervorgegangene, in Berlin ansässige Reichsbank bereits als deutsche Zentralbank in Funktion getreten.[108] Dennoch erscheint es sinnvoll, die Entwicklung der Bayerischen Notenbank in Augenschein zu nehmen. Auch ihr Los dürfte Aufschluss geben über die relative Position des Finanzstandorts München.

Die Rolle der Bayerischen Notenbank als Notenbank war von Anfang an eine bescheidene gewesen, wie gesagt. Neben der Reichsbank hatte es in der Wilhelminischen Ära noch eine ganze Reihe solcher Institute gegeben, Relikte einer Jahrhunderte langen, erst mit der Einführung der Mark beendeten Währungsvielfalt. Die Banknoten, die von ihnen emittiert wurden, lauteten nicht mehr auf Gulden oder Taler, sondern auf die neue Einheitswährung. Die ihnen im Reichsbankgesetz zugestandenen Kontingente waren, verglichen mit dem Ausgabevolumen der Berliner Zentralbank, unbedeutend. 1913 bestritten sie lediglich sechs Prozent des deutschen Notenumlaufs.[109] Ihre tatsächliche Bedeutung entfaltete sich auf einem anderen Feld. Die Befugnis, Noten auszugeben, verschaffte ihnen zinsloses Kapital, das sie zu günstigen Konditionen wieder ausreichen konnten. Sie taten es. Die Bayerische Notenbank bemühte sich nach eigenem Bekunden, „die Vorteile des Notenkredits namentlich den mittleren und kleineren Wirtschaftskreisen der Provinz“ zuzuwenden, „wobei namentlich auch die Kreditbedürfnisse der Landwirtschaft entsprechende Berücksichtigung fanden“.[110] Ende 1913 hatte sie ihr Gesamtkapital von 89,3 Mio. M, darunter 70,0 Mio. M umlaufende Banknoten und 11,3 Mio. M Grundkapital und Reserven, jeweils zu 48 Prozent angelegt in Gold (34,6 Mio. M), Silber und Banknoten (unter ihnen vier Mio. M Reichsbanknoten) sowie in Wechsel- (40,3 Mio. M) und Lombardkrediten.[111]

Während des Ersten Weltkriegs setzte nun auch bei der Bayerischen Notenbank jene inflationäre Scheinblüte ein. Ihr Emissionsprivileg wurde bis Ende 1918 auf 110 Mio. M aufgestockt. Unter ihren Aktiven führte sie zu Kriegsende einen leicht verringerten Edelmetallbestand und, neben einem dem Betrage nach fast unveränderten Wechselbestand (46,4 Mio. M), jene Papiere, die im Gefolge der qua Verschuldung vollzogenen Kriegsfinanzierung den Geld- und Kapitalmarkt überschwemmten: Reichsanleihen (2,6 Mio. M), vor allem aber Reichskassenscheine und Darlehenskassenscheine (41,8 Mio. M).[112] In etwa bei dieser Gewichtung sollte es dann bis zum Ende der Inflati-

[106] Lutz/Stummer, Hundertfünfundzwanzig Jahre, S. 32.
[107] Notthafft/Drausnick/Hauff u. a., Jubiläum [o. S.].
[108] Borchardt, Währung, S. 9 ff.
[109] Sprenger, Geld, S. 200. Die übrigen 94 Prozent entfielen auf die Reichsbank.
[110] Notthafft/Drausnick/Hauff u. a., Jubiläum [o. S.].
[111] Bayerische Notenbank, Geschäftsbericht 1913.
[112] Bayerische Notenbank, Geschäftsbericht 1918.

Sitz der Bayerischen Notenbank, Ludwigstraße 2/Ecke Odeonsplatz (Druck, 1920).

onsära bleiben. Zur Geschäftsentwicklung der anderen hier vorgestellten Kreditinstitute, also zu derjenigen der Nicht-Notenbanken, bestand allerdings doch ein ganz wesentlicher Unterschied. Die Bayerische Notenbank besaß und behielt ihren zuletzt mit knapp 29 Mio. M bewerteten Goldbestand. Und der war im Gegensatz zu den meisten mit dem Währungsschnitt verfallenden Papiermarkforderungen wertbeständig. In der Folge überstand die Notenbank die Inflation mehr als unbeschadet. Sie veröffentlichte Ende 1924 in ihrem ersten auf Reichsmark lautenden Jahresabschluss mit 96,7 Mio. RM nicht nur eine höhere Bilanzsumme als elf Jahre zuvor, sondern obendrein ein höheres Eigenkapital: 25 Mio. RM.[113]

Tabelle 7: Eigenkapitalentwicklung der Bayerischen Notenbank 1913-1924 (Eigenkapitalbestand zum Jahresende)

	1913	1924
Bayerische Notenbank	11,3 Mio. M	25,0 Mio. RM
Deutsche Kreditinstitute insgesamt	7,1 Mrd. M	2,0 Mrd. RM

Quelle: Bayerische Notenbank, Geschäftsberichte 1913, 1924; Deutsche Bundesbank, Geld- und Bankwesen, S. 75.

[113] Bayerische Notenbank, Geschäftsbericht 1924.

Ein Jahr später, 1925, konnte sie dann einen abermaligen Rekord vermelden. Ihre Bilanzsumme belief sich jetzt auf 118,6 Mio. RM, bei einem Notenumlauf von – wie vor dem Krieg – 70,0 Mio. RM und einem Wechselbestand von 78,7 Mio. RM.[114] Ähnliche Größenordnungen verzeichnete die Bank auch in der Folgezeit. Das Geschäftsvolumen veränderte sich allenfalls marginal. Die Zahlen des Jahres 1933 sollten sich kaum von denen des Jahres 1925 unterscheiden. Überhaupt sollte die Notenbank ihre traditionellen Bahnen nicht mehr verlassen. Sie engagierte sich bei nahezu konstantem Mittelbestand unverändert im kurzfristigen Kredit-, im Wechsel- und Lombardgeschäft – und ging dabei ebenfalls recht vorsichtig zu Werke. Weltwirtschaftskrise und selbst Bankenkrise gingen nämlich auch an ihr nahezu spurlos vorüber. Dass sie in keinerlei Liquiditätsprobleme geriet, überrascht nicht unbedingt, standen ihre Kapitalien doch de facto unbefristet zur Verfügung. Dass sie keine Verluste verzeichnete, stattdessen fortwährend erhebliche Gewinne ausschüttete[115], war angesichts ihrer Betätigung im Unternehmenskreditgeschäft indes alles andere als selbstverständlich, zumal die bayerische Wirtschaft von der Krise nur unwesentlich schwächer[116], phasenweise sogar noch härter getroffen wurde als das übrige Reichsgebiet.[117] Es bleibt festzuhalten, dass die Bayerische Notenbank in den Krisenjahren wie die Münchner Hypothekenbanken weder Liquiditätskredite noch Zuschüsse der öffentlichen Hand in Anspruch nahm. Sie betrieb durchgehend „business as usual".

Es war nicht eine fehlerhafte Geschäftspolitik, die dennoch ihr Ende herbeiführen sollte. Es war die Politik der nationalsozialistischen Reichsregierung, die endlich die Banknotenausgabe bei der Reichsbank konzentrieren wollte. Im „Reichsgesetz zur Änderung des Privatnotenbankgesetzes" vom 18. Dezember 1933 bestimmte sie, dass die Emissionsrechte der vier verbliebenen regionalen Notenbanken, neben der Bayerischen die Sächsische, die Württembergische und die Badische, per Ende 1935 erloschen.[118] Die Münchner Notenbank ging damit zwangsläufig des Gros ihres Kapitals verlustig, hatte darüber hinaus ihren Goldbestand nach Berlin abzuführen. Die Hoffnung ihres Vorstandes, das Institut als regionale Kreditbank fortführen zu können, erfüllte sich daher nicht. 1935 wurde sie von der Bayerischen Staatsbank übernommen.[119] Kam dem mit Blick auf den Finanzplatz München Bedeutung zu? Keine sonderlich große. Gewiss, der Tatsache, dass die Landeshauptstadt von nun an über keine eigene Notenbank mehr verfügen würde, wohnte Symbolcharakter inne. Symbol aber war das Ende der Notenbank nicht für ein aktuelles Geschehnis, sondern für einen Wandel, der sich bereits Jahrzehnte vorher vollzogen hatte. Die Zügel der Geldpolitik ruhten seit langem in den Händen der Reichsbankleitung. Mit dem Ende des Münchner

[114] Bayerische Notenbank, Geschäftsbericht 1925.

[115] Bayerische Notenbank, Geschäftsberichte 1931 ff.

[116] Der Großraum München litt in der Tat weniger unter der Krise als der Reichsdurchschnitt. Das hoch industrialisierte Nürnberg war jedoch umso stärker betroffen. Obschon die Hochkonjunktur 1927/1928 in Bayern schwächer ausgefallen war als im Gesamtreich, seine Wirtschaft also von niedrigerem Niveau aus in die Krise gestartet war, verzeichnete es „gegenüber 1928 trotz der großen Rolle der Landwirtschaft und im allgemeinen gesunden Binnenmarktstruktur" eine nur „schwach überdurchschnittlich[e]" Entwicklung: Werner, Wirtschaftsgebiete, S. 51.

[117] Im Krisenjahr 1931 erhöhte sich die Zahl der beantragten Konkurs- und Vergleichsverfahren reichsweit um 22 bzw. 20 Prozent; in Bayern stieg sie um 34 bzw. 36 Prozent. Hierzu und zu den diesbezüglichen Auswirkungen auf die Bankensphäre: Bayerische Staatsbank, Geschäftsbericht 1931, S. 7 f.

[118] Rittmann, Geldgeschichte [1996], S. 207 f.

[119] Steffan/Diehm, Bayerische Staatsbank, S. 337.

Emissionsprivilegs wurde dieses Faktum formal besiegelt. Wirklich verloren ging wenig mehr als eine Möglichkeit zur Beschaffung günstigen Kapitals. Und selbst deren Bedeutung hielt sich in Grenzen. Die Notenbank zählte ihrem Umfang nach zu den kleinen Häusern am Platz. 1928 hatte selbst die Privatbank Aufhäuser eine höhere Bilanzsumme aufgewiesen; die der Hypo-Bank war achtmal so hoch ausgefallen.[120]

Die Notenbank samt ihren Filialen und Agenturen wurde also von der Bayerischen Staatsbank absorbiert, die allerdings schon in den zwanziger Jahren die Aktienmehrheit erworben hatte.[121] Nicht nur darin äußerte sich das größere Gewicht der Staatsbank sowohl für die bayerische Wirtschaft als auch innerhalb des Münchner Bankwesens. Sie verzeichnete schlicht ein umfänglicheres Geschäftsvolumen. Ende 1934, wenige Monate vor der Übernahme der Notenbank, lag es bei 484 Mio. RM. Das der Letzteren belief sich auf 109 Mio. RM.[122] Die Staatsbank war, nebenbei bemerkt, auch das ältere Institut. Sie wurzelte im „Hochfürstlich Brandenburgisch-Anspach-Bayreuthischen Hof-Banco", der im Juli 1780, ein knappes Jahrhundert vor der Notenbank, seine Geschäfte aufgenommen hatte. 1806 war er als „Königlich Baierische Banco" in das Eigentum des Königreichs Bayern übergegangen, ein Jahr darauf nach Nürnberg umgesiedelt.[123]

Just hier beginnt die Geschichte des – 1918 in Bayerische Staatsbank umbenannten – Hauses für uns interessant zu werden. Sein Hauptsitz sollte nämlich während der gesamten Wilhelminischen Ära in der Frankenmetropole verbleiben. An die Seite der Staatsregierung, nach München, rückte es erst 1920! Dann aber verkörperte der Ortswechsel, im Gegensatz zum Ende der Notenbank, mehr als nur einen symbolischen Schritt. War zuvor von einem solchen Umzug abgesehen worden, weil dem die „Bedeutung Nürnbergs als der ersten Handels- und Industriestadt Bayerns"[124] entgegengestanden hatte, so zeigte sich während und unmittelbar nach dem Ersten Weltkrieg nicht nur, dass der Geschäftsverkehr – und zwar insbesondere der durch die Staatskassen verursachte – der Münchner Niederlassung den aller anderen überstieg. Es galt nun vor allem die Zielsetzung, „den Verkehr [...] mit dem Finanzministerium und den anderen Regierungsstellen zu vereinfachen und zu beschleunigen."[125] Der Wechsel an die Isar war also einerseits Folge des Geschäftsverlaufs und der wachsenden Bedeutung des Finanzplatzes München. Er war zugleich aber mehr als das. Indem Geschäfte dorthin verlagert wurden, trieb er dessen innerbayerische Dominanz weiter voran. Und noch etwas wird daran deutlich: das, wie erwähnt, bereits in einer anderen Untersuchung zu Tage getretene überragende Gewicht politischer Faktoren und namentlich der Hauptstadtfunktion für das Werden und Gedeihen eines Finanzzentrums.[126] Das galt für Berlin im gesamtdeutschen Rahmen, und es galt für München im bayerischen.

Im Los der Staatsbank manifestierten sich beide Wirkungsrichtungen, die innerbayerische, gen München und die innerdeutsche, gen Berlin wirkende. Die innerdeutsche zeigte sich beispielsweise auf der Passivseite der Bilanz. Hier schlugen sich nämlich die

[120] Bayerische Notenbank, Geschäftsbericht 1928; Bayerische Hypotheken- und Wechsel-Bank, Geschäftbericht 1928; vgl. ferner Kap. IV.6 sowie Tabelle 12.
[121] Bayerische Notenbank, Geschäftsbericht 1926, S. 5.
[122] Bayerische Notenbank, Geschäftsbericht 1934, Bayerische Staatsbank, Geschäftsbericht 1934.
[123] Steffan, Bayerische Staatsbank, S. 50 ff.
[124] Ebd., S. 195.
[125] Ebd.
[126] Vgl. Kap. IV.2.

„Verreichlichungstendenzen“ der Weimarer Verfassung ganz unmittelbar nieder. Heeresverwaltung, Steuerverwaltung, Post- und Eisenbahnwesen wurden vom Land auf das Reich übertragen. In der Folge wickelten diese Stellen ihre Geschäfte nicht mehr via Bayerischer Staatsbank, sondern via Reichsbank ab.[127] München verlor Einlagen. Später, in den Dreißigerjahren, legte die Reichsregierung ihr besonderes Augenmerk auf die Aktiven der Staatsbank. Jetzt sollte diese ihre Mittel in die vom Reich aufgelegten Papiere investieren. Überhaupt sollte sich die Zentralisierungstendenz unter dem NS-Regime weiter verstärken, wie es bereits im Falle der Börsen deutlich geworden ist. Die Bank verlor jetzt selbst die letzten verbliebenen Konten von Reichsstellen.[128] Und: Sie wurde per legem dem Zugriff Berlins unterworfen. Mit dem „Gesetz über Staatsbanken“ vom 18. Oktober 1935 entzog die Reichsregierung den Ländern das Aufsichtsrecht über die Staatsbanken und übernahm es selbst.[129] Als wesentlich für ihre weitere Entwicklung sollte sich freilich weniger dieser Transfer erweisen. Letztlich entscheidend waren die genannten grundlegenden Weichenstellungen, die systematische Instrumentalisierung des Finanzwesens zur Rüstungs- und Kriegsfinanzierung. Der Staatsbank erging es, die Bilanzen belegen es, wie allen anderen.

Das gilt bereits für die Zeit des Ersten Weltkrieges. Wiederum stoßen wir hier auf eine exzessive, inflationäre Aufblähung der Geschäfte. Wiederum schrumpften die Positionen in sich zusammen, als die Währung stabilisiert wurde. Die Staatsbank bewegte sich damals also, anders als die Notenbank, in typischen Bahnen. Konnte die Letztere, wie erwähnt, dank wertbeständiger Goldvorräte ihr Eigenkapital erhalten und Ende 1924 die Bilanzsumme des Jahresendes 1913 nahezu einstellen, so verlor die Staatsbank im selben Zeitraum über drei Viertel ihres Eigenkapitals. Ihre Bilanzsumme lag Ende 1924 mit 203 Mio. RM rund 40 Prozent niedriger als elf Jahre zuvor (339 Mio. RM).[130] Die deutschen Kreditinstitute in ihrer Gesamtheit verzeichneten einen in etwa identischen Eigenkapitalrückgang und eine Verkürzung ihrer Bilanzsumme von fast 80 Prozent. Letzteres, d. h. der unterdurchschnittliche Rückgang des Münchner Instituts, lag vor allem in einem begründet: Der Rekonstruktionsprozess vollzog sich dort, wie bei allen Staatsbanken (da die öffentliche Hand seinerzeit beträchtliche Überschusse erzielte, die sich in rasch wachsenden Einlagen bei den Hausbanken niederschlugen), vergleichsweise zügig.[131]

In den folgenden sechs Jahren sollte sich der relative Vorsprung denn auch wieder ausgleichen. Bis Ende 1930 konnte die Staatsbank ihre Bilanzsumme auf 407 Mio. RM knapp verdoppeln. Alle deutschen Banken versechsfachten sie nahezu. So rasch sich die Bayern also unmittelbar nach der Inflation wieder hatten aufrappeln können – das Geschäftsvolumen der Vorkriegzeit war bereits 1925 deutlich übertroffen worden –, so unterdurchschnittlich mehrten sie ihre Geschäfte während der „goldenen“ Zwanziger, im Vergleich zu der Gesamtheit des deutschen Bankwesens und jetzt, das war neu, auch im Vergleich zu den übrigen acht damals tätigen Staatsbanken. Die Daten belegen für den Zeitraum von Ende 1925 bis Ende 1930 ein Münchner Wachstum von knapp

[127] Steffan/Diehm, Bayerische Staatsbank, S. 248, 276. Insoweit sie eine Verlagerung verzögerten, wurde diese von der Reichsbankleitung forciert. Die öffentlichen Gelder bei sich zu konzentrieren, war deren erklärtes Ziel. Die zunächst zwischen Staatsregierung und Bahn sowie Post verabredete Belassung bestimmter Geschäfte bei der Staatsbank war daher nicht von Dauer.
[128] Ebd., S. 347 f.
[129] Ebd., S. 330. In Teilen wurde es anschließend zwar wieder an die Länder zurück delegiert, de jure aber oblag die Aufsicht fortan dem Reich.
[130] Bayerische Staatsbank, Geschäftsberichte 1913, 1924.
[131] Steffan, Bayerische Staatsbank, S. 206; Deutsche Bundesbank, Geld- und Bankwesen, S. 90 f.

neun Prozent und einen durchschnittlichen Zuwachs der anderen staatlichen Institute von 70 Prozent.[132] Erst im Krisenjahr 1931 sollten sich die Staatsbanken mit einem Minus von elf (München) bzw. 13 Prozent (alle anderen) wieder im Gleichtakt bewegen, um sich dann während der dreißiger Jahre abermals auseinander zu entwickeln. Nun hatte die Bayerische Staatsbank die Nase vorn. Bis Ende 1938 verlängerte sie ihre Bilanzen um 67 Prozent, die übrigen Staatsbanken die ihrigen nur um 27 Prozent. Innerhalb der eigenen Sphäre kehrte München auf den langfristigen Wachstumspfad zurück.[133]

Tabelle 8: Aktiven der Bayerischen Staatsbank 1928-1944 (in Tsd. RM)

	1928	1936	1944
Bilanzsumme	424 557	489 343	1 840 326
Schatzwechsel, unverzinsliche Schatzanweisungen[1)]	0	34 149	1 088 680
Anleihen, verzinsliche Schatzanweisungen[1)]	10 350	94 379	128 875

Quellen: Bayerische Staatsbank, Geschäftsberichte 1928, 1936, 1944.
[1)] von Reich und Ländern.

Für das relative Zurückbleiben in den zwanziger Jahren hatte es selbstverständlich Gründe gegeben. Einer ist uns bereits begegnet: Gleich den örtlichen Hypothekenbanken hatte die Staatsbank sowohl in der Kreditgewährung als auch in der Refinanzierung das Vorsichtsprinzip walten lassen, hatte sich namentlich bei der Aufnahme kurzfristiger Auslandskredite Zurückhaltung auferlegt.[134] In der Folge hatte auch sie zu keiner Zeit die Gewinnzone verlassen und keinerlei Staatshilfen beanspruchen müssen.[135] Dies als Besonderheit konzedierend, blieb es bei der bereits festgestellten Gesamtentwicklung. Die Bayerische Staatsbank bewegte sich wieder im Strom, vollends nach dem Ausbruch des Zweiten Weltkrieges. Ihre Bilanzsumme erreichte Rekordhöhen, stieg bis Ende 1944 auf über 1,8 Mrd. RM, d. h. gegenüber dem Jahresende 1938 auf das Dreifache (die aller deutschen Kreditinstitute stieg ungefähr auf das Dreieinhalbfache), gegenüber 1913 auf annähernd das Sechsfache.[136] Die Basis des Wachstums war, wie allerorten, der ungehemmte Erwerb von Reichspapieren. Die einst unbedeutende Position „Schatzwechsel und unverzinsliche Schatzanweisungen" belief sich jetzt, wie aus der obigen Tabelle 8 ersichtlich, auf 1,1 Mrd. RM, die der „Anleihen und verzinslichen Schatzanweisungen" auf 129 Mio. RM. Beider Anteil am Gesamtgeschäft lag bei fast zwei Dritteln, so hoch wie bei den Staatsbanken, Girozentralen und Landesbanken in ihrer Gesamtheit und wie im Übrigen selbst bei den Berliner Großbanken.[137] Auch die Bayerische Staatsbank war zum Finanzier des Reiches geworden.

[132] Datenbasis: Bayerische Staatsbank, Geschäftsberichte 1925, 1930; Deutsche Bundesbank, Geld- und Bankwesen, S. 90.
[133] Datenbasis: Bayerische Staatsbank, Geschäftsberichte 1932, 1938; Deutsche Bundesbank, Geld- und Bankwesen, S. 90.
[134] Vgl. u. a. Bayerische Staatsbank, Geschäftsbericht 1930, S. 8.
[135] Steffan/Diehm, Bayerische Staatsbank, S. 313.
[136] Bayerische Staatsbank, Geschäftsberichte 1913, 1938, 1944; Deutsche Bundesbank, Geld- und Bankwesen, S. 74.
[137] Ebd., S. 78, 88.

Damit stehen wir erneut vor der Frage nach ihrer Rolle im gesamtdeutschen Kontext. Akzentuieren wir qualitative Aspekte, so müssen wir – das haben die Ausführungen gezeigt – einen relativen Bedeutungsverlust konstatieren. Betonen wir quantitative, so ergibt sich kein derart eindeutiges Bild. Sicher, eine Abwanderung öffentlicher Kunden, speziell solcher, die nunmehr der Hoheit des Reiches unterstanden, war zu beobachten. Wir haben es dargelegt. Der Anteil des Münchner Instituts an der aggregierten Bilanzsumme der Staatsbanken war rückläufig. Er sank von 29 Prozent Ende 1913 auf 21 Prozent Ende 1938 (entsprechende Zahlen für das Jahr 1944 liegen nicht vor).[138] Allein, vor dem Ersten Weltkrieg hatte es neben der Bayerischen drei weitere Staatsbanken gegeben; vor dem Ausbruch des Zweiten waren es deren neun (unter Einschluss des annektierten Österreichs). Der quantitative Bedeutungsverlust beruhte also, erstens, auf einer, auch geographischen, Ausdehnung des Bezugsrahmens. Zu einem völlig anderen Ergebnis gelangen wir, zweitens, wenn wir die Gesamtheit der deutschen Kreditinstitute als Vergleichsbasis heranziehen. Der Anteil der Bayerischen Staatsbank an deren kumulierter Bilanzsumme blieb nämlich von 1913 bis 1944 fast unverändert, ist sogar um Nuancen angestiegen.[139] Der Münchner Geschäftsleitung ist es demnach nicht nur gelungen, die viel zitierten Abwanderungsbewegungen zu kompensieren. Sie konnte ihre Position am gesamtdeutschen Markt, sofern wir sie rein quantitativ und anhand ihres Anteiles am Bankengeschäft überhaupt ermitteln, behaupten.

5. Girozentrale und Gemeindebank

Eine weitere bedeutende öffentliche Bank domizilierte am Ende des Untersuchungszeitraumes in München, eine, die es zu Beginn noch gar nicht gegeben hatte. Die Bayerische Girozentrale war erst 1917 als selbständiges Kreditinstitut errichtet, zwei Jahre später in eine „öffentliche Bankanstalt“ – mit einem Eigenkapital von zehn Mio. M – umgebildet worden. Seit 1925 firmierte sie als Bayerische Gemeindebank (Girozentrale).[140] Am Ende des Untersuchungszeitraums zählte sie, nach einem atemberaubenden Wachstum, zu den größten Häusern am Platz. Wenig überraschend: Auch ihr Wachstum war kein singuläres, nur in München anzutreffendes Phänomen. Die Girozentralen, allesamt erst im zwanzigsten Jahrhundert entstanden, erlebten ausnahmslos ein solches Wachstum.[141] Wiederum spiegelten sich am Münchner Vertreter der Sparte also allgemeine Tendenzen wider. Und doch zeigt sich hier eine ganz und gar spezifische Entwicklung. Die Bayerische Girozentrale erlebte nämlich einen ersten Knock-out lange vor der allgemeinen Bankenkrise. Und genau das veranlasste sie fortan zu einer Geschäftspolitik, die sie 1931 vor solch einer Katastrophe verschonen sollte, wie sie beispielsweise die größte deutsche Landesbank, die in Düsseldorf ansässige Rheinische Landesbank, erfahren würde.

Das Spitzeninstitut des bayerischen Sparkassenwesens war 1917 als selbständiges Institut formiert worden, seine Tätigkeit aufgenommen hatte es bereits 1915, als Geschäftsstelle des Giroverbandes bayerischer Sparkassen.[142] Die Gründung hatte sich

[138] Ebd., S. 90; Bayerische Staatsbank, Geschäftsberichte 1913, 1938.
[139] Datenbasis: Bayerische Staatsbank, Geschäftsberichte 1913, 1938, 1944; Deutsche Bundesbank, Geld- und Bankwesen, S. 74.
[140] Doehlemann, Bayerische Gemeindebank, S. 25 ff.
[141] Wysocki, Entwicklung, S. 37 ff.; Hentschel, Entwicklung, S. 53 ff.
[142] Doehlemann, Bayerische Gemeindebank, S. 28 f.

Sitz der Bayerischen Gemeindebank – Girozentrale –, Brienner Straße 48-49/Ecke Türkenstraße, Maxvorstadt (Druck, um 1950).

keineswegs zufällig ergeben. Während des Krieges sollte, von Staats wegen, der bargeldlose Zahlungsverkehr forciert werden, um die zirkulierenden Goldmünzen der Reichsbank zuleiten zu können; die Girozentralen dienten eigens diesem Zweck. Zugleich war es ihr Unterbau, waren es die Sparkassen, die seit Kriegsausbruch einen Gutteil der immer schneller wachsenden Geldmenge absorbierten und ihren Girozentralen und Landesbanken zuleiteten.[143] Deren Geschäftsvolumen wuchs daher noch stärker als das der übrigen Banken. Die Bayerische Girozentrale bilanzierte Ende 1918 Aktiven und Passiven von jeweils 72 Mio. M. Sechs Jahre später, nach der Währungsreform, waren davon immerhin je 55 Mio. RM verblieben.[144] Auf den ersten Blick mochte das nicht atemberaubend erscheinen; die Bilanzsumme der Staatsbank war zu diesem Zeitpunkt viermal so hoch.[145] Angesichts dessen, dass die Girozentrale aber erst kurz zuvor gleichsam aus dem Nichts entstanden war, waren die Ziffern beachtlich. Und die Entwicklung war noch lange nicht zu Ende.

Im Falle der Girozentrale hatte sich übrigens erneut jenes bereits mehrfach festgestellte Phänomen offenbart: die fortschreitende Konzentration des bayerischen Finanzwesens in München. Die Girozentrale resp. die Geschäftsstelle des Giroverbandes hatte in den ersten Jahren ihres Bestehens nämlich nicht von dort aus operiert. Sie war in

[143] Caesar, Finanzierung, S. 57 ff.
[144] Bayerische Gemeindebank, Geschäftsberichte 1918, 1924.
[145] Vgl. Kap. IV.4.

Nürnberg – seinerzeit, wie schon angedeutet, „ein wirtschaftlich viel bedeutenderer Platz als die Landeshauptstadt“[146] (Spiethoff) – tätig geworden, in der gleichen Stadt also, in der auch die Bayerische Staatsbank ihren Hauptsitz unterhielt. Nach ihrer Verselbständigung hatte sich daran nichts geändert. Erst 1920 hatte sie der Frankenmetropole den Rücken gekehrt, um, nahezu zeitgleich mit der Staatsbank, in die Hauptstadt überzusiedeln.[147] Für den Standort München war das Jahr 1920 folglich, das lässt sich als Zwischenergebnis konstatieren, von erheblicher Bedeutung. Mit dem parallelen Zuzug von Staatsbank und Girozentrale, der beiden bedeutendsten öffentlichen Kreditinstitute im Lande, hatte sich der Schwerpunkt des öffentlichen Bankwesens auf sein Territorium verlagert.

Der Girozentrale erging es nach ihrem Ortswechsel zunächst alles andere als gut. Wir haben es angesprochen: Sie expandierte in den Inflationsjahren, zumindest nominal in Papiermark gemessen, rasant. Als ihre Leitung nach der Währungsstabilisierung diesen Kurs ungebremst fortsetzte – die Bilanzsumme sollte sich 1924 fast verfünffachen –, brach das Institut zusammen. Eine überforderte Geschäftsleitung hatte sich mit umfänglichen Engagements im Firmenkreditgeschäft schlichtweg übernommen. Im Geschäftsbericht des Jahres 1924 war unumwunden von der „geschäftlichen Überlastung“ die Rede, „die den Herren der [...] Geschäftsführung ein sorgsames Bearbeiten und Überwachen der Kreditgeschäfte erschwert“ habe, von „folgenschwersten Fehler[n] subjektiver und objektiver Art“, davon, dass „grundlegende Momente und Fragen der Krediteinräumung unbeachtet gelassen worden seien“.[148] Am Ende stand ein Desaster: Die Bank hatte Aktiven in einem Volumen abzuschreiben, das den Umfang der eigenen Mittel (3,3 Mio. RM) bei weitem überstieg. Bis Ende 1925 summierten sich die Verluste auf über zehn Mio. RM. Das Institut hätte vor den Konkursrichter treten müssen, wären nicht die in Berlin ansässige Deutsche Girozentrale (DGZ) und der bayerische Steuerzahler in die Bresche gesprungen. Die DGZ überließ ihm als verlorenen Zuschuss vier Mio. RM, der Freistaat weitere 3,1 Mio. RM.[149] Die Bayerische Girozentrale war gerettet. Negative Auswirkungen auf den Finanzplatz München zeitigte der Vorgang nicht. Dass die Integration des deutschen Sparkassenwesens dem bayerischen ganz unmittelbar zugute gekommen war, mochte nicht einmal der ärgste Separatist bestreiten.

Tabelle 9: Bilanzentwicklung der Bayerischen Gemeindebank (Girozentrale)

Bilanzsumme am Jahresende	1913	1925	1930	1932	1938
Bayerische Gemeindebank (in Tsd. RM)		53 471	372 983	324 082	618 851
Landesbanken/Girozentralen[1)] (in Mio. M bzw. RM)	1 755	1 668	6 962	6 330	9 053
Kreditinstitute insgesamt (in Mio. M bzw. RM)	66 388	22 936	63 249	56 193	77 174

[1)] ohne Bayerische Gemeindebank (Girozentrale).
Quelle: Bayerische Gemeindebank, Geschäftsberichte 1913-1938; Deutsche Bundesbank, Geld- und Bankwesen, S. 74, 92.

[146] Spiethoff, Größe, S. 148.
[147] Doehlemann, Bayerische Gemeindebank, S. 29.
[148] Bayerische Gemeindebank, Geschäftsbericht 1924.
[149] Bayerische Gemeindebank, Geschäftsberichte 1924, 1925.

Selbstverständlich wurden in München Konsequenzen gezogen, und es waren keineswegs nur solche personeller Natur. Die neuen Direktoren der Girozentrale leiteten anders als ihre Vorgänger nicht mehr zugleich Bank und Verband. Der Bayerische Sparkassen- und Giroverband und die Bayerische Girozentrale waren fortan organisatorisch wie personell klar geschieden, zum einen.[150] Zum anderen befleißigten sich die Herren einer neuen Geschäftspolitik. Sie zogen sich aus der Sphäre des privaten Unternehmenskredits zurück, konzentrierten sich auf die Kreditierung der öffentlichen Hand, insbesondere – der gewandelte Name: Bayerische Gemeindebank (Girozentrale) war Programm – der Gemeinden. An der fortdauernden, allerorten zu beobachtenden Expansion des Sparkassensektors teilzuhaben, hinderte sie das nicht im Mindesten. Die Wachstumsraten der Girozentrale erreichten bald nach ihrer Wiederaufrichtung neue Rekordhöhen. Ende 1930 wies sie eine Bilanzsumme von rund 373 Mio. RM aus, nach knapp 54 Mio. RM Ende 1925 (+ 598 Prozent). Ihr Zuwachs lag damit signifikant über dem der übrigen Girozentralen und Landesbanken (+ 318 Prozent, obschon sich deren Zahl von 28 auf 31 erhöht hatte). Zugleich war sie mit der Ende 1925 noch sechsmal größeren Staatsbank nahezu gleichgezogen (vgl. Tabelle 9).[151]

Wer aber angesichts solcher Zuwächse vermutet, die neue Führung der Girozentrale wäre nach einer kurzen Schamfrist in die Fehler der „überlasteten" Vorgängerin zurück verfallen, der irrt. Die Politik der Münchner Girozentrale zeichnete sich nämlich nicht nur durch ihre dauerhafte Konzentration auf den Gemeindekredit aus. Sie war vor allem, im intertemporären wie im interregionalen Vergleich, grundsolide. Die Bayern achteten erstens mehr als manche Kollegen in anderen Ländern auf ein hinreichendes Maß an Fristenkongruenz. Sie scheuten also die – seinerzeit weit verbreitete und, wie sich in der Bankenkrise zeigen sollte, letztlich verhängnisvolle – langfristige Ausleihung kurzfristiger Mittel.[152] Zweitens nötigten sie mittels einer restriktiven und vorsichtigen Kreditvergabe auch ihre Hauptkreditnehmer, die Kämmerer, zu einer soliden Finanzpolitik. Gemeinden vermochten sich bei der Girozentrale nur dann zu verschulden, wenn sie einen ausgeglichenen Etat vorweisen konnten und die Bedienung ihrer Darlehen gesichert war. Vor allem eines gab es bei der Bayerischen Gemeindebank zu keiner Zeit: kurzfristige Kassenkredite, deren termingerechte Abdeckung durch reguläre, etatmäßige Einnahmen nicht a priori garantiert war.[153]

Diese Politik, ein Kind des frühen Münchner Kollapses, war damals alles andere als typisch. Namentlich bei der größten und renommiertesten deutschen Landesbank, der in Düsseldorf beheimateten Rheinischen Landesbank (und Girozentrale), verhielt es sich völlig anders. Dort wurden den Kommunen Kredite geradezu aufgedrängt, mit zweifacher Konsequenz: Während die Bank nach und nach in eine bedrohliche Schieflage geriet, sie ihr Darlehensgeschäft in stetig steigendem Maße auch im Ausland kurzfristig refinanzierte, zugleich ihre Liquidität immer mehr vernachlässigte, verschuldeten sich die dortigen Kämmerer weit stärker als in den übrigen Reichsgebieten.[154] Seit dem

[150] Doehlemann, Bayerische Gemeindebank, S. 32.
[151] Zur Staatsbank vgl. Kap. IV.4.
[152] Bayerische Gemeindebank, Geschäftsberichte 1925-1931, dort neben Bilanzen und Gewinn- und Verlustrechnungen (GuV) insbesondere auch die jeweiligen Erläuterungen, z. B.: Geschäftsbericht 1927, S. 13; 1928, S. 23; 1929, S. 20 f.; 1930, S. 22; 1931, S. 17 f.; zu den Konsequenzen vgl. Kap. IV.5 , Anm. 159.
[153] Bayerische Gemeindebank, Geschäftsberichte 1926, S. 17; 1927, S. 14; 1928, S. 21; 1929, S. 20 f.; 1930, S. 19 ff.; 1931, S. 19 f.; ferner Spiethoff, Größe, S. 183 f.
[154] Fischer, Risikosozialisierung, S. 62 ff.

Sommer 1931 wurde beiden Parteien die Rechnung präsentiert. Die Rheinische Landesbank wurde als erstes großes deutsches Bankhaus überhaupt, d. h. noch vor der diesbezüglich oft genannten Darmstädter und Nationalbank, zahlungsunfähig und riss den gesamten Sparkassensektor, wenn nicht das Bankwesen überhaupt, mit sich.[155] Die maßgeblich infolge der aggressiven Kreditpolitik ihrer Landesbank völlig überschuldeten rheinischen Gemeinden glitten in einen faktischen Bankrott und mussten die Bedienung ihrer umfänglichen Kredite einstellen, um sich in den Folgejahren einer mühevollen Umschuldung zu unterziehen. Die Bank wurde schließlich mit hohem Kostenaufwand – die Bürger der Rheinprovinz hatten gar eine Sondersteuer aufzubringen, um die aufgelaufenen Verluste abzudecken – rekonstruiert.[156]

In München war solches nicht erforderlich. Stattdessen ernteten die dortige Girozentrale und die bayerischen Kommunen die Früchte des beschriebenen Kurses. Erstere zählte zu den wenigen größeren deutschen Bankhäusern, die den dramatischen Sommer des Jahres 1931 dank ihrer überdurchschnittlich hohen Liquiditätsreserven ohne jegliche Hilfe von außen überstehen konnten. Erst ab dem Herbst beanspruchte sie angesichts der Tatsache, dass sie ihren Einlegern bis Jahresende insgesamt 117 Mio. RM auszahlen musste (Bilanzsumme Ende 1930: 373 Mio. RM), eine vergleichsweise niedrige Kreditlinie der hierfür geschaffenen Akzept- und Garantiebank.[157] Verluste waren aber auch jetzt nicht zu beklagen. Nutznießer waren die Sparkassen, die auf ihre bei der Girozentrale angelegten flüssigen Mittel problemlos zugreifen konnten – während die Reserven der rheinischen Sparkassen bei der Rheinischen Landesbank samt und sonders eingefroren waren.[158] Nutznießer waren zugleich die bayerischen Kämmerer. Ihr finanzieller Handlungsspielraum war dank niedrigerer Schuldenlast[159] höher als derjenige der rheinischen Kollegen.[160] In der Folge konnten sie ihre Kredite fast ausnahmslos weiter bedienen. Die Zins- und Tilgungsrückstände der Münchner Girozentrale beliefen sich Ende 1931 auf geringe 3,2, Ende 1932 auf 8,5 Prozent. Zum Vergleich: Der entsprechende Düsseldorfer Wert betrug Ende 1932 71,5 Prozent.[161]

Die Gemeindebank überstand die Bankenkrise also ohne Blessuren. Dennoch drohte ihr bald Ungemach. Und nicht nur ihr, sondern dem Sparkassensektor überhaupt: Dessen Betätigung im Bankgeschäft war den Verfechtern des privaten Bankwesens seit langem ein Dorn im Auge. Sie sehnten sich nach der „Arbeitsteilung" der Vorkriegszeit zurück, nach jener Epoche also, in der sich die Sparkassen auf das bloße Einsammeln von Spareinlagen konzentriert und allenfalls einige Hypothekar- und Kommunalkredite ausgereicht hatten. Seit 1908, als ihnen die passive Scheckfähigkeit zugestanden und damit die Möglichkeit eröffnet worden war, Depositenabteilungen und Kontokorrent-

155 Fischer, Landesbank, S. 523 ff.; Pohl, Sparkassen, S. 137.

156 Fischer, Landesbank, S. 369 ff.

157 Bayerische Gemeindebank, Geschäftsbericht 1930, S. 17.

158 Zur vergleichsweise günstigen Lage der bayerischen Sparkassen: Spiethoff, Größe, S. 194, 201.

159 Ihr Schuldenstand lag mit Ausnahme Augsburgs signifikant unter dem Reichsdurchschnitt. Ganz besonders galt dies für die kurzfristige Verschuldung: Die der sieben größten bayerischen Städte betrug Ende 1932 33,61 RM pro Einwohner (ohne Augsburg und München sogar nur 15,38 RM). Im Reichsdurchschnitt lag sie bei 51,41 RM; die der sieben größten rheinischen Städte belief sich auf 100,34 RM. Eigene Berechnungen nach: Statistisches Jahrbuch deutscher Städte 28 (1932), S. 540 ff.

160 Zur Finanzlage der bayerischen Gemeinden: Spiethoff, Größe, S. 183, 186.

161 Bayerische Gemeindebank, Geschäftsbericht 1931, S. 20; 1932, S. 20; Rheinische Landesbank, Geschäftsberichte 1931 ff.; Fischer, Landesbank, S. 415, Tab. 48.

konten einzurichten und den Scheck- und Überweisungsverkehr aufzunehmen, und vollends seit 1921, als diverse Landesregierungen ihnen den Status von Universalbanken zugebilligt hatten[162], waren die Proteste nicht mehr verklungen.[163] Schon einmal hatten die Privaten in einer groß angelegten Kampagne das Rad gegen die vermeintliche „kalte Sozialisierung" zurückzudrehen versucht.[164] Jetzt versuchten sie Arm in Arm mit der von Hjalmar Schacht geleiteten Reichsbank erneut, dem Sparkassensektor den Giroverkehr ein für allemal zu entziehen, stellten gar die Existenzberechtigung der Girozentralen per se in Frage.[165] Allein, sie gelangten wiederum nicht ans Ziel. Eine entscheidende Rolle hierbei spielte niemand anders als der Direktor der Bayerischen Gemeindebank, Friedrich Doehlemann.[166]

Die Gemeindebank bestand fort – und erzielte auch in der Ära des Nationalsozialismus überdurchschnittliche Resultate, d. h. sie mehrte nach einer vorübergehenden Bilanzverkürzung in der Krisenzeit ihre Geschäfte schneller denn je und erneut schneller als ihre Schwesterinstitute. Von Ende 1932 bis Ende 1938 verzeichnete sie ein Wachstum von 91 Prozent, die übrigen deutschen Girozentralen eines von 43 Prozent.[167] Überhaupt wirkten die grundlegenden Tendenzen fort. Die Münchener Girozentrale profitierte mithin a) von dem vom NS-Regime forcierten Bedeutungszuwachs des öffentlichen Bankwesens;[168] ihr flossen die Einlagen zu, die sich im Gefolge der neuen, expansiven Geldpolitik bei den Sparkassen aufzutürmen begannen.[169] Zudem bewegte sie sich b) innerhalb dieses Grundstromes geschwinder fort als ihre Schwesterinstitute und im Übrigen auch als die Mitte der dreißiger Jahre überrundete Staatsbank. Ihrem Schicksal entrann sie dennoch resp. gerade deshalb nicht.

Schon 1934 hatte sich dieses Schicksal vage angedeutet. Bereits zu diesem Zeitpunkt hatten sich ihre Direktoren darüber mokiert, die Mittel der Girozentrale nur mehr „in uninteressanten Anlagen" unterbringen zu können.[170] In der Tat, mochten sie auch den Vorstoß der privaten Konkurrenz abgewehrt haben und den Giroverkehr weiterpflegen dürfen, ein nennenswertes Neukreditgeschäft war ihnen seit der Bankenkrise verwehrt. Die Privatwirtschaft in größerem Umfang zu bedienen, untersagte seit langem die Satzung. Kommunalkredite auszureichen, verbot nach 1931 das Reich.[171] Und die bald wieder vor Einlagen überquellenden Sparkassen waren schlicht nicht mehr verschuldungswillig. Als Konsequenz wuchsen unter den Aktiven der Girozentrale vor allem die Nostroguthaben und Effektenbestände, unter den Letzteren besonders die Reichs-

162 Ashauer, Ersparungscasse, S. 198 ff.
163 Ausführlich hierzu: Fischer, Landesbank, S. 100 ff.
164 Böhret, Aktionen, passim.
165 Fischer, Landesbank, S. 508 ff.
166 Spiethoff, Größe, S. 229 ff., zufolge war es schlussendlich Doehlemann, der im Sommer 1934 einen von Schacht lancierten Verordnungsentwurf – über die Ausschaltung der Sparkassen aus dem Giroverkehr – zu Fall brachte.
167 Vgl. Kap. IV, Tabelle 11.
168 Das NS-Regime machte, wie bereits erwähnt, aus seiner grundsätzlichen, ideologisch motivierten Abneigung gegenüber dem privaten Bankwesen keinen Hehl. Zudem förderte es das öffentliche Bankwesen aus konkreten politischen Gründen: um die Rüstungs- und Kriegsfinanzierung zu sichern. Nicht von ungefähr ließ die NSDAP, die in den späten dreißiger Jahren ein Aktienpaket der Bayerischen Vereinsbank erworben hatte, ihre diesbezüglichen Interessen von der Gemeindebank vertreten: Steffan, Bayerische Vereinsbank, S. 286 f.
169 Vgl. generell dazu: Ashauer, Entwicklung, S. 291 ff.; Kopper, Marktwirtschaft, S. 164; speziell zu den bayerischen Sparkassen: Bayerische Gemeindebank, Geschäftsbericht 1933 ff.
170 Zit. n. Spiethoff, Größe, S. 227.
171 Fischer, Landesbank, S. 303 ff.

anleihen. Der Ertragslage bekam das keineswegs. Nicht, dass Verluste aufgelaufen wären, doch mit dem Umsatzwachstum konnten die Gewinne zunächst nicht Schritt halten.[172] An dieser Grundentwicklung war, um es nochmals festzustellen, wenig Spezifisches. Den übrigen Kreditinstituten erging es nicht anders. Und wie deren Bücher sollten zu Kriegsende auch die der Gemeindebank, seit 1938 ein „NS-Musterbetrieb"[173], das bekannte Bild offenbaren. Auch sie ließ sich schließlich als Rüstungs- und Kriegsfinanzier missbrauchen und investierte ihre Kapitalien en masse in Schuldverschreibungen und Schatzanweisungen der Reichsregierung.[174]

Es stellt sich schlussendlich die Frage: War die Genese der Gemeindebank bedeutsam für die Fortentwicklung des Finanzplatzes München? Zweifelsohne. Ihre Existenz resp. ihre Übersiedlung in die Landeshauptstadt war, infolge ihres rapide zunehmenden Gewichts innerhalb eines unaufhaltsam wachsenden Sparkassensektors, mitentscheidend für die beherrschende Rolle Münchens im Lande Bayern. Da sie fast ununterbrochen höhere Wachstumsraten verzeichnete als die Girozentralen und Landesbanken andernorts, sie in den „goldenen" Zwanzigerjahren eine umsichtige Geschäftspolitik praktizierte und so maßgeblich mit dazu beitrug, dass der Finanzplatz München ungleich schwächer von der Bankenkrise des Jahres 1931 betroffen war als andere Lokalitäten, stärkte sie das Gewicht Münchens auch im gesamtdeutschen Maßstab. Die Dominanz der Reichshauptstadt, des Standorts der Deutschen Girozentrale, blieb davon freilich unberührt.

6. Privatbankiers

Zwei namhafte Privatbanken gab es in München. Es gibt sie, wenngleich unter den Fittichen, d. h. unter der Kommandite, der Bayerischen Landesbank, noch heute: die Häuser Merck, Finck & Co. und H. Aufhäuser. Wiederum gilt: In ihnen sollten sich die wesentlichen Entwicklungen, die nicht nur bayerische, sondern überhaupt deutsche Privatbanken erlebten, in geradezu typischer Weise wiederfinden. Sie litten also nicht nur – wie alle Banken – unter den verheerenden Krisen von Krieg, Inflation und Weltwirtschaftskrise. Sie verloren zugleich – wie die Gesamtheit der Privatbankiers – innerhalb des Bankwesens relativ an Bedeutung.[175] Und: Sie erlebten in der nationalsozialistischen „Ära" die spezifischen Schicksale einerseits „arischer", andererseits „nichtarischer" Unternehmer.[176]

Das Bankhaus H. Aufhäuser war 1870, unter der Firma Aufhäuser & Scharlach, von Heinrich Aufhäuser und Samuel Scharlach eröffnet worden. Seit 1894 firmierte es als Bankhaus H. Aufhäuser[177], nachdem Heinrich Aufhäuser seinen Kompagnon nach und nach hatte ausbezahlen können[178] – ein Indiz für die günstige Entwicklung, die das

[172] Spiethoff, Größe, S. 228, 278 f.
[173] Das Signet eines „nationalsozialistischen Musterbetriebes" konnten Unternehmen und eben auch Kreditinstitute in einem alljährlich von der Deutschen Arbeitsfront ausgerichteten „Leistungskampf der deutschen Betriebe" erringen.
[174] Ende 1944 1,8 Mrd. RM bei einer Bilanzsumme von 3,8 Mrd. RM: Spiethoff, Größe, S. 326.
[175] Grundlegend zur Entwicklung des Privatbankierstandes: Wixforth/Ziegler, Privatbanken; Ulrich, Aufstieg.
[176] Grundlegend zu den jüdischen Privatbankiers: Walter, Bankiers; Fischer, Privatbanken.
[177] Moser/Winkler, Wegmarken, S. 25, 29 f.
[178] Scharlach hatte zu Beginn rund 90 Prozent des Eigenkapitals gestellt.

Unternehmen in den ersten Jahrzehnten seiner Existenz genommen hatte. Das Hauptgeschäft hatte zunächst der Handel mit Wertpapieren gebildet, der An- und Verkauf von Effekten auf fremde und auch auf eigene Rechnung.[179] Erst in den folgenden Jahren bis zum Ausbruch des Ersten Weltkriegs hatte das Kreditgeschäft an Bedeutung gewonnen. Seit der Jahrhundertwende dominierte es. 1913, im letzten Friedensjahr, summierten sich die Forderungen auf fast 80 Prozent der Bilanzsumme, die eigenen Wertpapiere auf weniger als zwei Prozent. Das Eigenkapital hatte sich zwischenzeitlich rasant vermehrt. Aus den 14 400 Gulden des Gründungsjahres waren 1,9 Mio. M. geworden. Nur 1873 war ein Verlust erwirtschaftet worden. Ansonsten hatte das Bankhaus stets Gewinne ausgewiesen, 1913 einen von rund 256 000 M (bei einer Eigenkapitalrendite von 14 Prozent).[180]

Krieg und Inflation überstand die Bank wohlbehalten, wie die Zahlen zur Vermögens-, insbesondere aber zur Eigenkapitalentwicklung offenbaren. In der auf Reichsmark lautenden Bilanz des Jahresendes 1924 war ein Eigenkapital von knapp 3,9 Mio. RM verzeichnet, ein etwa doppelt so hohes wie vor Kriegsausbruch. Die Bilanzsumme lautete im gleichen Jahr auf 20,7 Mio. RM, hatte sich gegenüber 1913 also ebenfalls verdoppelt![181] Zwar spiegelten sich darin keineswegs nur die im abgelaufenen Jahrzehnt erzielten Gewinne wider. Dem Unternehmen war externes Eigenkapital zugeführt worden: Seit 1918 war das renommierte Berliner Bankhaus S. Bleichröder als Kommanditist beigetreten, mit einer Einlage von einer Mio. M. bzw. von 0,75 Mio. RM nach der Währungsumstellung des Jahres 1924.[182] Dennoch hatten die Inhaber des Hauses Aufhäuser in der Krisenzeit durchaus glücklich operiert. Wie andere, ähnlich erfolgreiche Privatbankiers[183] verzeichneten sie daher, ganz anders als beispielsweise die Berliner Großbanken (– 58 Prozent)[184], nach der Stabilisierung keine wesentlich verminderte Eigenkapitalbasis.

Im Anschluss erlebte das Bankhaus wahrhaft „goldene" zwanziger Jahre. Bis Ende 1928 konnte es die Bilanzsumme auf rund 107 Mio. RM mehr als verfünffachen. Zum Vergleich: Die Berliner Großbanken erweiterten ihr Vermögen um nicht einmal das Doppelte. Die Gewinne der Münchner überstiegen 1928 zum dritten Mal hintereinander 0,6 Mio. RM bei einem konstanten offenen Eigenkapital von 3,9 Mio. RM.[185] Die Grundlage der Expansion bildete eine umfängliche Kreditvergabe an Handel und Industrie. Die Tatsache, dass die Geschäftsinhaber in den Aufsichtsräten von rund 40 Gesellschaften vertreten waren, von der Hochseefischerei und Fischmarkt AG in Emden bis zur Rheinischen Automobilbau AG in Mannheim, führt dies vor Augen.[186] Ebenfalls von Bedeutung war unverändert das Emissionsgeschäft. Die Bank zählte zum Reichsanleihekonsortium wie zum Gründungskonsortium der IG Farben, emittierte Reichsanleihen wie Münchner Stadtanleihen. Kurz: Sie erlebte einen Aufschwung, der seinesgleichen suchte. Der danach einsetzende Abschwung sollte sich indes ebenfalls als überproportional erweisen.

179 Moser/Winkler, Wegmarken, S. 47 ff.

180 Ein Jahr zuvor lag sie sogar bei 18 Prozent. Datenbasis: Bayerisches Wirtschaftsarchiv, F 20, Nr. 384, Fischer-Chronik, Bilanzen, GuV-Rechnungen des Bankhauses Aufhäuser 1870-1948.

181 Ebd.

182 Moser/Winkler, Wegmarken, S. 65 ff.

183 Wixforth/Ziegler, Privatbanken, S. 227 f., nennen Beispiele Berliner Privatbanken.

184 Deutsche Bundesbank, Geld und Bankwesen, S. 79.

185 Datenbasis: ebd., S. 78 f.; Bayerisches Wirtschaftsarchiv, F 20, Nr. 384, Fischer-Chronik, Bilanzen, GuV-Rechnungen des Bankhauses Aufhäuser 1870-1948.

186 Moser/Winkler, Wegmarken, S 74.

Tabelle 10: Geschäftsentwicklung des Bankhauses Aufhäuser 1928-1932 (in Tsd. RM)

	1928	1929	1930	1931	1932
Bilanzsumme	107 282	93 804	70 270	29 666	29 312
Debitoren	82 000	72 869	57 189	22 881	23 012
„Einlagen Banken"	58 000	46 000	31 000	k. A.	k. A.
„Einlagen Kunden"	23 300	32 000	25 000	19 504	19 991
Spareinlagen	3 897	4 665	3 751	5 660	5 799

Quelle: Bayerisches Wirtschaftsarchiv, F 20/384, Fischer-Chronik, Bilanzen des Bankhauses Aufhäuser 1870-1948.

Die Daten in Tabelle 10 führen die Kontraktion während der Weltwirtschaftskrise vor Augen. Das Kreditgeschäft und in der Folge die gesamte Bilanzsumme schrumpften um über 70 Prozent. Untypisch, da außerordentlich hoch, war aber nicht nur das Ausmaß des Rückganges.[187] Untypisch entwickelten sich insbesondere die Positionen im Einzelnen. So verzeichnete das Haus Aufhäuser zwar wie alle anderen Banken im Jahr der Bankenkrise einen Rückgang der Sicht- und Termineinlagen. Die Spareinlagen nahmen aber in diametralem Gegensatz zur Gesamtentwicklung zu. Augenscheinlich brachten die Privatkunden dem Institut ein ausgesprochen hohes Maß an Vertrauen entgegen, insbesondere auch im Krisenjahr 1931. Der Blick ins Detail offenbart einen Grund: Die Inhaber hatten zwar Abschreibungen vorzunehmen, zuerst auf Wertpapiere, dann auf Debitoren (1931 und 1932 insgesamt 2,5 Mio. RM[188]). Sie konnten sie aber aus eigener Kraft durch die Auflösung stiller Reserven und durch eine zweimalige Kapitalherabsetzung begleichen. Hilfen von außen waren auch hier nicht vonnöten. Die Bank blieb, fast möchte man inzwischen sagen: typisch für den Finanzplatz München, durchgehend zahlungsfähig – selbst als ihr 1931 jene Interbankengelder, die ihr noch verblieben waren und die Ende 1930 fast die Hälfte ihrer Passiven gestellt hatten, samt und sonders entzogen wurden.[189]

Als existenzbedrohend sollte sich auch in ihrem Falle nicht die Wirtschafts- und Bankenkrise erweisen, sondern der politische Wandel. Kaum wurden die ersten Anzeichen einer konjunkturellen Wende sichtbar, trat Adolf Hitler an die Spitze der Reichsregierung. Und wie er und seinesgleichen den jüdischen Privatbankiers zu begegnen gedachten, war mehr als nur zu erahnen. NS-Ideologe Gottfried Feder hatte in seinen Erläuterungen zum Parteiprogramm den „alteingesessenen Großbankjude[n]" („Jakob Goldschmidt, Warburg, Wassermann, Levy u. a.") explizit zu einem Hauptgegner auserkoren[190], im Wahlkampf 1932 gar unverhohlen verkündet, dass die NSDAP „die Juden aus den Banken hinausjagen" werde.[191] Tatsächlich sollte genau das geschehen, allerdings nicht sofort, vielmehr zu einem Zeitpunkt, als sich die gesamtwirtschaftliche Lage insoweit gebessert hatte, dass es realisiert werden konnte, ohne das Ziel einer prosperierenden Konjunktur zu gefährden.[192]

[187] Insbesondere auch im Vergleich mit anderen Privatbanken. Die Geschäfte der Häuser Oppenheim, Warburg und Bethmann verringerten sich weit weniger: Ulrich, Aufstieg, S. 221, Tab. 27.
[188] Bayerisches Wirtschaftsarchiv, F 20, Nr. 384, Fischer-Chronik, Bilanzen, GuV-Rechnungen des Bankhauses Aufhäuser 1870-1948.
[189] Andere namhafte Privatbanken bedurften externer Hilfen: Ulrich, Aufstieg, S. 222, 234.
[190] Wie überhaupt der Privatbankier („Wucherer und Schieber") weniger dem Zahlungsverkehr und der Kreditversorgung der Bevölkerung verpflichtet sei, als dass er „raubt, stiehlt und betrügt in volkswirtschaftlichem Sinn und [sich] bereichert." Feder, Programm, S. 22, 37 ff.
[191] NSDAP-Propagandafilm (1932) zit. n. Fischer, Privatbanken, S. 6.
[192] Ebd., S. 8 f.

In den ersten Jahren nach der „Machtergreifung" konnten die jüdischen Bankiers daher zunächst – mit dem ausdrücklichen Plazet der Reichsregierung[193] – fortagieren. Von einer unbehelligten Tätigkeit konnte von nun an freilich keine Rede mehr sein. Selbst das seit Juni 1934 von Hjalmar Schacht geleitete Reichswirtschaftsministerium, dem in der Forschung lange Jahre eine diesbezüglich „schützende Hand" zugeschrieben worden war[194], vermochte es nicht, der Zurückdrängung der jüdischen Unternehmen Einhalt zu gebieten. Just am Beispiel Aufhäuser wurde dies nur allzu deutlich. Die Münchner Belegschaft bat Schachts Behörde im Sommer 1936 um ihren Beistand: Sie solle nicht zulassen, dass die Bank „wegen der Zugehörigkeit der Inhaber zur jüdische Rasse" diskriminiert werde. Die Antwort des Ministeriums war wenig hilfreich. Man bestätigte zwar, dass es nicht der bestehenden Gesetzeslage entspreche, „wenn der geschäftliche Verkehr mit der genannten Firma lediglich wegen der Rassezugehörigkeit der Inhaber behindert" werde, schloss aber mit dem Hinweis, dass von dem Schreiben „nicht zu allgemeinen Werbezwecken, sondern nur in begründeten Einzelfällen Gebrauch gemacht werden" dürfe.[195]

Die Geschäfte des Hauses Aufhäuser entwickelten sich also rückläufig. Die Bilanzsumme verminderte sich von 1932 bis Ende 1935 um 13 Prozent, bis Ende 1937 um weitere fünf Prozent. Wiederum kommen darin grundlegende Tendenzen zum Ausdruck, solche, die alle Banken, wie solche, die speziell jüdische Bankhäuser betrafen. Ersteres, namentlich den schon mehrfach angesprochenen Bedeutungszuwachs des öffentlichen Bankwesens, verdeutlicht der parallele Vergleich mit a) der Bilanzentwicklung aller deutschen Kreditinstitute und speziell der öffentlich-rechtlichen Institute und b) dem Los der Berliner Großbanken. Deren aggregierte Bilanzsumme verminderte sich bis Ende 1935 in fast exakt demselben Ausmaß wie bei der Münchner Privatbank.[196] Die zusammengefasste Bilanzsumme aller deutschen Kreditinstitute stieg hingegen um 16, die der Landesbanken und Girozentralen um 24 Prozent.[197]

„Typisch" für ein jüdisches Unternehmen war, dass Aufhäuser erst zurückgedrängt und schließlich „arisiert" wurde. Bis Ende 1937 verminderte sich das Vermögen des Bankhauses, wie angesprochen, um weitere fünf Prozent, während das der nichtjüdischen Privatbankiers und überhaupt das der anderen Kreditinstitute anstieg.[198] Das in den „Debitoren" erfasste Kerngeschäft von Aufhäuser, das Kreditgeschäft, erfuhr einen fortwährenden Niedergang.[199] Erneut mochten sich hier allgemeine Tendenzen auswirken. Selbst die Berliner Großbanken vermeldeten einen kontinuierlichen Abbau dieser Position.[200] Doch kam darin zuvorderst die im zitierten Schreiben[201] angesprochene,

[193] Innenminister Frick verwies mehrfach darauf, dass sich die judenpolitischen Maßnahmen der Reichsregierung nicht auf die freie Wirtschaft erstreckten: Fischer, Schacht, S. 152.

[194] Vgl. u. a. Boelcke, Wirtschaft, S. 210; anders: Barkai, Boykott, S. 73.

[195] Zit. n. Hanke, Geschichte, S. 152 f.

[196] Um 14 Prozent. Vgl. Deutsche Bundesbank, Geld- und Bankwesen, S. 78.

[197] Ebd., S. 74, 92.

[198] Ebd. Die „arischen" Privatbanken verzeichneten 1936 einen Zuwachs von drei Prozent, 1937 einen von sechs Prozent: Fischer, Privatbanken, S. 26.

[199] Diese Position verminderte sich von 23,0 Mio. RM 1932 über 16,6 Mio. RM 1935 auf 14,0 Mio. RM 1937; Datenbasis: Bayerisches Wirtschaftsarchiv, F 20, Nr. 384, Fischer-Chronik, Bilanzen des Bankhauses Aufhäuser 1870-1948.

[200] Deutsche Bundesbank, Geld- und Bankwesen, S. 78.

[201] Die Mitarbeiter hatten berichtet, dass alte und wichtige Kunden die Geschäftsbeziehungen zu ihrem Hause abgebrochen hatten; namentlich Münchens Oberbürgermeister Karl Fiehler bemühte sich seinerzeit vehement, die Geschäftsbeziehungen seiner Stadt zu Aufhäuser zu reduzieren. Hierzu auch: James, Verbandspolitik, S. 177.

auch von anderen jüdischen Instituten konstatierte Abwanderung „arischer" Klienten zum Tragen. Dass das Volumen der Kundeneinlagen – nach einem anfänglichen, wohl gleichfalls aus solchen Abwanderungsbewegungen gespeisten Rückgang – wuchs,[202] widerspricht dem nicht. Hier dürfte es sich verstärkt um Guthaben jüdischer Kunden gehandelt haben, die ihr Vermögen – das erklärt auch den in den Statistiken der Reichsbank bei allen jüdischen Privatbankiers zu beobachtenden Rückgang der Spareinlagen – mehr und mehr liquide anzulegen suchten.[203]

Typisch für das „Arisierungsgeschehen" in jenen Jahren war schließlich die „Arisierung" des Bankhauses. Als treibende Kraft entpuppte sich dabei weniger eine staatliche Stelle denn ein Konkurrent resp. der Konkurrent am Bankplatz München. August von Finck, Inhaber des Bankhauses Merck, Finck & Co., startete im November 1937 eine Kampagne, um zu verhindern, dass Martin Aufhäuser eine Ausnahmegenehmigung von den Bestimmungen der Nürnberger Rassegesetze erlangte. Zugleich bedrängte er die Münchner Industrie- und Handelskammer und den Leiter der Fachgruppe Privatbankiers (in der Wirtschaftsgruppe Privates Bankgewerbe[204]), dass einer Liquidation des Hauses Aufhäuser unter gesamtwirtschaftlichen Aspekten nichts entgegenstehe und dass „die allmähliche Bereinigung dieses durch das jüdische Element so stark durchsetzten Gewerbes [...] nicht [...] noch aufgehalten, sondern [...] mit allen Mitteln gefördert werden" müsse.[205] Von Fincks Wunsch wurde Wirklichkeit. Aufhäuser emigrierte in die Niederlande. Die Bank wurde als Kommanditgesellschaft „Seiler & Co." „arisiert".[206] Und: Der Baron „zeichnete [...] verantwortlich für alle Entscheidungen, die den Verkauf von Aufhäusers persönlichem Wertpapierbesitz betrafen. Mit den Erlösen wurden die verschiedenen Wuchersteuern bezahlt, die dem emigrierten Bankier auferlegt wurden" (James).[207]

Dass von Fincks Unternehmen, das die Weimarer Krisenjahre ebenso aus eigener Kraft hatte meistern können wie die anderen Münchner Banken[208], in der nationalsozialistischen Ära ein günstigeres Schicksal beschieden sein würde als dem jüdischen Pendant, war von Anfang an außer Frage gestanden. Von Finck, der 1924 die Leitung des Bankhauses von seinem verstorbenen Vater Wilhelm[209] übernommen hatte, war am 1. Mai 1933 der NSDAP beigetreten. (Amerikanische Offiziere, die ihn nach Kriegs-

202 „Kundeneinlagen" 1932: 20,0 Mio. RM; 1935: 16,4 Mio. RM; 1937: 17,6 Mio. RM; Datenbasis: Bayerisches Wirtschaftsarchiv, F 20, Nr. 384, Fischer-Chronik, Bilanzen des Bankhauses Aufhäuser 1870-1948.

203 Fischer, Privatbanken, S. 15.

204 Im Zuge der „Gleichschaltung" des Kreditwesens wurden die Banken in die im Juni 1934 entstandene „Reichsgruppe Banken" eingegliedert. Innerhalb der Gesamtorganisation der deutschen Wirtschaft wurde das gesamte Bankwesen über die Reichsgruppe im Sinne der nationalsozialistischen Wirtschaftspolitik instrumentalisiert.

205 Zit. n. Moser/Winkler, Wegmarken, S. 89.

206 Ebd., S. 90 ff.

207 James, Verbandspolitik, S. 181.

208 Das Bankhaus hatte dank einer umsichtigen Geschäftspolitik stets allen Verpflichtungen nachkommen können und zu keinem Zeitpunkt externer Stützungsmaßnahmen bedurft: Pohl, Merck, Finck & Co., S. 9 ff.; Siebert, Hundert Jahre, S. 41 f.

209 Jenem Bankier, unter dessen Ägide sich das Unternehmen fast zeitgleich mit dem Aufhäuser'schen überhaupt erst als solches hatte etablieren können und der sich zweifelsohne, auch als Mitbegründer namhafter Versicherungsgesellschaften, um den Finanzplatz München verdient gemacht hatte: Hoffmann, Wilhelm von Finck, passim; Pohl, Merck, Finck & Co., S. 5; Siebert, Hundert Jahre, S. 18.

Ankündigung der Geschäftsübernahme des Bankhauses H. Aufhäuser durch Seiler & Co. (23. November 1938).

ende verhörten, sollten ihn als „Nazi in jeder Hinsicht, stolz, versnobt, reserviert, pedantisch und ein[en] Bürokrat[en]" charakterisieren[210]). In der Folgezeit bediente er sich seiner vorzüglichen Kontakte im Münchner wie im Berliner Umfeld, um seine Geschäftsbasis gezielt zu verbreitern. Das „Arisierungsgeschehen" bot hierfür, folgen wir James' Ausführungen, einzigartige Möglichkeiten. Aktiv war von Finck demnach nicht nur im Falle Aufhäuser. Von Mendelssohn & Co., Amsterdam, erwarb er einen 3,2 Mio. RM-Aktienanteil an der Bayerischen Vereinsbank. Das in Berlin domizilierende jüdische Bankhaus J. Dreyfus & Co. übernahm er 1938 komplett und führte es als neue hauptstädtische Dependance von Merck, Finck & Co.[211] Nach Einschätzung zeitgenössischer Beobachter war ihm damit der Sprung in das norddeutsche Industriefinanzierungsgeschäft gelungen. Geschäftsvolumen und Ertragslage entwickelten sich entsprechend günstig. Zum Ende des Jahrzehnts wurde das Eigenkapital der Bank auf ca. zehn Mio. RM geschätzt.[212]

Im Gefolge der deutschen Expansionspolitik setzte August von Finck – notabene: wie die Vertreter aller namhaften deutschen Kreditbanken; der Münchner Bankier verkörperte also seinerseits ein Typikon – seinen Weg fort.[213] Bald nach dem „Anschluss" Österreichs reiste er nach Wien, um mit Gauleiter Bürckel die Übernahme des jüdischen

[210] Zit. n. James, Verbandspolitik, S. 174.

[211] Das Ansinnen und das Motiv dafür, eine solche zu errichten, hatte er schon zwei Jahre zuvor kundgetan. Er fürchte, dass der Standort München andernfalls relativ zu Berlin an Bedeutung verliere: ebd., S. 175 f.

[212] Die Bank 1938, S. 312. Vgl. mit James' kritischer Darstellung auch solche, die Fincks Wirken in milderem Licht erscheinen lassen: Siebert, Hundert Jahre, S. 45 ff.; Pohl, Merck, Finck & Co., S. 11 f.

[213] Hierzu beispielsweise: James, Arisierung, S. 131 ff.; Steinberg, Deutsche Bank, passim.

Traditionshauses S. M. Rothschild zu erörtern. Mit Erfolg: Letzteres wurde seiner Bank administrativ „unterstellt" und im April 1940 verkauft. Die Geschäfte wurden sodann dem neu gegründeten Wiener Bankhaus E. von Nicolai & Co. übertragen, an dem wiederum Merck, Finck & Co. als Kommanditisten und Fincks Berliner Filialleiter Egon von Ritter als Komplementär beteiligt waren. Und auch dieses Unternehmen expandierte rasch und aggressiv.[214] 1941 schließlich „festigte von Finck sein Beziehungsgeflecht in Politik und Wirtschaft". Er offerierte Otto Christian Fischer, dem Leiter der Reichsgruppe Banken, jener Korporation, der seit 1934 alle deutschen Kreditinstitute beitreten mussten, die Teilhaberschaft. James resümiert: „Mit der zusätzlichen Unterstützung von Fischer hatte sich Merck & Finck als die erfolgreichste Privatbank in der Zeit des Nationalsozialismus etabliert."[215]

Es bleibt festzuhalten: Den beiden bedeutenden Münchner Privatbanken war ein geradezu typisches Los beschieden. Wie das Gros ihrer deutschen Pendants gelang es ihnen, die unmittelbare Nachkriegszeit unbeschadet zu überstehen. In den „goldenen" zwanziger Jahren expandierten sie rasch. Im Zuge der Weltwirtschaftskrise verzeichneten sie zwar einen Rückgang der Geschäftsvolumina, konnten jedoch auch diese Krise ohne Hilfe der öffentlichen Hand meistern. In der Ära des Nationalsozialismus schieden sich dann die Wege. Die Engagements des Bankhauses Aufhäuser verminderten sich infolge der nationalsozialistischen „Judenpolitik" weiter. Erst nach der „Arisierung" des Unternehmens war es ihm möglich, unter neuen Inhabern und neuer Firma („Seiler & Co.") die Geschäfte wieder auszuweiten – ohne dass diese allerdings jemals wieder den Umfang des Jahres 1928 erreichten.[216] Ganz anders gedieh nach der „Machtergreifung" das Haus Merck, Finck & Co. Dessen Inhaber, August von Finck, mühte sich erfolgreich, von den neuen Verhältnissen zu profitieren. Die Bank expandierte rasch, von Finck installierte Dependancen erst in Berlin, dann in Wien. Wird nun berücksichtigt, dass in anderen Metropolen jüdische Institute, wie z. B. das Berliner Bankhaus Mendelssohn & Co. oder das Haus A. Levy in Köln, zur Gänze liquidiert wurden, während Merck, Finck & Co. infolgedessen zur größten deutschen Privatbank avancierte[217], so lässt sich konstatieren, dass der Bankenstandort München im Betrachtungszeitraum hinsichtlich des Segments der Privatbankiers durchaus einen – freilich auf fragwürdige Art und Weise errungenen und denkbar kurzlebigen – Aufstieg erfuhr.

7. Versicherungen

Mehr noch als Bankplatz war München als Versicherungsplatz von Bedeutung, jedenfalls zu Beginn des Untersuchungszeitraumes. 1913/1914[218] war die Münchener Rückversicherungsgesellschaft AG (Münchener Rück) mit einer Prämieneinnahme von 204,5 Mio. M das größte Rückversicherungsunternehmen der Welt. Sie, die staatlichen Versicherungsanstalten und die 1905 aus den Versicherungsabteilungen der Bayerischen

214 James, Verbandspolitik, S. 183.
215 Ebd., S. 184.
216 Zur Entwicklung des Bankhauses nach 1938: Moser/Winkler, Wegmarken, S. 97 ff.
217 Das Bankhaus Seiler & Co. nahm zuletzt immerhin Rang fünf ein. Vgl. ebd., S. 103.
218 Münchener Rück, Geschäftsbericht 1913/14 (Geschäftsjahr vom 1. Juli 1913 bis 20. Juni 1914).

Sitz der Bayerischen Versicherungsbank, Ecke Ludwig-/Theresienstraße (Druck, 1925).

Luftaufnahme der Münchener Rück in der Königinstraße, Schönfeldvorstadt (Druck, 1931).

Hypotheken- und Wechsel-Bank hervorgegangene Bayerische Versicherungsbank AG machten mit einer Reihe weiterer Unternehmungen die Stadt München, so Steffan/Diehm, zu „einem der wichtigsten Versicherungsplätze Deutschlands".[219] Sollte es dabei bleiben? Ein Ereignis des Jahres 1923 macht zunächst zweifeln: Die Hypo-Bank veräußerte die Versicherungsbank an die Allianz (und die Münchener Rück).[220] Es liegt nahe, dass dieser Transfer den Versicherungsstandort München tendenziell schwächte. Zwar trugen mehrere Faktoren dazu bei, dem Unternehmen ein gewisses Maß an Unabhängigkeit zu erhalten. Es blieb eine rechtlich selbständige Aktiengesellschaft. Im praktischen Geschäftsbetrieb wurde es nur allmählich in das Vertriebsnetz der Allianz integriert, und die Integration gestaltete sich nicht einseitig. Die Versicherungsbank gewann, in Betriebsgemeinschaft mit der Münchner Zweigniederlassung der Muttergesellschaft, die faktische Alleinvertretung in Bayern. Ihren außerbayerischen Bestand hatte sie jedoch abzustoßen. Ihrer überregionalen Bedeutung ging sie also verlustig.[221] Und: Der neue Haupteigner, der von nun an das Kommando führte, eben die Allianz, residierte in Berlin, nicht in München.[222]

Zugleich war die Bayerische Versicherungsbank kein Einzelfall. Die Bayerische Rückversicherungsbank AG, ebenfalls eine Tochter der Hypo-Bank, ging mehrheitlich an die Schweizer Rück.[223] Immerhin konnte auch sie als formal eigenständiges Institut fortexistieren. Anderen Versicherungsgesellschaften, der ebenfalls in München ansässigen Deutschen Lebensversicherungsbank Arminia beispielsweise, war das nicht vergönnt. Die Arminia hatte vor dem Ersten Weltkrieg mittels einer zielbewussten Fusionspolitik ihre Gesamtversicherungssumme auf mehr als eine Viertelmilliarde Mark steigern können, war in den Inflationsjahren jedoch in eine Schieflage geraten und Ende 1922 von der Allianz aufgekauft worden. Sie konnte ihre Selbständigkeit nicht erhalten und wurde mit der Allianz Lebensversicherungsbank vereinigt.[224] Deren Hauptsitz war Berlin. Gleiches widerfuhr 1927 der bis dahin ebenfalls in München domilizierenden Bayerischen Lebens- und Unfallversicherungs-AG. Nach der Aufsehen erregenden Vereinigung von Allianz und Stuttgarter Verein verschwand sie von den Kurszetteln, um in der neu formierten Allianz und Stuttgarter Lebensversicherungsbank AG aufzugehen.[225] Es ist also zu konstatieren: Diverse der zu Beginn des Untersuchungszeitraumes in München beheimateten Versicherungsgesellschaften sollten sein Ende nicht erleben, und wenn doch, dann als Tochterunternehmen, die von anderswo dirigiert wurden.

Andererseits gab es zwischen der Allianz selbst – die in den zwanziger Jahren just wegen ihrer zahlreichen Fusionen und Übernahmen zum größten Versicherungskonzern Kontinentaleuropas aufstieg – und dem Standort München beachtliche Berührungspunkte. August von Finck präsidierte in ihrem Aufsichtsrat.[226] Ihre Gründung

[219] Steffan/Diehm, Bayerische Staatsbank, S. 196.
[220] Arendts, Hundert Jahre, S. 45.
[221] Griesmayr, Chronik, S. 50; Arps, Versicherungsbank, S. 23, 49, bezeichnet sie fortan als „bayerisches Institut" und als „Unternehmen mit spezifisch bayerischen Wesenszügen".
[222] Feldman, Allianz, S. 56, wörtlich: „...stand die Kommandobrücke des Konzerns in Berlin".
[223] Koch, Versicherungsplätze, S. 63.
[224] Borscheid, Hundert Jahre, S. 50.
[225] Hensel, Fünfzig Jahre, S. 30; zur Fusion von Allianz und Stuttgarter: Arps, Zeiten [1965], S. 100 ff.
[226] Der Allianz Versicherungs-AG von 1932 bis 1945. Das Bankhaus Merck, Finck & Co. war an derselben mit immerhin 2,6 Mio. RM, 4,4 Prozent des Aktienkapitals (1940), beteiligt. Wilhelm von Finck, Augusts Vater, hatte dereinst Allianz und Münchener Rück mit begründet: Pohl, Merck, Finck & Co., S. 5; Siebert, Hundert Jahre, S. 18.

war einst von der Isar aus betrieben worden: Die Initiative war von der Führung der Münchener Rück ausgegangen.[227] Vor allem aber waren die beiden Gesellschaften auch jetzt miteinander verwoben, durch Kapital- und Gewinnbeteiligungen – aufgrund des „Gemeinschaftsvertrages" von 1921 hielt die Münchener Rück an der Allianz einen 25-prozentigen Kapitalanteil –, durch wechselseitige Mitgliedschaften in Vorständen und Aufsichtsräten sowie durch umfassende Geschäftsabsprachen: Der Erstversicherer war verpflichtet, das Rückversicherungsgeschäft der Münchener Rück zu überlassen, diese sorgte im Gegenzug dafür, dass ihre Tochtergesellschaften der Allianz keine Konkurrenz bereiteten.[228] Tatsächlich wäre die atemberaubende Expansion der Allianz, wären viele Akquisitionen und Zusammenschlüsse ohne die von der Münchener Rück bereitgestellten flüssigen Mittel nicht möglich gewesen.[229] Im Laufe der Zeit sollte sich das Verhältnis zwischen den beiden Gesellschaften zwar wandeln. Der Allianz sollte es 1940 gelingen, den Gemeinschaftsvertrag zu revidieren und die Beziehung, die ursprünglich von der Rück dominiert worden war, auf eine gleichberechtigte Basis zu stellen.[230] Die Bindung zwischen den beiden Häusern blieb jedoch eng.

Für das Gewicht des Versicherungsstandorts München war das zweifelsohne von Belang. Die beiden Konzerne errangen resp. verteidigten in ihren jeweiligen Sphären – die Allianz in der Erst-, die Münchener Rück in der Rückversicherung – auf nationaler, teils auch auf internationaler Ebene eine unangefochtene Vorrangstellung.[231] Damit hatte sich eine Achse herausgebildet (Feldman: „zusammen stellten sie in der Tat einen beeindruckenden wirtschaftlichen Machtfaktor dar"[232]), deren Pole Berlin auf der einen und München auf der anderen Seite verkörperten. Die Isarmetropole war also einerseits bereits als „bloßes" Domizil der Münchener Rück ein Versicherungsplatz von Rang, zumal diese weiter voranschritt und speziell ihre innerdeutsche Dominanz ungebrochen blieb: 1928/1929 lag ihr Prämienaufkommen wieder über dem Vorkriegsstand[233], elf Jahre später übertraf es das der nächst größeren Mitbewerberin, der Kölnischen Rückversicherungs-Gesellschaft, um annähernd das Fünffache.[234] Die Stadt war es aber anderseits auch als Bestandteil eben jener Achse, als einer von zwei Standorten eines machtvollen deutschen Versicherungsverbundes. Schließlich war sie es spätestens am Ende des Untersuchungszeitraumes auch als Domizil namhafter Erstversicherer.

Denn abgesehen davon, dass mancher Münchner Versicherer, der von einer externen Gesellschaft übernommen wurde – wie die beiden erwähnten: Versicherungsbank[235] und Bayerische Rück –, dem Standort eben doch erhalten blieb, wurden etliche Unternehmen neu errichtet oder an die Isar verlagert. Um nur einige zu nennen: 1922 entstand die Münchner Lebensversicherungsbank; 1926 wurde das deutsche Geschäft des österreichischen Allianz- und Gisela-Vereins auf eine neue, in München domizilierende Gesellschaft transferiert; zehn Jahre später übernahm die ebendort neu gegründete Isar

227 Ihre Gründungsurkunde war im Münchner Preysing-Palais unterzeichnet worden. Bis 1923 war das Münchner Kindl sogar Bestandteil ihres Firmenemblems gewesen: Borscheid, Hundert Jahre, S. 14 ff.

228 Ebd., S. 43; ferner Münchener Rück, Hundert Jahre, S. 29.

229 Feldman, Allianz, S. 337; ähnlich ebd., S. 31.

230 Ebd., S. 341 ff.; Borscheid, Hundert Jahre, S. 74 f.

231 Präzise Daten in: Feldman, Allianz, S. 344 f.

232 Ebd., S. 344.

233 Münchener Rück, Geschäftsbericht 1928/1929.

234 Borscheid, Geschichte, S. 39; Feldman, Allianz, S. 344 f.

235 Die Versicherungsbank rangierte 1939 unter den deutschen Sach-, Unfall- und Haftpflichtversicherern an achter Stelle. Zu ihrer Geschäftsentwicklung im Einzelnen: Arps, Versicherungsbank, S. 19 ff.

Leben die deutschen Bestände des zusammengebrochenen Wiener Phoenix, um nur einige zu nennen.[236] Die entscheidenden Zuzüge, jene, die München vollends zu einem Direktversicherungsplatz von Rang werden ließen, erfolgten allerdings später. Sie waren politisch, durch den Krieg bedingt und setzten keineswegs erst nach 1945 ein. Der Transfer großer, in Berlin oder in den östlichen Reichsgebieten ansässiger Versicherer begann schon während des Zweiten Weltkrieges. Die 1928 gegründete D.A.S. Deutscher Automobil Schutz beispielsweise, der größte und älteste deutsche Rechtsschutzversicherer, verlegte ihren Hauptsitz bereits 1941 von Berlin nach München.[237]

Bleibt anzumerken, dass sich die führenden Persönlichkeiten der deutschen Versicherungswirtschaft in den Kriegsjahren wie überhaupt unter dem NS-Regime kein Ruhmesblatt verdienten. Sie hatten sich, obschon überzeugte Nationalsozialisten unter ihnen rar gesät sein mochten, von Beginn an mit dem Regime arrangiert.[238] Kein geringerer als Allianz-Generaldirektor Kurt Schmitt war im Juni 1933 zum Reichswirtschaftsminister berufen worden, Schmitts Vorstandskollege Eduard Hilgard wenig später zum Leiter der „Reichsgruppe Versicherungen“ avanciert.[239] Seit dem „Anschluss“ wussten sie die Möglichkeiten zu nutzen, die ihnen die deutsche Eroberungspolitik offerierte, trieben im Gefolge der Wehrmacht ihr internationales Geschäft voran, scheuten selbst vor der Versicherung von SS-Betrieben in Konzentrationslagern nicht zurück.[240] Die Kooperation zwischen der Allianz und der – inzwischen von Schmitt geleiteten – Münchener Rück bewährte sich dabei erneut. Beide Gesellschaften arbeiteten „Hand in Hand“.[241] Auch die Bayerische Versicherungsbank sollte nun eine unrühmliche Rolle spielen. Sie diente der Muttergesellschaft als Plattform, um in die neu einverleibten polnischen Gebiete und ins Generalgouvernement auszugreifen.[242] Dass die Versicherungen ebenso für die Kriegsfinanzierung vereinnahmt wurden wie die Banken – seit März 1939 hatten die Assekuranzen zwei Drittel, seit September 1942 drei Viertel ihrer verfügbaren Mittel in Reichspapieren anzulegen[243] –, ist bekannt.

Überblicken wir speziell die Zwischenkriegszeit, so sind für den Versicherungsplatz München mehrere Momente zu konstatieren: erstens die Tatsache, dass mehrere dort ansässige Gesellschaften von andernorts domizilierenden Häusern akquiriert wurden; zweitens, dass einige der übernommenen als zwar abhängige, doch de jure eigenständige Unternehmen fortexistierten; drittens – dieses Moment wurde hier nicht näher erörtert –, dass sich in München namhafte öffentlich-rechtliche Versicherungsanstalten betätigten[244]; viertens, dass in der Isar-Metropole diverse neue Versicherer ihren Betrieb aufnahmen und obendrein, vor allem am Ende des Untersuchungszeitraumes, bestehende Unternehmen ihr Domizil dorthin verlagerten; fünftens und vor allem, dass es der Münchener Rück gelang, ihre nationale Führungsposition zu wahren. München blieb

236 Koch, Versicherungsplätze, S. 62.
237 Ebd., S. 63.
238 Zu den beiderseitigen Beziehungen im Vorfeld der „Machtergreifung“: Feldman, Allianz, S. 78 ff., 630 f. Darin auch eine grundlegende Beurteilung ihrer und anderer Manager Rolle im „Dritten Reich“.
239 Borscheid, Hundert Jahre, S. 104 ff. Schmitt wurde im Juli 1934 beurlaubt und schied im Januar 1935 wieder aus der Regierung aus. Ihm folgte Hjalmar Schacht.
240 Ausführlich dargelegt in: Feldman, Allianz, S. 333 ff., 409 ff., 481 ff. Darin auch Darstellungen zu den „Geschäfte[n] mit der SS“.
241 Ebd., S. 467.
242 Ebd., S. 470: „Dabei handelte es sich zum großen Teil um ziemlich schmutzige Geschäfte.“
243 Arps, Versicherungswirtschaft, S. 214.
244 Hierzu insbesondere: Schmitt-Lermann, Hundert Jahre; ferner: Arps, Zeiten [1970–1976], passim.

infolgedessen auf dem Felde der Rückversicherung der führende Standort in Deutschland. Bedenken wir nun ferner, dass Tochtergesellschaften der Münchener Rück auch auf Segmenten der Erstversicherung reüssierten[245] und dass die Rückversicherung durch ihre enge Verbindung mit der Allianz erheblichen Einfluss auf die Versicherungswirtschaft in toto ausübte, so können wir die eingangs zitierte, für das Jahr 1914 getroffene Einstufung Münchens als einen der wichtigsten deutschen Versicherungsplätze auch für die Folgezeit als gültig betrachten.

8. Fazit

Der Finanzplatz München erlebte seit 1914 eine zwiespältige Entwicklung. Im innerbayerischen Maßstab setzte er sich endgültig gegen alle anderen Standorte durch. Alle namhaften zunächst noch in Nürnberg domizilierenden Bankhäuser verlegten ihren Hauptsitz während des Untersuchungszeitraumes nach München resp. wurden von dort ansässigen Instituten übernommen. Die Augsburger Börse wurde aufgelöst und in die Münchner, fortan „Bayerische Börse" genannte, integriert. Es vollzog sich also eine Konzentration im Dezentralen. Diese fand, andererseits, ein Pendant auf der gesamtdeutschen Ebene. Hier war es die Reichshauptstadt Berlin, die eine ungebrochene Anziehungskraft entfaltete. Wie eingangs vermutet, setzte sich die bereits vor dem Ersten Weltkrieg begonnene Entwicklung fort. Die führenden deutschen Banken – die Großbanken und die Spitzeninstitute der diversen Zweige der Kreditwirtschaft wie z. B. die Deutsche Girozentrale – operierten allesamt von Berlin aus und griffen weiter um sich. Dennoch, mochte der Standort München auch gegenüber Berlin wenig Boden gut machen, so gelang es ihm, sich im Wettstreit mit anderen Regionalplätzen erstaunlich gut zu behaupten. Dazu trug bei, dass sich das bayerische Kreditwesen vollends in München konzentrierte. Dazu trug bei, dass die in München ansässigen Kreditinstitute sich in kritischen Phasen wie in der Bankenkrise des Jahres 1931 durchweg besser schlugen als die außerbayerischen. Dazu trug schließlich bei, dass die dortigen Institute in einzelnen Segmenten, beispielsweise denjenigen des Hypothekarkredits und der Rückversicherung, ihre Führungsposition wahren und ausbauen konnten, während es umgekehrt den Berliner Großbanken nicht gelang, in Bayern eine ähnliche Vorrangstellung zu erringen wie andernorts.

Richten wir den Blick auf die Münchner Institute im Einzelnen, so erkennen wir einerseits – wenig überraschend –, dass diese sich den grundlegenden Tendenzen jener Jahre nicht zu entziehen vermochten. Sie waren wie alle anderen deutschen Häuser betroffen von Weltkrieg und Inflation, verloren – nach der Währungsstabilisierung wurde es offenbar – Vermögen und Kapital. Sie erlebten während der vermeintlich „goldenen" zwanziger Jahre ein rasantes, fragiles Wachstum, das allzu rasch von Wirtschafts- und Bankenkrise unterbrochen wurde. In der NS-Zeit entwickelten auch sie

[245] So war beispielsweise die von ihr 1917 errichtete Hermes Kreditversicherungs-AG als erstes Spezialunternehmen auf allen Gebieten der Kredit-, Kautions- und Vertrauensschadensversicherung tätig, die zwei Jahre später gegründete Europäische Reiseversicherung AG leistete Selbiges in der Sphäre der Reisegepäckversicherung: Wandel, Bankwesen, S. 63; Münchener Rück, Hundert Jahre, S. 48.

Zerstörte Hauptstelle der Städtischen Sparkasse München in der Sparkassenstraße 2 nach dem Fliegerangriff vom 18. März 1944 (Fotografie, 1944).

sich zunächst langsamer, als es der nationalsozialistische Konjunkturaufschwung hätte erwarten lassen. Auch sie waren also betroffen von einer Lenkungspolitik, welche die finanziellen Ressourcen vorrangig dem Staate, d. h. der Rüstungs- und Kriegsfinanzierung, zuführen wollte. Als sie dann nach Ausbruch des Zweiten Weltkrieges doch höhere Wachstumsraten erzielten, galt das umso mehr. Die in München domizilierenden Banken und Versicherungen degenerierten nun ebenso zu Geld- und Kapitalsammelstellen der Reichsregierung, sollten bald ebenso dem Ruin zusteuern wie ihre Pendants andernorts. Und dennoch, obwohl sich die typischen Entwicklungen und Fehlentwicklungen der Epoche in München widerspiegeln, können wir dort Besonderheiten entdecken. Vor allem eine verdient eine nochmalige Erwähnung: die Tatsache, dass die Münchner Banken die große Bankenkrise des Jahres 1931 nahezu ohne Blessuren überstanden, dass sie insbesondere in der Hochzeit der Krise im Sommer 1931 keinerlei fremder Hilfe bedurften. Dieses wirklich bemerkenswerte Phänomen mochte aus strukturellen Gegebenheiten resultieren. Es war aber auch auf eine bewusst vorsichtige Geschäftspolitik zurückzuführen. Somit zeugt ihr Beispiel einmal mehr von den Handlungsspielräumen, über welche die Leiter von Finanzinstituten in den schwierigen Weimarer Jahren verfügten. Dass die in München operierenden sie zum Positiven hin zu nutzen wussten, war für ihren Standort von Nachteil nicht.

Kapitel V

Der Beitrag des bayerischen Finanzdienstleistungsgewerbes zum Wandel der bayerischen Wirtschaftsstruktur nach dem Zweiten Weltkrieg

von Franz-Christoph Zeitler[1]

Manche bestreiten, dass es in Zeiten der Globalisierung, der Virtualisierung, der Kommunikationsvernetzung noch Sinn gibt, von einem „Finanzplatz" zu sprechen. Doch das wäre eine oberflächliche Betrachtung. Auch wenn der „klassische Schreibtisch" zunehmend durch Bildschirm und PC ersetzt wird – Unternehmen, ihre Manager und Mitarbeiter bedürfen einer „community", um sich untereinander auszutauschen, gemeinsame Probleme und Interessen zu artikulieren. Nicht nur in Wissenschaft, Forschung und innovativen Techniken ist „Clusterbildung" wichtig; auch in der Finanzbranche sind die gegenseitige „Befruchtung", die persönlichen Netzwerke, die vielfältigen Chancen beruflicher Entwicklung und Veränderung, die ein „Finanzplatz" ermöglicht, eine Voraussetzung für Erfolg und Wachstum. Diese Strukturen sind allmählich entstanden. Den historischen Wurzeln eines Finanzplatzes nachzuspüren, ist deshalb auch von aktuellem Interesse. So hat sich der Finanzplatz München – pars pro toto für den Finanzplatz Bayern – in den vergangenen rund fünfzig Jahren aus bescheidenen Anfängen heraus zu einem Banken- und Versicherungsplatz von internationalem Rang entwickelt. Schon ein Vierteljahrhundert nach Kriegsende hatte München beträchtlich an Bedeutung gewonnen. Der Wirtschaftshistoriker Wolfgang Zorn schrieb 1975: „Das bayerische Kreditwesen, überhaupt der geldwirtschaftliche Teil der Volkswirtschaft, erlebte eine erstaunliche Neuentfaltung, die München auf einer höheren Ebene zum großen Bankplatz erhob."[2] Ein weiteres Vierteljahrhundert später war das Münchner Kredit- und Versicherungsgewerbe – auch infolge einiger spektakulärer Zusammenschlüsse und Übernahmen – in das internationale Rampenlicht gerückt.

Im Folgenden sollen die wichtigsten Entwicklungsstufen des Münchner Kredit- und Versicherungsgewerbes dargestellt werden. Abschnitt eins schildert den Neubeginn von Zentralbank, Geschäftsbanken und Börse nach Kriegsende bis zur Währungsreform. Der zweite Abschnitt erörtert das mit dem „Wirtschaftswunder" einhergehende stürmische Wachstum des Finanzplatzes unter besonderer Berücksichtigung der Ausgangslage Bayerns als stark agrarisch geprägtes Industrieland. Die Zeit zwischen der ersten Nachkriegsrezession 1966/67 und der Stagflation in den 70er Jahren steht im Mittelpunkt von

[1] Für die Mitwirkung und tatkräftige Unterstützung danke ich Herrn Bundesbankdirektor Franz Josef Benedikt, Herrn Oberregierungsrat Dr. Bommer, Herrn Bundesbankoberrat Joachim Prasch sowie Herrn Bundesbankoberinspektor Jens Schmidt. – Der Beitrag wurde im Juli 2005 inhaltlich abgeschlossen.

[2] Zorn, Gewerbe, S. 843.

Abschnitt drei. Diese Zeit war vom wirtschaftlichen Aufholprozess Bayerns geprägt, wobei Fusionen aus den regionalen Münchner Finanzinstituten zunehmend internationale Marktteilnehmer („player") machten. Abschnitt vier behandelt die neuen Herausforderungen, die in den 80er Jahren Finanzinnovationen und Allfinanzkonzepte für die Münchner Finanzmarktakteure mit sich brachten. Den 90er Jahren mit dem Wiedervereinigungsboom und der folgenden Ausrichtung auf den europäischen Markt ist Abschnitt fünf gewidmet. Eine Darstellung der heutigen Situation und ein Vergleich mit dem Finanzplatz Frankfurt beschließen dieses Kapitel.

1. Zwischen Kriegsende und Währungsreform: 1945-1949

1.1 Die ersten Nachkriegsjahre

Bei Kriegsende lag die deutsche Wirtschaft am Boden. Wichtige Teile der materiellen Infrastruktur waren schwer beschädigt oder zerstört worden. In den westlichen Besatzungszonen galten – neben ausgebrannten öffentlichen Gebäuden, Fabriken und Verkehrswegen – im Durchschnitt 18 Prozent des Wohnungsbestands von 1939 als zerstört und 27 Prozent als beschädigt. In Bayern war das Ausmaß der Verluste mit einem Anteil zerstörter Wohnungen von 13,5 Prozent und beschädigter Wohnungen von 21 Prozent geringer.[3] Auch die bayerische Metropole war im Vergleich zu anderen besonders betroffenen Großstädten unterdurchschnittlich in Mitleidenschaft gezogen worden: Während der Anteil des verlorenen Wohnraums in Frankfurt 45 Prozent, in Düsseldorf 51 Prozent und in Berlin 37 Prozent betrug, verzeichnete München „nur" Verluste in Höhe von 33 Prozent.[4] Dies dürfte die späteren Übersiedlungen von Unternehmen aus Berlin und der sowjetischen Besatzungszone – eine wichtige Grundlage für das nachfolgende Wachstum der Stadt – mit beeinflusst haben.

Einen tiefen Einschnitt für den Wirtschaftsstandort München brachten die Demontagen von Industrieanlagen für Reparationszwecke. Ziel des Potsdamer Abkommens und des alliierten Industrieplans für Deutschland von 1946 war, die industrielle Produktionskapazität auf gut die Hälfte des Standes von 1938 herabzusetzen. Im Zuge dieser Maßnahmen wurden die Produktionsanlagen der Bayerischen Motoren Werke AG (BMW) in München fast völlig demontiert. Manchen Betrieben wurden Herstellungsverbote auferlegt: Präzisionskugellager durften beispielsweise erst wieder ab 1953 hergestellt werden, Flugzeuge ab 1955.[5]

Auch das Finanzsystem litt unter den Demontagen. Angesichts der zerstörten Infrastruktur war selbst die elementarste Kommunikation zwischen Bankstellen kaum möglich; Botendienste leisteten nur das Nötigste. Hinzu kam, dass der in der Kriegswirtschaft entstandene Geldüberhang durch Demontagen und Produktionsunterbrechungen noch größer wurde. Der ohnehin hohe Bargeldumlauf wurde außerdem durch

[3] Gesch, Wirtschaft, S. 10 f.

[4] Kistler, Kriegsende, S. 2. München kam auch im Vergleich zu anderen bayerischen Großstädten vergleichsweise glimpflich davon: In Nürnberg betrug die Verlustquote 49 Prozent, in Würzburg sogar 74 Prozent.

[5] Zorn, Gewerbe, S. 832 f.

Besatzungsgeld – also von den Alliierten in den Verkehr gebrachte Banknoten – weiter aufgebläht.[6] Andererseits wurde das Geldvolumen nach dem Krieg u. a. durch Gebietsabtretungen und Guthabenblockierungen (vor allem in der sowjetischen Besatzungszone und in Berlin) vermindert, so dass sich für Deutschland im Frühjahr 1947 eine Geldmenge von 173 Mrd. RM ergab. Dieser freien Liquidität stand ein viel geringeres Güterangebot gegenüber.[7] Angesichts des seit der NS-Zeit bestehenden Preis- und Lohnstopps konnte sich der Geldüberhang nicht über den Preismechanismus lösen. Die Folge war, neben dem Übergang auf die „Zigarettenwährung", die Ausbreitung von Schwarzmärkten und Hamsterfahrten – Aktivitäten, die für viele attraktiver waren, als einem regulären Beruf nachzugehen. In ihrem ersten Geschäftsbericht für das Jahr 1947 beklagt die Landeszentralbank (LZB) von Bayern, dass trotz hoher Erwerbslosigkeit ein ständig wachsender Mangel an Arbeitskräften festzustellen sei, der nur behoben werden könne, wenn ein genügender Anreiz in Form von Deputatlöhnen und von Textilprodukten bestehe.[8] Der Verfall der Zahlungsmittelfunktion des Geldes verhinderte die Allokation des „Faktors" Arbeit auf seine werthaltigsten Verwendungen und bremste somit den Wiederaufbau zusätzlich.

Eine funktionsfähige, unabhängige Notenbank als Garant der Geldwertstabilität war in dieser unruhigen Zeit nicht vorhanden. Schon kurz nach Kriegsende war im Zuge der Besetzung und Aufteilung Deutschlands das Notenausgaberecht der Reichsbank erloschen und das Reichsbankdirektorium als ihr oberstes Organ aufgelöst worden.[9] Von der Schließung aller Kreditinstitute in der sowjetischen Besatzungszone waren auch die zentralen Einrichtungen der Reichsbank in Berlin betroffen. Damit fehlte den Reichsbankanstalten in Bayern, die schon im Mai 1945 von der amerikanischen Militärregierung die Genehmigung zur Wiedereröffnung bekommen hatten, die Spitze, die u. a. den Zahlungsverkehr zwischen ihnen durchgeführt hatte. Eine erste Verbesserung ergab sich in den westlichen Besatzungszonen durch die Einrichtung von so genannten „Reichsbankleitstellen". Für Bayern wurde im Juli 1945 eine „Zentralleitung" in München eingerichtet, aus der anderthalb Jahre später die LZB von Bayern entstehen sollte. Auf der Basis des auf der Potsdamer Konferenz (Juli/August 1945) von den Alliierten beschlossenen Übereinkommens, die deutsche Wirtschaft auf dezentrale Strukturen zu stellen,[10] entwickelte der Amerikaner Joseph M. Dodge einen nach ihm benannten Plan für die Neuordnung des deutschen Bank- und Notenbankwesens. Er sah für jedes Land eine eigene Zentralbank ohne Notenausgaberecht vor. Die dezentrale Ordnung wurde als wichtige Garantie für die Unabhängigkeit der Notenbank von der Regierung und von privater Einflussnahme angesehen. Dieser Vorstellung entsprechend wurden Landeszentralbanken eingerichtet. Die LZB von Bayern nahm ihren Betrieb in München am 2. Januar 1947 auf.

[6] Landeszentralbank im Freistaat Bayern, Fünfzig Jahre, S. 24.
[7] Wolf, Geld- und Finanzprobleme, S. 219 f.
[8] Landeszentralbank im Freistaat Bayern, Fünfzig Jahre, S. 16.
[9] Zu den folgenden Ausführungen über die Rolle der Landeszentralbank am Finanzplatz München vgl. ebd., S. 15-39.
[10] In Ziffer 23 der Wirtschaftsgrundsätze des Potsdamer Protokolls vom 2. August 1945 wurde vereinbart: „At the earliest practicable date, the German economy shall be decentralized for the purpose of eliminating the present excessive concentration of economic power as exemplified in particular by cartels, syndicates, trusts and other monopolistic arrangements." Zit. n. ebd., S. 18.

Wesentliche Aufgaben der LZB von Bayern waren u. a., den Geldumlauf und die Kreditversorgung zu regeln, die Zahlungsbereitschaft der Kreditinstitute zu sichern, Kassengeschäfte des Staates und der übrigen Körperschaften des öffentlichen Rechts durchzuführen, diesen Stellen kurzfristige Kredite zu gewähren sowie den Überweisungs- und Scheckverkehr zu pflegen. Die Ausgabe eigener Banknoten blieb der LZB vorenthalten, da ein Notenausgaberecht dem Grundsatz der wirtschaftlichen Einheit Deutschlands widersprochen hätte. Letztlich beschränkte sich die Tätigkeit der LZB bis zur Währungsreform hauptsächlich auf die Clearingfunktion und die Versorgung der Wirtschaft durch Umtausch alten, zerschlissenen Geldes in umlauffähige Noten aus den bestehenden, auf Reichsmark lautenden Tresorbeständen sowie auf die Mitwirkung an der Bankenaufsicht und am Vollzug der Militärregierungsgesetze Nr. 52 (Vermögenskontrolle) und Nr. 53 (Devisenkontrolle). Aufgrund des herrschenden Geldüberhangs war das Kreditgeschäft der LZB bis zur Währungsreform praktisch ohne Bedeutung.

Die in der damaligen Zeit äußerst begrenzten Möglichkeiten der LZB in München zeigen beispielhaft für das gesamte Finanzgewerbe, wie wenig die Banken und Versicherungen in diesen Jahren als Impulsgeber für die Realwirtschaft dienen konnten. Auch die LZB als eigentliche „Geldquelle" konnte angesichts der Wertlosigkeit der Reichsmark keine Anstöße geben. Selbst die Bauarbeiten an ihrem zukünftigen Hauptsitz in der Ludwigstraße 13 gingen kaum voran, weil die LZB nur wertlose Reichsmark bieten konnte, für die damals üblichen Kompensationsgeschäfte fehlte ihr ein attraktives Angebot. Nur unter großen Schwierigkeiten konnte wenigstens der Tresorbau soweit fertig gestellt werden, dass er Mitte 1948 – in den Tagen der Währungsreform – die anfallenden Mengen „alten" und „neuen" Geldes aufnehmen konnte.

Mit Blick auf den Grundsatz, Deutschland als wirtschaftliche Einheit zu erhalten, arbeiteten die Landeszentralbanken nicht nur beim LZB-übergreifenden Zahlungsverkehr zusammen. Mit dem Bankenrat war auch in geld- und währungspolitischen Fragen ein Koordinationsgremium vorhanden, allerdings beschränkt auf die vier Länder der amerikanischen Zone. Dem Bankenrat oblag es, für die Landeszentralbanken Empfehlungen über die einheitliche Festlegung der Zinssätze, der Mindestreservesätze, der Grundsätze für die Offenmarktpolitik sowie für die Gestaltung des Überweisungs- und Scheckverkehrs zu beschließen. Zur Durchführung der Beschlüsse diente dem Bankenrat ein ständiges Sekretariat, das aufgrund der Bemühungen des damaligen Präsidenten der LZB von Bayern, Max Grasmann, in München angesiedelt wurde. Darüber hinaus bewerkstelligte das Münchner Sekretariat des Bankenrats die statistische Zusammenstellung der Zwischenausweise und der monatlichen Meldungen der Kreditinstitute für die gesamte US-Zone.

Für die bayerischen Banken war die Lage äußerst schwierig. Nahezu alle Institute, so auch die Bayerische Vereinsbank oder die Bayerische Hypotheken- und Wechsel-Bank AG (Hypo-Bank), kämpften in dieser Zeit um das institutionelle Überleben. Das Kredit- und Hypothekengeschäft lag am Boden: Aufgrund der mangelnden Investitionsmöglichkeiten fehlte der Bedarf an Krediten, zudem waren Kreditvergaben angesichts fehlender Sicherheiten kaum möglich. Die Summe der von bayerischen Banken seit dem Kriegsende neu gewährten und noch ausstehenden Kredite machte Ende 1947 nur rund 390 Mio. RM aus; der Anteil der vormals wichtigen Handelswechsel an den Aktiva erreichte 1947 nur noch weniger als ein Prozent. Der starke Rückgang des Kredit- und Wechselgeschäfts hinterließ deutliche Spuren in den Rentabilitätsrechnungen der Banken, da er zwangsläufig zu einer Verschlechterung des Verhältnisses von ertragbringenden zu nicht ertragbringenden Aktiva führte. Waren 1944 rund zehn Prozent

Aufräumarbeiten am Sitz der Bayerischen Hypotheken- und Wechsel-Bank AG in der Theatinerstraße (1945).

Zerstörte Sparkassengeschäftsstelle (1945).

der gesamten Aktiva nicht ertragbringend angelegt, so stieg dieser Prozentsatz bis 1947 auf 90 Prozent an (neben nicht mehr bedienten Reichstiteln bestand ein wesentlicher Teil der Aktiva aus zinslosen Einlagen bei der LZB).[11] Diese Einnahmeausfälle erlaubten auch keine Verzinsung der Bankeinlagen mehr.[12]

Die wesentliche Geschäftstätigkeit des Kreditgewerbes war der Kontoverkehr, allerdings bestimmt durch erratische Veränderungen der Ein- und Auszahlungsströme. So stieg der Bargeldbedarf, je mehr sich der Schwarzmarkt ausbreitete.[13] Erstmals seit dem Krisenjahr 1931 waren 1946 bei den Spareinlagen der bayerischen Sparkassen die Auszahlungen höher als die Einzahlungen.[14] Auf der anderen Seite kam es zu Einzahlungsschüben, als sich später Gerüchte ausbreiteten, dass bei der anstehenden Währungsreform Girokonten bevorzugt würden.

Immerhin blieben die großen Münchner Regionalbanken – im Gegensatz zu den drei verbliebenen deutschen Großbanken – von einer Aufspaltung in kleinere Einheiten verschont. Sie waren nicht von der Anordnung zur Dezentralisierung vom April 1948 betroffen, die vorsah, dass keine Bank außerhalb des Landes, in dem sich ihr Hauptsitz befand, eine Niederlassung haben durfte. Diese Anordnung führte dazu, dass aus den bayerischen Filialen und Niederlassungen der Deutschen Bank die Bayerische Creditbank gegründet wurde, aus der Dresdner Bank entstand die Bayerische Bank für Handel und Industrie und der bayerische Teil der Commerzbank hieß nun Bayerische Disconto-Bank.[15] In einem ersten Schritt 1952, endgültig 1956/57 wurde die Einheit jeder Großbank für das Gebiet der Bundesrepublik wieder hergestellt.[16]

Die Lage der Versicherungen nach Kriegsende weist deutliche Parallelen zu den Problemen des Kreditgewerbes auf, da die Existenz beider Wirtschaftszweige direkt mit der Werthaltigkeit des Geldes in Verbindung steht. Entsprechend düster war diese Zeit für die Allianz-Versicherungs-Aktiengesellschaft: „In der sich ausbreitenden primitiven Tauschwirtschaft, in der ein jeder das schmutzige Geld mied, stand die Versicherungswirtschaft am Schluß der Kette. [...] Güterproduzenten konnten aus dem Treibgut, das aus den Rohstoffresten der Kriegswirtschaft durch seltsame Zufälle irgendwo antrieb, Dinge machen und gut verkaufen, die man heute als Tand ansehen würde. Versicherer hatten nur dieselbe Leistung wie immer anzubieten: Sicherheit gegen Prämien, beides in Geld und Geldrechnung. Was aber bedeutete Geld als Ersatz für ein abgebranntes Haus, [...] wo doch nicht mehr Geld regierte, sondern der Bezugsschein.“[17]

Bescheiden musste sich anfangs auch die Bayerische Börse in München, die allerdings schon kurz nach Kriegsende ihre Tätigkeit wieder aufnehmen konnte. Am 27. Juni 1945 war die Genehmigung zur Aufnahme des Börsengeschäfts durch die amerikanische Besatzung erteilt worden. Im August 1945 wurde die Bayerische Börse als erste amtliche deutsche Börse wieder eröffnet.[18] Dies war möglich, weil Bayern bereits eine Regierung besaß, die den Militärbehörden gegenüber verantwortlich war. Der amtliche Han-

[11] Steffan/Diehm, Bayerische Staatsbank, S. 372.
[12] Historisches Archiv der Deutschen Bundesbank, B330/11.160, Handakte Heinrich Hartlieb, Die Entwicklung des bayerischen Bankwesens seit der Besetzung vom 3. Juli 1946, S. 2 f.
[13] Hansmeyer, Kreditwesen, S. 16.
[14] Bayerischer Sparkassen- und Giroverband, 1908-1983, S. 19.
[15] Zorn, Gewerbe, S. 833.
[16] Pohl, Entwicklung, S. 239.
[17] Arps, Zeiten [1965], S. 154.
[18] Bayerische Börse, Börse, S. 8. Schon am 9. Juli 1945 eröffnete die Hanseatische Wertpapierbörse in Hamburg ihre Pforten, allerdings nur im kontrollierten Freiverkehr. Vgl. Rudolph, Effekten- und Wertpapierbörsen, S. 294.

del wurde in allen Werten aufgenommen, die schon früher in München entsprechend notiert worden waren. Für Werte, die an anderen deutschen Börsen eingeführt waren, wurde der Freiverkehr aufgenommen. Eine wichtige Grundlage für den Handelsstart an der Bayerischen Börse waren die in den letzten Kriegsjahren aus dem Reichsgebiet nach Bayern in Sicherheit gebrachten Wertpapierbestände.[19]

Das Geschäft fand zunächst in einem äußerst bescheidenen Rahmen statt: Nur ein Raum im einst so prächtigen Jugendstilgebäude am Münchner Maximiliansplatz[20] war noch benutzbar, die Fenster waren vernagelt, lediglich ein Telefon ermöglichte die Kommunikation nach außen. Zudem litt der Handel unter der Sperrung der Girosammeldepots, die damals schätzungsweise 70 bis 80 Prozent der börsengängigen Aktien umfassten.[21] Das Verbot des Handels mit Reichstiteln führte zur Reduktion der Zahl der gehandelten außerbayerischen Rentenwerte: Während vor Kriegsende noch 109 Titel gehandelt worden waren, waren bei der ersten Nachkriegsbörse nur noch 59 verfügbar. Zudem blieb die Kursstoppverordnung von 1943 bestehen.[22] Die Börse büßte durch diesen Preisstopp an Handelsvolumen ein, da sich – analog zum damals allgegenwärtigen Schwarzmarkt für Güter des täglichen Bedarfs – neben der Börse ein grauer Markt etablierte, der einen Teil des Handels an sich zog. Dort wurden Papiere zu Kursen gehandelt, die teilweise um 40 bis 100 Prozent über den Stoppkurswerten lagen. Hintergrund für diese „Hausse“ waren weniger die Ertragsperspektiven der betreffenden Papiere als vielmehr die grassierende Geldentwertung. In einem Rückblick anlässlich des 150-jährigen Jubiläums der Bayerischen Börse heißt es über diese Zeit: „Auch das schlechteste Wertpapier, sogar Reichstitel, schienen dem Anleger sicherer als der Geldschein in der Brieftasche oder das Guthaben auf der Bank.“[23]

Wie geradezu schicksalhaft die wertlose Reichsmark damals gesehen wurde, belegen die Worte des Vizepräsidenten Heinrich Hartlieb anlässlich der Eröffnungsfeier der LZB von Bayern am 31. März 1947: „Die zwei Fragen, die jeden einzelnen Menschen derzeit beschäftigten, sind ‚Was werden wir morgen essen?‘ und ‚Was geschieht mit dem Geld?‘.“[24] Alles wartete auf die Währungsreform.

1.2 Die Währungsreform

Eine neue monetäre Ordnung für Deutschland setzte die Einrichtung einer Zentralbank voraus, die die Steuerung der monetären Aggregate übernehmen konnte. Noch vor der Währungsreform wurde daher eine neue Zentralbank mit dem Namen „Bank deutscher Länder“ (BdL) am 1. März 1948 in Frankfurt am Main als gemeinsame Tochter der Landeszentralbanken errichtet – eine Konstruktion, die 50 Jahre später auch beim Europäischen System der Zentralbanken gewählt wurde, in dem die nationalen Zentralbanken die alleinigen Kapitaleigner der Europäischen Zentralbank (EZB) sind (Art. 28.2 ESZB-Statut, Art. 107 Abs. 1 EG-Vertrag). Sowohl die Landeszentralbanken als auch die BdL

[19] Ruppel, Börse, S. 45 f.
[20] Die heutigen Börsenräume am Lenbachplatz wurden erst 1963 im Zuge der größer werdenden Geschäftsvolumina bezogen. Vgl. ebd., S. 63.
[21] Bayerische Börse, Börse, S. 8.
[22] Ruppel, Börse, S. 46 f.; vgl. Kap. IV.2.
[23] Ebd., S. 48.
[24] Landeszentralbank im Freistaat Bayern, Jahresbericht 1996, S. 17.

waren rechtlich selbständig. Eine wichtige Grundlage für den Übergang zu einer stabilen neuen Währung war das – auch aus dem Missbrauch durch das Deutsche Reich hergeleitete – Verbot der direkten und indirekten Kreditgewährung an den Staat. Das Recht der Notenausgabe erhielt die BdL freilich erst mit der Währungsreform.[25]

Mit der Gründung der BdL war die Grundlage gelegt für den Übergang zu einer neuen, stabilen Währung, wie sie mit der Währungsreform vom 20. Juni 1948 vollzogen wurde. Die Währungsreform erwies sich schnell als das Schlüsselereignis der deutschen Nachkriegsentwicklung und die Geburtsstunde des „Wirtschaftswunders". Die Läden füllten sich fast über Nacht mit Waren und die wirtschaftliche Aktivität nahm schlagartig zu. Es zeigte sich, dass eine stabile Währung die entscheidende Grundlage für eine Volkswirtschaft darstellt.

Für den Erfolg der Währungsreform waren neben dem raschen Anlaufen der Marshallplanhilfe zwei wesentliche Elemente ausschlaggebend: Erstens eine konsequente Strategie knappen Geldes, die durchzusetzen Aufgabe des neuen Notenbanksystems war. Ein wichtiger Ansatzpunkt hierbei war die Beseitigung des massiven Geldüberhangs. Dies wurde durch die Abwertung der Reichsmark-Forderungen im Verhältnis zehn zu eins bewältigt.[26] Zweites wesentliches Element war die Verwirklichung einer marktwirtschaftlichen Ordnung, die vor allem mit dem Namen Ludwig Erhard verbunden ist. Ihm war der schnelle Übergang von der reglementierten Wirtschaft zu einer Marktwirtschaft mit freigegebenen Preisen zu verdanken; er löste die Märkte – gegen die Bedenken der Alliierten – in raschen Schritten aus den Fesseln der Bewirtschaftung und des Preisstopps. Schlüsselmaßnahme hierbei war die im Juli und November 1948 erfolgte Aufgabe der Preis- und Lohnstoppverordnungen, die seit den Jahren 1936 bzw. 1938 und 1939 bestanden hatten.[27]

Die Bedeutung der Währungsreform für die Wirtschaft lässt sich an der damals in Bankerkreisen beliebten Äußerung ermessen, wonach mit ihr erst das Ende des Zweiten Weltkrieges besiegelt worden sei. Wie groß der durch die Währungsreform verursachte Einschnitt gerade auch für die Kreditwirtschaft tatsächlich war, zeigt sich an der mit der Reform verbundenen Bereinigung der Bilanzen Münchner Banken. Betrug die Reichsmark-Schlussbilanz der Hypo-Bank noch 3,5 Mrd. RM, so war die D-Mark-Eröffnungsbilanz am 21. Juni 1948 auf nur noch 296 Mio. DM zusammengeschrumpft.[28] Die Vereinsbank hatte einen ähnlichen Schnitt zu verzeichnen: Nach einer Bilanzsumme von zwei Mrd. RM vor dem Währungsschnitt belief sich die D-Mark-Eröffnungsbilanz auf lediglich 171 Mio. DM.[29] Die Bankgeschäfte kamen zunächst nur langsam in Schwung. Zwar erfolgte das Wiederaufbaugeschäft angesichts noch kaum funktionierender Kapitalmärkte weitgehend über Bankkredite. Aber erst mit den Jahren des „Wirtschaftswunders" nahmen die Geschäfte zu: 1953 überschritt die Bilanzsumme der Hypo-Bank erstmals die Milliarden-Grenze, 1960 war die Bilanzsumme dann bereits auf das Sechzehnfache der Eröffnungsbilanz gestiegen.[30]

[25] Häuser, Gründung, S. 38 f.
[26] Bei den Altspareinlagen erfolgte die Umstellung im Verhältnis 100:6,5. Vgl. dazu auch die Ausführungen im Folgenden. Ferner grundlegend zur Währungsreform: Möller, Währungsreform, S. 459 f., 464 f.; Buchheim, Bank deutscher Länder, S. 129 ff.
[27] Steffan/Diehm, Bayerische Staatsbank, S. 382; Zorn, Gewerbe, S. 835.
[28] Bayerische Hypotheken- und Wechsel-Bank, Geschichte, S. 64.
[29] Reuss, Vereinsbank, S. 45.
[30] Bayerische Hypotheken- und Wechsel-Bank, Geschichte, S. 64.

Währungsreform am 20./21. Juni 1948: Schlangestehen vor einer Filiale der Städtischen Sparkasse München (Fotografie, Georg Fruhstorfer, 1948).

Wie groß der Einschnitt der Währungsreform für das bayerische Finanzgewerbe war, zeigt auch die Entwicklung der so genannten „Ausgleichsforderungen", welche die Geldinstitute durch das Umstellungsgesetz vom 27. Juni 1948 zum Ausgleich ihrer Bilanzen zugeteilt erhielten. Die Notwendigkeit, die Aktivseite der Bilanzen aufzufüllen, war dadurch entstanden, dass zwar die Reichsmarkverbindlichkeiten der Institute (d. h. die Guthaben der Kundschaft) zu einem gewissen Prozentsatz (100:6,5) umgestellt wurden, die schwergewichtigen Forderungen an das Deutsche Reich (bei den bayerischen Banken zum 31. Dezember 1947 13,263 Mrd. RM oder 58,6 Prozent aller Aktiva) aber erloschen.[31] Das bayerische Finanzgewerbe erhielt im Zuge der Währungsreform insgesamt 1,986 Mrd. DM an Ausgleichsforderungen zugeteilt (Kreditinstitute 1,604 Mrd. DM, Versicherungsunternehmen 380 Mio. DM, Bausparkassen zwei Mio. DM). Mit 20,2 Prozent und 16,5 Prozent lag der prozentuale Anteil der Ausgleichsforderungen an den Bilanzaktiva der monatlich berichtenden Kreditinstitute Ende 1950 und 1951 höher als im übrigen Bundesgebiet (17,3 Prozent und 14,0 Prozent). Ein Problem für die Banken war, dass die – niedrig verzinslichen – Ausgleichsforderungen bis 1955/57 kaum mobilisierbar waren. Zur Überwindung von vorübergehenden Liquiditätsschwierigkeiten stellte daher die LZB von Bayern (auf eigene Rechnung mehrfach bis 1952 und auf Rechnung des bayerischen Staates 1955) einigen Banken

[31] Zu den Ausgleichforderungen allgemein vgl. Häuser, Ausgleichsforderungen, S. 5-12.

durch Ankauf von Ausgleichsforderungen Notenbankgeld zur Verfügung; die Banken kauften diese Ausgleichsforderungen bis Ende der 1950er Jahre zurück.

Ab 1957 tilgte der Bund die Ausgleichsforderungen aus einem Ausgleichsfonds, in den Jahren 1957/58 und 1960/61 auch im Rahmen von besonderen Nivellierungsaktionen, um den bei einigen Finanzinstituten überdurchschnittlich hohen Anteil dieser Forderungen an der Bilanzsumme zu verringern (Ende 1958 z. B. auf 30 Prozent). Bayerische Finanzinstitute profitierten überdurchschnittlich von diesen Nivellierungsaktionen: Im Jahr 1957 entfielen von den für das gesamte Bundesgebiet zur Verfügung gestellten Mitteln rund die Hälfte auf bayerische Kreditinstitute und Versicherungen, im Jahr 1958 von den im Bundesgebiet Banken zugewendeten Mitteln ein Drittel allein auf bayerische Raiffeisenkassen.[32]

Auch der Münchner Börsenhandel profitierte nicht sofort von der Währungsreform. Aufgrund unklarer Schuld- und Vermögensverhältnisse einzelner Gesellschaften entstanden Probleme bei der Aktienbewertung. Eine sachlich fundierte Bewertung setzte DM-Eröffnungsbilanzen voraus, deren Abschluss oft erst in den 50er Jahren erfolgte. Auch das Rentengeschäft lief langsam an, erst 1949 wurden bei der Bayerischen Börse in München erste D-Mark-Pfandbriefe zugelassen, wobei das Neugeschäft anfangs mit 62 Mio. DM eher zögerlich, 1950 aber mit 622 Mio. DM an Neuemissionen schon recht kräftig war.[33]

2. Die Jahre des „Wirtschaftswunders“: 1950-1965

2.1 Das realwirtschaftliche Umfeld

Mit dem wirtschaftlichen Aufschwung der 50er und 60er Jahre ging ein erhebliches Wachstum des Münchner Finanzgewerbes einher. Ein Ende fand die Epoche des „Wirtschaftswunders“ durch die erste Rezession der Nachkriegszeit 1966/67.

Bayerns wirtschaftliche Position Anfang der 50er Jahre war gemessen am Bundesdurchschnitt[34] bescheiden: So lag das 1950 erwirtschaftete Bruttoinlandsprodukt pro Einwohner in Bayern mit 7 700 DM um 9,8 Prozent unter dem Bundesdurchschnitt, während die Arbeitslosigkeit mit 13,4 Prozent um 3,4 Prozentpunkte höher war.[35] Auch die sektorale Zusammensetzung der Wirtschaft war vergleichsweise weniger weit entwickelt als in anderen Regionen Deutschlands: Der Anteil der Landwirtschaft an der Bruttowertschöpfung war mit 15 Prozent um fast fünf Prozentpunkte höher als im Bundesdurchschnitt, der Anteil des produzierenden Gewerbes mit 42 Prozent um fast fünf Prozentpunkte geringer. Obwohl noch unterdurchschnittlich, war der Anteil des produzierenden Gewerbes an der bayerischen Bruttowertschöpfung aber damals bereits

[32] Landeszentralbank von Bayern, Jahresberichte 1950-61.
[33] Ruppel, Börse, S. 49.
[34] Bund beinhaltet – soweit nicht anders gekennzeichnet – Westdeutschland und Berlin.
[35] Arbeitslosigkeit in Prozent aller Arbeiter, Angestellten und Beamten am 30. Juni 1950. Vgl. Statistisches Bundesamt, Statistisches Jahrbuch 1950; Landesamt für Statistik und Datenverarbeitung des Freistaates Bayern, Statistisches Jahrbuch 1950.

so hoch, dass Bayern als ein moderner Industriestaat – wenn auch mit agrarischem Einschlag – bezeichnet wurde. Der spätere Bundesbankpräsident Otmar Emminger, damals Mitarbeiter im Bayerischen Wirtschaftsministerium, relativierte die zu dieser Zeit gängige Agrarstaat-These und prägte den Begriff von Bayern als „Industrie-Agrarland".[36]

Abbildung 4: Anteil an der Bruttowertschöpfung 1950-2000 (Unterschiede zwischen Bayern und Westdeutschland in Prozentpunkten)

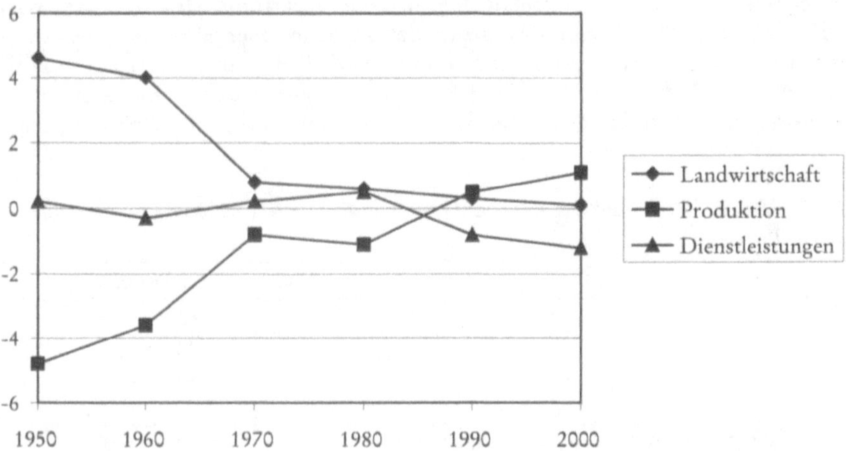

Quelle: Statistisches Bundesamt, Statistisches Jahrbuch, verschiedene Jahrgänge; eigene Berechungen.

In den 50er Jahren war die wirtschaftliche Dynamik Bayerns zwar beträchtlich, aber noch unterdurchschnittlich: In den „Wirtschaftswunderjahren" zwischen 1951 und 1960 verzeichnete die Bundesrepublik ein jahresdurchschnittliches Wachstum des Sozialprodukts von 8,9 Prozent; der Zuwachs der bayerischen Wirtschaftsleistung war im Jahresdurchschnitt um einen Prozentpunkt niedriger. Der Grund hierfür war, dass der Freistaat zunächst noch unter der Unterbrechung von traditionellen Handelsverbindungen in den Osten Deutschlands litt. Am Beispiel der Energiewirtschaft wird dies besonders deutlich: 1938 stammten 41,5 Prozent der nach Bayern eingeführten Kohle aus dem nach Kriegsende abgeschnittenen russischen Besatzungsgebiet; auch der Strom kam vor dem Krieg maßgeblich von mitteldeutschen Braunkohlekraftwerken. Energie musste nun aus Nordwestdeutschland bezogen werden, was angesichts der Verkehrsferne mit zusätzlichen Kosten einherging.[37] Folgerichtig forcierte die Staatsregierung in späteren Jahren die Förderung anderer Energieträger, wie die Ölversorgung mittels Pipeline oder die Nutzung der Kernenergie.

[36] „Bereits vor dem Krieg war Bayern also endgültig dem Stadium des Agrarlandes entwachsen, es war der Prototyp eines Industrie-Agrarlandes geworden." Zit. n. Deutinger, Agrarland, S. 19.
[37] Zorn, Gewerbe, S. 834.

Strukturell holte Bayern allerdings gegenüber dem Bundesdurchschnitt auf: Der Anteil der Landwirtschaft an der bayerischen Bruttowertschöpfung schrumpfte zwischen 1950 und 1960 um 4,7 Prozentpunkte gegenüber einem Rückgang im Bund von 4,1 Prozentpunkten. Umgekehrt konnte das bayerische produzierende Gewerbe seinen Anteil an der Bruttowertschöpfung um 9,5 Prozentpunkte erhöhen, im Bundesdurchschnitt betrug der Anstieg „nur" 8,3 Prozentpunkte. Auch innerhalb der bayerischen Industrie verschoben sich die Gewichte; Zukunftsbranchen gewannen recht zügig auf Kosten von „declining industries" an relativer Bedeutung. Gemessen an den Beschäftigtenzahlen war die Textilindustrie 1952 noch die mit Abstand bedeutendste bayerische Industriebranche, sie wurde aber schon 1955 von der Elektroindustrie und 1956 vom Maschinenbau überholt.[38] Dieser Strukturwandel, der in den 50er Jahren noch nicht voll wachstumswirksam wurde, begründete den wirtschaftlichen Erfolg Bayerns in den folgenden vier Jahrzehnten. Seit den 60er Jahren lagen die bayerischen Wachstumsraten (Zehnjahresdurchschnitte) zum Teil deutlich über den entsprechenden Bundeswerten.

Tabelle 11: Reales Wachstum des Bruttoinlandsproduktes 1950-2000 (Zehnjahresdurchschnitte in Prozent)[I)]

	Bayern	Bundesrepublik Deutschland
1950-1960	7,9	8,9
1961-1970	5,0	4,4
1971-1980	3,5	2,7
1981-1990	3,0	2,3
1991-2000	2,3	1,9

I) Bis 1990 in Preisen von 1991, ab 1991 in Preisen von 1995.
Quelle: Statistisches Bundesamt, Statistisches Jahrbuch, verschiedene Jahrgänge; eigene Berechnungen.

Welch starken Aufschwung insbesondere München im vergangenen halben Jahrhundert erlebte, veranschaulicht ein deutlich über den Vergleichswerten anderer deutscher Großstädte liegendes Bevölkerungswachstum. Münchens Einwohnerschaft wuchs zwischen 1950 und 2000 um 46 Prozent auf 1,2 Mio.; demgegenüber verzeichnete Frankfurt am Main ein Plus von 21 Prozent[39] und Düsseldorf von 14 Prozent, West-Berlin musste gar einen Rückgang seiner Bevölkerung um drei Prozent verkraften.

Tabelle 12: Bevölkerungsentwicklung großer Städte 1951-2000 (in Prozent)

	1951-1960	1961-1970	1971-1980	1981-1990	1991-2000
München	+ 29,7	+ 19,8	+ 0,4	- 5,2	- 3,0
Frankfurt am Main	+ 25,3	+ 0,5	- 6,0	+ 2,4	- 0,1
Düsseldorf	+ 38,8	- 4,5	- 10,8	- 2,8	- 1,2
Berlin (West)	+ 2,7	- 3,7	- 10,5	+ 17,7	- 6,7

Quelle: Statistisches Bundesamt, Statistisches Jahrbuch, verschiedene Jahrgänge; Fischer Weltalmanach 2002.

[38] Ebd., S. 838.
[39] Der Vorsprung, den Frankfurt gewann, ging dabei auf die Jahre 1951-80 zurück; seitdem schließt sich die Schere wieder.

2.2 *Neuansiedlungen in München*

In den Jahren nach Kriegsende wurde die spätere stürmische Expansion der Münchner Wirtschaft durch zahlreiche Unternehmensverlagerungen aus Berlin und der damaligen sowjetischen Besatzungszone befördert. Von 5 416 insgesamt erfassten Verlagerungen nach Westdeutschland entfielen im Ländervergleich – vom damals stark industrialisierten Nordrhein-Westfalen abgesehen – mit einem Anteil von 14 Prozent die meisten auf Zielorte in Bayern.[40] München war das wichtigste Wanderungsziel von Industrieunternehmen, aber auch von Versicherungen, die zum Aufschwung des Finanzplatzes München nach 1945 beitrugen.

Von den nach München übersiedelten Unternehmen und Institutionen stachen drei Gruppen besonders hervor, deren Ansiedlung und Expansion das Wachstum der Münchner Wirtschaft und – direkt oder indirekt – des Finanzplatzes begünstigten.[41] Es sind dies erstens wichtige Forschungseinrichtungen wie die Max-Planck- und die Fraunhofer-Gesellschaft, zweitens Industrieunternehmen mit Siemens als „Flaggschiff“ und drittens die Versicherungsbranche mit der Allianz-Versicherung als Schlüsselunternehmen. Für all diese Firmen ging die Standortentscheidung zugunsten Münchens im Wesentlichen auf folgende Faktoren zurück: Die Tradition Münchens als Wissenschaftsstandort, die aktiven Bemühungen der Stadt bzw. des Freistaats um Ansiedlungswillige sowie das vergleichsweise hohe Maß an Rechtssicherheit in Bayern. Diese Faktoren waren dabei für die einzelnen Standortentscheidungen von unterschiedlichem Gewicht.

Nach dem Krieg wurden zahlreiche Institute der zwei großen deutschen Trägergesellschaften von wissenschaftlichen Instituten, der Max-Planck-Gesellschaft und der Fraunhofer-Gesellschaft, sowie einige Großforschungseinrichtungen in München angesiedelt. In seiner Darstellung des Forschungsstandorts Bayern stellte der Historiker Stephan Deutinger die Förderung durch die Politik und vor allem auch durch die Finanzwelt in den Mittelpunkt: Neben strukturellen Faktoren sei „die Rolle der einzelnen Personen und Persönlichkeiten [...] nicht hoch genug zu veranschlagen. Dies gilt besonders im Hinblick auf die in der Fundierungsphase der frühen fünfziger Jahre noch beträchtlichen individuellen Handlungsspielräume.“ Ein wesentlicher Anteil an der Ansiedlung der Max-Planck-Gesellschaft auf staatlicher Seite wird Hanns Seidel und dem Staatssekretär Hans Meinzolt zugesprochen. Aber auch das Engagement des damaligen Präsidenten der LZB von Bayern, Max Grasmann, hinsichtlich der finanziellen Förderung der Fraunhofer-Gesellschaft und der Max-Planck-Gesellschaft war „ein geradezu unschätzbarer Faktor“. Grasmanns weitreichender Einfluss führte die gesellschaftlichen Gruppen und Institutionen zusammen, was immer wieder unkonventionelle Finanzierungslösungen zeitigte. Deutinger schlussfolgert, dass „in München in den entscheiden-

[40] Die Verlagerung nach Bayern und in andere Länder der damaligen Bizone wurde begünstigt, weil in der Französischen Zone bis 1952/53 ein Zuwanderungsverbot herrschte. Vgl. Hefele, Verlagerung, S. 97, 119.

[41] Durch Verlagerungen wurden auch in anderen Wirtschaftszweigen wesentliche Weichen gestellt. So verdankt München den Aufstieg zu einem der bedeutendsten deutschen Verlagsorte der Zuwanderung vor allem von Leipziger und Berliner Verlagsunternehmen. Vgl. ebd., S. 162.

den Jahren ein Milieu der kurzen Wege und der Kooperation herrschte, wo viele an einem Strang zogen."[42]

Für den Standort München sprach auch das wissenschaftliche Renommee: Die bayerische Landeshauptstadt war – mit der Ausnahme Berlins – die einzige Stadt in Deutschland, in der eine Universität und eine Technische Hochschule gleichzeitig bestanden. In München ballte sich wissenschaftliche Kompetenz. Zählungen in Gelehrtenkalendern der Zwischenkriegszeit ergaben, dass sich – von Berlin abgesehen – in München die meiste naturwissenschaftliche Intelligenz Deutschlands versammelte.[43] Daher wundert es nicht, dass zwischen den Wissenschaftlern der in Berlin residierenden Forschungseinrichtungen und der Stadt München enge Beziehungen bestanden, die einen Umzug nach München nahezu zwangsläufig erscheinen ließen: „Fast alle Institutsleiter, und bezeichnenderweise gerade die der nachträglich nach München verlegten Einrichtungen, hatten bereits ihre wissenschaftliche Ausbildung an den Münchner Hochschulen empfangen und hier ihre sozialen Netzwerke aufgebaut."[44]

Bei der Übersiedlung von Industrieunternehmen rückten zusätzlich Aspekte der politischen Stabilität in Bayern in den Mittelpunkt. Für Siemens war die politische Unsicherheit in Berlin, die mit der Berlinblockade ihren Höhepunkt erreichte, ein wesentlicher Grund für die Standortentscheidung nach Kriegsende. Der Elektrokonzern verlegte daher den Firmensitz des wichtigen Betriebsteils Siemens & Halske zum 1. April 1949 nach München, während Berlin nur noch zweiter Firmensitz blieb.[45] Ob auch die oft zitierten Münchner „soft factors" bei der Standortentscheidung eine Rolle gespielt haben, wird allerdings nur kolportiert: So hätten die Ehefrauen der Siemens-Manager damals in Anbetracht der schönen Seiten Münchens für die bayerische Landeshauptstadt votiert.[46]

Die Ansiedlung dieses wichtigen Betriebsteils von Siemens war eine Schlüsselentscheidung, die die Industriestruktur der bayerischen Metropole nachhaltig prägen sollte: Bis in die Kriegsjahre war die bayerische Elektroindustrie gegenüber der mitteldeutschen und Berliner Konkurrenz unbedeutend gewesen. Allein in Berlin waren ehe-

[42] Deutinger, Agrarland, S. 230 f. Das starke Engagement der Politik kam auch der Verlagerung des Deutschen Patentamtes zugute, das 1949 nach München zog. Die Stadt sorgte für einen provisorischen Sitz des Patentamtes, indem sie das Deutsche Museum kurzerhand räumte. Die Präsenz des Deutschen Patentamtes in München dürfte auch bei der Standortentscheidung des Europäischen Patentamtes (EPA) eine Rolle gespielt haben. München wurde 1972 als Standort dieser ersten europäischen Institution auf deutschem Boden ausgewählt. Auch hier hatten sich der Freistaat und die Landeshauptstadt eingesetzt, wobei ausschlaggebend war, dass das EPA in der Erhardtstraße und damit in unmittelbarer Nachbarschaft zum Deutschen Patentamt errichtet werden konnte. Auskunft des Münchner Historikers Dr. Karl-Ulrich Gelberg (Telefongespräch vom 23. Juli 2002); vgl. auch Blüchel, Wirtschaftschronik, S. II/148.

[43] Zit. n. Deutinger, Agrarland, S. 229.

[44] Ebd., S. 299.

[45] Gleichzeitig wurden die Siemens-Schuckert-Werke von Berlin nach Erlangen verlegt. Die Verlagerung war aufgrund großer Kriegszerstörungen und Demontagen in den dortigen Stammwerken mit vergleichsweise geringen Opportunitätskosten möglich: Die für das Technologieunternehmen besonders wichtigen Produktionsfaktoren Humankapital und immaterielle Werte konnten aufgrund ihres mobilen Charakters vergleichsweise leicht verlagert werden. Gleichzeitig waren die schwierig zu bewegenden immobilen Faktoren weitgehend verloren: In Siemensstadt war mit 85 Prozent beinahe der gesamte Bestand an Werkzeugmaschinen zerstört; ein großer Teil der sonstigen Betriebseinrichtungen wurde demontiert, dazu kam die weitgehende Ausräumung der Lager an Fertig- und Halbfabrikaten sowie Rohstoffen. Vgl. Feldenkirchen, Siemens, S. 254, 264.

[46] Angela Maier, „Mit Glück und Geschick schaffte es Bayern vom Agrarstaat zum Wirtschaftswunderland", in: Frankfurter Allgemeine Zeitung, 17. Januar 2002.

mals 70 Prozent der gesamten deutschen Elektroindustrie beheimatet[47], während in Bayern nur geringe Fertigungskapazitäten und ein technologischer Rückstand verzeichnet wurden. Mit der Ansiedlung von Siemens in München dürfte – zusammen mit der anderer Firmen wie der Osram GmbH und der AGFA Camera-Werk Aktiengesellschaft – die nötige kritische Masse entstanden sein, die Synergieeffekte ermöglichte. Eine Untersuchung über den wirtschaftlichen Erfolg von Unternehmensverlagerungen der Elektroindustrie nach dem Krieg bestätigt dies, indem sie feststellt, dass in Ballungsräumen angesiedelte Unternehmen eher überlebten als Ansiedlungen in der Peripherie, da durch die neben der Elektroindustrie erfolgte parallele Ansiedlung von optischer Industrie und Präzisionswerkzeugfabrikation Synergieeffekte entstanden. Die Studie folgert: „Diese Kopplungseffekte traten vor allem im Großraum München auf."[48]

Die technologischen Erträge der Siemens-Ansiedlung in München zeigten sich schon in den 50er Jahren: Neue Forschungszentren der Siemens-Stammgesellschaften wurden nicht in Berlin, sondern in Westdeutschland aufgebaut. So richtete Siemens & Halske 1955 ein nachrichtentechnisches Laboratorium in München ein; 1958 folgte ein Laboratorium für die Erforschung von Werkstoffen sowie zur Grundlagenforschung. Die Inbetriebnahme des Forschungsreaktors in Garching bei München 1959 wurde mit Hilfe von Wissenschaftlern eines Erlanger Siemens-Laboratoriums bewerkstelligt.[49]

Während die Übersiedlungen im Wissenschaftsbereich und in der Industrie den Finanzplatz München in den folgenden Jahrzehnten eher indirekt stärken sollten, gingen direkte Impulse auf den Finanzplatz von der Übersiedlung von zehn Berliner Versicherungen während der Kriegs- und Nachkriegszeit aus. Neben der Allianz befanden sich darunter die Deutsche Automobil Schutz Rechtsschutz-Versicherungs-AG (D.A.S.), die schon 1942 übersiedelte, die Tela Versicherungs-AG, die Berlinische Feuer-Versicherungs-Anstalt, die Deutsche Lloyd Lebensversicherung AG, die Vereinte Krankenversicherung und schließlich die 1956 übergesiedelte Deutsche Lloyd Versicherungs-Actien-Gesellschaft. Aus dem restlichen Gebiet der sowjetischen Besatzungszone kam die Thuringia Versicherungs-Aktiengesellschaft mit ihrer Tochtergesellschaft Fortuna Rückversicherungs-AG nach München. Sitzverlagerungen von Niederlassungen ausländischer Gesellschaften wie der Winterthur-Garantie, Deutsche Garantie- und Kautionsversicherungsaktiengesellschaft und der Ersten Allgemeinen Unfall- und Schadensversicherungs-Gesellschaft rundeten das Bild ab. Damit rückte München, das als Versicherungsstadt vor dem Zweiten Weltkrieg „nur" an vierter Stelle in Deutschland gelegen hatte, sowohl nach Anzahl der Versicherungsunternehmen und der Beschäftigten als auch hinsichtlich des Prämienaufkommens Mitte der 50er Jahre an die Spitze der Versicherungsplätze in Deutschland.[50]

Das Beispiel des größten nach München umgesiedelten Versicherers, der Allianz, zeigt, dass alle drei der genannten Standortfaktoren – die für das Unternehmen relevante wirtschaftliche Basis, die Rechtssicherheit sowie die Unterstützung durch Stadt und Staatsregierung – für die Verlagerung nach München eine große Rolle gespielt haben. München befand sich damals im Wettbewerb mit Wiesbaden und Frankfurt am Main um den Unternehmenssitz. In München war im Juli 1945 „mehr durch Zufall" eine Auffangstelle der Generaldirektion entstanden, die als „Generaldirektion Abteilung München" das Sammelbecken für die in Westdeutschland liegenden Vermögensteile der

[47] Bayerische Börse, Börse, S. 16.
[48] Hefele, Verlagerung, S. 158 f.
[49] Feldenkirchen, Siemens, S. 282 f.
[50] Koch, München, S. 11 f.

Luftaufnahme des neu errichteten Gebäudekomplexes der Allianz in der Königinstraße, Schwabing (Druck, 1955).

Gesellschaft wurde.[51] Aber auch in Wiesbaden entstand ein weiterer Kristallisationspunkt der Allianz in Westdeutschland; dort fanden seit Ende 1946 Aufsichtsratssitzungen statt. Wiesbaden wurde aufgrund seiner verkehrsgünstigen Lage gegenüber München favorisiert, ein Faktor, der in den ersten Jahren nach dem Krieg eine hohe Bedeutung hatte. Auch Frankfurt wurde als Standort für die Allianz in Betracht gezogen. Für die Mainmetropole sprach ihre zentrale Lage; zudem wurde sie damals als die zukünftige Hauptstadt der Westzonen gehandelt. Allerdings stellte sich die Wohnungsbeschaffung für die Mitarbeiter des Unternehmens als unmöglich heraus.[52] Den Ausschlag für München gaben im Wesentlichen folgende Argumente:

- Die damals vergleichsweise hohe Rechtssicherheit in Bayern: Der Freistaat wurde als Land betrachtet, in dem die Vermögenswerte der Allianz vergleichsweise sicher waren – ein Faktum, zu dem die Präsenz der amerikanischen Besatzungsmacht, die damals als Garant für Stabilität angesehen wurde, nicht unwesentlich beitrug. Hinzu kam die Einschätzung der (damals relativen) öffentlichen Sicherheit, die in Bayern unmittelbar nach dem Zusammenbruch noch am ehesten gegeben war. So entschied sich die Allianz bei Kriegsende, Wertpapiere in großem Umfang in Bayern zu lagern. Die Versicherung deponierte zu diesem Zeitpunkt in Straubing sämtliche Effektenregister sowie die wichtigsten, die Effektenverwaltung betreffenden Aufzeichnungen.

[51] Arps, Zeiten [1965], S. 152.
[52] Ebd., S. 152 f.

Zeitweise wurden sie zum Schutz vor Diebstahl oder Beschlagnahme in ein niederbayerisches Bauerndorf gebracht, wo sie unter Heu versteckt wurden.[53] Zudem dürften auch verfassungsrechtliche Aspekte die bayerische Metropole als Versicherungssitz attraktiv gemacht haben: So gab es einen Passus in der Verfassung des Landes Hessen, der Versicherungsunternehmen mit Verstaatlichung drohte.[54]

- Ein Plus des Standorts München war für die Allianz auch die Nähe zur Münchener Rückversicherungs-Aktiengesellschaft (Münchener Rück), zu der seit langem intensive Beziehungen bestanden. Die Münchener Rück hatte ein Interesse, einen so wichtigen Vertragspartner vor Ort zu haben.[55]
- Wie positiv das Engagement von Staatsregierung und Stadt München gesehen wurde, wird an Äußerungen der Allianz von 1955 deutlich: „Die Bayerische Staatsregierung darf heute mit Befriedigung aussprechen, dass sie in der schweren Nachkriegszeit alles getan hat, die Umsiedlung der Gesellschaft zu erleichtern."[56]

2.3 Der Finanzplatz München um 1950

Der Bankenplatz München wurde 1950 durch die drei großen bayerischen Regionalbanken (die Hypo-Bank, die Bayerische Vereinsbank sowie die Staatsbank) dominiert, die zusammen das Hauptpotential der bayerischen Bankwirtschaft bildeten.[57] Die Bilanzsumme der drei Institute betrug zu diesem Zeitpunkt immerhin knapp ein Drittel der Bilanzsumme der damaligen drei deutschen Großbanken.[58] Die Staatsbank war eine Geschäftsbank mit Filialnetz, wurde aber dem öffentlich-rechtlichen Sektor zugerechnet, da ihr Kapital voll in Staatsbesitz war; zudem war sie Bank des bayerischen Staates.[59] Die Hypo-Bank und die Vereinsbank nahmen als so genannte „gemischte" Banken sowohl das Hypotheken- und Pfandbriefgeschäft als auch das Kreditgeschäft wahr. Beide waren noch echte Regionalbanken: Die Hypo-Bank galt damals als ein mehr südlich der Donau verwurzeltes „bodenständiges Institut", die Bayerische Vereinsbank hingegen war stärker nach Franken orientiert und pflegte zudem intensivere Kontakte zur Großindustrie.[60] Neben einer beachtlichen Zahl von Privatbankiers waren weiterhin auch die reinen Hypothekenbanken am Finanzplatz vertreten: die Bayerische Handelsbank, die Bayerische Landwirthschaftsbank[61], die Süddeutsche Bodencreditbank und – als öffentlich-rechtliches Institut – die Bayerische Landesbodenkreditanstalt. Weitere Realkreditinstitute waren die Bayerische Landesbausparkasse und die damalige Hausbank der Kommunen, die Bayerische Gemeindebank.[62] Am Bankenplatz München waren darüber hinaus vor allem auch genossenschaftliche Institute vertreten; exemplarisch sei auf das zu dieser Zeit größte Institut der Raiffeisenorganisation ver-

[53] Ebd., S. 150.
[54] Ebd., S. 173.
[55] Hefele, Verlagerung, S. 155.
[56] Zit. n. ebd., S. 154.
[57] Zu den folgenden Ausführungen vgl. auch Bayerische Börse, Börse, S. 80-84.
[58] Deutsche Bank, Dresdner Bank und Commerzbank.
[59] Wolf, Währungsreform, S. 92.
[60] Ebd., S. 91.
[61] Die Bayerische Landwirthschaftsbank war eine genossenschaftliche Hypothekenbank, aus der später die Münchner Hypothekenbank e. G. wurde.
[62] Wolf, Währungsreform, S. 96.

Sitz der Bayerischen Raiffeisen-Zentralkasse im „Haus der Landwirtschaftlichen Genossenschaften" in der Türkenstraße 16, Maxvorstadt (Druck, 1954).

wiesen, die Bayerische Raiffeisen-Zentralkasse.[63] Im Gegensatz zu den zahlreichen Ansiedlungen von Versicherungen nach dem Krieg kam es im Münchner Kreditgewerbe in dieser Zeit zu keiner vergleichbaren „Verstärkung". Eine Untersuchung kommt zu folgendem Ergebnis: „Die Entwicklung [des Münchner Kreditgewerbes] hat sich in den folgenden Jahren aus der bestehenden Struktur heraus der durch den Aufschwung in anderen Branchen bewirkten größeren Nachfrage nach Bankdienstleistungen angepaßt."[64]

[63] Ebd., S. 99.
[64] Hefele, Verlagerung, S. 157.

Tabelle 13: Einlagen und Kredite der Geschäftsbanken am 30. Juni 1951 (in Mio. DM)

	Sicht- und Termineinlagen von Nichtbanken bei Kreditinstituten	Kredite an Nichtbanken langfristig	kurzfristig
Baden	375	65	308
Bayern	2 015	1 245	1 983
Bremen	318	264	426
Hamburg	1 321	260	1 748
Hessen	1 414	357	1 152
Niedersachsen	1 180	830	1 044
Nordrhein-Westfalen	4 649	1 512	3 763
Rheinland-Pfalz	485	181	535
Schleswig-Holstein	314	348	465
Württemberg-Baden	1 426	950	1 366
Württemberg-Hohenzollern	303	75	269

Quelle: Bayerische Börse.

Das bayerische Bankgewerbe stand 1950 im Ländervergleich an zweiter Stelle: Die Sicht- und Termineinlagen von Nichtbanken bei bayerischen Kreditinstituten betrugen damals zwei Mrd. DM; das deutlich größere und stärker industrialisierte Nordrhein-Westfalen kam auf 4,6 Mrd. DM. Die Kredite an Nichtbanken betrugen 3,2 Mrd. DM gegenüber 5,3 Mrd. DM in Nordrhein-Westfalen. Der hohe Anteil der vergebenen langfristigen Kredite zeigt die stark ausgeprägte Bedeutung des Hypothekengeschäfts: Der Anteil der von bayerischen Bankstellen ausgegebenen langfristigen Kredite (1,2 Mrd. DM) betrug 39 Prozent der Gesamtausleihungen an Nichtbanken gegenüber einem Anteil von nur 29 Prozent in Nordrhein-Westfalen. Diese Langfristorientierung korrespondiert mit der Bedeutung von Pfandbriefen in Bayern, deren Emission 1950 mit 71 Mio. DM einen Anteil von 26 Prozent an den Gesamtemissionen im Bundesgebiet erreichte. Freilich waren die bayerischen Banken in diesen Jahren erst in den Startlöchern, wie auch eine Einschätzung der Bayerischen Börse aus dem Jahr 1952 verdeutlicht: „Wenn auch angesichts der fortdauernden Enge des Kapitalmarktes das Pfandbriefgeschäft noch nicht die erhoffte und notwendige Belebung erfahren hat, so ist doch die Zahl der von den bayerischen Hypothekenbanken nach der Währungsreform ausgegebenen Pfandbriefemissionen beachtlich.“[65]

München war – bedingt durch zahlreiche Verlagerungen von Versicherungsunternehmen aus dem Osten Deutschlands – im Jahr 1950 einer der wichtigsten Versicherungsplätze Deutschlands geworden. Die drei größten Versicherer Deutschlands hatten ihren Sitz in München: Die Allianz als bedeutendste deutsche Erstversicherung, die Münchener Rück als größtes Rückversicherungsunternehmen im Bundesgebiet und die Bayerische Versicherungskammer als größte öffentlich-rechtliche Versicherungsanstalt. Allein das Prämienaufkommen zeigt die große Bedeutung der Münchner Versicherer: 1950 entfielen auf bayerische Versicherer – die zum Großteil in München ansässig waren – über 30 Prozent der gesamtdeutschen Sachversicherungsprämien und rund 33 Prozent der Lebensversicherungsprämien. Die Krankenversicherungen kamen auf einen Anteil von ca. 20 Prozent, und die Haftpflicht-, Unfall- und Kfz-Versicherungen konnten rund ein Drittel des gesamten bundesdeutschen Prämienaufkommens auf sich vereinen.[66]

[65] Bayerische Börse, Börse, S. 80-84.
[66] Ebd., S. 76-80.

Die Bayerische Börse in München rangierte 1950 in Deutschland, was die Jahresumsätze in effektiven Stücken angeht, mit an vorderster Stelle. Sie war die deutsche Börse mit dem höchsten Aktienumsatz, bei den Renten lag sie auf dem dritten Platz. Das gute Ergebnis beim Aktienhandel ging allerdings auf die Beschränkung auf den Handel mit effektiven Stücken zurück, von denen aus Sicherheitsgründen große Mengen bei Kriegsende nach Bayern verbracht worden waren.[67] Der amtliche Handel mit in Girosammeldepots gelagerten Werten war aufgrund der ungeklärten Situation der in Berlin gelagerten Girosammeldepots zu diesem Zeitpunkt nicht möglich.[68] Schon zu dieser Zeit nahm auch die Bedeutung der Bayerischen Börse für den Handel mit außerbayerischen Aktien deutlich zu: Waren bis zum Ende des Zweiten Weltkriegs 70 bis 80 Prozent der gehandelten Werte bayerischen Ursprungs, ging dieser Anteil bis 1951 auf rund 50 Prozent zurück.[69]

Tabelle 14: Jahresumsätze an vier Börsen in effektiven Stücken 1949 und 1950 (in RM-Nominalbeträgen)[1)]

	Aktien (ohne Kuxe)		Renten	
	1949	1950	1949	1950
Düsseldorf	80 691 000	63 337 000	92 624 000	104 528 000
Frankfurt am Main	69 701 000	71 170 000	66 153 000	81 436 000
Hamburg	86 826 000	57 654 000	74 158 000	57 609 000
München	80 490 000	74 169 000	74 047 000	78 507 000

[1)] Ohne außerbörsliche Umsätze.
Quelle: Bayerische Börse.

2.4 Das Münchner Finanzgewerbe während des „Wirtschaftswunders"

Anfang der 50er Jahre gestalteten sich sowohl das Einlagen- als auch das Aktivgeschäft der Münchner Banken noch schwierig. So wies die Hypo-Bank in ihrem Geschäftsbericht 1953 auf die damaligen Grenzen der Einlagengewinnung hin; die Bürger seien vielfach „kontenscheu" geworden.[70] Wenn die Bürger Anfang der 50er Jahre den Banken Gelder anvertrauten, erfolgte dies überwiegend in kurzfristigen Sichteinlagen, da das Misstrauen noch sehr ausgeprägt war. 1950 betrug der Anteil der Sichteinlagen an den Gesamteinlagen von Nichtbanken bei den Bankstellen in Bayern stattliche 52 Prozent, zehn Jahre später war dieser Anteil bereits auf 28 Prozent zurückgegangen. Ähnlich problematisch erwies sich das Aktivgeschäft, da außer Zukunftshoffnungen kaum Sicherheiten vorhanden waren.[71] Falls doch Kredite vergeben wurden, waren diese – analog zum Einlagengeschäft – weitgehend kurzfristiger Natur: 1950 belief sich der Anteil der kurzfristigen Kredite an der gesamten Kreditvergabe der Bankstellen in Bayern an Nichtbanken auf 66 Prozent, 1960 war diese Quote bereits auf 24,5 Prozent zurückgegangen.

[67] Ruppel, Börse, S. 58.
[68] Ebd., S. 46.
[69] Ebd., S. 57.
[70] Bayerische Hypotheken- und Wechsel-Bank, Geschichte S. 76.
[71] Bayerischer Sparkassen- und Giroverband, 1908-1983 S. 23.

Die Trendwende ging mit der Einführung von spürbaren steuerlichen Anreizen für die Ersparnisbildung und für Investitionen einher. So wurden Kapital- und Zinssubventionen für den sozialen Wohnungsbau und Sonderabschreibungen eingeführt, von der Steuer absetzbare zinslose Privatdarlehen vergeben und Zinsen von Pfandbriefen und Kommunalobligationen im Rahmen des Kapitalmarktförderungsgesetzes von 1952 von der Steuer befreit.[72] Daraufhin entwickelte sich in Bayern ein überaus starkes Wachstum des Einlagen- und Kreditvolumens, das in keinem der folgenden Jahrzehnte übertroffen werden sollte: Die Einlagen von Nichtbanken bei den Bankstellen in Bayern nahmen von 1950 bis 1960 um 490 Prozent zu, das Wachstum der Kredite betrug 500 Prozent. Allerdings blieb das Einlagenwachstum in dieser Periode hinter dem bundesdeutschen Durchschnittswert von 600 Prozent zurück. Wesentlich hierfür dürfte die damals – im Vergleich zum Bundesdurchschnitt – noch geringere wirtschaftliche Dynamik Bayerns gewesen sein. Auch die Zahl der Mitarbeiter ging in dieser Zeit steil nach oben. Beispielsweise dehnte die Hypo-Bank ihren Mitarbeiterstab, der bei der Währungsreform noch 2 600 Personen betragen hatte, bis Ende 1958 auf fast 5 600 Personen aus.[73]

Die steuerlichen Anreize förderten insbesondere das Hypothekengeschäft und damit auch die Ausgabe von Pfandbriefen. Durch den Pfandbrief refinanzierte Tilgungshypotheken erwiesen sich als ein geeignetes Finanzierungsinstrument für den Wohnungsbau, indem sie die Beseitigung von Kriegsschäden und die Ansiedlung von Vertriebenen ermöglichten.[74] Davon konnten die in München stark vertretenen Hypothekenbanken und die gemischten Regionalbanken profitieren: Unter den 15 größten privaten Hypothekenbanken befanden sich 1958 vier Münchner Institute, darunter die Hypo-Bank auf Platz eins mit einem Umlauf an Pfandbriefen und Kommunalobligationen von 1,4 Mrd. DM und die Bayerische Vereinsbank auf Platz vier mit einem Volumen von 0,8 Mrd. DM.[75]

Tabelle 15: Die 15 größten privaten Hypothekenbanken[1)]

	Umlauf Ende 1958 (in Mio. DM)
Bayerische Hypotheken- und Wechsel-Bank, München	1 378
Deutsche Centralbodenkredit-AG, Köln	953
Frankfurter Hypothekenbank, Frankfurt am Main	939
Bayerische Vereinsbank, München	846
Württembergische Hypothekenbank, Stuttgart	725
Rheinisch-Westfälische Boden-Credit-Bank (Rheinboden), Köln	611
Rheinische Hypothekenbank, Mannheim	557
Deutsche Hypothekenbank („Meininger“), Bremen	513
Süddeutsche Bodencreditbank (Südboden), München	481
Deutsche Hypothekenbank (Act.-Ges.), Berlin-Hannover	441
Pfälzische Hypothekenbank, Ludwigshafen	440
Hypothekenbank in Hamburg, Hamburg	398
Westdeutsche Bodenkreditanstalt (Westboden), Köln	353
Bayerische Handelsbank, München	342
Vereinsbank in Nürnberg, Nürnberg	332

1) Geordnet nach Umfang des Umlaufs an Pfandbriefen und Kommunalobligationen.
Quelle: Wolf, Großbankengesetz, S. 138.

72 Gesetz zur Förderung des Kapitalmarktes vom 15. Dezember 1952, das Ende 1954 allerdings wieder auslief. Vgl. Rudolph, Effekten- und Wertpapierbörsen, S. 298.
73 Bayerische Hypotheken- und Wechsel-Bank, Geschichte, S. 65.
74 Reuss, Vereinsbank S. 47.
75 Wolf, Großbankengesetz, S. 138.

Die Zeit zwischen den ausgehenden 50er Jahren bis Mitte der 60er Jahre markiert für die Kreditwirtschaft die zweite Etappe des „Wirtschaftswunders", in der die Kreditinstitute das Massengeschäft entdeckten. Sie hatten sich inzwischen wieder so gefestigt, dass sie erste Expansionsbestrebungen in außerbayerische Gebiete und ins Ausland unternehmen konnten.

Die Ursachen für die aufkommende Dynamik beim Massengeschäft lagen sowohl auf der Angebots- als auch auf der Nachfrageseite. So wurde 1958 die Bedarfsprüfung für neue Filialen aufgehoben, die die Niederlassungsfreiheit der Kreditinstitute in Deutschland eingeschränkt hatte. Damit wurde eine wichtige Voraussetzung für das expandierende Massengeschäft geschaffen.[76] Entsprechend stark stieg in der Folge die Zahl der bayerischen Bankstellen: Zwischen 1960 und 1970 nahmen die Bankstellen um 32 Prozent von 6 300 auf 8 300 zu. Ein derartiger Zuwachs sollte sich in den folgenden Jahrzehnten weder relativ noch absolut wiederholen. Im Bundesdurchschnitt war das Plus mit 36 Prozent sogar noch ausgeprägter. Die damalige Aufbruchsstimmung wird am Beispiel der Hypo-Bank deutlich: Während diese zwischen der Währungsreform und 1958 lediglich 37 neue Filialen eröffnete, dehnte sie ihr Zweigstellennetz in den folgenden Jahren bis 1969 um 137 Filialen aus. Darüber hinaus wurden auch neue Hypothekenbüros geschaffen.[77]

Die Filialexpansion ging einher mit einer gestiegenen Nachfrage der breiten Bevölkerung nach Bankdienstleistungen. Der aufgrund steigender Einkommen zunehmende Wohlstand führte zu einem wachsenden Interesse an Zahlungsverkehrsdienstleistungen, Anlageprodukten und Krediten. In den ausgehenden 50er Jahren setzte sich die bargeldlose Lohnzahlung durch, mit der die Eröffnung von Girokonten verbunden war. Diese wiederum war der Ansatzpunkt für weitere Bankdienstleistungen.[78] Zudem erlebte der Konsumkredit einen Boom, der die Veränderung der Verbrauchsstruktur zugunsten langlebiger Güter widerspiegelte. So führte beispielsweise die Hypo-Bank (wie auch andere Großbanken in dieser Zeit) 1959 den Kleinkredit ein, der besonders für den Kauf von Kraftfahrzeugen intensiv genutzt wurde.[79] Dennoch blieb das traditionelle Kreditgeschäft bestimmend, wie die Sparkasse München in einem Rückblick auf diese Epoche schrieb: „Die Domäne der Sparkasse im Kreditgeschäft blieb also nach wie vor der Realkredit und der Kommunal- bzw. Körperschaftskredit in den ersten zwei Jahrzehnten des Wiederaufbaus. Erst im Verlauf der 60er Jahre wurde die Sparkasse beim Personalkredit großzügiger."[80]

Insgesamt stieg das Interesse an differenzierteren Anlageprodukten. Im Jahr 1949 war in München von einer Gruppe von Banken die erste Investmentgesellschaft der Bundesrepublik, die Allgemeine Deutsche Investmentgesellschaft mbH, gegründet worden. Diese Gesellschaft, die später unter dem Namen COMINVEST Asset Management GmbH – ADIG-Investment-Fonds (ADIG) firmierte, legte im Jahr 1950 die ersten deutschen Fonds FONDRA und FONDAK auf.[81] Während es sich bei Fon-

[76] Allerdings gab es damals auch schon Stimmen, die vor einer Übertreibung warnten, wie die Landeszentralbank in Bayern in ihrem Jahresbericht 1962: „Die in den letzten Jahren z. T. im Übermaß betriebene Zweigstellenexpansion scheint allmählich an natürliche Schranken herangekommen zu sein." Vgl. Landeszentralbank im Freistaat Bayern, Jahresbericht 1962, S. 19.

[77] Bayerische Hypotheken- und Wechsel-Bank, Geschichte, S. 66.

[78] Wysocki, Sparkassen, S. 14.

[79] Bayerische Hypotheken- und Wechsel-Bank, Geschichte, S. 79.

[80] Ettenhuber, Stadtsparkasse München, S. 246 f.

[81] Hendrick Bölter, „Die Wiege der deutschen Investmentbranche", in: Börsen-Zeitung, 6. Juni 1998, S. B6.

dra um einen gemischten Fonds handelte, war Fondak der erste deutsche Aktienfonds.[82] Ein weiterer wichtiger Schritt zu einer größeren Vielfalt von Anlageprodukten folgte fast zehn Jahre später: 1958 wurde das Internationale Immobilien Institut (iii) als erste deutsche Kapitalanlagegesellschaft für offene Immobilienfonds von den beiden großen Münchner Regionalbanken gegründet. Der erste Fonds dieser Gesellschaft wurde 1959 aufgelegt, ein erstes ausländisches Objekt 1964 in Rotterdam erworben.[83]

Mit dem Erstarken der bayerischen Wirtschaft insgesamt und der Banken im Speziellen begannen die großen Münchner Regionalbanken, „über den Tellerrand“ zu schauen. War kurz nach der Währungsreform ein ordentlich funktionierendes Auslandsgeschäft noch undenkbar – 1949 mussten sich beispielsweise zwei Vorstandsmitglieder der Vereinsbank bei einer Auslandsreise in die Schweiz wegen der Devisenknappheit noch ein Hotelzimmer teilen[84] –, bereitete sich die Hypo-Bank schon 1955 gezielt auf eine Internationalisierung vor: „Dabei hielt die Bankleitung an der Erkenntnis fest, daß im Zeitalter des technischen Fortschritts die Welträume in einer früher nicht vorstellbaren Weise einander nähergerückt sind und daß somit auch eine Regionalbank nicht umhin kann, ihre geschäftliche Tätigkeit den veränderten Zeitverhältnissen anzupassen.“[85] Die Bayerische Vereinsbank beschrieb ihr damaliges Unternehmenskonzept als „Zusammenarbeit mit befreundeten Beteiligungsbanken“. Anstelle einer Präsenz durch ein flächendeckendes Niederlassungssystem in anderen bedeutenden Wirtschaftszentren wollte die Regionalbank durch Bankbeteiligungen und Kooperationen aktiv in Erscheinung treten: 1955 übernahm sie eine Schachtelbeteiligung an der damaligen Vereinsbank in Hamburg, Ende der 50er Jahre erwarb sie Beteiligungen an der Bayerischen Handelsbank und der Vereinsbank in Nürnberg.[86]

Deutschlands Integration in die Weltwirtschaft kam in dieser Zeit in großen Schritten voran: 1958 wurde die Europäische Wirtschaftsgemeinschaft (EWG) gegründet und die D-Mark gegen Auslandswährungen voll konvertibel.[87] Gleichzeitig stiegen die Exporte sowohl absolut als auch relativ zum Wirtschaftswachstum außerordentlich kräftig: In den 50er Jahren übertrafen die Ausfuhren mit einem jahresdurchschnittlichen Wachstum von 19,1 Prozent (Bayern: 20,1 Prozent) das nominale Wirtschaftswachstum von 12,0 Prozent (Bayern: 10,8 Prozent) deutlicher, als dies in jedem der späteren Jahrzehnte der Fall sein sollte.[88] Im Kielwasser der Exporte begann das Auslandsgeschäft der Kreditinstitute an Fahrt zu gewinnen. Die Hemmnisse der Nachkriegszeit gehörten nun endgültig der Vergangenheit an. Allerdings blieb das Auslandsgeschäft noch weitgehend auf ein rein „kommerzielles“ Geschäft beschränkt: Mit Korrespondenzbanken wurde der sprunghaft zunehmende Außenhandel abgewickelt.[89] Partnerbanken in Westeuropa, später auch im Mittleren Osten, in Südostasien und Afrika, räumten z. B. der Bayerischen Vereinsbank Kreditlinien ein, mit denen diese ihren gewerblichen Kunden im Import- und Exportgeschäft dienen konnte. Die Vereinsbank war es auch, die 1957 zusammen mit anderen Partnerbanken in Beirut eine erste Repräsentanz einrich-

[82] Arnd Thorn, „Europäisches Finanzzentrum an der Isar“, in: Börsen-Zeitung, 8. Juli 2000, S. B3.
[83] http://www.iii-fonds.de.
[84] Reuss, Vereinsbank, S. 58.
[85] Bayerische Hypotheken- und Wechsel-Bank, Geschichte, S. 65.
[86] Reuss, Vereinsbank, S. 52, 56.
[87] Wolf, Großbankengesetz, S. 111.
[88] Statistisches Bundesamt, Statistisches Jahrbuch, verschiedene Jahrgänge; Landesamt für Statistik und Datenverarbeitung des Freistaates Bayern, Statistisches Jahrbuch, verschiedene Jahrgänge.
[89] Reuss, Vereinsbank, S. 58.

tete.[90] Gleichzeitig begannen sich auch die Versicherungen im Ausland zu engagieren: Die Allianz errichtete 1959 in Paris eine Zweigniederlassung,[91] 1960 erfolgte eine Gründung in Wien.[92]

Tabelle 16: Nominales Wachstum des Bruttoinlandsproduktes und des Exports 1950-2000 (Zehnjahresdurchschnitte in Prozent)

	Bruttoinlandsprodukt		Export	
	Bayern	Bundesrepublik Deutschland	Bayern	Bundesrepublik Deutschland
1951-1960	10,8	12,0	20,1	19,1
1961-1970	9,0	8,4	12,7	10,1
1971-1980	8,8	8,1	11,5	10,8
1981-1990	5,8	5,1	7,8	6,3
1991-2000	4,5	3,4	5,7	5,7

Quelle: Statistisches Bundesamt, Statistisches Jahrbuch, verschiedene Jahrgänge; Landesamt für Statistik und Datenverarbeitung des Freistaates Bayern, Statistisches Jahrbuch, verschiedene Jahrgänge; eigene Berechnungen.

Auch die Bayerische Börse verzeichnete starke Geschäftszuwächse. Die Börsenumsätze stiegen zwischen 1950 und 1960 von 153 Mio. DM auf 1 800 Mio. DM – ein Zuwachs auf fast das Zwölffache. Gemessen an den Gesamtumsätzen aller deutschen Börsen konnte sie 1960 einen Marktanteil von 14 Prozent erzielen. Sie profitierte von dem dynamischen Pfandbriefgeschäft der Finanzinstitute, aber auch vom Refinanzierungsbedarf öffentlicher Stellen. Im Jahr 1952 emittierte der Freistaat seine erste Nachkriegsanleihe und leitete damit den Beginn regelmäßiger Emissionen ein.[93] Begünstigt durch das schon erwähnte Kapitalmarktförderungsgesetz von 1952 setzte ein Boom bei der Emission von Pfandbriefen und Kommunalschuldverschreibungen ein.[94] Schon 1956 erreichte der Schuldverschreibungsumlauf der Hypo-Bank fast die Milliardengrenze, die Vereinsbank überschritt mit ihren Papieren die 500-Millionen-Grenze.[95] Die ersten D-Mark-Aktienemissionen, die 1952 an der Bayerischen Börse platziert wurden, entfielen aber noch weitgehend auf bereits an anderen Börsen gehandelte Gesellschaften. Neuemissionen waren hingegen noch nicht in Sicht. Erst 1961 wurde ein erster größerer Aktienwert – die Pschorr-Bräu AG – in den amtlichen Handel aufgenommen.[96]

Eine wichtige Rolle im Gefüge des Münchner Finanzplatzes dieser Jahre spielte die Bayerische Landesanstalt für Aufbaufinanzierung (LfA).[97] In den ersten Nachkriegsjahren wurde die Wiederaufbau- und Flüchtlingshilfe noch von der Bayerischen Staatsbank bewältigt. 1950 wurde schließlich die LfA in München als „Flüchtlingsbank" gegründet. Der Errichtung der LfA war eine längere, von der LZB von Bayern angestoßene Debatte über die unzureichende Kreditversorgung Bayerns vorausgegangen. Bayern, so argu-

[90] Ebd., S. 123.
[91] Arps, Zeiten [1965], S. 173.
[92] Borscheid, 100 Jahre, S. 486.
[93] Ruppel, 150 Jahre, S. 52.
[94] Bayerische Hypotheken- und Wechsel-Bank, Geschichte, S. 73.
[95] Ebd., S. 89.
[96] Ruppel, Börse, S. 56 ff.
[97] Umfirmierung in LfA Förderbank Bayern im Jahr 2000.

mentierte man, habe in der Bizone[98] den höchsten Anteil an der Gesamtzahl der Flüchtlinge (31. Dezember 1948: 27 Prozent) und in allen drei Westzonen den höchsten Anteil an der Gesamtzahl der Arbeitslosen (31. Dezember 1948: 27,3 Prozent). Bayern werde aber von der gerade errichteten Kreditanstalt für Wiederaufbau (KfW) mit Krediten unterversorgt. Dies befürchtend, hätten die Vertreter Bayerns auch seinerzeit gegen die Errichtung der KfW gestimmt. Was Not tue, seien Kredite vor allem für Flüchtlingsunternehmen und für die Schaffung entsprechenden Wohnraums; damit werde auch die einmalige Gelegenheit zur Verbesserung der krisenempfindlichen Wirtschaftsstruktur Bayerns genutzt.[99]

In den 1950er Jahren stand die Entlastung der Flüchtlingsbetriebe von Kreditfinanzierungsrisiken im Vordergrund der Tätigkeit der LfA. Bis Ende 1951 waren bereits 8 150 staatsverbürgte Kredite an Flüchtlingsunternehmen vergeben worden. Später kamen Finanzierungshilfen für kriegs- und demontagegeschädigte einheimische Unternehmen hinzu. In den späteren 50er Jahren leistete die LfA einen industriepolitischen Beitrag für die Sicherung von Unternehmen, die heute eine Schlüsselstellung in Münchens Zukunftsbranchen innehaben: 1957 wurde mit Hilfe der LfA die vor dem Konkurs stehende Messerschmitt AG saniert und damit eine entscheidende Voraussetzung für den Aufstieg des Luftfahrtkonzerns Messerschmidt-Bölkow-Blohm GmbH (MBB), der späteren Deutschen Aerospace AG (DASA), geschaffen. In den Jahren 1959 und 1960 wurde der Automobilhersteller BMW saniert, der sich später zu einem technologisch führenden Unternehmen seiner Branche entwickelte.[100]

2.5 *Impulse des Finanzgewerbes für die Entwicklung Münchens*

Das Wachstum des Münchner Finanzplatzes förderte die Entwicklung der Stadt sowohl in der unmittelbaren Nachkriegszeit als auch in den folgenden Jahrzehnten. Am deutlichsten wurde dies bei dem von den Kreditinstituten finanzierten Wiederaufbau sichtbar. Nicht nur die Regionalbanken, auch die Genossenschaftsbanken und die Sparkassen waren hier engagiert. So finanzierte die Stadtsparkasse München große Wohnanlagen im sozialen und freifinanzierten Wohnungsbau wie beispielsweise die Wohnanlagen in Fürstenried-Ost. Mit den von der Stadtsparkasse München ausgereichten Hypotheken wurden 1954 rund 15 Prozent der Neubauten Münchens finanziert. In den Folgejahren stiegen diese Quoten weiter an: 1958 auf 25 Prozent, 1965 auf 38 Prozent und 1971 auf rund 40 Prozent.[101]

Vom Finanzgewerbe gingen auch Impulse für die Entwicklung der zukunftsorientierten Wirtschaftsstruktur Münchens aus, da Banken und Versicherungen als Nachfrager

[98] Das amerikanische und das britische Besatzungsgebiet hatten am 1. Januar 1947 durch Zusammenfassung in der „Bizone“ eine gemeinsame Wirtschaftsverwaltung erhalten.

[99] Vgl. dazu insbes.: Historisches Archiv der Deutschen Bundesbank, B 331-Bay, 518, Präsident der LZB von Bayern an Staatsminister für Wirtschaft, Dr. H. Seidel, betr. Kapitalversorgung der Bayerischen Wirtschaft vom 9. April 1949; Landeszentralbank von Bayern, Notwendigkeit auswärtiger finanzieller Hilfe für Bayern, August 1949. Zum bayerischen Widerspruch gegen die Errichtung der KfW vgl. B 331-Bay, 502, Protokoll der 1. Arbeitstagung des bayerischen Aufbaurates vom 16. September 1948.

[100] Erker, Fünfzig Jahre, S. 22 f.

[101] Ettenhuber, Stadtsparkasse München, S. 241 f.

hochkomplexer und moderner Güter und Dienstleistungen auftraten. Exemplarisch sei das Spezialdruckunternehmen Giesecke & Devrient genannt, dem der Neuanfang nach dem Krieg gerade dank der Aufträge aus dem Münchner Kreditgewerbe gelang. Nach der Enteignung in Leipzig wurde der Firmensitz 1948 nach München verlegt, wobei das Unternehmen anfangs noch mittellos war und über keine eigenen Druckmaschinen verfügte. Ein Auftrag der Hypo-Bank für den Druck eines Überbringerschecks machte den Start der Firma überhaupt erst möglich. Kurz darauf folgten Anschlussaufträge der Hypo-Bank für den Druck von Pfandbriefen, die die Basis für den heutigen Erfolg des Unternehmens begründet haben.[102] Auch anderen modernen Wirtschaftszweigen gelang mittels Aufträgen aus dem Finanzgewerbe ein früher Start in München: Bereits Ende der 50er Jahre fragten Münchner Banken und Versicherungen, die angesichts steigender Belegaufkommen und zunehmender Arbeitskräfteknappheit[103] zu Rationalisierungsanstrengungen gezwungen waren, bei der – damals noch in den Kinderschuhen steckenden – Informations- und Kommunikationsindustrie Hard- und Software nach. So wurde 1956 von der Allianz in München der erste bei einem europäischen Versicherungsunternehmen eingesetzte Großrechner installiert und ein Rechenzentrum bei der Generaldirektion in München gegründet. Peter Koch, ein Kenner der deutschen Versicherungswirtschaft, formulierte dies wie folgt: „Die Assekuranz war einer der ersten Wirtschaftszweige, die diesen Weg [der Computerisierung] eingeschlagen haben, wobei die ersten Impulse ebenfalls wieder von München kamen.“[104] Auch der Forschungsstandort München profitierte von der Nachfrage der Versicherungsgesellschaften. Angesichts der Verschlechterung des Schadensverlaufs in der Kraftfahrzeugversicherung wurde dem Allianz Zentrum für Technik in Ismaning bei München 1971 das Institut für Kfz-Technik angegliedert. Dort erfolgten bahnbrechende Entwicklungen auf dem Gebiet der Unfallreparatur, der Unfallursachenforschung sowie der aktiven und passiven Fahrzeugsicherheit.[105]

Nicht unbeträchtlich war von Anfang an der Beitrag des Finanzgewerbes zum Haushalt der Stadt München: Das jährliche Vorauszahlungssoll der Gewerbesteuer betrug 1990 336 Mio. DM, was 17,8 Prozent der gesamten Münchner Gewerbesteuereinnahmen dieses Jahres entsprach. Zwar ist für frühere Jahre keine Aufgliederung der Gewerbesteuereinnahmen nach Branchen verfügbar, doch Schätzungen belegen, dass das Finanzgewerbe spätestens ab den 60er Jahren einer der wichtigsten kommunalen Steuerzahler war. Im Jahr 2000 stiegen die Einnahmen auf 581 Mio. DM an und machten sogar 26,3 Prozent des gesamten Aufkommens aus.[106]

[102] [o.V.], Ein Mann und seine Visionen – Siegfried Otto, in: Prell/Böttge, Werte [o. S.].
[103] Bayerische Hypotheken- und Wechsel-Bank, Geschichte, S. 65.
[104] Zit. n. Koch, Impulse, S. 326.
[105] Ebd.
[106] Auskunft der Stadtkämmerei München, Kassen- und Steueramt.

Tabelle 17: Beschäftigte im Münchner Finanzgewerbe 1974-2000

Sozialversicherungspflichtig Beschäftigte insgesamt	1974	1980	1990	2000
Stadt München (1)	648 217	660 404	688 169	676 147
Landkreis München (2)	65 393	83 681	116 497	156 452
„Großraum München“ (1)+(2)	713 610	744 085	804 666	832 599
Sozialversicherungspflichtig Beschäftigte im Kredit- und Versicherungsgewerbe	1974	1980	1990	2000
Stadt München (1)	50 061	51 064	59 221	61 295
Landkreis München (2)	984	1 166	1 707	6 959
„Großraum München“ (1)+(2)	51 045	52 230	60 928	68 254
Anteil an der Gesamtheit der Beschäftigten (in Prozent)[1)]	1974	1980	1990	2000
Stadt München (1)	7,7	7,7	8,6	9,1
Landkreis München (2)	1,5	1,4	1,5	4,4
„Großraum München“ (1)+(2)	7,2	7,0	7,6	8,2

[1)] Anteil der sozialversicherungspflichtig Beschäftigten im Kredit- und Versicherungsgewerbe an der Gesamtheit der sozialversicherungspflichtig Beschäftigten
Quelle: Landesamt für Statistik und Datenverarbeitung des Freistaates Bayern, Statistisches Jahrbuch, verschiedene Jahrgänge.

Im Vergleich zu seiner ökonomischen Bedeutung leistete das Finanzgewerbe hingegen einen eher geringen Beitrag zum Erscheinungsbild der Stadt. Im Gegensatz zu Frankfurt am Main, wo die Kreditinstitute dem Stadtbild im Verlauf der Jahrzehnte durch den Bau von Bürohochhäusern immer deutlicher ihren Stempel aufsetzten (sichtbar an Wortspielereien wie „Bankfurt“ oder „Mainhattan“), ist die architektonische Darstellung der Münchner Finanzunternehmen weitgehend durch Understatement gekennzeichnet: Zwar wurden in den 60er und 70er Jahren zeitgemäße und auch architektonisch anspruchsvolle Verwaltungsbauten errichtet – zu nennen sind hier die Bauten der Vereinsbank am Tucherpark oder die 1976 erstellten zylindrischen Stahlbauten der Bayerischen Rückversicherung Aktiengesellschaft –, allerdings können diese kaum stadtbildbestimmend genannt werden. Ausnahmen stellen vereinzelte markante Projekte dar: Die im Jahr 1981 fertiggestellte futuristische, 114 Meter hohe Konzernzentrale der Hypo-Bank[107] gehört ebenso dazu wie die vor der Konzernzentrale der Münchener Rück quer zur Leopoldstraße – der Hauptachse Münchens – stehende riesenhafte Skulptur „Walking Man“. In der architektonischen Zurückhaltung kann freilich auch ein Vorteil gesehen werden: Dies wird nicht nur am Vergleich mit den in anderen Branchen unvermeidlichen Schloten und ausufernden Fabrikanlagen deutlich; auch half die bauliche Bescheidenheit den viel gerühmten traditionellen Charme der bayerischen Hauptstadt („Weltstadt mit Herz“) zu bewahren – ein wichtiger so genannter „weicher“ Standortfaktor für die Ansiedlung von Zukunftsindustrien. Der Erhalt des traditionellen Flairs Münchens ist angesichts des riesigen Volumens an Büroraum umso erstaunlicher: München war 2002 dem Umfang der tatsächlich genutzten Bürofläche nach der größte Standort in Deutschland. Mit 15,3 Mio. m^2 übertraf München das von der Bevöl-

[107] Bayerische Hypotheken- und Wechsel-Bank, Geschichte, S. 70.

kerungszahl her deutlich größere Berlin um 100 000 m^2, Hamburg war mit einer Bürofläche von zwölf Mio. m^2 deutlich kleiner, Frankfurt mit 9,9 Mio. m^2 ebenfalls.[108]

3. Strategische Neuausrichtung und verschärfter Konkurrenzdruck: 1966-1979

3.1 Das realwirtschaftliche Umfeld

Nach der stürmischen Expansion der „Wirtschaftswunderzeit" kam es ab Mitte der 60er Jahre bis zum Ende der 70er Jahre zu einem deutlichen Rückgang des Wirtschaftswachstums und starken Konjunkturschwankungen. 1966/67 durchlitt Deutschland die erste Nachkriegsrezession; nach einer ausklingenden Erholung folgte 1974/75 mit der ersten Ölkrise bereits die nächste Rezession.

Auch wenn sich Bayern in dieser Zeit der Wachstumsverlangsamung den Konjunktureinbrüchen nicht entziehen konnte – Bayerns reales Wirtschaftswachstum kühlte jahresdurchschnittlich von 7,9 Prozent in den 50er Jahren auf 5,0 Prozent in den 60er Jahren und 3,5 Prozent in den 70er Jahren ab –, gelang es dem Freistaat schon in den 60er Jahren, einen Wachstumsvorsprung gegenüber dem Bundesgebiet von jahresdurchschnittlich einem halben Prozentpunkt zu erzielen. In den 70er Jahren dehnte sich dieser Vorsprung sogar auf 0,75 Prozentpunkte aus. Zudem kam Bayern bei der ersten großen Ölkrise mit einem „blauen Auge" davon: Im schweren Krisenjahr 1975 stagnierte sein Sozialprodukt, während die deutsche Wirtschaftsleistung insgesamt um 1,3 Prozent einbrach. Als Ergebnis des Aufholprozesses konnte Bayern, das in der Nachkriegszeit stets überdurchschnittliche Arbeitslosenquoten ausgewiesen hatte, erstmals 1978 die bundesdurchschnittliche Arbeitslosenquote unterschreiten.

108 Ergebnisse einer Marktanalyse der internationalen Maklerfirma DTZ. Vgl. „München jetzt Deutschlands größter Bürostandort", in: Süddeutsche Zeitung, 14. August 2002, S. 25.

Abbildung 5: Bruttoinlandsprodukt pro Kopf und Arbeitslosenquote 1950-2000 (Differenz zwischen Bayern und Westdeutschland in Zehnjahresschritten)

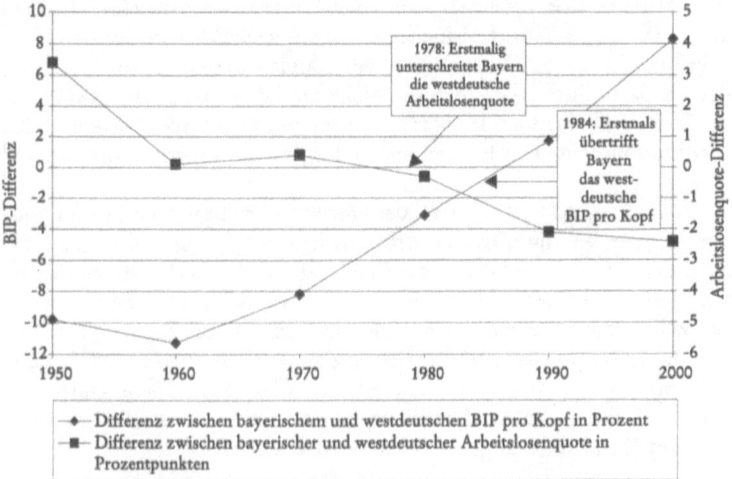

Quelle: Statistisches Bundesamt, Statistisches Jahrbuch, verschiedene Jahrgänge; Angaben der Bundesanstalt für Arbeit; Landesamt für Statistik und Datenverarbeitung des Freistaates Bayern, Statistisches Jahrbuch, verschiedene Jahrgänge.

Der Wachstumsvorsprung des Freistaats seit den 60er Jahren ist maßgeblich auf die erfolgreiche Entwicklung seiner Industrie zurückzuführen: Während in der Bundesrepublik der Anteil des produzierenden Gewerbes an der Bruttowertschöpfung in den 60er Jahren zugunsten des Dienstleistungssektors um sechs Prozentpunkte zurückging, betrugen die „Einbußen" in Bayern nur 3,5 Prozentpunkte. In den wichtigen aufstrebenden Industriesektoren erzielte Bayern Zuwächse, die deutlich über dem Bundesdurchschnitt lagen.[109] Möglich wurde diese Expansion durch den ausgeprägteren Bedeutungsverlust der Landwirtschaft: Der Wertschöpfungsanteil der bayerischen Landwirtschaft ging von 1960 bis 1970 von 10,3 Prozent auf 2,5 Prozent, und damit um fast acht Prozentpunkte, zurück. Im Bundesdurchschnitt reduzierte sich der Anteil der Landwirtschaft an der Bruttowertschöpfung dagegen „nur" um 4,5 Prozentpunkte. Zudem war der Freistaat nicht von der Ende der 50er Jahre einsetzenden Krise des Bergbaus – wie insbesondere im Ruhrgebiet – betroffen.

Der bayerische Wachstumsvorsprung hielt auch in den 70er Jahren an. Es war vor allem die Fortsetzung des in den 60er Jahren erfolgten Wachstums der Zukunftsindustrien, die den Zuwachs der gesamtwirtschaftlichen Leistung dieser Jahre antrieb. So kam eine Untersuchung der LZB zur wirtschaftlichen Dynamik Bayerns ab 1970 zu dem Schluss, dass etwa zwei Drittel des in Bayern erzielten Wachstumsgewinnes der Indus-

[109] Bayern verzeichnete zwischen 1961 und 1970 ein jahresdurchschnittliches Wachstum der Bruttowertschöpfung in der chemischen Industrie von 15,5 Prozent (Bund: 10,8 Prozent), bei Stahl, Maschinen und Fahrzeugen von 7,9 Prozent (Bund: 6,6 Prozent) und bei Elektrotechnik von 8,9 Prozent (Bund: 7,1 Prozent).

trie in Branchen mit hohem High-Tech-Anteil (Fahrzeugbau, Maschinenbau, Elektrotechnik, Feinmechanik) angefallen waren.[110] Bezeichnend für diesen intra-industriellen Strukturwandel waren die in dieser Zeit entstandenen Unternehmensneuansiedlungen im Elektronikbereich. Für den Standort München sprachen nach Aussage der Amerikanischen Handelskammer die hohe Lebensqualität des Standortes und die große Unterstützung durch die Landespolitik. Aber auch die Nähe zu Siemens war ein Faktor, der Unternehmen wie Texas Instruments oder National Semiconductor von Mitte der 60er Jahre an zur Ansiedlung in München bewog; später folgten die Firmen Compaq und Microsoft.[111]

Der bayerische Strukturwandel hätte in den 70er Jahren vielleicht noch schneller vonstatten gehen können, wenn ihn die Wirtschaftsförderung ohne Einschränkungen hätte begleiten können. In den 60er Jahren konnte die Landesanstalt für Aufbaufinanzierung noch Beiträge zum neuen Schwerpunkt staatlicher Förderpolitik, der Energieversorgung, leisten. Bayern litt damals angesichts der „Revierferne" unter Kostennachteilen im Energiebereich. Die LfA unterstützte folgerichtig den Ausbau von entsprechenden Infrastrukturmaßnahmen. In den 70er Jahren wurde die LfA aber zunehmend in die Rolle einer Krisenfeuerwehr gedrängt: Die Energiekrise führte zu einem massiven Anstieg der Anträge auf Konsolidierungs- und Sanierungsdarlehen.[112]

3.2 Kreditinstitute im Zeichen von Fusion und Expansion

In der zweiten Hälfte der 60er Jahre erfolgten Deregulierungsschritte, die den Wettbewerb im Finanzgewerbe weiter intensivierten. 1967 wurde die staatliche Zinsbindung aufgehoben[113], zudem wurde im selben Jahr die Werbung der Kreditinstitute von staatlichen Regelungen befreit.[114] Trotz des durch diese Maßnahmen verschärften Wettbewerbs und der konjunkturell schwierigen Jahre expandierte das bayerische Finanzgewerbe kräftig: In den 60er Jahren betrug das Einlagenwachstum in Bayern 340 Prozent und im folgenden Jahrzehnt 210 Prozent, im Bundesdurchschnitt war mit 200 bzw. 170 Prozent ein deutlich geringeres Plus zu verzeichnen. Auch das Kreditwachstum war im Freistaat mit 300 Prozent in den 60er Jahren und 240 Prozent in den 70er Jahren deutlich expansiver als im Bundesdurchschnitt (220 Prozent bzw. 180 Prozent).[115]

[110] Landeszentralbank im Freistaat Bayern, Jahresbericht 1999, S. 16.

[111] Angela Maier, „Mit Glück und Geschick schaffte es Bayern vom Agrarstaat zum Wirtschaftswunderland", in: Frankfurter Allgemeine Zeitung, 17. Januar 2002.

[112] Erker, Fünfzig Jahre, S. 27.

[113] Die staatliche Zinsregulierung war im Laufe der Weltwirtschaftskrise Ende 1931/Anfang 1932 entstanden: Die Spitzenverbände des Kreditgewerbes trafen Vereinbarungen über Höchstsätze bei den Soll- und Habenzinsen, die der Zustimmung staatlicher Stellen bedurften und von diesen für allgemeinverbindlich erklärt werden konnten. Im Jahr 1965 ging die Festlegung der Höchstsätze ganz auf eine staatliche Stelle, das Bundesaufsichtsamt für das Kreditwesen, über. Ziel der Zinsregulierung war, für eine angemessene Zinsspanne zu sorgen, ruinösen Wettbewerb zwischen den Banken zu verhindern und der Notenbank eine unmittelbare Einwirkung auf das Zinsniveau zu sichern. Nachdem aber die Kreditinstitute Mitte der sechziger Jahre die Bindungsregeln zunehmend zu umgehen wussten, wurden diese im Jahre 1967 aufgehoben und durch Zinsempfehlungen der Bankenverbände ersetzt. Vgl. etwa Spree, Wachstum, S. 146 f.; Franke, Finanzmarktregulierung.

[114] Büschgen, Problemfelder, S. 399 f.

[115] Einlagenwachstum von Nichtbanken bei den Bankstellen in Bayern; Kreditwachstum an Nichtbanken von den Bankstellen in Bayern.

Diese kräftigen Zuwächse decken sich mit einem starken Wachstum der Bruttowertschöpfung des Finanzgewerbes (Kreditinstitute und Versicherungen), wobei Bayern zwischen 1961 und 1970 trotz überdurchschnittlicher Wachstumsraten bei Einlagen und Krediten „nur" ein jahresdurchschnittliches Wachstum der Wertschöpfung im Finanzgewerbe von 7,1 Prozent erzielen konnte, während im Bundesdurchschnitt 9,3 Prozent erreicht wurden.[116] Erst im folgenden Zeitraum von 1971 bis 1980 expandierte die Wertschöpfung der bayerischen Banken und Versicherungen mit 6,2 Prozent stärker als im Bundesdurchschnitt (5,4 Prozent). Entsprechend nahm auch der bayerische Anteil der im deutschen Kredit- und Versicherungsgewerbe Beschäftigten kontinuierlich zu: Betrug er 1974 noch 17,3 Prozent, so stieg er bis 2000 auf 19,5 Prozent an. Der Löwenanteil von gut einem Drittel entfiel dabei auf den Großraum München, wobei der Anteil der bayerischen Hauptstadt an der Wertschöpfung der bayerischen Finanzbranche vermutlich höher zu veranschlagen ist: Da die wichtigsten Bank- und Versicherungszentralen dort ihren Sitz haben, dürfte auch ein überproportionaler Anteil von „höherwertigen" Tätigkeiten mit entsprechend größerer Wertschöpfung pro Beschäftigten auf den Finanzplatz München entfallen.[117]

Tabelle 18: Bruttowertschöpfung im Kredit- und Versicherungsgewerbe 1960-2000 (Zehnjahresdurchschnitte in Prozent)[1)]

	Bayern	Bundesrepublik Deutschland
1961-1970	7,1	9,3
1971-1980	6,2	5,4
1981-1990	4,5	3,9
1991-2000	4,8	4,8

1) Bis 1990 in Preisen von 1991, ab 1991 in Preisen von 1995.
Quelle: Statistisches Bundesamt, Statistisches Jahrbuch, verschiedene Jahrgänge; Landesamt für Statistik und Datenverarbeitung des Freistaates Bayern, Statistisches Jahrbuch, verschiedene Jahrgänge; eigene Berechnungen.

Analog zum steigenden Mengengeschäft wurde das Filialnetz weiter ausgebaut. So stieg die Zahl der Bankstellen zwischen 1970 und 1980 im Bund von 40 800 auf 44 666 (+9,5 Prozent) und in Bayern von 8 310 auf 9 437 (+13,6 Prozent). Dabei stach der Bankbezirk München durch einen Zuwachs von 14,8 Prozent in den nur acht Jahren von 1972 bis 1980 (von 1 201 auf 1 379 Bankstellen) besonders hervor.[118] Die Eröffnung neuer Filialen wurde damals – zu einer Zeit, als noch nicht vom Home- bzw. Internetbanking die Rede war – als eine Notwendigkeit für die geschäftliche Expansion gesehen: „Der deutliche Trend zum Mengengeschäft verlangt die Errichtung kundennaher Bankaußenstellen."[119]

116 Die Ursachen dafür, dass die „Ertragszuwächse" in den 1960er Jahren hinter den „Mengenzuwächsen" zurückblieben, können nur vermutet werden. Eventuell führte ein außergewöhnlicher „Preiskampf" zu häufigen Mengenzugeständnissen. Eventuell war auch der Aufholprozess, in dem sich Bayern immer noch befand, dafür verantwortlich, dass die angebotenen Bankdienstleistungen weniger „hochwertig" und damit wertschöpfungsintensiv waren als andernorts.

117 Entsprechende Wertschöpfungszahlen liegen nicht vor, da diese für das Kredit- und Versicherungsgewerbe auf der Ebene der Kommunen erfasst werden.

118 Für den Bankbezirk München sind erst ab 1972 Bankstellenangaben verfügbar.

119 Theiss, Wind, S. 961.

Von Kriegsende bis Anfang der 70er Jahre blieb die Münchner Bankenlandschaft bezüglich ihrer Struktur und regionalen Orientierung ohne größere Veränderungen. Die Münchner Regionalbanken hatten bis dahin nur wenige Pflöcke außerhalb Bayerns eingeschlagen. Beispielsweise sah sich die Bayerische Vereinsbank 1969 noch als „eine Regionalbank im Wandel eines Jahrhunderts", so der Untertitel der Jubiläumsschrift zum 100-jährigen Jubiläum.[120] Erst mit Beginn der 70er Jahre zeigten sich bei den Münchner Regionalbanken Ansätze zur Herausbildung von Konzernen: 1971 wurden mit der Bayerischen Vereinsbank und der Bayerischen Staatsbank zwei der drei großen Münchner Regionalbanken verschmolzen. Dazu musste die Staatsbank privatisiert werden, was erst nach heftigen Konflikten innerhalb der bayerischen Staatsregierung gelang.[121] Eine ebenfalls diskutierte Anbindung der Hypo-Bank kam damals noch nicht zustande. Schon ein Jahr später wurden aber die Bayerische Gemeindebank Girozentrale und die Bayerische Landesbodenkreditanstalt (LBKA) mit Wirkung zum 1. Juli 1972 zur Bayerischen Landesbank Girozentrale vereinigt. Damit entstand eine gemischte öffentlich-rechtliche Universalbank, die die Aufgaben einer Kommunal- und Sparkassenzentralbank mit denen einer Geschäftsbank und einer öffentlich-rechtlichen Hypothekenbank verband.[122] Die Zusammenlegung entstand mit der Zielsetzung, die Rationalisierung voranzutreiben und größere, schlagkräftigere organisatorische Einheiten zu schaffen. Man nutzte vor allem die Chance, die langfristigen Obligationen (Landesbodenbriefe) der LBKA künftig auch über das engmaschige Sparkassennetz zu vertreiben, und nahm die Gefahr in Kauf, einen wichtigen bisherigen Absatzkanal, den Vertrieb über Großbanken, eventuell zu verlieren.[123] Mit der neu geschaffenen Bayerischen Landesbank war das fünftgrößte deutsche Institut und mit der neu formierten Bayerischen Vereinsbank das zehntgrößte deutsche Institut entstanden. Die Hypo-Bank nahm damals im Ranking deutscher Kreditinstitute den achten Platz ein.[124]

Recht deutliche Umwälzungen ergaben sich bei der Gruppe der Privatbankiers.[125] Gab es zur Zeit der Währungsreform 1948 in München noch 30 Bankhäuser, war bis März 1979 ein Rückgang auf nur noch sieben Privatbankiers zu verzeichnen.[126] Die zahlenmä-

[120] Zit. n. Reuss, Vereinsbank, S. 59.

[121] Nach Ansicht einiger Kabinettsmitglieder bestand keinerlei Notwendigkeit für eine Privatisierung der Staatsbank, da das Institut weder unter Schwierigkeiten bei der Mittelbeschaffung noch an einer Ertragsschwäche gelitten habe. Wenn die Fusion dann doch vollzogen wurde, so lag das nicht zuletzt an der Durchsetzungsfähigkeit des Präsidenten der Staatsbank, Dr. Rudolf Eberhardt, der die Fusion angesichts der sich abzeichnenden Veränderungen in der Kreditwirtschaft für die einzige zukunftsfähige Lösung hielt. Vgl. dazu „Schwarze Wolken über Bankenfusion in München", in: VWD, 24. April 1970; „München: Gespräche über Bankenfusion gehen weiter", in: VWD, 19. April 1970; „Dr. Rudolf Eberhardt 60", in: Börsen-Zeitung, 31. Oktober 1974.

[122] Landeszentralbank im Freistaat Bayern, Jahresbericht 1972, S. 25. Auch bei dieser Fusion musste das Problem gelöst werden, in welcher Form die staatswirtschaftlichen Bankgeschäfte, welche die LBKA etwa gleichrangig mit den privatwirtschaftlichen Bankgeschäften betrieb, in Zukunft betrieben werden sollten. Anfangs dachte man an eine Abspaltung der staatswirtschaftlichen Aufgaben. Der schließlich gefundene Weg sah so aus, dass der früheren LBKA innerhalb der neu gegründeten Landesbank als unselbständige Anstalt die öffentliche Wohnungsbauförderung verblieb, während mit der Landesbausparkasse eine ehemalige Gemeindebank-Anstalt weiterhin für die private Baufinanzierung innerhalb der Landesbankorganisation zuständig war.

[123] Die zunehmenden Schwierigkeiten der LBKA, ihre Landesbodenbriefe am Markt zu platzieren, waren das hauptsächliche Problem, für das man in der Fusion eine Lösung suchte. Vgl. Steiner, Entwicklung, S. 74; „Fusion Bayer. Landesboden-Gemeindebank ‚äußerst schwierig'", in: Pressemitteilung zum ersten Geschäftsbericht der Landesbank, 10. Mai 1973.

[124] Größenverhältnisse nach Geschäftsvolumen 1972. Vgl. Zeitschrift für Bankbetrieb, 12/1973.

[125] Interne Bankstellenstatistiken der Landeszentralbank im Freistaat Bayern.

[126] Im März 2002 sollten nur noch drei Institute – als abhängige Teile größerer Finanzunternehmen – verbleiben: Merck, Finck & Co., Reuschel & Co. sowie August Lenz & Co.

ßig deutlichste Verringerung mit 13 „Abgängen“ erfolgte in den 70er Jahren, auch als Folge eines in dieser Zeit anziehenden Bankenwettbewerbs. Die Privatbanken wurden teilweise von anderen Instituten übernommen und verschwanden dadurch als eigenständige Häuser. In anderen Fällen kam es gänzlich zu einer Liquidation, entweder als Abschluss eines Konkursverfahrens oder mitunter auch, weil kein geeigneter Nachfolger für den ausscheidenden Institutsinhaber gefunden werden konnte. Vom wachsenden Vermögensverwaltungsgeschäft im München der 60er Jahre, der Anlage von Prämienrückstellungen und Spargeldern bedeutender Versicherungen in Milliardenhöhe, konnten die Privatbankiers, deren Stärken vorwiegend in der individuellen Vermögensverwaltung lagen, offenbar nicht profitieren.

Bereits Mitte der 60er Jahre nahm das bundesweite Engagement bayerischer Banken zu. Auch hatte die Verflechtung der internationalen Geld- und Kapitalmärkte und die wachsende Exporttätigkeit der bayerischen Wirtschaft zu dieser Zeit ein Ausmaß erreicht, das eine Auslandspräsenz lohnend machte. Die bayerischen Banken errichteten in der Folge vielfach eigene Auslandsstützpunkte, einerseits um die Auslandsengagements ihrer inländischen Firmenkundschaft begleiten zu können, andererseits aber auch, um die Märkte „vor Ort“ zu erschließen. Auch über inländische Bankstellen wurde zunehmend das Auslandsgeschäft betrieben.[127] Das Kreditgeschäft mit ausländischen Nichtbanken expandierte in der Folge deutlich kräftiger als das entsprechende Inlandsgeschäft: Die bayerischen Bankstellen verzeichneten zwischen 1970 und 1980 – allerdings von einem niedrigen Niveau aus – einen Zuwachs ihrer Auslandskreditvergabe von 380 Prozent, während das Kreditgeschäft mit inländischen Nichtbanken in der gleichen Zeit „nur“ um 240 Prozent zulegte. Der überdurchschnittliche Erfolg bayerischer Banken im Auslandsgeschäft zeigt sich daran, dass die Auslandskreditvergabe bundesweit in derselben Zeit nur um 160 Prozent zulegen konnte. Eine stärkere Internationalisierung auch der „Produktpalette“ bayerischer und deutscher Kreditinstitute war der Tatsache zu verdanken, dass 1973 das bis dahin weltweit gültige System fixer Wechselkurse („Bretton-Woods-System“) zusammenbrach. Der internationale Güter-, Dienstleistungs- und Kapitalverkehr war nun dem Risiko von Wechselkursausschlägen ausgesetzt, was einen entsprechenden Bedarf an Kurssicherungsgeschäften nach sich zog.

Beispielhaft für die Forcierung des außerbayerischen und außerdeutschen Engagements zu dieser Zeit waren die Maßnahmen der Münchner Regionalbanken: Die Hypo-Bank baute in den 70er Jahren ihre Beteiligungen an zahlreichen privaten und regionalen Banken – z. B. an der Westfalenbank mit Sitz in Bochum – aus.[128] Gleichzeitig betrieb sie eine kräftige Filialexpansion über die Grenzen des Freistaats hinaus: Betrug 1971 die Zahl ihrer Niederlassungen außerhalb Bayerns erst 34, so befanden sich Anfang der 80er Jahre von insgesamt 475 Bankstellen 72 jenseits der weiß-blauen Grenzen.[129] International fasste die Hypo-Bank zunächst durch Kooperationen Fuß, z. B. durch den Internationalen Bankenzusammenschluss ABECOR, der 1970 institutionalisiert wurde. In der ersten Hälfte der 70er Jahre folgten Gemeinschaftsrepräsentanzen, ab 1977 eröffnete die Hypo-Bank eigene Niederlassungen: New York (1977), Grand

[127] Die erste deutsche Bank mit einer Tochtergesellschaft in Luxemburg war 1967 die Dresdner Bank. Vgl. Rudolph, Kreditwirtschaft, S. 469 f.

[128] Wolf, Dreißig Jahre, S. 119; Pohl, Entwicklung, S. 243.

[129] Thilo Ruppel, „Münchener Regionalbanken immer überregionaler“, in: Börsen-Zeitung, 3. April 1982, S. 5.

Das neue Verwaltungszentrum der Vereinsbank „Am Tucherpark" wurde 1974 fertiggestellt.

Cayman (1977) und London (1980).[130] Parallel zu dieser Entwicklung betrieb die Bank Beteiligungen an Finanzinstituten mit spezifischen Zielsetzungen. Sie beteiligte sich 1970 an der United International Bank Ltd., London. Um Euromarktgeschäfte tätigen zu können, errichtete sie 1971 die Hypo-Bank International S.A. in Luxemburg. Angesichts des Bedeutungszuwachses des Geschäfts mit ausländischen Wertpapieren beteiligte sich die Hypo-Bank 1972 an der ABD Securities Corp., einem amerikanischen Brokerhaus, das ihr den Zugang zum größten Wertpapiermarkt der Welt sicherte.[131] Anfang der 80er Jahre verfügte die Hypo-Bank bereits über zwölf Auslandsrepräsentanzen und -niederlassungen.[132]

Die Bayerische Vereinsbank dehnte in den 70er Jahren ihr Filialnetz auf die unmittelbar benachbarten Bundesländer und die wichtigsten deutschen Finanzplätze aus; auf eine vollständige Flächendeckung wurde verzichtet.[133] Anfang der 80er Jahre waren bereits 59 von 394 Bankstellen außerhalb des Freistaats angesiedelt.[134] Die Bayerische

[130] Bayerische Hypotheken- und Wechsel-Bank, Geschichte, S. 84 f.; Stein, Bankwesen, S. 45.
[131] Bayerische Hypotheken- und Wechsel-Bank, Geschichte, S. 85.
[132] Thilo Ruppel, „Münchener Regionalbanken immer überregionaler", in: Börsen-Zeitung, 3. April 1982, S. 5.
[133] Reuss, Vereinsbank, S. 118 f.
[134] Thilo Ruppel, „Münchener Regionalbanken immer überregionaler", in: Börsen-Zeitung, 3. April 1982, S. 5.

Vereinsbank ging ebenfalls den Weg, ihre außerbayerische Präsenz über Beteiligungen zu stärken: Sie übernahm als „strategische Ausgangsposition" für das Ruhrgebiet 1970 die Mehrheit am Bankhaus Simon, Düsseldorf. Daneben erwarb sie zahlreiche Privatbankhäuser und regionale Banken, darunter 1982 auch das traditionsreiche Frankfurter Bankhaus Bethmann.[135] Analog zur Hypo-Bank gründete die Vereinsbank 1971 eine Tochtergesellschaft in Luxemburg, die eine direkte Teilnahme am Euro-Dollar-Markt ermöglichte.[136] 1972 kam eine Kooperation mit der französischen Paribas zustande, 1973 erfolgte eine Beteiligung an dem Credit du Nord.[137] Mit einem gewissen zeitlichen Vorsprung zur Hypo-Bank gründete die Vereinsbank in den 70er Jahren zahlreiche Auslandsfilialen: New York (1974), Grand Cayman (1974), Chicago (1975), Los Angeles (1975), Atlanta (1977), Cleveland (1977), London (1978) und Tokio (1978).[138]

Gleichzeitig wurde der Münchner Finanzplatz seit Mitte der 60er Jahre immer mehr für ausländische und insbesondere amerikanische Banken interessant. 1969 waren bereits vier ausländische Großbanken in München mit Niederlassungen vertreten, darunter die First National City Bank und die Chase Manhattan Bank.[139] 1970 eröffnete die Continental Bank eine Zweigniederlassung in München, 1972 folgte die Morgan Guaranty Trust Company of New York und 1977 die First National Bank of Chicago. Diese Engagements fielen in eine Zeit, in der sich eine Reihe von amerikanischen Firmen in München angesiedelt hatte. Einige dieser Banken gaben ihr Münchner Engagement allerdings in den 80er Jahren im Zuge der durch den Ölschock bedingten Rezession wieder auf: Teilweise wurden mehrere in Deutschland bestehende Niederlassungen am dominierenden Finanzplatz Frankfurt am Main zusammengelegt.[140]

Das Zusammenspiel von rezessionsbedingten Einsparnotwendigkeiten und technischem Fortschritt führte in den 60er und 70er Jahren zu beträchtlichen Rationalisierungsanstrengungen. Gerade im Massengeschäft wurde die Automatisierung forciert, um Marktanteile halten und gleichzeitig Kostensteigerungen begrenzen zu können. Im Mittelpunkt dieser Anstrengungen stand die Automatisierung von Buchungsvorgängen und des bargeldlosen Zahlungsverkehrs.[141] Triebfeder war die Einführung von Gehaltskonten und die damit einhergehende Zunahme der Zahlungsverkehrsbelege. In München errichtete die LZB als Zahlungsverkehrsknotenpunkt des bayerischen Kreditgewerbes ein Bereichsrechenzentrum, in dem mittels maschinell-optischer Beleglesung (MAOBE) die Angaben auf einer Codierzeile gelesen und weiterbearbeitet werden konnten. 1950 verzeichnete die LZB in Bayern rund zwölf Mio. Überweisungen, Schecks und Lastschriften, 1970 wurden bereits 103 Mio. solcher Vorgänge registriert. Ab 1976 wurden bei der LZB Zahlungen auch beleglos bearbeitet: Die Überweisungen und Lastschriften wurden als Datensätze auf Magnetbänder übertragen. Schließlich erfolgte 1992 die Einrichtung eines „Elektronischen Schalters", der die Datenfernübertragung ermöglichte.[142] Parallel

[135] Pohl, Entwicklung, S. 242.
[136] Reuss, Vereinsbank, S. 120.
[137] Thilo Ruppel, „Münchener Regionalbanken immer überregionaler", in: Börsen-Zeitung, 3. April 1982, S. 5.
[138] Stein, Bankwesen, S. 45. Auch die dritte große Münchner Regionalbank, die Bayerische Landesbank, baute in diesen Jahren ihre internationale Präsenz mit Filialen in London (1978), Singapur (1980) und New York (1981) auf.
[139] München als Finanzplatz, in: Münchner Statistik 4/1969, S. 235.
[140] Landeszentralbank im Freistaat Bayern, Jahresberichte (verschiedene Jahrgänge); „Deutschland-Geschäft wird konzentriert", in: Handelsblatt, 5. Juni 1981.
[141] Ettenhuber, Stadtsparkasse München, S. 266.
[142] Landeszentralbank im Freistaat Bayern, Fünfzig Jahre, S. 35 f.

Automatisierung auf dem Vormarsch: Werbung der Stadtsparkasse München für den Geldautomat (1977).

dazu fand die Automatisierung bei den übrigen Kreditinstituten statt. 1968 führte die Stadtsparkasse als eines der ersten Kreditinstitute ein EDV-gestütztes Buchungsverfahren ein, das Hauptstelle und Zweiganstalten „online" verband.[143] Die Hypo-Bank stellte in den 70er Jahren um und schlussfolgerte: „Von der Einführung der EDV 1971 über die Einrichtung des Online-Betriebs in den Filialen bis zum Rechenzentrum im

[143] Ettenhuber, Stadtsparkasse München, S. 269.

Hypo-Haus vergingen kaum zehn Jahre, in denen die Bank auf einen im Branchenvergleich progressiven Stand neuzeitlicher Banktechnik vorrückte."[144]

Für den Erfolg des Münchner Finanzgewerbes wurde zunehmend auch die Vermögensverwaltung als Geschäftszweig bedeutend. Schon in der zweiten Hälfte der 60er Jahre legten die Münchner Versicherungsgesellschaften Milliardenbeträge als Prämienrückstellungen für Schadensfälle oder als Spargelder von Lebensversicherten an. München war damals schon die „größte deutsche Drehscheibe für die Verwaltung von Versicherungskapital."[145] Mit der Expansion der Münchner Versicherer – die Allianz wurde 1973 größter Versicherer Europas[146] – waren die Weichen für ein weiteres Wachstum dieses Segments gestellt.

Die Bayerische Börse gelangte in den 70er Jahren in den Kreis der vier großen deutschen Börsen. Sie war der führende Platz für den Handel in bayerischen Werten und kam beim Rentenhandel – gemessen an der Anzahl der zugelassenen Werte – auf den zweiten Platz in der Bundesrepublik Deutschland. An der Bayerischen Börse waren damals fast 3.500 Werte zugelassen.[147] Sie profitierte vom Boom der Rentenwerte, der durch die steigende Staatsverschuldung in den 70er Jahren induziert wurde. Entsprechend kletterte auch der Anteil des Rentenhandels an den gesamten Umsätzen: Er stieg von sechs Prozent im Jahr 1960 auf 19 Prozent im Jahr 1970 und 31 Prozent im Jahr 1980 an, bevor 1992 die Rentenumsätze zum ersten Mal seit der frühen Nachkriegszeit[148] die Aktienumsätze übertrafen.

Abbildung 6: Anteil des Rentenhandels an den Gesamtumsätzen der Bayerischen Börse 1949-2001 (Jahreszahlen, in Prozent)[1)]

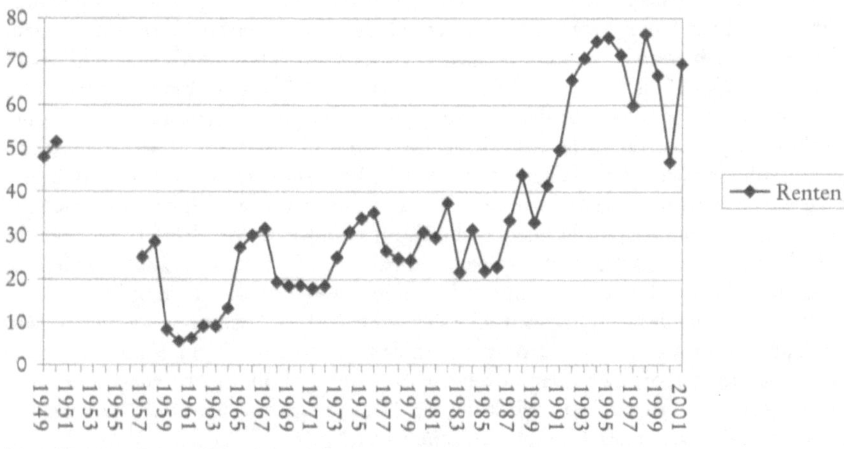

[1)] Für die Jahre 1951-56 liegen keine Daten vor.
Quelle: Bayerische Börse.

[144] Bayerische Hypotheken- und Wechsel-Bank, Geschichte, S. 69.
[145] Flieger, Wirtschaft, S. 199.
[146] Borscheid, Hundert Jahre, S. 488.
[147] Ruppel, Börse, S. 60.
[148] Aufgrund von Sonderfaktoren in den ersten Nachkriegsjahren – der Börsenhandel war auf effektive Stücke beschränkt – wurden schon damals kurzzeitig Rentenumsätze erzielt, die die Aktienumsätze überstiegen.

Beim Aktienhandel öffnete sich die Bayerische Börse ab Mitte der 70er Jahre den Auslandswerten, die bis zu dieser Zeit mit einem Anteil am Umsatz von 1,6 Prozent nur eine geringe Rolle gespielt hatten. Beispielsweise wurden 1978 führende amerikanische Werte in den Münchner Telefonhandel aufgenommen.[149] Trotz dieser Aktivitäten verlor die Bayerische Börse – wie auch die anderen Regionalbörsen – Marktanteile: Während ihr Anteil an den gesamten deutschen Börsenumsätzen sowohl 1960 als auch 1970 rund 14 Prozent betrug, musste die Börse München bis 1980 einen Rückgang auf acht Prozent hinnehmen. Die Regionalbörsen konnten in dieser Dekade mit dem Wachstum der Frankfurter Börse nicht mithalten, die mehr und mehr die Rolle der „Führungsbörse" in Deutschland einnahm. Maßgeblich hierfür war in erster Linie das „Orderranking" der deutschen Großbanken, die den Wertpapierhandel ihrer Kunden in Frankfurt am Main, dem Ort ihres Sitzes, abwickelten.

4. Finanzinnovationen und weltweite Integration: 1980-1989

4.1 Das real- und finanzwirtschaftliche Umfeld

Nach Überwindung der zweiten Ölkrise, die sich 1982 in einem spürbaren Rückgang des deutschen Sozialprodukts von 0,9 Prozent niedergeschlagen hatte, waren die 80er Jahre durch ein stetiges, aber moderates Wachstum geprägt. Der Strukturwandel – gemessen an der Veränderung der Anteile der drei großen Sektoren an der Bruttowertschöpfung – war so gering wie in keinem Jahrzehnt zwischen Kriegsende und Jahrtausendwende: Während der Wertschöpfungsanteil der Landwirtschaft konstant blieb, hielt sich die Verschiebung der Wertschöpfung vom produzierenden Gewerbe hin zum Dienstleistungssektor mit knapp fünf Prozentpunkten im Rahmen; Bayerns produzierendes Gewerbe verlor sogar nur drei Prozentpunkte der gesamtwirtschaftlichen Bruttowertschöpfung an die Dienstleistungsbranche. Damit übertraf der Freistaat 1990 mit einem gewerblichen Wertschöpfungsanteil von 40,2 Prozent erstmals den durchschnittlichen Vergleichswert des Bundes von 39,7 Prozent. Insgesamt war Bayerns wirtschaftliche Leistung in den 80er Jahren wieder überdurchschnittlich: Mit drei Prozent wuchs die Wirtschaft des Freistaats um jahresdurchschnittlich 0,75 Prozentpunkte schneller als die Wirtschaft Deutschlands insgesamt. Als Folge dieser höheren Dynamik erreichte Bayern 1984 erstmals das durchschnittliche deutsche Wohlstandsniveau – gemessen am Bruttoinlandsprodukt pro Kopf – und baute in den Jahren danach einen immer deutlicheren Wachstumsvorsprung auf. Spätestens in diesem Jahr konnte Bayerns Aufholprozess, ausgehend vom Agrar-Industriestaat der Nachkriegszeit, auch von der statistischen Seite definitiv als abgeschlossen betrachtet werden.

So ruhig die gesamtwirtschaftliche Entwicklung Deutschlands insgesamt war, so groß waren die Turbulenzen auf den Finanzmärkten. Der US-Dollar fuhr in dieser Zeit regelrecht Achterbahn: Von 1,74 DM im Juli 1980 stieg er bis März 1985 auf 3,31 DM an, um dann bis Dezember 1987 wieder auf 1,63 DM zu fallen. Innerhalb des europäischen Währungssystems waren bis Mitte der 80er Jahre zahlreiche Realignments nötig.[150] Die

[149] Ruppel, Börse, S. 62.
[150] Ehrlicher, Wende, S. 308 f.; Bernholz, Bundesbank, S. 805-809.

Unruhen an den Devisen- und Finanzmärkten gingen einher mit tiefgreifenden strukturellen Veränderungen im Finanzgewerbe. Als Folge binnenwirtschaftlicher Deregulierungen und außenwirtschaftlich angelegter Liberalisierungsmaßnahmen im Finanzbereich erhöhte sich der Wettbewerb im Kreditgewerbe spürbar und führte zu einer „pronounced deterioration in the profitability and in asset quality of banks in many OECD countries."[151] Zudem kamen in dieser Zeit als Konsequenz der weniger restriktiven Bestimmungen, nicht zuletzt auch unter dem Druck großer Mengen anlagesuchender „Petrodollars" aus den ölexportierenden Ländern eine Reihe von Finanzinnovationen auf, die die tradierten Finanzstrukturen aufzubrechen begannen. Die damaligen Entwicklungen veranlassten die Organisation für wirtschaftliche Zusammenarbeit und Entwicklung (Organization for Economic Co-Operation and Development, OECD), die Lage im Finanzgewerbe wie folgt zu beschreiben: „The financial landscape has changed dramatically in the last two decades."[152] So setzte Mitte der 80er Jahre weltweit ein starkes Wachstum bei den derivativen Finanzinstrumenten ein, nachdem schon in den 70er Jahren an den Terminbörsen in Chicago ein lebhafter Handel mit Terminkontrakten und Optionen entstanden war.[153] Augenfällig war zudem die in den 80er Jahren beginnende Verlagerung vom traditionellen Bankkredit hin zu wertpapierunterlegten Finanzierungen („Securitisation"). Die Verbriefung von Aktiva erhöhte die Liquidität auf den Wertpapiermärkten und gab ihnen damit erheblichen Auftrieb: Bereits Mitte der 80er Jahre hatten die weltweiten Wertpapieremissionen die Kreditgewährungen erstmals überflügelt – ein Trend, der sich in den letzten Jahren noch verstärkt hat.[154]

4.2 Die Kreditinstitute: Abgeschwächte Expansion im Zinsgeschäft – Wachstum im Ausland

Diese Umwälzungen schlugen sich auch im deutschen und bayerischen Bankengewerbe nieder. Das traditionelle Einlagen- und Kreditgeschäft büßte in den 80er Jahren spürbar an Dynamik ein und verlor in dieser Periode besonders stark an Bedeutung: Waren in den Jahren 1971 bis 1980 die Einlagen von Nichtbanken bei den Bankstellen in Bayern noch mit über 200 Prozent expandiert, ging das Wachstum in den Jahren 1981 bis 1990 auf 110 Prozent zurück; ähnlich verhielt es sich beim Kreditwachstum (von 240 auf 100 Prozent). Gleichzeitig verlor das Zinsgeschäft zugunsten von provisionsabhängigen Tätigkeiten an Bedeutung. 1980 betrug der Provisionsüberschuss der deutschen Banken noch 16,2 Prozent des Zinsüberschusses, 1990 war diese Größe schon auf 22,4 Prozent gestiegen. Einen wesentlichen Anteil am Bedeutungsverlust des Zinsgeschäfts hatte die Einlagenseite: Die niedrig verzinslichen und daher für die Banken besonders ertragbringenden Spareinlagen verloren für die Kunden an Attraktivität: Ihr Anteil an den gesamten Einlagen von Nichtbanken bei den bayerischen Bankstellen sank zwischen 1980 und 1990 von 45,0 Prozent 1980 auf 31,2 Prozent – ein Bedeutungsverlust, wie er in den Jahrzehnten zuvor und auch in den 90er Jahren nicht annähernd festgestellt werden

[151] OECD, Landscape, S. 3.
[152] Zit. n. Ehrlicher, Wende, S. 299.
[153] Beispielsweise wurden in Deutschland 1985/86 D-Mark-Zerobonds, variabel verzinsliche Anleihen und handelbare Einlagezertifikate (CDs) erlaubt. Vgl. Franke, Notenbank, S. 287 f.
[154] Landeszentralbank im Freistaat Bayern, Jahresbericht 1997, S. 13 f.

konnte. Des Weiteren traten die Versicherungen bei der Vermögensanlage zunehmend in Konkurrenz zu den Banken. So stieg der Anteil der Lebensversicherungsprämien an der deutschen Ersparnisbildung – bayerische Zahlen liegen hier nicht vor – zwischen 1981 und 1993 von 23,9 auf 31,5 Prozent an.[155] Nicht überraschend ist daher der in dieser Epoche einsetzende erste Boom der Allfinanzidee.

Angesichts der verhaltenen Dynamik des Zinsgeschäfts ging auch die Bankstellenexpansion ihrem Ende entgegen: Von 1980 bis 1990 reduzierte sich die Zahl der deutschen Bankstellen um 1,5 Prozent auf 43.977; Bayern verzeichnete angesichts seiner stärkeren wirtschaftlichen Expansion noch einen Zuwachs von 3,4 Prozent (von 9 437 auf 9 754 Bankstellen). Noch ausgeprägter galt dies für den Bankbezirk München, wo sich die Bankstellen in dieser Zeitspanne sogar um 6,3 Prozent auf 1.466 vermehrten. Trotzdem fand auch in Bayern die Konsolidierung auf Institutsebene statt. Beispielsweise reduzierte die Hypo-Bank in den 80er Jahren ihr Außenstellennetz, indem sie 70 kleinere Filialen mit anderen Außenstellen verschmolz.[156] In dieser Zeit blieben auch Schieflagen im Kreditgewerbe nicht aus. So musste 1985 die Bayerische Raiffeisen-Zentralbank, München, aufgrund eines die haftenden Eigenmittel des Instituts deutlich übersteigenden Wertberichtigungsbedarfs ihre Geschäfte im Bauträgergeschäft auf die Deutsche Genossenschaftsbank, Frankfurt am Main, übertragen.[157]

Tabelle 19: Entwicklung der Bankstellen 1960-2000 (in Prozent)[I)]

	Veränderung 1960-1970	Veränderung 1970-1980	Veränderung 1980-1990	Veränderung 1990-2000
Westdeutschland	+35,9	+ 9,5	-1,5	- 9,0
Bayern	+31,7	+ 13,6	+3,4	-10,5
Bankbezirk München		+ 14,8[II)]	+6,3	+ 3,4[III)]

I) Ohne Postbank.
II) 1972-1980.
III) 1990-1999.
Quelle: Landeszentralbank im Freistaat Bayern.

Neben dem starken Konsolidierungsdruck, dem das traditionelle Bankgeschäft ausgesetzt war, gab es allerdings Geschäftsbereiche wie das Investmentbanking oder das Allfinanzgeschäft, die expandierten. Der Personalbedarf der Banken vor allem in diesen neuen Tätigkeitsfeldern und ein Personalaufbau in der Versicherungswirtschaft führten zu einer drastisch steigenden Beschäftigung im Finanzgewerbe insgesamt: So nahmen die sozialversicherungspflichtig Beschäftigten in der bayerischen Kredit- und Versicherungswirtschaft zwischen 1980 und 1990 um 24 Prozent zu; im Großraum München ergab sich ein Zuwachs von 17 Prozent.[158]

155 Hahn, Energiekrise, S. 291.
156 Bayerische Hypotheken- und Wechsel-Bank, Geschichte, S. 69.
157 Landeszentralbank im Freistaat Bayern, Jahresbericht 1985, S. 26.
158 Im westdeutschen Durchschnitt betrug der Zuwachs ebenfalls 17 Prozent.

Ein anderes Indiz für die wachsende Bedeutung Münchens ist die „Entdeckung" des Finanzplatzes durch die internationale Presse. Die Berichterstattung über diese Facette Münchens lief in den 80er Jahren erst allmählich an, z. B. 1987 durch den „Economist": München sei längst über sein einstiges „Bier- und Wurst-Image" hinausgewachsen und habe sich als schnell expandierendes Zentrum moderner Industrie erwiesen. Wesentlich weniger bekannt sei allerdings, dass München eine einmalige Rolle in der deutschen Finanzwelt innehabe.[159] Der Finanzplatz München sollte aber erst durch die Großfusionen der Jahrtausendwende richtig in die Schlagzeilen der nationalen und internationalen Presse kommen.

Dieser allmähliche Imagewandel Münchens war nicht zuletzt der kräftigen Expansion der großen Münchner Institute – auch relativ zu den drei deutschen Großbanken – zu verdanken. Betrug 1950 die Bilanzsumme der damals drei größten Münchner Institute – Hypo-Bank, Vereinsbank und Staatsbank – nur 29 Prozent der Bilanzsumme der drei Großbanken, holten die Münchner Banken in den folgenden Jahrzehnten stetig auf: 1960 erreichten die drei größten Münchner Institute 38 Prozent der Bilanzsumme der Großbanken, bis 1970 stieg diese Quote auf 45 Prozent und 1980 schließlich auf 58 Prozent an, um sich auf diesem Niveau zu stabilisieren.[160]

Die Hypo-Bank sah sich um 1980 noch immer als Regionalbank, für die eine flächendeckende europaweite Präsenz nicht erforderlich sei. Sie war aber durchaus expansiv orientiert, indem sie für ausgewählte Tätigkeitsfelder in Europa eine Spezialisierungsstrategie wählte. Als wesentliche Elemente wurden die Baufinanzierung, das Investment-Management, das Wertpapierberatungs- und Vermögensverwaltungsgeschäft mit Privatkunden und institutionellen Anlegern sowie der Wertpapierhandel gesehen.[161] Die Hypo-Bank startete am Ende des Jahrzehnts die Hypo-Immobilien-Service Gesellschaft mbH (HIS), um – über Hypothekendarlehen hinaus – durch die Objektvermittlung einen Rund-um-Service bei Immobilien bieten zu können.[162] Sie gründete die Hypo Mergers und Acquisitions Beratungs GmbH sowie – zur Stärkung des Allfinanzgeschäfts – die Hypo Capital Management Vermögensbetreuungsgesellschaft GmbH.[163] Die Umorientierung hin zum provisionsabhängigen Geschäft fand ihren Ausdruck durch die drastische Erhöhung des Beschäftigtenanteils in diesem Segment: Während 1973 in den Außenstellen der Hypo-Bank nur 1,4 Prozent aller Mitarbeiter in der provisionsträchtigen Beratung und Akquisition beschäftigt waren, stieg dieser Anteil bis 1985 auf 16,4 Prozent an.[164] Räumliche Erweiterungen sollten in Großbritannien, Frankreich, Spanien und Italien mittels Kooperation und Akquisition erfolgen.[165] Ende

[159] Zit. n. Hans Peter Linss, „München – ein Finanzzentrum mit Charme", in: Frankfurter Allgemeine Zeitung, 7. November 1989.

[160] Für diesen Vergleich wurden in jedem der untersuchten Jahre die Bilanzsummen der drei größten Münchner Banken addiert. 1960 und 1970 waren dies die Hypo-Bank, die Gemeindebank und die Landesbodenkreditanstalt; 1980 und 1990 die Vereinsbank, die Bayerische Landesbank und die Hypo-Bank.

[161] Eberhard Martini, „Stark im heimischen Markt", in: Frankfurter Allgemeine Zeitung, 21. November 1989, S. 8.

[162] Müller, Gigant, S. 8.

[163] Landeszentralbank im Freistaat Bayern, Jahresbericht 1989, S. 34.

[164] „Münchner im Himmel", in: Wirtschaftswoche 31/1986, S. 30-39.

[165] Eberhard Martini, „Stark im heimischen Markt", in: Frankfurter Allgemeine Zeitung, 21. November 1989, S. 8.

Mit dem neuen Verwaltungsgebäude „HYPO-HAUS" in der Arabellastraße in Bogenhausen wurde zwischen 1975 und 1981 das höchste Bürogebäude Münchens errichtet.

der 80er Jahre wurde die H.C.M. Hypo Capital Management Luxemburg S. A. gegründet. Auch beteiligte sich die Hypo-Bank am britischen Fondsmanager Foreign & Colonial Limited.[166]

Ähnlich breit stellte sich die Vereinsbank auf. Mitte der 80er Jahre verfolgte man laut Vorstandssprecher Maximilian Hackl das Ziel, „aus einem regionalen Institut eine flächendeckende, nationale Universalbank mit weltweiter Bedeutung zu machen". So betrug der Geschäftsanteil außerhalb Bayerns damals etwa zwei Drittel bei hohem internationalem Anteil.[167] Die Vereinsbank gründete Ende der 80er Jahre die BV Exportleasing GmbH und die BV Immobilien-Gesellschaft mbH. 1990 stockte sie ihre Schachtelbeteiligung an der Vereins- und Westbank AG zur Mehrheitsbeteiligung auf.[168] Ihre Position im internationalen Geschäft verstärkte sie in dieser Zeit durch Kooperationsabkommen mit der italienischen Bankengruppe ARCA NordEst und dem Spezialinstitut für Immobilienkredit Crédit Foncier de France. Außerdem errichtete sie zusammen mit einem französischen Partner die Banque Internationale de Crédit et de Gestion Monaco, die schwerpunktmäßig auf das Geschäft mit Privatkunden ausgerichtet war.[169] 1990 öffnete sich die Vereinsbank der Allfinanzidee, indem sie mit der Victoria Versicherung ein Abkommen zum beiderseitigen Vertrieb der jeweiligen Produkte abschloss. Zudem wurden die Vereinsbank Victoria Bauspar-AG und eine eigene Kapitalanlagegesellschaft gegründet.[170]

166 Landeszentralbank im Freistaat Bayern, Jahresbericht 1989, S. 34.
167 „Münchner im Himmel", in: Wirtschaftswoche 31/1986, S. 30-39.
168 Landeszentralbank im Freistaat Bayern, Jahresbericht 1990, S. 29.
169 Landeszentralbank im Freistaat Bayern, Jahresbericht 1989, S. 34.
170 Reuss, Vereinsbank, S. 129 f.

In den 1980er Jahren verstärkten die bayerischen Banken nicht nur ihr außerbayerisches und außerdeutsches Engagement, gegen Ende der Dekade wurden auch die Geschäftsbeziehungen in die damaligen Ostblockstaaten intensiviert. 1989 kam es beispielsweise zur Gründung erster Stützpunkte bayerischer Kreditinstitute in der DDR. Neben den großen bayerischen Banken waren es vor allem die im „Zonenrandgebiet" ansässigen Institute, die mit Hilfe von Büros oder Repräsentanzen in der DDR die alten wirtschaftlichen Verbindungen wieder aufleben ließen und als Informations-, Kontakt- und Vermittlungsstellen fungierten. Die Vereinsbank war am ersten Joint Venture westeuropäischer und sowjetischer Banken, der International Moscow Bank, beteiligt.[171]

Auch die Versicherungen bauten ihr Auslandsengagement aus. Die Allianz beteiligte sich an Versicherungsgesellschaften in Europa (Großbritannien, Italien, Spanien), Südafrika, Südamerika, Indonesien und Osteuropa (Budapest) und sicherte sich damit in diesen Wachstumsmärkten Präsenz.[172] Zu Beginn der 80er Jahre stieg die Allianz zudem mit der Gründung der Allianz Kapitalanlagegesellschaft mbH in das Asset Management ein. Bereits 1982 wurden einem breiten Publikum Anteile an einem Rentenfonds angeboten, seit 1987 war die Investmentgesellschaft auch für die Anlage der konzerneigenen Versicherungsprämien zuständig.[173] Eine – erfolgreich gemeisterte – Bewährungsprobe für die Assekuranz am Standort München war der heftige Hagelsturm 1984, der insbesondere im Raum München gewütet hatte. Die zahlreichen Einzelschäden hieraus lösten Versicherungsleistungen in Höhe von insgesamt 1,5 Mrd. DM aus, das bis dahin für die deutsche Versicherungswirtschaft größte Schadensereignis. Die Schäden wurden rasch und reibungslos reguliert.[174]

Die Technisierung schritt weiter fort. Hatte noch in den 70er Jahren die interne Buchungs- und Zahlungsverkehrsautomatisation im Mittelpunkt der Veränderungen gestanden, unterlag nun zunehmend der Kundenkontakt selbst der Modernisierung. In Bayern wurden 1982 erstmals in größerer Zahl Geldausgabeautomaten aufgestellt, wobei insbesondere in München so genannte „poolfähige Geräte" im Einsatz waren, durch die der Kunde nicht mehr an die Automaten seines kontoführenden Institutes gebunden war.[175] Im Frühjahr 1983 wurde in der bayerischen Metropole ein Point-of-Sale-Pilotprojekt gestartet: In einigen Bekleidungshäusern und bei einer Reihe von Tankstellen waren Zahlungen „schecklos" mit einer besonderen Eurocheque-Karte möglich. Damit war diese Karte fünfzehn Jahre nach ihrer Einführung erstmals für beleglose Zahlungen verwendbar.[176]

Die Bayerische Börse forcierte in den 80er Jahren den eingeschlagenen Weg, im Handel verstärkt auf ausländische Werte zu setzen. Das damalige Ziel der Münchner Börse war, dem heimischen Investor mit ausgesuchten Auslandswerten im Freiverkehr innovative Branchen zugänglich zu machen. Dabei bediente sie sich der Werte, die in den Depots bereits vertreten waren, aber noch an keinem anderen deutschen Platz notierten. 1980 wurden südafrikanische Goldminenaktien und Aktien der Diamantengesellschaft De Beers in den ungeregelten Freiverkehr aufgenommen; München war auch der erste

171 Landeszentralbank im Freistaat Bayern, Jahresbericht 1989, S. 34 f.
172 Borscheid, Hundert Jahre, S. 488 f.
173 Ebd., S. 431.
174 Koch, Versicherungsplätze, S. 64.
175 Landeszentralbank im Freistaat Bayern, Jahresbericht 1982, S. 22.
176 Landeszentralbank im Freistaat Bayern, Jahresbericht 1983, S. 23.

deutsche Börsenplatz, an dem Aktien aus Hongkong und Australien notiert waren. Neben dem High-Tech-Sektor baute die Bayerische Börse den Rohstoffsektor als zweites Standbein aus.[177] Die Strategie der verstärkten Auslandsöffnung hatte zur Folge, dass die Zahl der in München gehandelten ausländischen Titel von 41 im Jahr 1980 auf 169 im Jahr 1988 stieg.[178] 1987 entfielen bereits 17,5 Prozent der gesamten Aktienumsätze auf Auslandsaktien, während es Mitte der 70er Jahre noch knapp zwei Prozent gewesen waren. Als Triebfeder für den Aufschwung beim Handel mit ausländischen Aktien entpuppte sich das Interesse von Münchner Banken, interessante ausländische Anlagen für ihre Kunden im inländischen Handel günstiger zu erwerben, als dies durch die Ausführung im Ausland möglich war.[179]

Als Neuerung im amtlichen Handelsbereich führte die Bayerische Börse 1982 die „Realtime-Übertragung" der amtlichen Kurse und Freiverkehrspreise an Vereinigte Wirtschaftsdienste (VWD), Reuters, Telekurs und Telerate ein. Im August 1989 begann die Bayerische Börse, sämtliche Aktienkurse – amtlicher Handel, geregelter Markt und Freiverkehr – zeitnah (zehnminütige Aktualisierung) im BAYERNTEXT, dem Videotextprogramm des Bayerischen Rundfunks, zu übertragen. Mit Hilfe dieser Aktivitäten konnte die bayerische Börse ihre Umsätze rasant steigern: von 6,5 Mrd. DM im Jahr 1980 auf 169 Mrd. DM im Jahr 1989. Dabei legten die Aktienumsätze von 4,5 Mrd. DM auf 113 Mrd. DM und die Rentenumsätze von zwei Mrd. DM auf 56 Mrd. DM zu. Im Ranking der Regionalbörsen nahm die Münchner Börse zum Ende der 80er Jahre hinter Frankfurt am Main und Düsseldorf Rang drei ein, wenngleich ihr Marktanteil (Umsatz der Münchner Börse am Gesamtumsatz aller deutschen Börsen) wegen der zunehmenden Führungsrolle der Frankfurter Wertpapierbörse auf fünf Prozent (1980 noch acht Prozent) weiter zurückging.

Von der bayerischen Wirtschaftsförderung gingen in dieser Dekade wieder verstärkt Impulse für die wirtschaftliche Entwicklung des Freistaates aus. Nach dem Krisenmanagement der 70er Jahre konnte die Landesanstalt für Aufbaufinanzierung in den 80er Jahren Handlungsspielräume für den Aufbau eines modernen, innovations- und technologieorientierten Mittelstandes gewinnen. Instrumente waren die Kapitalbeteiligungsgesellschaft für die mittelständische Wirtschaft Bayerns mbH (KBG) und das schon 1974 erlassene Bayerische Mittelstandsförderungsgesetz. Damit gewann das Beteiligungsgeschäft – neben dem bestehenden Darlehens- und Bürgschaftsgeschäft – an Bedeutung. Mittelständischen Betrieben, die nur schwer Zugang zum Kapitalmarkt hatten, konnte haftendes Eigenkapital zu günstigen Bedingungen zur Verfügung gestellt werden. Schon 1983 war die LfA bei 262 Unternehmen mit insgesamt 99 Mio. DM beteiligt.[180]

177 Baader, Markt, S. 1 f.; Ruppel, Börse, S. 62.
178 Bayerische Börse, Geschäftsbericht 1980, S. 2; Baader, Markt, S. 2.
179 Ebd., S. 1 f.
180 Erker, Fünfzig Jahre, S. 43 f.

5. Von der Wiedervereinigung bis zur Euro-Einführung: 1990-2001

5.1 Das real- und finanzwirtschaftliche Umfeld

Nach den wirtschaftlich vergleichsweise ruhigen 80er Jahren folgte mit der Maueröffnung und der anschließenden deutsch-deutschen Wiedervereinigung ein wirtschaftlicher und politischer Paukenschlag: Die Integration der neuen Länder ließ die Wachstumsrate des westdeutschen Sozialprodukts 1990 und 1991 jeweils auf rund fünf Prozent steigen. Nach diesem Boom geriet Deutschland aber 1992/93 in eine Rezession, von der es sich in den folgenden Jahren nicht mehr richtig erholen sollte. Auf der einen Seite waren außenwirtschaftliche Einflüsse, wie die Finanzkrisen in Mexiko und später in Asien, einer höheren wirtschaftlichen Dynamik abträglich, auf der anderen Seite gingen von den einigungsbedingten Sonderlasten und von dem Abbau der in den Jahren nach der Wiedervereinigung geschaffenen Überkapazitäten – besonders in der Baubranche – dämpfende Effekte aus. Die 90er Jahre waren das Jahrzehnt der „Tertiarisierung": In keinem der vorhergehenden Jahrzehnte verlor das produzierende Gewerbe Westdeutschlands einen so großen Anteil der Bruttowertschöpfung an den Dienstleistungssektor. Der Anteil der Wertschöpfung im produzierenden Gewerbe ging um fast zehn Prozentpunkte auf 30,0 Prozent zurück. Im Freistaat wurde mit einem Rückgang von neun Prozentpunkten auf 31,1 Prozent ebenfalls ein sichtbarer relativer Bedeutungsverlust registriert. Wie schon in den Jahrzehnten zuvor konnte Bayern aber mit einem Wirtschaftswachstum, das jahresdurchschnittlich einen halben Prozentpunkt über dem Durchschnitt der alten Länder lag, seinen Vorsprung weiter ausbauen.

In der Finanzwirtschaft erfolgte die Anpassung an den europäischen Markt, der in diesem Jahrzehnt durch weitreichende Deregulierungen und durch die Einführung des Euro zum 1. Januar 1999 zusammenwuchs. In Deutschland kam es mit dem Start des Europäischen Binnenmarkts zum 1. Januar 1993, mit dem neben der Freiheit des Waren- und Personenverkehrs auch die Freiheit des Dienstleistungs- und Kapitalverkehrs verwirklicht wurde, zur weiteren Deregulierung der Finanzmärkte. Durch die vierte Novelle des Kreditwesengesetzes erfolgte 1993 die Einführung des so genannten „Europäischen Passes" für Kreditinstitute.[181] Deutsche Banken konnten ab diesem Zeitpunkt bei entsprechender Lizenz ihr Universalbankangebot in vollem Umfang, also auch das Wertpapiergeschäft, ohne nochmalige Zulassung in anderen Mitgliedsstaaten der EU anbieten.[182] Schon im Vorgriff auf den Binnenmarkt wurde die Auslandsexpansion der deutschen Hypothekenbanken durch eine Änderung des Hypothekenbankgesetzes erleichtert. 1991 wurde die Beleihung von Grundstücken außerhalb der deutschen Grenzen in den Staaten der Europäischen Gemeinschaft und des Europäischen Wirtschaftsraums zulässig. 1998 wurde diese Regelung durch eine erneute Änderung des Hypothekenbankgesetzes im Rahmen des dritten Finanzmarktförderungsgesetzes auf alle europäischen Staaten mit OECD-Mitgliedschaft – also auch auf die mittel- und osteuropäischen Länder – ausgedehnt.[183] Auch im europäischen Versicherungsbinnenmarkt kam es Mitte der 90er Jahre zu einer Liberalisierung.[184]

[181] Umsetzung der zweiten Bankrechtskoordinierungsrichtlinie der EU von 1989.
[182] Rudolph, Kreditwirtschaft, S. 487 f.
[183] Landeszentralbank im Freistaat Bayern, Fakten, S. 2.
[184] Landeszentralbank im Freistaat Bayern, Jahresbericht 1997, S. 29 f.

Am Münchner Finanzplatz waren Anfang der 90er Jahre die Auswirkungen der deutschen Wiedervereinigung zu spüren. Die großen Münchner Banken begannen, ihr Geschäft in den neuen Ländern aufzubauen, wobei die Baufinanzierung einen Schwerpunkt darstellte. Die Hypo-Bank und ihre Tochter, die Hypo Service-Bank GmbH (HSB)[185], schufen ein Netz von mehr als 100 Stützpunkten, die Vereinsbank eröffnete in kürzester Zeit zunächst 25 Niederlassungen in Ostdeutschland.[186] Gleichzeitig grassierte in München die Angst, dass der Wirtschaftsstandort Bayern und damit auch der Finanzplatz München auf Kosten eines wiedererstarkenden Berlin an Bedeutung verlieren könnte.[187] Entsprechende Befürchtungen entpuppten sich bald als unbegründet. Berlins Wirtschaft konnte nicht so stark wie erwartet von der Wiedervereinigung profitieren. Der dortige Finanzplatz erlebte mit dem Niedergang der Bankgesellschaft 2001/02 einen schweren Verlust.

Mit der wirtschaftlichen und politischen Öffnung der ehemaligen Staatshandelsländer folgte der Aufbau von Aktivitäten in Mittel- und Osteuropa. Die Hypo-Bank gründete 1993 die Hypo-Bank Hungaria Rt. in Budapest und die Bayerische Landesbank ging im gleichen Jahr ein Jointventure mit der Tschechischen Sparkasse in Prag zur Gründung einer Bausparkasse ein.[188] Nach den ersten stürmischen Aufbaujahren zeigte sich 2002 die mittlerweile durch die Übernahme der Bank Austria gewachsene HypoVereinsbank besonders gut in Mittel- und Osteuropa aufgestellt: Gemessen am Anteil der Bilanzsumme kontrollierte sie zehn Prozent des dortigen Gesamtmarktes und wies damit – nach der belgischen KBC Bank N. V. – das größte Engagement ausländischer Banken in dieser Region aus.[189]

5.2 Neue Wachstumsfelder: Allfinanzgeschäft und Vermögensverwaltung

Nach den Jahren des Wiedervereinigungsbooms war der Finanzplatz München durch die Anpassung an den sich herausbildenden gemeinsamen europäischen Markt geprägt. Zudem führte die einsetzende Krise in der Baubranche angesichts des großen Engagements einzelner Kreditinstitute in der Baufinanzierung vor allem in den neuen Ländern zu notwendigen strategischen Anpassungen. Ein wichtiges Ziel wurde bald in der Bildung von größeren Unternehmenseinheiten zur Erzielung von Skalen- und Synergieeffekten gesehen. 1998 kam es – nicht ohne Geburtswehen – zum Zusammenschluss der beiden den Bankenplatz München bestimmenden Kreditinstitute, der Vereinsbank und der Hypo-Bank, zur Bayerischen Hypo- und Vereinsbank (HypoVereinsbank).[190]

Die Hypo-Bank war mit – nachträglich aufgedeckten – Immobilien-Fehlspekulationen in den neuen Ländern belastet, die bei der HypoVereinsbank für das Jahr 1998 zu einem Wertberichtigungsbedarf in Höhe von 3,5 Mrd. DM führten. Die Fusion war

[185] Umwandlung in eine Aktiengesellschaft und Umfirmierung in HypoService-Bank AG zum 28. Januar 1998.
[186] Blüchel, Wirtschaftschronik, S. 148 f.; Reuss, Vereinsbank, S. 119.
[187] „Einflussreicher Finanzplatz Bayern", in: Neue Zürcher Zeitung, 30. Oktober 1991.
[188] Landeszentralbank im Freistaat Bayern, Jahresbericht 1993, S. 45.
[189] „In Osteuropa wird es enger", in: Börsen-Zeitung, 16. Juli 2002, S. 18.
[190] „Die Erkenntnis einer konspirativen Autofahrt", in: Börsen-Zeitung, 28. August 1988; „Sieben Vorstände der Hypovereinsbank treten zurück", in: Frankfurter Allgemeine Zeitung, 27. Oktober 1999; „Der Einzelkämpfer", in: Frankfurter Allgemeine Zeitung, 9. Juli 2001.

eine bewusst „bayerische Reaktion“ auf den Erwerb von über fünf Prozent der damaligen Vereinsbankaktien durch die Deutsche Bank ein Jahr zuvor. Der Erwerb hatte Spekulationen genährt, dass die Deutsche Bank möglicherweise die Übernahme der Vereinsbank plane. Die HypoVereinsbank war das nach Bilanzsumme und Marktkapitalisierung zweitgrößte Kreditinstitut in Deutschland.

Die neu entstandene Bank war zudem in der Immobilienfinanzierung europaweit führend. Im Gegensatz zu anderen deutschen Großbanken strebte die HypoVereinsbank jedoch nicht die Rolle eines „global players“ an und vermied kostenträchtige Investitionen in das internationale Investmentbanking. Vielmehr wollte sie als „Bank der Regionen“ die Stärken eines großen Institutes mit der Nähe einer regionalen Bank kombinieren und auf ausgewählten Wachstumsmärkten präsent sein. Ein besonderes Augenmerk legte sie auf die Geschäftsfelder Immobilienfinanzierung und Vermögensverwaltung.[191] Zur Erzielung von Effizienzgewinnen durch größere Einheiten bündelte die HypoVereinsbank drei ihrer Hypothekentöchter in München und Nürnberg zur HVB Real Estate Bank Aktiengesellschaft, verlor dadurch allerdings aus der Sicht mancher mittelständischer Unternehmen in diesem Wirtschaftssektor an Kundenbezug. Auch die Münchener Rück schloss 1997 ihre nationalen Beteiligungen an den Erstversicherern Victoria Versicherung AG, D.A.S. AG, Hamburg-Mannheimer AG und Deutsche Krankenversicherung AG (DKV) unter dem Dach der ERGO Versicherungsgruppe AG zusammen.[192] 2000 übernahm die HypoVereinsbank die Bank Austria, eines der größten österreichischen Institute. Damit war in München einer der bisher wenigen grenzüberschreitenden Zusammenschlüsse von Kreditinstituten im Euroraum möglich. Solche Fusionen waren zunächst als Konsequenz aus dem gemeinsamen Markt und der Währungsunion erwartet worden, blieben aber nicht zuletzt wegen administrativer Hemmnisse in zahlreichen EU-Staaten (bis hin zur Genehmigungspflicht beim Erwerb von Bankbeteiligungen) seltene Ereignisse.[193]

Im Versicherungsgeschäft kam es zu einem vergleichbaren Schritt. Die Allianz erwarb 1997 die Versicherungsgruppe Assurances Générales de France, um ihre Position in Frankreich zu stärken.[194] Ein weiterer Meilenstein war die Übernahme des drittgrößten deutschen Kreditinstituts, der Dresdner Bank, durch die Allianz im Jahr 2001. Bemerkenswert an diesem Zusammenschluss war die erstmalige konsequente Umsetzung des Allfinanzgedankens, die bis dahin nur durch Kooperationslösungen zwischen Kreditinstituten und Versicherungen erfolgt war und in einem Spannungsverhältnis zur Fokussierung auf Kernkompetenzen stand.

Wie schon in den 80er Jahren gab es auch in den 90er Jahren im Finanzgewerbe wachsende und schrumpfende Geschäftszweige: Während das traditionelle Zinsgeschäft weiter rückläufige Wachstumsraten verzeichnete, expandierten die Vermögensverwaltung und das Auslandsgeschäft. Insgesamt war die wirtschaftliche Leistung des Finanzgewerbes überdurchschnittlich: Während die Wertschöpfung der bayerischen Wirtschaft insgesamt im Zehnjahreszeitraum von 1991 bis 2000 um 21 Prozent anstieg, nahm die Wertschöpfung des Finanzsektors um 60 Prozent zu (Bundesdurchschnitt: 45 Prozent).[195] Ein Beleg für die kräftige Expansion der Finanzwirtschaft ist auch der erfolgte

[191] Landeszentralbank im Freistaat Bayern, Jahresbericht 1998, S. 58.
[192] Wandel, Banken, S. XII f.
[193] Zeitler, Verantwortung, S. 14 f.
[194] Landeszentralbank im Freistaat Bayern, Jahresbericht 1997, S. 30.
[195] Franz-Christoph Zeitler, Pressestatement anlässlich der Veröffentlichung des Jahresberichts 2000 der Landeszentralbank im Freistaat Bayern vom 4. April 2001, S. 9.

Beschäftigungszuwachs. Zwischen 1990 und 2000 nahm die sozialversicherungspflichtige Beschäftigung im Kredit- und Versicherungsgewerbe in den alten Ländern um 8,0 Prozent zu, Bayern konnte ein Plus von 9,9 Prozent verzeichnen und im Großraum München expandierte die Beschäftigtenzahl sogar um 12,0 Prozent auf 68 000. Der Anteil der im Finanzgewerbe Münchens Beschäftigten an allen in München Beschäftigten ist jedoch über einen längeren Zeitraum hinweg relativ konstant geblieben; er stieg von 7,2 Prozent im Jahr 1974 (dem ersten Jahr, für das einschlägige Zahlen vorliegen) auf 8,2 Prozent im Jahr 2000.

Das tendenziell schwächere traditionelle Geschäft kommt im Einlagenwachstum der in Bayern gelegenen Bankstellen zum Ausdruck, das in den 90er Jahren nur noch 60 Prozent betrug, das Kreditwachstum blieb immerhin bei 100 Prozent.[196] Gleichzeitig kam es zu einem deutlichen Rückgang der Zahl der Bankstellen – eine Entwicklung, die durch technische Innovationen wie Home- und Internetbanking beschleunigt wurde. In den alten Ländern fiel die Zahl der Bankstellen zwischen 1990 und 2000 um neun Prozent auf 40.030 (ohne Postbank); in Bayern war der Rückgang mit -10,5 Prozent auf 8.727 ähnlich stark ausgeprägt. Dank der wirtschaftlichen Sonderrolle der bayerischen Landeshauptstadt konnte der Bankbezirk München zwischen 1990 und 1999 allerdings mit einem Zuwachs von 3,4 Prozent auf 1.516 Bankstellen weiterhin eine steigende Bankstellendichte verzeichnen. Die virtuelle Konkurrenz zur „brick and mortar"-Filiale setzte ab 1993 ein, als die Hypo-Bank als erste große Geschäftsbank flächendeckend das Telefonbanking propagierte. Wenig später wurden zwei der führenden deutschen Direktbanken in München gegründet: Die Hypo-Bank löste 1994 mit der Gründung der Direkt Anlage Bank GmbH (DAB), dem ersten Broker nach angelsächsischem Vorbild, eine Gründungswelle bei der Konkurrenz aus.[197] Im März 1996 folgte die Vereinsbank mit der Inbetriebnahme ihres Direktinstituts, der Advance Bank.[198]

Im Aufwind war das Provisionsgeschäft: Das Verhältnis von Provisionsüberschuss und Zinsüberschuss bei den deutschen Kreditinstituten – für Bayern liegen keine Zahlen vor – stieg zwischen 1990 und 1998 von 22,4 auf 25,0 Prozent; in den folgenden zwei Jahren kam es angesichts des Aktienbooms zu einem Sprung der Quote auf 36,5 Prozent. Auch das Auslandskreditgeschäft bayerischer Kreditinstitute war deutlich aufwärts gerichtet und belegt die zunehmende Internationalisierung der bayerischen Wirtschaft: Die Bankenstellen in Bayern verzeichneten in der Dekade einen Zuwachs der Kredite an ausländische Nichtbanken von 250 Prozent. Diese Steigerungsrate lag sowohl deutlich über dem Zuwachs des Inlandsgeschäfts der 90er Jahre von 100 Prozent als auch über dem Zuwachs des bayerischen Auslandsgeschäfts im vorhergehenden Jahrzehnt von 150 Prozent. Darüber hinaus erfolgte die Expansion des Auslandsgeschäfts auch über die steigende Zahl der Auslandsniederlassungen: Während die Bankenstatistik 1990 nur drei Münchner Institute verzeichnete, die zusammen 19 Auslandsfilialen und elf Auslandstöchter besaßen, wurden 2001 schon sechs Münchner Institute mit zusammen 27 Auslandsfilialen und 50 Auslandstöchtern registriert.[199]

196 Einlagen von Nichtbanken bzw. Kredite an Nichtbanken.

197 Müller, Gigant, S. 10.

198 Landeszentralbank im Freistaat Bayern, Jahresbericht 1996, S. 95. Die Vereinsbank verkaufte 1997 die Advance Bank an die Dresdner Bank, da im neuen HypoVereinsbank-Konzern mit der DAB bereits eine Direktbank vorhanden war. Vgl. Landeszentralbank im Freistaat Bayern, Jahresbericht 1997, S. 80.

199 Ein großer Teil des Zuwachses an Auslandstöchtern entfiel auf die Übernahme der Bank Austria durch die HypoVereinsbank.

Ein in den 90er Jahren wachsendes Betätigungsfeld für die Münchner Banken und im Besonderen auch für die Versicherungsgesellschaften war die Vermögensverwaltung. Darin spiegelte sich die Wirtschaftskraft und das überdurchschnittliche Einkommensniveau am Standort München wider. Aufgrund der in München vorhandenen Finanzinfrastruktur kam es zu zahlreichen Ausgliederungen und Neugründungen von Vermögensverwaltungsgesellschaften. Dabei wurden unterschiedliche Konzepte verfolgt.[200]

- Ausbau der Vermögensverwaltung zum Kerngeschäft: Der Allianz-Konzern baute die Vermögensverwaltung – neben der Sach- und Lebensversicherungssparte – zum dritten Kerngeschäftsfeld aus. Dazu wurde der amerikanische Vermögensverwalter PIMCO übernommen.
- Konzentration der Vermögensverwaltungsaktivitäten in einer Gesellschaft im Konzern: Die Münchener Rück und ihre ERGO-Versicherungsgruppe konzentrierten das gesamte Kapitalmanagement in München als MEAG MUNICH ERGO Kapitalanlagegesellschaft mbH und für den Immobilienbereich als MEAG MUNICH ERGO Real Estate Investment GmbH. Auch die Allianz vereinte 2002 nach der Übernahme der Dresdner Bank die Vermögensverwaltung beider Unternehmen unter dem Konzernzweig Allianz Dresdner Asset Management AG (ADAM). Insgesamt ist der Allianz-Konzern damit zum drittgrößten Vermögensverwalter der Welt aufgestiegen.[201]
- Neugründungen in München: Ausländische Vermögensverwalter wählten München als Standort für Neugründungen, da hier bereits zahlreiche Vermögensverwalter mit entsprechendem Know-how angesiedelt waren. Einer der weltgrößten Vermögensverwalter, die State Street Bank and Trust Company, Boston, gründete 1994 in München eine deutsche Dependance, die State Street Bank GmbH.[202] Die Schweizer Versicherung Swiss Life gründete die Swiss Life Asset Management Kapitalanlagegesellschaft mbH mit Sitz in München.

In den späten 90er Jahren beschleunigte sich der Strukturanpassungsprozess im Kreditgewerbe weiter. Der schärfer werdende Wettbewerb machte bei vielen Instituten entsprechende Anpassungsmaßnahmen nötig. Neben vermehrten Einsparungen bei den Personalaufwendungen gingen die Banken, und hier allen voran die Großbanken, dazu über, ihre Filialnetze zu überprüfen und anzupassen – ein Trend, der noch anhält. Die strukturellen Schwächen der Branche – wegbrechende Erträge bei gleichzeitig hoher Kostenbelastung – wurden dann vor allem mit dem Ende des Aktienbooms im Jahr 2000 deutlich, als die Provisionseinnahmen, die bis dahin üppig geflossen waren und die Ertragsprobleme vieler Banken überdeckt hatten, wegbrachen.

200 Landeszentralbank im Freistaat Bayern, Jahresbericht 2000, S. 62.
201 „Allianz sucht Vertriebspartner", in: Süddeutsche Zeitung, 16. Juli 2002, S. 22.
202 Landeszentralbank im Freistaat Bayern, Jahresbericht 1994, S. 57.

Tabelle 20: Bilanzkennziffern im deutschen Kreditgewerbe 1997-2002

	Zinsüberschuss	Provisions-überschuss	Allgemeiner Verwaltungs-aufwand	Betriebsergebnis	Eigenkapital-rentabilität
	(jeweils in Prozent der durchschnittlichen Bilanzsumme)				(in Prozent)
1997	1,50	0,35	1,21	0,46	6,47
1998	1,37	0,34	1,16	0,41	10,20
1999	1,28	0,37	1,16	0,41	6,51
2000	1,14	0,42	1,16	0,30	6,09
2001	1,12	0,36	1,14	0,18	4,57
2002	1,20	0,34	1,10	0,10	2,91

	Anzahl der Institute	Beschäftigte	Personalaufwand (in Mio. Euro)	Sonstiger Verwaltungs-aufwand (in Mio. Euro)
1997	3 407	728 650	34 306	20 290
1998	3 232	730 000	35 853	22 622
1999	2 993	734 250	38 436	26 189
2000	2 733	733 800	41 997	29 856
2001	2 518	734 350	43 031	32 206
2002	2 416	717 150	41 578	30 894

Quelle: Deutsche Bundesbank, Monatsberichte, verschiedene Jahrgänge.

Als Reaktion darauf wurden im neuen Jahrtausend die Bemühungen um eine Verbesserung der Wettbewerbsfähigkeit in der Branche noch verstärkt. Die beschrittenen Wege waren und sind vielfältig. Sie reichen von verstärkter Rationalisierung und Auslagerung bestimmter Tätigkeitsbereiche bis hin zu Kooperation und Zusammenschluss. Auch die bayerische Kreditwirtschaft war zum Handeln gezwungen. So ging die HypoVereinsbank 2001 mit der Münchener Rück eine strategische Partnerschaft ein, um durch den wechselseitigen Vertrieb von Bank- und Versicherungsprodukten zusätzliche Absatzwege und neue Kunden zu erschließen. Die Bayerische Landesbank intensivierte die im Jahr 2000 vereinbarte strategische Zusammenarbeit mit der Landesbank Hessen-Thüringen mit der vorgesehenen Gründung einer gemeinsamen Wertpapierabwicklungsbank. Bei einigen Münchner Häusern kam es zu Engagements ausländischer Finanzkonzerne: Die französische Cetelem S. A. übernahm 2001 70 Prozent des Stammkapitals der WKV Bank GmbH, München, die seither als Cetelem Bank GmbH firmiert. Zum Jahreswechsel 2001/2002 erwarb die italienische Banca Mediolanum S.p.A. das Münchner Bankhaus Lenz & Co.[203]

Im Sparkassen- und Genossenschaftsbereich zeichnete sich bereits in den 90er Jahren ab, dass viele Institute für ein „Überleben" zu klein waren. So ist es nicht verwunderlich, dass sich gerade hier in den letzten Jahren der Trend zu Fusionen merklich beschleunigte. Verringerte sich die Zahl der rechtlich selbständigen Kreditgenossenschaften in Bayern von 1990 bis 1995 um 123 und die Zahl der Sparkassen um zehn Institute, so kam es im Zeitraum 1996 bis 2001 mit 231 und 20 „Abgängen" zu einer deutlichen Erhöhung des Fusionstempos.

[203] Landeszentralbank im Freistaat Bayern, Jahresbericht 2001, S. 68 f.

Im Kontext eines verschärften Wettbewerbs sind auch die finanziellen Schwierigkeiten des im Mittelstand und in der Region stark verwurzelten Traditionshauses Schmidtbank, Hof, zu sehen, das im November 2001 von einer Auffanggesellschaft, deren Träger die vier deutschen Großbanken sowie der öffentlich-rechtliche Kreditsektor unter Federführung der Bayerischen Landesbank waren, übernommen wurde.[204]

Im Zuge eines in den 90er Jahren auch in der Börsenlandschaft zunehmenden Wettbewerbsdrucks verlor die Bayerische Börse – wie die anderen Regionalbörsen auch – deutlich an Marktanteil, da die großen Kreditinstitute ihre Kundenorders zunehmend nach Frankfurt „routeten". So schrumpfte ihr Anteil an den Börsenumsätzen aller deutschen Börsen bis 2000 auf 2,8 Prozent. Insgesamt gewann der Rentenhandel gegenüber dem Handel mit Dividendenwerten deutlich an Bedeutung. Dennoch konnte sich die Bayerische Börse als Sprungbrett für den Mittelstand sowie als Börse für Privatanleger positionieren. Dazu beigetragen hat die Einführung eines neuen Mittelstandssegments zur Lösung der Eigenkapitalprobleme von kleineren und mittleren Unternehmen („Prädikatsmarkt"). Es sollte den Neuen Markt ergänzen, da auch Unternehmen jenseits des High-Tech-Sektors angesprochen wurden.[205] Für Privatanleger wurden verschiedene Verbesserungen bei Preisfindung und Orderausführung erreicht.

Für die Stärkung des Standorts Bayern und des Finanzplatzes München im nationalen und internationalen Wettbewerb leistete die Wirtschaftspolitik in den 90er Jahren signifikante Beiträge. Eine mögliche Schwächung des Finanzplatzes München wurde mit staatlicher Unterstützung verhindert: Mitte der 90er Jahre zeichnete es sich ab, dass die Deutsche Bank zur Übernahme der Vereinsbank ansetzte. Eine konzertierte Aktion der Anteilseigner der Vereinsbank, zu denen der Freistaat gehörte, wehrte die Übernahme ab. Ministerpräsident Stoiber bekannte sich offen zum Engagement der Staatsregierung bei der Gestaltung des Finanzplatzes: „Mir ist die Zukunft des Bankenplatzes München nicht egal. Als die Deutsche Bank Mitte 1996 ihr Fünf-Prozent-Paket an der Bayerischen Vereinsbank offen legte und von einem strategischen Investment sprach, war ich elektrisiert. Aus der viertgrößten Geschäftsbank Deutschlands drohte eine Dependance zu werden. Sie vermuten richtig, dass es dann Gespräche gab mit den Bankenchefs und den Großaktionären Allianz und Münchener Rück."[206] In der Presse wurde des Öfteren darauf hingewiesen, dass die Fusion der beiden großen Regionalbanken durch die bayerischen Finanzbehörden maßgeblich erleichtert worden sei, da diese den Aktientausch steuerneutral zuließen.[207] Die Entscheidung der Finanzverwaltung entsprach jedoch dem durch die Rechtssprechung des Bundesfinanzhofs (BFH) seit langem geschaffenen Rechtszustand („Tauschgutachten"). Erst für Erwerbsvorgänge ab 1999 änderte der Gesetzgeber die steuerliche Behandlung.[208]

Mindestens genauso wichtig wie das Engagement der Staatsregierung für den Finanzplatz war wohl die Förderung der Wachstumsgrundlagen im Freistaat, die dem Finanz-

204 Die Sanierung der Schmidtbank dauert noch an. Mittlerweile wurde die Rechtsform von einer KG a. A. in eine AG geändert, verschiedene Beteiligungen und Töchter wurden verkauft. Vgl. Caspar Busse, „Bei der Schmidt-Bank gibt es vorerst nichts zu feiern", in: Handelsblatt, 13. November 2002.

205 Bayerische Börse, Geschäftsbericht 2001/02, S. 7. Nach dem Platzen der New Economy-Blase verschwand der Neue Markt 2002/2003 wieder vom „Bildschirm".

206 Interview mit Ministerpräsident Edmund Stoiber, in: Capital, 1. September 1997.

207 Maier-Mannhart, Isar-Kapitalismus, S. 73.

208 Vgl. EStG, § 52, Abs. 16.

platz indirekt zugute kamen. Maßgeblich war hier ein Richtungswechsel in der Politik Ende der 80er Jahre, im Zuge dessen die Staatsbeteiligungen nicht länger als strukturpolitisches Förderinstrument angesehen wurden. „Nicht besitzen, sondern gestalten" galt seit dem Amtsantritt von Ministerpräsident Stoiber als oberster Grundsatz.[209] Getreu dieser Devise wurden ab 1994 im großen Stil wesentliche Unternehmensbeteiligungen (DASA, Bayernwerk AG, Bayerische Versicherungskammer u. a.) verkauft und die Erlöse in Höhe von gut vier Mrd. Euro in zukunftsweisende Förderprojekte investiert. Ab 1994 wurden im Rahmen der „Offensive Zukunft Bayern" fast drei Mrd. Euro vor allem für Bildung, Forschung und Gründerförderung verwandt. Mit 1,35 Mrd. Euro wurde Ende der 90er Jahre eine „High-Tech-Offensive" gestartet. Ziel war u. a., die Spitzenposition Bayerns insbesondere auf den Feldern Life Sciences, Informations- und Kommunikationstechnik sowie neue Materialien zu festigen.[210] Wie sich zeigte, waren diese Programme für den Standort München besonders profitabel; hier diente die in den hiesigen Forschungsinstituten reichlich vorhandene wissenschaftliche Kompetenz als ausgezeichnete Basis für ein Wachstum der geförderten Zukunftstechnologien.

Auch die LfA – mit einer Bilanzsumme von 15,9 Mrd. Euro eine der großen Förderbanken in Deutschland – leistete in den 90er Jahren wesentliche Beiträge, indem sie Zukunftsindustrien mit Kapital versorgte.[211] Sie hat über ihre 1992 gegründete Tochtergesellschaft Bayerische Beteiligungsgesellschaft mbH (BayBG), in der die bereits erwähnte Kapitalbeteiligungsgesellschaft für die mittelständische Wirtschaft und die Bayerische Unternehmensbeteiligungs-Aktiengesellschaft zusammengeführt wurden, ein auch auf Innovationen und Zukunftstechnologien ausgerichtetes Förderengagement entwickelt. 1999 hatte sie in über 400 Unternehmen ca. 450 Mio. Euro investiert. 1995 wurde eine weitere Tochter der LfA, die Risikokapitalgesellschaft Bayern Kapital, gegründet, die jungen innovativen Unternehmen Chancenkapital anbietet.[212]

209 Erker, Fünfzig Jahre, S. 59.
210 Bayerisches Staatsministerium für Wirtschaft, Verkehr und Technologie, Wirtschaftsstandort Bayern, S. 8 f.
211 Erker, Fünfzig Jahre, S. 58 f.
212 Pfeffer, Mittelstandsförderung, S. 22-25.

6. Der Finanzplatz München heute[213]

6.1 Ein bedeutender Bankenplatz in Deutschland

München ist heute nach Frankfurt am Main der Bankenplatz Nummer zwei in Deutschland. Vom Geschäftsvolumen des deutschen Kreditgewerbes (2004: 7 000 Mrd. Euro) entfällt rund jeder zehnte Euro auf Münchner Kreditinstitute. 156 Banken[214] haben in München ihren Sitz, eine Niederlassung oder eine Repräsentanz. Gemessen an der Zahl der „Inlandsbanken", also ohne Auslandsbanken und Repräsentanzen ausländischer Institute, rangiert München mit 141 Kreditinstituten sogar vor Frankfurt (125). Entsprechend hoch ist mit 33 000 Personen die Beschäftigtenzahl im Münchner Bankgewerbe.[215] Nach der 2002 erfolgten Zentralisierung der Bundesbank ist die Notenbank noch über ihre Münchner Hauptverwaltung sowie die Filiale München präsent bei der Refinanzierung, im Zahlungsverkehr, in der Bankenaufsicht, bei der Kommunikation der Geldpolitik und als Ansprechpartner für Kreditgewerbe und Wirtschaft. Seit 2000 war die Bundesbankfiliale München bezogen auf das Geschäftsaufkommen sogar die größte Notenbankniederlassung unter allen deutschen Bundesbankfilialen. Die Zukunft wird zeigen, inwieweit die Abschaffung der Landeszentralbanken in Deutschland, somit auch der LZB im Freistaat Bayern, und der damit verbundene weitgehende Wegfall ihrer Moderator-Rolle für den bayerischen Finanzplatz[216] durch andere Institutionen aufgefangen werden kann.

Die „banking community" ist in München durch eine beachtliche Vielgliedrigkeit gekennzeichnet. Genossenschaftsbanken und Sparkassen sorgen für ein breites Spektrum an Finanzdienstleistungen. Die „superregionals" Bayerische Hypo- und Vereinsbank AG sowie Bayerische Landesbank – gemessen an der Bilanzsumme die Nummer zwei und acht des deutschen Kreditgewerbes[217] – decken die gesamte Angebotspalette international tätiger Bankhäuser ab. Hinzu kommen Privatbankiers, die bei Kundenwünschen über das „mainstream banking" hinaus für individuelle Lösungen sorgen.

[213] Für den folgenden Abschnitt vgl. auch http://www.fpmi.de.
[214] Stand 2003.
[215] Zahlen für 1998 entnommen aus: Fakten und Hintergründe, S. 1. Aufgrund einer Statistikumstellung liegen keine neueren Zahlen für die Landkreise und kreisfreien Städte vor.
[216] Etwa in der von der LZB mit initiierten Finanzplatzinitiative München.
[217] Stand 2003. Vgl. die bank 8/2004, S. 34.

Tabelle 21: Zahlen zum Münchner Finanzmarkt 1998-2004

	1998	1999	2000	2001	2002	2003	2004
		Banken					
Anzahl insgesamt	172	170	170	165	158	156	[XI)]
mit Sitz in München	54	54	55	52	50	49	48
darunter Auslandsbanken[I)]	7	8	8	7	9	9	11
Niederlassungen inländischer Banken	108	106	107	107	104	101	[XI)]
Repräsentanzen ausländischer Banken	10	10	8	6	4	6	6
Geschäftstätigkeit[II)]							
Geschäftsvolumen (in Mrd. Euro)[III)]	613,2	693,3	752,2	840,8	794,1	752,8	743,1
darunter Auslandsbanken	4,6	5,4	5,0	4,9	3,6	3,9	5,2
Interbankforderungen (in Mrd. Euro)[III)]	141,0	159,3	162,7	189,8	188,4	193,0	199,3
darunter täglich fällig	13,0	12,3	14,5	20,6	24,4	24,0	22,0
		Finanzdienstleistungsinstitute					
Anzahl insgesamt	[IV)]	94	96	96	87	75	78
darunter Finanzportfolioverwalter	[IV)]	44	49	50	48	43	45
darunter Wertpapierhandelsbanken	[IV)]	4	2	2	2	2	2
		Versicherungen					
Anzahl insgesamt[V)]	88	86	81	80	81	82	81
Bruttobeiträge (in Mrd. Euro)[III) V)]	41,5	42,1	44,7	43,4	48,4	48,7	[IX)]
Verwaltetes Vermögen (in Mrd. Euro)[VI)]			847	1 311	1 170	1 195	[IX)]
		Börse[VII)]					
Wertpapierumsätze (in Mrd. Euro)[III)]	274	233	170	113	105	66	105
darunter Aktien und Optionen	65	75	90	35	18	11	15
		Beschäftigte bei Banken und Versicherungen[VIII)]					
Anzahl insgesamt	67 097	67 749	69 234	69 300	70 337	69 224	68 179
Anteil an allen Beschäftigten im Großraum München (in Prozent)[X)]	8,5	8,3	8,1	8,1	8,2	8,3	8,3

I) Filialen ausländischer Banken sowie Banken im ausländischen Mehrheitsbesitz, die monatliche Bilanzstatistiken einreichen.

II) Banken mit juristischem Sitz in München einschließlich ihrer Filialen im In- und Ausland, die monatliche Bilanzstatistiken einreichen.

III) Der besseren Vergleichbarkeit halber wurden die in D-Mark angefallenen Ergebnisse für 1998 mit der ab 1999 offiziell geltenden Konversionsrate des Euro (1,95583 DM für 1 Euro) umgerechnet. Ab 2003 ohne Optionen.

IV) Finanzdienstleister werden erst seit dem 1. Januar 1998 bankaufsichtlich überwacht.

V) Ohne unter Landesaufsicht stehende Versicherungsunternehmen. Bis 2001: Verdiente Bruttobeiträge aller in München ansässigen Versicherungen. Quelle: Geschäftsberichte des Bundesamtes für das Versicherungswesen. Ab 2002: Gebuchte Bruttobeiträge der 20 bedeutendsten Münchener Versicherungsunternehmen.

VI) „Assets under Managment" bzw. Kapitalanlagen von drei Versicherungsunternehmen (Allianz Group, Münchener Rück Gruppe und Versicherungskammer Bayern Konzern; teilweise auch an anderen Standorten verwaltet). Quelle: Allianz, Geschäftsberichte 1998-2004; Münchner Rück, Geschäftsberichte 1998-2004; Versicherungskammer Bayern, Geschäftsberichte 1998-2004.

VII) Quelle: Bayerische Börse.

VIII) Sozialversicherungspflichtig Beschäftigte im Großraum München. Ein separater Ausweis der Beschäftigten für die Stadt München ist nicht sinnvoll, da es in den letzten Jahren bei verschiedenen Finanzinstituten größere Verlagerungen von Betriebstätten zwischen der Stadt München und dem Landkreis München – und zwar in beide Richtungen – gegeben hat, die statistisch nicht abgrenzbar sind. Quelle: Landesamt für Statistik und Datenverarbeitung des Freistaats Bayern, Statistisches Jahrbuch, verschiedene Jahrgänge. Jeweiliger Stand: 31. Dezember des betreffenden Jahres.

IX) Angaben derzeit nicht verfügbar.

X) Stand jeweils 30. Juni; Zahlen für 2004: Stand 31. März.

XI) Nicht mehr verfügbar, da Kreditinstitute ihre Zweigstellen nicht mehr melden müssen.

6.2 *Versicherungsplatz Nummer eins*

Von überragender Bedeutung sind die in München beheimateten Versicherungen. Die bayerische Metropole ist sowohl nach der Zahl der im Versicherungsgewerbe beschäftigten Arbeitnehmer als auch nach der Summe der Beitragseinnahmen die Nummer eins in Deutschland (gefolgt von Hamburg und Köln). Gemessen am Prämienaufkommen hält München weltweit noch vor New York und London die Spitzenstellung. Unter den rund 80 in München domizilierenden Versicherungen finden sich die größten ihrer Branche, so der weltgrößte Rückversicherer, einer der bedeutendsten Erstversicherer der Welt und der größte Rechtsschutzversicherer Europas. Hier ansässig sind ferner die größte deutsche öffentlich-rechtliche Versicherungsgruppe und die zweitgrößte deutsche Krankenversicherung. Den Rang Münchens als Versicherungsstandort bestätigt der Anteil am gesamten deutschen Beitragsaufkommen: Mit rund 45 Mrd. Euro entfiel 2000 mehr als ein Viertel des Beitragsaufkommens auf Münchner Versicherungen.[218] 28 820 Personen – das sind 9,3 Prozent aller bei deutschen Versicherungen Beschäftigten – verdienen ihren Lebensunterhalt bei den Assekuranzen in München.[219]

6.3 *Hauptstandort im Asset Management*

Die herausgehobene Stellung im Versicherungsgewerbe verschaffte München ein deutliches Wachstum in der Vermögensverwaltung. Im Jahr 2003 belief sich das von den konzerneigenen Gesellschaften verwaltete Vermögen auf knapp 1 200 Mrd. Euro.[220] Durch den Zusammenschluss von Allianz und Dresdner Bank rückt München auch in diesem Marktsegment an die Spitze. Eine starke Stellung haben in Bayern auch die bankgebundenen und unabhängigen Kapitalanlagegesellschaften, die im Jahr 2004 zusammen ein Fondsvermögen von rund 115 Mrd. Euro verwalteten. Abgesehen von den weltweit operierenden Kapitalsammelstellen haben in München zudem knapp ein Siebtel aller deutschen Finanzportfolioverwalter ihren Sitz, die mit ihren insbesondere auf vermögende Privathaushalte abzielenden Offerten die breite Angebotspalette in der Vermögensverwaltung abrunden.

6.4 *Venture-Capital-Markt München*

Der Großraum München ist heute das Zentrum der deutschen Wagniskapitalszene, das den Hightech- und traditionellen Unternehmen ein intensives Angebot an Beteiligungskapital zur Verfügung stellt. Von den über 240 Mitgliedern des Bundesverbands Deut-

[218] Neuere Daten nicht verfügbar.

[219] Zahlen für 2004. Vgl. Martin Reim, „München übertrumpft Köln", in: Süddeutsche Zeitung, 2. März 2005, S. S1.

[220] „Assets under Management" bei drei bedeutenden Versicherungskonzernen in München. Die Vermögensverwaltung umfasst neben den Kapitalanlagen im Versicherungsgeschäft die Vermögensverwaltung für Dritte.

scher Kapitalbeteiligungsgesellschaften (BVK) hat nahezu jedes fünfte seinen Sitz in München, daneben tragen auch staatlich initiierte oder mit öffentlichen Mitteln geförderte Institute (Bayern Kapital in Landshut, Bayerische Beteiligungsgesellschaft) zur Kapitalausstattung der vielen jungen, zukunftsträchtigen Firmen im Großraum München bei. Zugleich wird Eigenkapital auf sehr innovative Weise „offeriert". So wurde der „Münchener Business Plan Wettbewerb" ins Leben gerufen. Ziel der aus den USA stammenden Idee ist es, aus der großen Menge an Geschäftsideen die vielversprechenden Businesspläne herauszufiltern und den Unternehmensgründern Kontakte zu Branchenexperten, „venture capitalists" und „business angels" zu verschaffen. Ergänzt wird dieses Konzept durch das 1999 als erstes seiner Art initiierte Munich Business Angel Network, in dessen Rahmen vermögende und zugleich unternehmerisch erfahrene Privatpersonen mit jungen Unternehmensgründern zusammengeführt werden.

6.5 Bayerische Wertpapierbörse

Die Regionalbörsen agierten auch in den letzten Jahren unter schwierigen Marktverhältnissen: Die Anlagebereitschaft des Publikums nach dem Kursverfall am Neuen Markt und den Terroranschlägen des 11. Septembers 2001 und das konjunkturelle Klima waren ungünstig. Darüber hinaus litten die Regionalbörsen darunter, dass die dominierende Frankfurter Börse – entgegen früherer Absprachen – das Handelssystem der Regionalbörsen nicht mehr pflegte (und diese dadurch zu Eigenentwicklungen gezwungen waren), und dass die Frankfurter Großbanken im „Orderranking" die Frankfurter Börse bevorzugten. Die Bayerische Börse behauptete im Jahr 2004 mit einem Gesamtumsatz von 105 Mrd. Euro ihren dritten Platz unter Deutschlands Börsen. Gut 90 Mrd. Euro des Börsenumsatzes entfielen auf den Rentenhandel, in dem München Platz zwei einnahm.

Mit der Einführung eines neuen Handelssystems, MAX ONE, das im Frühjahr 2003 in München gestartet wurde, hat sich die Bayerische Börse noch deutlicher als bislang auf „ihre" Klientel ausgerichtet. Das neue System bringt insbesondere für Privatanleger im Handel mit umsatzschwächeren Werten spürbare Vorteile. Während bei Xetra nur große Titel liquide gehandelt werden, treten bei MAX ONE so genannte „Spezialisten" nach amerikanischem Vorbild auf, wenn das Geschäft nicht auf elektronischem Weg zustande kommt. Die Spezialisten – fünf namhafte Wertpapierhandelsbanken – garantieren ausreichende Liquidität und eine sofortige Orderausführung zu marktgerechten Preisen. Teilausführungen von Aufträgen, die für den Kunden bislang mit erhöhten Gebühren verbunden waren, wird es nicht mehr geben. MAX ONE garantiert für 5 500 Aktien und Rentenwerte aus über 50 Ländern einen Kurs, der mindestens dem eines hochliquiden Referenzmarktes (z. B. New York, Tokio) entspricht. Die Bayerische Börse tritt mit MAX ONE also ganz bewusst in Konkurrenz zu Xetra und versucht, sich als Börse für den Privatanleger abzugrenzen.

Mit dem „Prädikatsmarkt" bietet die Bayerische Börse dem Mittelstand beim „going public" ein im Vergleich zum amtlichen Handel weniger reglementiertes Einstiegsegment im Freiverkehr an. Der Prädikatsmarkt richtet sich primär an junge, noch kleine Unternehmen, die den ersten Schritt an der Börse wagen wollen.[221]

[221] http://www.boerse-muenchen.de.

Seit dem Jahr 2000 firmiert die Bayerische Börse in München als Aktiengesellschaft.

An dieser Stelle lohnt sich abschließend ein Blick auf die Entwicklung der Organisation der Bayerischen Börse. Der erste Börsenvorstand nach dem Kriege bestand aus einem Privatbankier, einem Kursmakler und jeweils einem Vertreter der drei bedeutendsten bayerischen Kreditinstitute (Bayerische Staatsbank, Hypo-Bank und Bayerische Vereinsbank). Im Jahr 2004 hatte der Vorstand 18 Mitglieder. Neben den bedeutendsten bayerischen Kreditinstituten hatten in ihm u. a. bedeutende Industrieunternehmen, die beiden großen Versicherer sowie die Filialen der drei großen Frankfurter Institute Sitz und Stimme. Seit der Umwandlung der Börse in eine Aktiengesellschaft im Jahr 2000 steht dem Vorstand ein Aufsichtsrat zur Seite. Die Ausdehnung des Beteiligtenkreises hat einerseits die informelle Kommunikation deutlich erschwert. Sie spiegelt aber gut die Entwicklung Münchens vom Börsenplatz einer wenig entwickelten, vorwiegend regional geprägten Nachkriegswirtschaft zu einem der wichtigsten Finanzplätze einer mittlerweile national agierenden bayerischen und deutschen Unternehmenslandschaft wider.

6.6 Vergleich der Finanzplätze München und Frankfurt am Main

Die beschriebenen Stärken des Finanzplatzes München drängen einen Vergleich der beiden führenden deutschen Finanzzentren München und Frankfurt am Main auf. Nicht erst seit der Fusion von Allianz und Dresdner Bank – seitdem aber verstärkt – gibt es Stimmen, die München nicht nur als „heimliche Hauptstadt“, sondern auch als „heimliches“ oder offenes Finanzzentrum Deutschlands sehen.

Unbestritten ist Frankfurt am Main gegenwärtig der größte Bankenplatz Deutschlands und auch Kontinentaleuropas. Dies zeigt sich an der Zahl von insgesamt 257 dort ansässigen Banken. Auch die ausländischen Banken in Deutschland (132 der 257 Institute sind Auslandsbanken mit Sitz in Frankfurt oder Repräsentanzen ausländischer Banken) konzentrieren sich auf Frankfurt, während in München nur deren 15 ansässig sind.[222] Zudem zeigt sich die Bedeutung Frankfurts als Bankenplatz auch darin, dass die Mainmetropole Sitz der Europäischen Zentralbank und der Deutschen Bundesbank ist. Das Übergewicht Frankfurts lässt sich aus den Beschäftigtenzahlen im Bankensektor ablesen: Mit rund 60 000 sind hier nahezu doppelt so viele Menschen in Kreditinstituten tätig wie in München.[223] Hingegen hat München im Bereich der Hypothekenpfandbriefe eine herausragende Marktstellung. Ein Drittel des Umlaufs dieser Schuldverschreibungen ist von Münchner Hypothekenbanken emittiert. Ferner war der Finanzplatz München mit der Übernahme der Dresdner Bank durch die Allianz Frankfurt ein Stück näher gerückt.[224]

Allerdings hat die Entwicklung des Finanzplatzes München durch den im Juni 2005 bekannt gegebenen Zusammenschluss der HVB mit der italienischen Unicredito Gruppe (seitdem Unicredit genannt) zumindest in psychologischer Hinsicht einen starken Schlag erlitten. Die ertragsstärkere, aber nach Umsatzzahlen deutlich kleinere italienische Gruppe übernahm die Aktienmehrheit an der HVB, wobei die HVB als Gesellschaft und Rechtsform erhalten blieb. Ordnungspolitisch sind derartige „Cross border mergers“ innerhalb des zusammenwachsenden europäischen Finanzraumes und Kapitalmarktes als Zeichen einer effizienten Kapitalallokation durchaus positiv zu bewerten; allerdings zeigen die Erfahrungen anderer großer Fusionen, wie schwierig es ist, die unterschiedlichen Unternehmensstrukturen zusammenzuführen, ein Klima des Vertrauens und der Motivation zwischen den Mitarbeitern ehemals konkurrierender Institute zu schaffen und die viel beschworenen „Synergien“ tatsächlich zu heben.

In der deutschen Börsenlandschaft steht die Frankfurter Börse unangefochten an erster Stelle. Auf sie entfielen im Jahr 2004 (einschließlich des Xetra-Handels) rund 85 Prozent des Gesamtumsatzes aller deutschen Wertpapierbörsen. Auch die Anzahl der Notierungen (Aktien, Optionsscheine, Rentenwerte) ist in Frankfurt mit mehr als 40.000 gehandelten Werten (Ende 2004) ungleich höher als in München (rund 6 000).[225] Die Börse in München hat dabei allerdings ohnehin nicht den Anspruch, sich im großen Handelsgeschäft für internationale institutionelle Anleger mit Frankfurt zu messen. Sie sieht sich mit ihrem innovativen Dienstleistungsspektrum vielmehr der Kapitalbeschaffung für den Mittelstand und der Investition von Privatanlegern verpflichtet.

[222] Zahlen für das Jahr 2003 (Auskunft der Bankenstelle der Hauptverwaltung Frankfurt am Main der Deutschen Bundesbank).
[223] Landesbank Hessen-Thüringen Girozentrale, Märkte und Trends, S. 2 f.
[224] Aus Einzelangaben ermittelt nach TOP 100, S. 497 f.
[225] Daten der Bayerischen Börse AG, München und der Deutschen Börse AG, Frankfurt am Main.

Wie bei anderen Produkten, so ist auch bei Börsendienstleistungen der Wettbewerb der Motor für Verbesserungen und faire Preise zum Vorteil von Kapitalanbietern und -nachfragern. Der Vorzug von mehr als nur einer Börse in Deutschland hat sich durch eine Reihe von Initiativen der Regionalbörsen, die neue Standards im Aktienhandel setzten, erwiesen. Kreativität, Flexibilität und Seriosität einer Regionalbörse wie München eröffnen die Chance, sich im Wettbewerb gegen eine vielfältige Konkurrenz zu behaupten und nicht einer Monopolbörse in Deutschland oder Europa das Feld zu überlassen.

Was für Frankfurt am Main das Bank- und Börsengeschäft, ist für München das Versicherungsgeschäft. In der bayerischen Landeshauptstadt sind fast dreimal so viele Versicherungsunternehmen beheimatet wie in Frankfurt. Dass in München im Gegensatz zu Frankfurt vor allem die „großen Spieler" der Branche anzutreffen sind, zeigt sich besonders deutlich am Prämienaufkommen, das in München mit 44,7 Mrd. Euro (Stand 2000) mehr als elfmal so hoch ausfällt wie in Frankfurt (3,9 Mrd. Euro). Mit dem hohen Gewicht der Assekuranzen hat sich München mittlerweile unbestritten zum deutschen Zentrum für Vermögensverwaltung entwickelt. Diesen Anspruch untermauern die hohen Volumina der hier verwalteten Assets. Die Führungsrolle in diesem Finanzsegment zeigt sich auch indirekt: Die im DAX[226] notierten und in München ansässigen Finanzunternehmen können eine deutlich höhere Börsenkapitalisierung aufweisen als die in Frankfurt beheimateten Institute.

Insgesamt wäre es verfehlt, die Entwicklung der Finanzplätze Frankfurt und München nur unter dem Gesichtspunkt des äußeren Prestige-Wettbewerbs zu sehen. Viel wichtiger ist: Ein gesunder Wettbewerb innerhalb Deutschlands stärkt die deutsche Position im internationalen Konzert. Außerdem ist nüchtern zu konstatieren, dass das Aufgehen der D-Mark im Euro den Standortvorteil der „Heimatwährung" beendet und die Verlagerung zahlreicher Handelsaktivitäten nach London eher beschleunigt als gebremst hat. Dennoch sollte das durch die einheitliche Währung geschaffene „level playing field" eher Ansporn für innovative und kundenfreundliche Anstrengungen als für einen „Rückblick auf alte Zeiten" sein. Manche ziehen auch eine Parallele zwischen dem Verhältnis von Frankfurt und München einerseits und von New York und Boston andererseits: Ein Ort hat den Schwerpunkt mehr im Wertpapierhandel und anderen Bankgeschäften, der andere ist in der Vermögensverwaltung führend.

[226] Von den 30 DAX-Unternehmen haben sieben ihren Sitz in München (Stand: Anfang 2003).

Kapitel VI

Die Zukunft Münchens als Finanzstandort von internationaler Bedeutung

von Franz-Christoph Zeitler[1]

Im vorangegangenen Kapitel wurde der Aufstieg des Finanzplatzes München aus bescheidenen Anfängen nach Kriegsende zu einem Finanzzentrum internationalen Ranges dargestellt. In diesem Kapitel ist der Blick nach vorne gerichtet. Von Interesse ist insbesondere die Frage, inwieweit die bayerische Landeshauptstadt und die hier ansässige „Financial Community" ihre Position unter den deutschen und europäischen Finanzzentren festigen und ausbauen kann. Im Ergebnis sprechen die günstigen spezifischen Gegebenheiten dafür, dass München als starkes Herz eines vielfältigen und wachsenden bayerischen Finanzplatzes ein gewichtiger „Player" mit Ausstrahlungswirkung auf andere Regionen des Euroraumes bleiben wird.

1. Der Finanzplatz München – Nutznießer einer wachstumsstarken Region

Die Entwicklung eines Finanzplatzes steht in einer intensiven Wechselbeziehung zur Entwicklung der Wirtschaft in der betreffenden Region: Ein dynamisches realwirtschaftliches Umfeld erzeugt Nachfrage nach Finanzdienstleistungen, genauso wie umgekehrt ein funktionierender Finanzsektor eine wichtige Katalysatorfunktion für Investitionen und Wachstum einnimmt. Dieser wechselseitige Wirkungszusammenhang war in München bislang schon erfolgreich. Zwar befand sich Deutschland zwischen 2001 und 2005 in einer strukturellen Stagnationsphase, was sich u. a. in hoher Arbeitslosigkeit und niedrigen durchschnittlichen Wachstumsraten zeigt (jahresdurchschnittliches Wirtschaftswachstum 2001 bis 2004: +0,6 Prozent).

Die Strukturen des Münchner Wirtschaftsraums weisen jedoch die notwendigen Faktoren für eine prosperierende Entwicklung auf, um sich – wenn das Wachstum wieder anspringt – ein gutes Stück aus dem „Wachstumskuchen" herauszuschneiden. In München wird ein etwa doppelt so hohes Bruttoinlandsprodukt (BIP) pro Kopf erzielt wie im Bundesdurchschnitt. Im europäischen Regionenvergleich rangiert der Raum Oberbayern – was das Pro-Kopf-BIP anbelangt – unter insgesamt 211 EU-Regionen auf Platz sieben.[2] Dagegen liegt die Arbeitslosenquote in München um mehr als die Hälfte unter dem deutschen Durchschnitt, unter den deutschen Großstädten weist sie sogar die

[1] Der Beitrag wurde im Juli 2005 inhaltlich abgeschlossen.
[2] „Ein Viertel der EU-Regionen und neun von zehn Regionen der Beitrittsländer unter 75 % des EU-Durchschnitts", Pressemitteilung Eurostat 10/2003, 30. Januar 2003.

geringste Erwerbslosenquote auf. Nach Berlin, wo die meisten sozialversicherungspflichtig Beschäftigten gemeldet sind, ist der Arbeitsamtsbezirk München mit knapp einer Mio. Beschäftigten der zweitgrößte Beschäftigungsstandort Deutschlands. Schließlich hat München im Großstadtvergleich – noch vor Hamburg und Frankfurt am Main – die höchste Kaufkraft je Einwohner[3], und auch bei den Einzelhandelsumsätzen pro Kopf liegt die Region München bundesweit in Führung.[4]

Abbildung 7: Arbeitslosenquoten in deutschen Städten 2004 (Jahresdurchschnitt, Arbeitsamtbezirke)

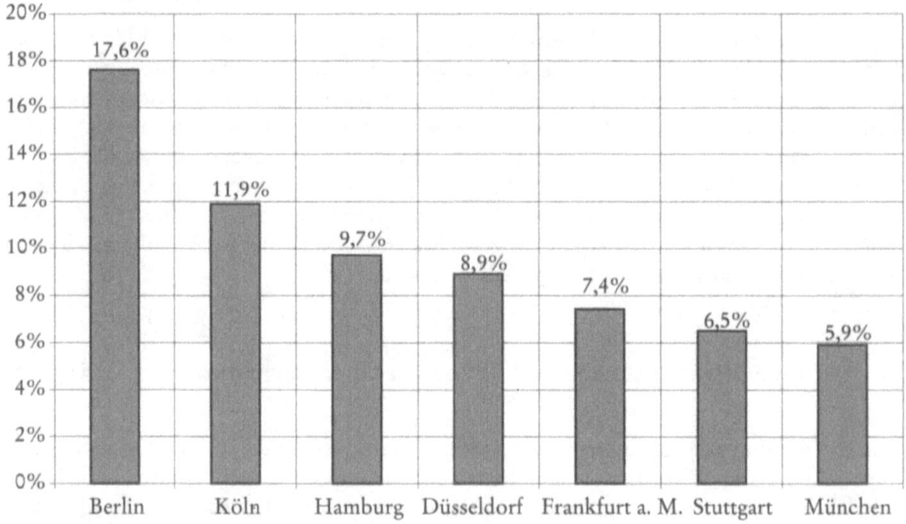

Quelle: Referat für Arbeit und Wirtschaft der Landeshauptstadt München, München [2005], S. 7.

[3] Referat für Arbeit und Wirtschaft der Landeshauptstadt München, München [2005].
[4] Referat für Arbeit und Wirtschaft der Landeshauptstadt München, München [2002].

Abbildung 8: Sozialversicherungspflichtig Beschäftigte 2004 (Arbeitsagenturen, 30. Juni 2004)

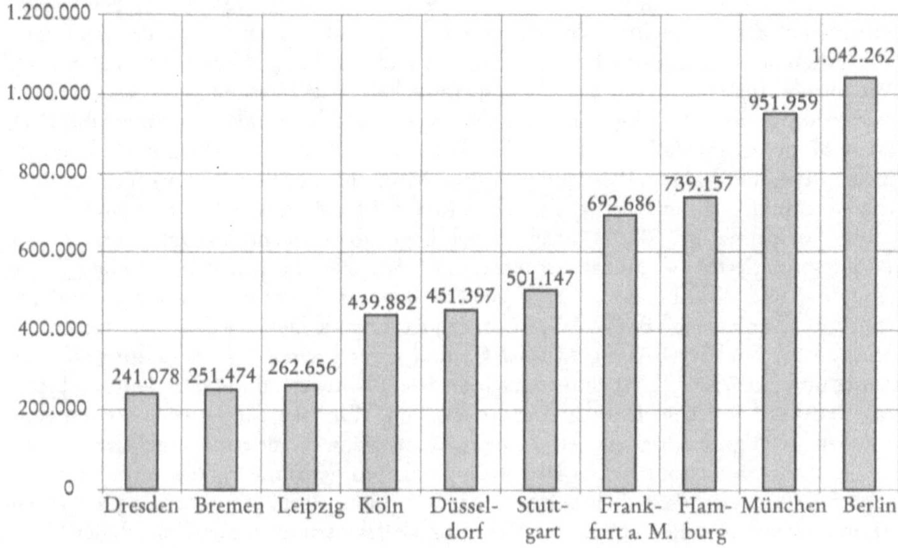

Quelle: Angaben der Bundesanstalt für Arbeit.

Abbildung 9: Kaufkraft in Euro je Einwohner 2003

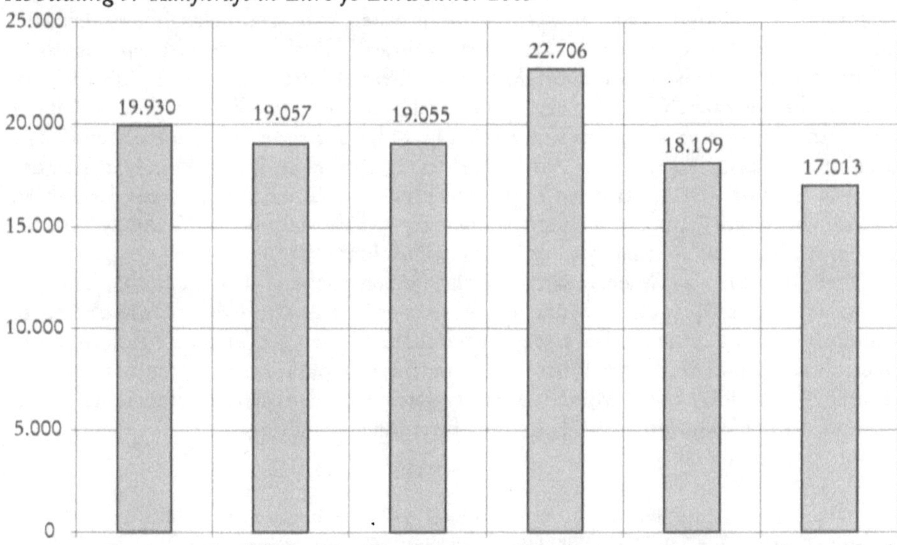

Quelle: Referat für Arbeit und Wirtschaft der Landeshauptstadt München, München [2005], S. 5.

Auf ein großes Zukunftspotential Münchens deuten die unterschiedlichen Städtevergleiche und -rankings hin, in denen sich die Isar-Metropole überwiegend in der ersten

Reihe wiederfindet. So hat das Kölner Forschungsinstitut Empirica Delasasse München zum attraktivsten deutschen und drittbesten europäischen Wirtschaftsstandort gekürt.[5] Bei der Untersuchung, in die 214 europäische Wirtschaftsregionen einbezogen waren, wurde neben der allgemeinen Wirtschaftskraft insbesondere auch das Markt- und High-Tech-Potential der Standorte bewertet. Andere Untersuchungen kommen zu ähnlichen Ergebnissen. Bei einem vom Forschungsinstitut Feri, Bad Homburg, vorgenommenen Städteranking über die Wachstumsaussichten 60 deutscher Städte bis zum Jahr 2011 errang München ebenfalls die erste Stelle.[6] Bei allen betrachteten Indikatoren – künftige Entwicklung der Wirtschaftsleistung, der Beschäftigung, der Bevölkerung und der Pro-Kopf-Kaufkraft – nimmt die bayerische Landeshauptstadt vorderste Plätze ein.

Der Vorsprung im Wachstumspotential liegt überwiegend in der stabilen und zukunftsorientierten Wirtschaftsstruktur des Standortes München begründet. „New Economy“ und „Old Economy“ ergänzen sich hier. Ein dichtes Netz aus „Global Playern“ (z. B. Siemens AG, BMW AG, European Aeronautic Defence and Space Company Deutschland GmbH (EADS), MAN AG) und einer breiten Schicht leistungsfähiger kleiner und mittlerer Unternehmen aus Industrie, Handwerk und Dienstleistung bietet wirtschaftliche Vorteile. Darüber hinaus hat sich München mittlerweile als Spitzenstandort für High-Tech-Branchen etabliert. Auch wenn die überschwängliche Euphorie, die zu einer unrealistischen Bewertung vieler so genannter „New-Economy-Firmen“ führte, zwischenzeitlich wieder einer „vernünftigeren“ Einschätzung gewichen ist, sind die mittel- und langfristigen Wachstumsaussichten für diesen Bereich der Wirtschaft nach wie vor sehr gut. Beispielsweise ist der Raum München nach Angaben der Industrie- und Handelskammer mit 18 000 Unternehmen und 260 000 Beschäftigten das wichtigste Zentrum der Informations- und Kommunikationsindustrie in Europa, noch vor London und Paris.[7] Ein Drittel der größten Softwareunternehmen Deutschlands haben in München ihren Sitz.[8] In der Biotechnologie – der zweiten wichtigen Zukunftsbranche – ist die Region München ebenfalls deutschlandweit führend; im europäischen Vergleich liegt sie an zweiter Stelle und weltweit immer noch auf Rang sechs.[9] Im Großraum München sind rund 13 000 Beschäftigte in Unternehmen der so genannten „Life-Sciences“ tätig. Als Motor der dynamischen Entwicklung hat sich der Campus Großhadern-Martinsried als Forschungs- und Anwendungsverbund etabliert. Im Münchner Norden schält sich mit Weihenstephan ein weltweit anerkanntes Kompetenzzentrum für die so genannte „grüne Biotechnologie“ heraus.[10]

Nährboden für das Wachstum der Technologiebranchen, aber auch aller anderen Wirtschaftsbereiche, ist das in München gegebene günstige Umfeld für Unternehmensgründungen. In und um die Isarstadt werden mehr Firmen gegründet als andernorts in Deutschland. Einer Studie des Wirtschafts- und Sozialgeographischen Instituts der Universität Köln zufolge bietet München im Vergleich zehn deutscher Regionen die besten Start- und Entwicklungsmöglichkeiten für Firmenneugründungen.[11]

[5] „Stockholm, Utrecht, München...“, in: Wirtschaftswoche, 8. August 2002, S. 18 ff.
[6] Claudius De Luca, „Städte-Ranking: Die Hoffnungsträger", in: Capital 2/2005.
[7] „Region München – führender Software-Standort in Europa“, in: Börsen-Zeitung, 8. März 2002, S. B9.
[8] Münchner Jahreswirtschaftsbericht 2000, S. 29.
[9] Ebd., S. 31.
[10] Münchner Jahreswirtschaftsbericht 2001, S. 27 f.
[11] „Gründer lieben München“, in: Wirtschaft – Das IHK-Magazin für München und Oberbayern 7/2002, S. 16.

Besonders förderlich ist das hier vorgehaltene Finanzierungsangebot. Wie die Untersuchung verdeutlicht, sind die Möglichkeiten für Gründer, an Finanzierungsmittel zu kommen, sehr vielfältig. Bereits hierin wird deutlich, wie wichtig die wechselseitige Befruchtung eines intakten Finanzsektors und eines breit ausgerichteten wirtschaftlichen Umfelds ist. Ein weiterer Pluspunkt für die zahlreichen Start-ups ist die Konzentration mehrerer Hochschulen, Forschungseinrichtungen von internationalem Rang und anderen Bildungseinrichtungen, die in München für ein hohes Innovationspotential und ein entsprechendes Angebot an qualifizierten Arbeitskräften sorgen.[12] Mit über 80 000 Studenten ist München nach Berlin der zweitgrößte Universitätsstandort Deutschlands.[13]

Die Innovationsstärke zeigt sich auch an anderer Stelle: Bei den Patentanmeldungen im Jahr 2000 lag München hinter Stuttgart deutschlandweit auf Platz zwei.[14] Die Ausnahmestellung Münchens als Gründerhochburg veranlasste die EU-Kommission, die „Munich-Area" als „Region of Excellence" auszuzeichnen.[15] Die Kommission honorierte damit die vielen erfolgreichen Initiativen und Maßnahmen zur Förderung innovativer Start-ups ebenso wie den hier anzutreffenden „Spirit of Entrepreneurship". Vor diesem Hintergrund verwundert es nicht, dass die Selbständigenquote in München mit 15,3 Prozent weit über dem Bundesdurchschnitt liegt (10,0 Prozent).[16]

Maßgeblichen Anteil an der überdurchschnittlichen Entwicklung Münchens und an seinem hohen Zukunftspotential hat auch die aktive, auf die Verbesserung der Infrastruktur und der Rahmenbedingungen gerichtete Standortpolitik. Zu nennen sind hier die frühzeitige Hinwendung zu Unternehmen in Zukunftsbranchen, die Bildungspolitik mit ihren Schwerpunkten auf der Förderung naturwissenschaftlich-technischer Hochschulen (einschließlich der Eliteförderung[17]), die langfristigen Investitionen in Forschung und Entwicklung (z. B. Neutronenquelle für die Materialforschung und Medizin) und die Modernisierung der Verkehrsinfrastruktur. Von den im Rahmen der „Offensive Zukunft Bayern" und der „High-Tech-Offensive" investierten rund 2,8 Mrd. Euro sind auf den Raum München immerhin gut 255 Mio. Euro entfallen. Daneben hat der Freistaat auch Projekte im Fokus, die die Vernetzung von Infrastruktur und Bildung mit der Wirtschaft zum Ziel haben. Beispielhaft sei hier das 1996 gegründete „MunichNetwork" genannt, in das private und gewerbliche Kapitalgeber, Industrieunternehmen sowie Experten aus Politik und Wissenschaft Kapital, Kontakte und Know-how einbringen.[18]

Für einen weiteren Ausbau der Position Münchens sprechen neben den wirtschaftlichen und standortpolitischen Stärken auch die hohe Qualität der Infrastruktureinrichtungen. So sind im Bereich der Telekommunikation neben dem Telekom-Netz inzwischen weitere hochleistungsfähige Datennetze nutzbar.[19] Die Energieversorgung ist

[12] Hochschulen: die Ludwig-Maximilians-Universität, die Technische Universität, die Universität der Bundeswehr sowie die Fachhochschule und die Stiftungsfachhochschule. Forschungs- und Wissenschaftseinrichtungen: z. B. Max-Planck-Institut, Fraunhofer-Gesellschaft, Deutsches und Europäisches Patentamt.

[13] „Boomtowns", in: Capital 7/2001, S. 62.

[14] „Bayern sind erfinderisch", in: Süddeutsche Zeitung, 9. Dezember 2002.

[15] „Spitzenposition erobert", in: Wirtschaft – Das IHK-Magazin für München und Oberbayern 6/2002, S. 15.

[16] Referat für Arbeit und Wirtschaft der Landeshauptstadt München, München [2001].

[17] Z. B. die Gründung der Bayerischen Elite-Akademie GmbH in München.

[18] „Spitzenposition erobert", in: Wirtschaft – Das IHK-Magazin für München und Oberbayern 6/2002, S. 15.

[19] Referat für Arbeit und Wirtschaft der Landeshauptstadt München, Konzept, S. 15.

durch die Einbindung in europäische Energieversorgungsnetze gewährleistet. Als zentraler süddeutscher Bahn- und Fernstraßenknoten ist München vom In- und Ausland aus sehr gut erreichbar, zudem ist hier nach Frankfurt am Main der größte Flughafen Deutschlands beheimatet. Ungeachtet dessen werden die verkehrslogistischen Qualitäten weiter verbessert, auch wenn hier im „Kräfteparallelogramm“ mit dem Bund und den Nachbarregionen noch viele Aufgaben anstehen (z. B. die Flughafenanbindung durch den Transrapid; der Ausbau der Autobahn München – Passau und des Brenner-Basis-Tunnels). Immerhin wurde durch die Mitte 2003 abgeschlossene Erweiterung des Münchner Flughafens (MUC) um ein zweites Terminal die Passagierkapazität auf jährlich 50 Mio. Fluggäste verdoppelt. „MUC“ hat dadurch seine Rolle als zweitwichtigstes internationales Luftkreuz in Deutschland weiter gestärkt. Zudem sind gesicherte Landreserven für den Bau einer dritten Start- und Landebahn im Erdinger Moos vorhanden, womit München zu den wenigen Flughäfen Europas zählt, die über das Jahr 2010 hinaus noch über erhebliche Ausbaumöglichkeiten verfügen.[20] Eine gute Verkehrsanbindung ist entscheidend für die weitere erfolgreiche Entwicklung Münchens als Messe- und Kongresszentrum.[21]

Neben den „harten“ Standortfaktoren gewinnen in einer Zeit des sich verschärfenden internationalen Wettbewerbs um qualifiziertes Humankapital „weiche“ Faktoren zunehmend an Bedeutung. Die Lebensqualität einer Region hat bei den Standortentscheidungen vieler Unternehmen hohe Priorität. Führungskräfte und qualifiziertes Personal sind mit ihren Familien leichter zu einem Umzug zu bewegen, wenn das Umfeld entsprechende kulturelle und landschaftliche Reize bietet. München ist bekannt für sein vielfältiges Kultur- und Freizeitangebot, für eine „eigene“ Lebensart. Zudem gilt es unter den deutschen Großstädten als sehr sichere Stadt. Die hohe Anziehungskraft der bayerischen Landeshauptstadt zeigt sich nicht zuletzt auch in den Tourismuszahlen. Mit über sieben Mio. Übernachtungen lag München im Jahr 2003 unter allen deutschen Städten – hinter Berlin – auf Platz zwei, und auch im Vergleich mit europäischen Metropolen liegen München und Oberbayern im vorderen Bereich.

20 „München Wachstumsträger der Lufthansa“, in: Neue Zürcher Zeitung, 5. September 2002, S. 59.

21 Regionaler Planungsverband, Regionalplan, S. 23.

Abbildung 10: Übernachtungszahlen europäischer Städte 2003

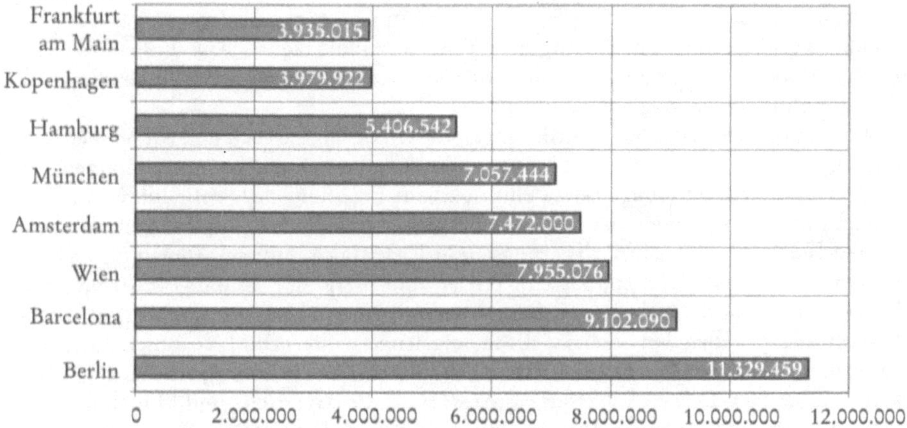

Quelle: Tourismusmonitor der Stadt Hamburg; „Tourismus in Frankfurt boomt in 2004", in: Frankfurter Statistik Aktuell 03/2005, S. 1 f.

2. Das Münchner Kreditgewerbe in der Vorbereitung auf künftige Herausforderungen

Ungeachtet des intakten ökonomischen Umfelds kann sich auch die Financial Community in München den grundlegenden Trends, die zu Anfang des 21. Jahrhunderts auf der gesamten Finanzbranche lasten, nicht entziehen. Der Finanzsektor ist immer ein Spiegelbild der allgemeinen wirtschaftlichen Entwicklung. Konjunktur- und strukturbedingte Schwächen der Kreditkunden, gleichzeitiger Rückgang der Handelsaktivitäten durch den Einbruch der Kapitalmärkte – in Deutschland noch stärker als in den USA oder Großbritannien – haben tiefe Spuren in den Quartals- und Jahresbilanzen der Kreditinstitute hinterlassen.

2.1 Der Konsolidierungsprozess

Das deutsche Bankgewerbe weist trotz umfassender Einsparprogramme und fortgeschrittener Bereinigung der Kreditportefeuilles noch immer Ertrags- und Kostenprobleme auf. Auslöser der anhaltenden Schwierigkeiten waren Veränderungen im Kundenverhalten und in den Umfeldbedingungen der Geldinstitute, die bereits vor mehr als zehn Jahren einsetzten, aber erst spät in ihrer Bedeutung erkannt und durch die wirtschaftliche Schwächephase verstärkt wurden.[22] Die zunehmende Renditeorientierung der Kunden, die durch den Fortschritt der Informations- und Kommunikationstechnik

[22] Weber, Bankenmarkt, S. 398.

erhöhte Markttransparenz sowie eine stärkere direkte Nutzung des Kapitalmarktes als Quelle unternehmerischer Finanzierung (Disintermediation) haben zu einer strukturellen Verschlechterung der Ertragslage vieler Institute geführt. Vielerorts war auch die Konditionengestaltung im Kreditgeschäft nicht risikoadäquat. Die Folgen wurden durch die Börsenbaisse und die konjunkturelle Schwäche mit zahlreichen Kreditausfällen erst richtig transparent.

In Reaktion auf diese Herausforderungen haben die bayerischen und Münchner Kreditinstitute inzwischen erhebliche Konsolidierungsanstrengungen unternommen. Im Vordergrund der Bemühungen steht eine deutliche Erhöhung der Profitabilität des Kreditbuchs mit Konditionen, die den Ausfallwahrscheinlichkeiten angemessen sind. Die Banken führen zudem Rationalisierungs- und Reorganisationsmaßnahmen durch, verbessern ihre Produktpaletten, passen Vertrieb und Marketing an die geänderten Kundenbedürfnisse und Marktgegebenheiten an und überprüfen die eigene strategische Ausrichtung.[23] Neben den bereits vielfach eingeleiteten internen Maßnahmen dürfte der Bündelung von Geschäftsvolumina durch Zusammenschlüsse künftig eine noch größere Rolle zukommen. Dieser Anpassungsprozess wird die bayerische und Münchner Bankenlandschaft nicht unberührt lassen. Für viele der im Freistaat zahlreich vertretenen kleineren Institute aus dem Genossenschafts- und Sparkassensektor werden Fusionen ein Weg sein, ausreichende Institutsgrößen für eine betriebswirtschaftlich effiziente Geschäftsausübung zu erreichen. Hierbei spielt auch der durch aufsichtliche Regulierungen verursachte Kostendruck eine große Rolle (z. B. durch die neue Eigenkapitalvereinbarung „Basel II", die Mindestanforderungen für das Kreditgeschäft der Kreditinstitute (MaK), die Mindestanforderungen an das Betreiben von Handelsgeschäften (MaH), die Umsetzung von Finanzsanktionen gegen der Geldwäsche und des Terrorismus verdächtige Personen, den schnellen Wechsel steuerlicher Vorschriften für Kapitalanlagen).

Insgesamt wird der derzeitige Anpassungs- und Bereinigungsprozess noch einige Zeit andauern. Mittelfristig aber dürften die schon jetzt breit angelegten „Fitnessprogramme" zu einer Stärkung der Institute am und um den Finanzplatz München führen. Ein anderes wichtiges Asset des Bankenplatzes München wird auch künftig die herausgehobene Stellung der Münchner Institute in der Immobilienfinanzierung sein. Jeder dritte Hypothekenpfandbrief stammt aus der Region, womit die Münchner Hypothekenbanken den Refinanzierungsmarkt für Baufinanzierungskredite in Deutschland fest im Griff haben. Von einem wieder anziehenden Immobilienmarkt werden die Münchner Banken besonders profitieren.

2.2 *München als Tor zum Osten: Chance für die Kreditwirtschaft*

Handlungsbedarf gibt es für die bayerischen und Münchner Banken – neben dem momentan laufenden Anpassungsprozess – auch in einem anderen Bereich. Gemeint ist die Erschließung des Marktpotentials, das sich aus der Erweiterung der EU um mittel- und osteuropäische Länder ergibt. Nach dem Beschluss der europäischen Staats- und Regierungschefs auf dem EU-Gipfel in Kopenhagen sind zum 1. Mai 2004 acht mittel- und osteuropäische Staaten sowie Zypern und Malta der EU beigetreten. Die Erweiterung

[23] Bundesverband Deutscher Banken, Banken 2002, S. 32 f.

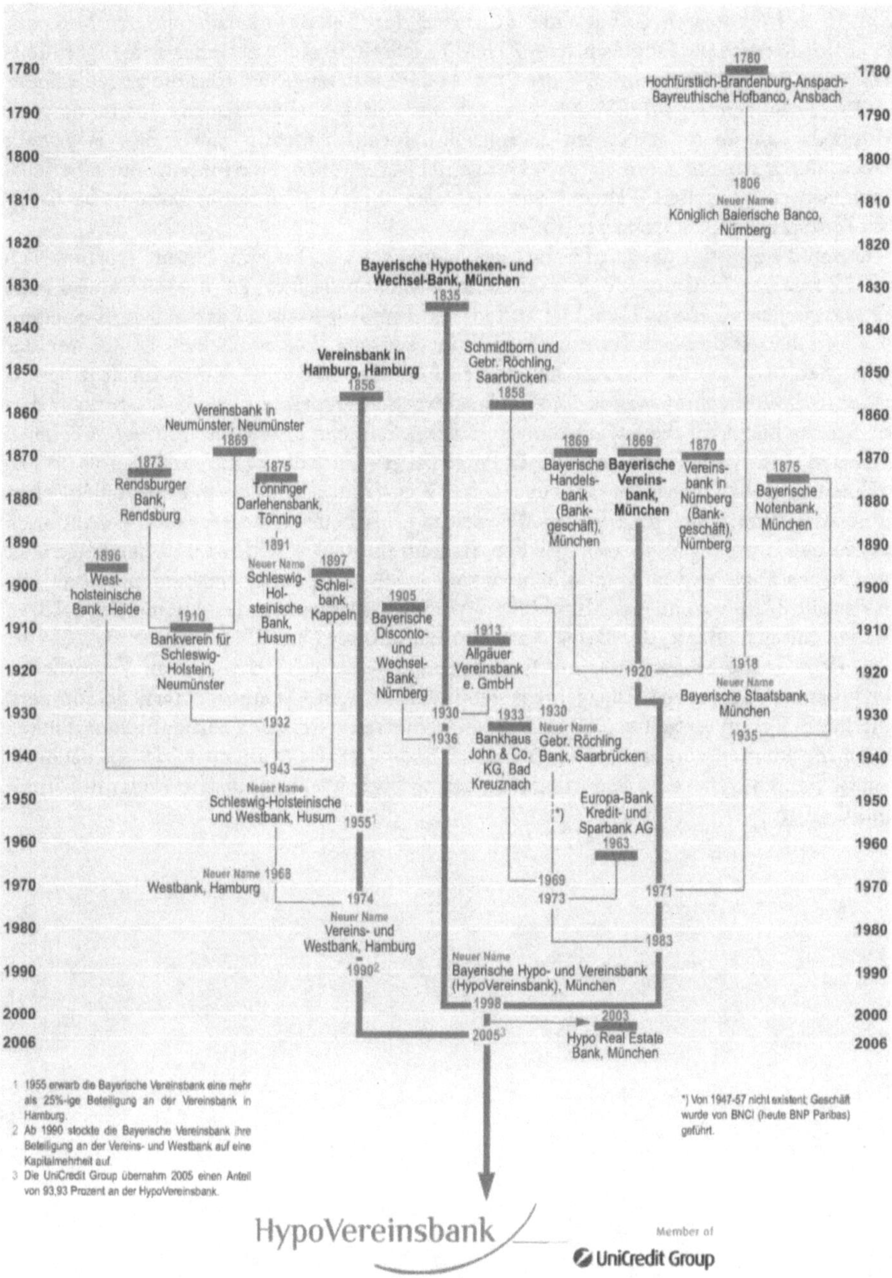

Stammbaum der Bayerischen Hypo- und Vereinsbank AG (2006).[*)]

*) Der Stammbaum ist unvollendet und wird durch laufende Forschungen ergänzt.

von 15 auf 25 Staaten bringt eine Zunahme der EU-Bevölkerung um 75 Mio. auf 454 Mio. Menschen. Obgleich eine EU-Mitgliedschaft nicht zu einer sofortigen Teilnahme an der Währungsunion führt, ist aber davon auszugehen, dass die ersten Länder ab 2007, nachdem sie ihre Wechselkursstabilität durch eine zweijährige spannungsfreie Mitgliedschaft im so genannten „Wechselkursmechanismus II" unter Beweis gestellt haben, den Euro einführen werden. Der gemeinsame Finanzbinnenmarkt mit einer einheitlichen europäischen Währung wird sich also in nicht allzu ferner Zukunft beträchtlich in Richtung Osteuropa vergrößern.

Durch die günstige geographische Lage Münchens als „Tor zum Osten" eröffnen sich für die hiesigen Institute Möglichkeiten, in Wachstumsmärkte zu investieren und neue Ertragsquellen zu erschließen. Die mittel- und osteuropäischen Länder (MOE-Staaten) wachsen derzeit deutlich dynamischer als die deutsche Volkswirtschaft. Der Anteil der deutschen und bayerischen Ausfuhr an den Exporten in die MOE-Staaten liegt bereits wesentlich über zehn Prozent. Die noch schwach ausgeprägte Finanzinfrastruktur dieser Staaten bietet für die bayerischen Institute erhebliche Entwicklungsmöglichkeiten.

Das in dem Aufholprozess liegende Potential erkannte die HypoVereinsbank (HVB) frühzeitig, wobei allerdings die – in Kapitel V erwähnte – Fusion mit der italienischen Unicredit-Bank zeigt, dass in der Bearbeitung des heimischen Marktes – wohl auch wegen der jahrelangen wirtschaftlichen Stagnation in Deutschland und der lange Zeit unsicheren Lage an den Immobilienmärkten – Schwachpunkte entstanden waren. Die HVB hält 77,5 Prozent (bis Mitte 2003 waren es 100 Prozent) der Anteile der größten österreichischen Bank, der Bank Austria-Creditanstalt (BA-CA). Mit der BA-CA ist die HVB-Group Marktführer in Österreich und – da in der BA-CA im Wesentlichen ihr gesamtes Osteuropa-Engagement gebündelt ist – in Osteuropa stark positioniert. Die HVB-Group erreichte 2002 in den MOE-Staaten unter allen ausländischen Banken einen Marktanteil von etwa zehn Prozent.[24] Damit ist das Münchner Institut nach der belgischen KBC Bank N. V. mittlerweile der zweitgrößte ausländische Player in Mittel- und Osteuropa.

[24] „Wir kaufen Retail-Geschäft, wenn sich die Gelegenheit ergibt", in: Börsen-Zeitung, 28. Januar 2003.

Abbildung 11: Die zehn größten Auslandsbanken in Osteuropa (Dezember 2001 unter Berücksichtigung der Beteiligungsverhältnisse zum Juni 2002)

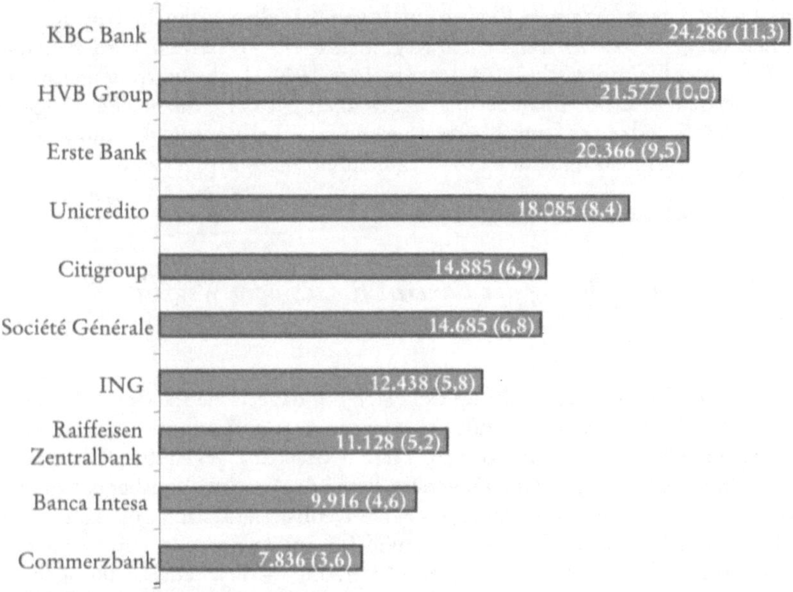

Quelle: Börsen-Zeitung, 28. Januar 2003.

Mit dem EU-Beitritt der MOE-Staaten und den dadurch ausgelösten weiteren Deregulierungen im Finanzbereich wird sich der Wettbewerb zwischen heimischen und ausländischen Banken in diesen Ländern aller Voraussicht nach verschärfen. Die HVB verfolgt eine Osteuropastrategie, die auf eine weitere Stärkung der Position auf den wichtigsten Märkten ausgerichtet ist. Beispielsweise ist die HVB in Polen, dem größten osteuropäischen Markt, bereits flächendeckend vertreten.[25] Aber auch in Kroatien und Bulgarien betreibt die HVB schon jetzt Universalbankgeschäfte. Dort, wo die Präsenz noch nicht als ausreichend erachtet wird, etwa in Ungarn, Tschechien, der Slowakei oder in Slowenien, ist ein konsequenter Ausbau des Retail-Geschäfts in nächster Zeit geplant.[26] Die zentrale Lage Münchens im Herzen Europas wird vermutlich aber nicht nur die in Mittel- und Osteuropa engagierten Institute stärken, sondern den Münchner Finanzsektor insgesamt beflügeln. Durch den Beitritt der MOE-Staaten zur EU und die Erweiterung des EU-Binnenmarktes auch auf diese Länder ist eine weitere Intensivierung der Wirtschaftsbeziehungen zwischen bayerischen und osteuropäischen Unternehmen zu erwarten. Zu diesem Schluss kommt auch eine im Auftrag des Bundesverkehrsministeriums durchgeführte Untersuchung zur europäischen Verflechtung deutscher Metro-

[25] Die HVB Group hat in Polen keine eigenen Niederlassungen, besitzt aber die Mehrheit (71 Prozent) an der drittgrößten Bank in Polen, der Bank BPH. Die BPH betreut landesweit in 500 Filialen mit rund 12.000 Mitarbeiten etwa zwei Mio. Kunden.

[26] „HVB will in Osteuropa weiter einkaufen", in: Handelsblatt, 28. Januar 2003.

polregionen. Ihr zufolge wird sich München im Zuge der EU-Osterweiterung zu einem bedeutenden wirtschaftlichen „Gateway" für den mittel- und südosteuropäischen Raum entwickeln und in diesem Zusammenhang insbesondere zu einem Dienstleistungszentrum für die osteuropäische Region aufsteigen.[27] In dem Maße, in dem sich die Handelsverflechtungen zwischen den beiden Regionen weiter verstärken, wird auch die finanzielle Infrastruktur mitwachsen. Hier ergeben sich Wachstumspotentiale im Bereich der klassischen Exportfinanzierung. Aber auch bei der „finanziellen Begleitung" gewerblicher Kunden ins benachbarte Ausland oder bei Beratungsleistungen im Zusammenhang mit Firmenübernahmen bzw. -zukäufen sind entsprechende Zuwächse zu erwarten.

2.3 Neuausrichtung der BayernLB nach dem Wegfall der Gewährträgerhaftung

Mit dem Wegfall der Gewährträgerhaftung sieht sich die Bayerische Landesbank (BayernLB) neben den alle Banken betreffenden gravierenden Umwälzungen im Kreditgewerbe einer zusätzlichen geschäftspolitischen Herausforderung gegenüber. Die unbeschränkte Einstandspflicht der Anstaltsträger verschaffte der BayernLB bisher das Prädikats-Rating „AAA" und damit verbunden günstige Refinanzierungsmöglichkeiten am Kapitalmarkt. Zwar blieb der Haftungshintergrund für Sparkassen und Landesbanken während einer Übergangsfrist bis zum 18. Juli 2005 erhalten – die alten Haftungsgarantien („Grandfathering") gelten zudem zeitlich unbegrenzt für Verbindlichkeiten, die vor Beginn der Übergangsfrist am 18. Juli 2001 entstanden sind, und bis zum 31. Dezember 2015 begrenzt für während der Übergangsfrist entstandene Verbindlichkeiten –, gleichwohl machen die sich abzeichnenden Änderungen in den Haftungsverhältnissen und eine möglicherweise daraus resultierende Verschlechterung der eigenen Wettbewerbsposition für die BayernLB schon jetzt Anpassungen in der Konzernstruktur als auch eine Überprüfung der bisherigen Geschäftsstrategie erforderlich.

Mit dem „Landesbank-Modell Bayern" wurde der Bayerischen Landesbank eine Konzernstruktur gegeben, die sowohl der sich ändernden Haftungssituation als auch dem öffentlich-rechtlichen Charakter des Instituts Rechnung trägt.[28] Eckpfeiler des Konzerns ist die neugegründete Bayerische Landesbank Finanzholding AG, auf die der Freistaat Bayern und der Sparkassenverband Bayern ihre Anteile an der BayernLB gegen Gewährung von Aktien steuerneutral übertragen haben. Ein wesentlicher Vorteil dieser Holding-Konstruktion liegt für die BayernLB in der Möglichkeit, unter Zwischenschaltung der Finanzholding Eigenkapital am organisierten Kapitalmarkt zu beschaffen und strategische Partner in den Kreis der Anteilseigner aufzunehmen. Zugleich bleibt ihr aufgrund ihres weiterhin öffentlich-rechtlichen Charakters das Recht zur Emission gedeckter Schuldverschreibungen erhalten. Damit hat die BayernLB einen anderen Weg eingeschlagen als etwa die WestLB, die sich für das „Mutter-Tochter-Modell" entschieden hat. Dieses sah die Aufspaltung der WestLB in eine öffentlich-rechtliche Mutter und eine Aktiengesellschaft mit dem (privatrechtlichen) Wettbewerbsgeschäft vor.

[27] Kujath/Dybe/Fichter, Verflechtungen, S. 22.

[28] „Landesbanken in neuen Strukturen: das Modell BayernLB", in: Börsen-Zeitung, 19. Oktober 2002.

Sitz der BayernLB in der Brienner Straße.

Abbildung 12: Das „Bayerische Landesbank-Modell"

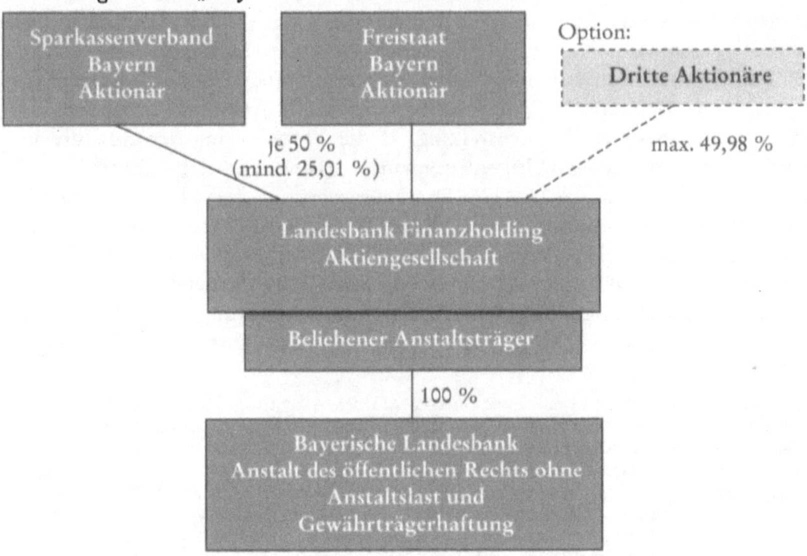

Quelle: Bayerische Landesbank, Geschäftsbericht 2001, S. 9.

Spiegelbildlich zum organisatorischen Umbau wurden im Rahmen des „Bayerischen Landesbank-Modells" neue Strategiegrundsätze entwickelt, die eine klare Ausrichtung der Geschäftspolitik auf die Kernaktivitäten der Bank und auf angemessene Ertragsaussichten der einzelnen Geschäftsfelder vorgeben. In diese Stoßrichtung zielt auch die von der BayernLB und der Landesbank Hessen-Thüringen Girozentrale (Helaba) gemeinsam gegründete LB Transaktionsbank GmbH (TxB). Durch Bündelung der Abwicklungsvolumina im Wertpapiergeschäft soll für die beiden Mutterinstitute der TxB und die angeschlossenen Sparkassen eine Reduzierung der Abwicklungskosten in einer Größenordnung von 30 bis 40 Prozent erreicht werden.[29] Insgesamt hat die BayernLB mit diesen Maßnahmen organisatorisch und strategisch wichtige Weichenstellungen vorgenommen, um ihre Wettbewerbsfähigkeit vor dem Hintergrund einer entfallenden Gewährträgerhaftung zu sichern.

2.4 *Bayerische Sparkassen und Kreditgenossenschaften*

Auch die bayerischen Sparkassen und Kreditgenossenschaften und ihre in München ansässigen Verbandszentren stehen vor erheblichen Zukunftsaufgaben. Die verbesserten Geschäftszahlen der Jahre 2003 bis 2005 deuten indessen an, dass die Weichen im operativen Geschäft in den vergangenen Jahren richtig gestellt worden sind.[30] So konnte in beiden „Lagern" trotz ungünstiger Rahmenbedingungen die „cost-income-ratio", also die Relation zwischen Aufwendungen und den damit erzielten Erträgen, verbessert werden. Auch beim Betriebsergebnis vor Bewertung war in diesen Jahren bei beiden Institutsgruppen ein nicht unbeträchtliches Plus zu verzeichnen. Fortschritte gab es auch bei der Verminderung der Risikoaufwendungen im Kreditgeschäft. Hierin zeigt sich, dass die Notwendigkeit einer Bereinigung der Kreditportfolios erkannt und dementsprechend konsequent vorangetrieben wurde bzw. wird. Die bayerischen Sparkassen und Kreditgenossenschaften konnten trotz anhaltend schwieriger Rahmenbedingungen letztlich ihre Eigenkapitalbasis erhöhen und damit ihre innere Substanz weiter stärken. Sparkassen und Genossenschaftsbanken haben sich somit einmal mehr als gesamtwirtschaftlich wichtiger „Krisenpuffer", insbesondere für den Mittelbestand, bewährt.

Eine wichtige strategische Weichenstellung ist die Vorbereitung der Institute und ihrer Verbände auf die neuen Eigenkapitalanforderungen durch „Basel II", die Anfang 2007 in Kraft treten werden. Der Sparkassenverbund verfügt bereits über ein Ratingsystem, das den Anforderungen von „Basel II" genügt. Ein vom Deutschen Sparkassen- und Giroverband (DSGV) zusammen mit 40 Sparkassen und Landesbanken entwickeltes einheitliches Ratingverfahren wurde Ende 2003 flächendeckend bei allen Sparkassen und Landesbanken eingeführt.[31] Die Sparkassengruppe hat 2004 für die Überprüfung und Weiterentwicklung der eingesetzten Ratinginstrumente eine eigene

[29] „Sparkassengruppe bewegt sich bei Abwicklung", in: Börsen-Zeitung, 16. Mai 2002.

[30] Vgl. zu den folgenden Aussagen: „Jahresbilanz 2003", Pressemitteilung Sparkassenverband Bayern, 23. März 2004; „Bayerische Sparkassen bleiben auf Erfolgsspur", Pressemitteilung Sparkassenverband Bayern, 15. März 2005; „Volksbanken und Raiffeisenbanken mit höheren Betriebsergebnissen", Pressemitteilung Genossenschaftsverband Bayern, 12. März 2004; „Bayerische Volksbanken und Raiffeisenbanken erfolgreich trotz nachteiliger Wettbewerbsbedingungen und schwieriger Wirtschaftslage", Pressemitteilung Genossenschaftsverband Bayern, 2. März 2005.

[31] „DSGV: Vorbereitung auf Basel II im Zeitplan", Pressemitteilung Deutscher Sparkassen- und Giroverband, 25. Februar 2005.

Gesellschaft, die Sparkassen Rating und Risikosysteme GmbH, gegründet, die mittlerweile auf eine Mio. anonymisierte Kundenratings zurückgreifen kann (Stand Mai 2005).[32]

Ähnlich weit bei der Umsetzung der neuen Eigenkapitalvorschriften wie der Sparkassen-Finanzverbund ist der Genossenschaftssektor. Auch hier gibt es heute schon ein „Basel II"-konformes Ratingverfahren. Das „BVR-II-Rating" genannte System ist ein Baustein des Gesamtbanksteuerungssystems VR-Control, das der Bundesverband der Deutschen Volksbanken und Raiffeisenbanken (BVR) für die bundesweit rund 1.400 Genossenschaftsbanken entwickelt hat. Das neue Ratingverfahren war bereits Mitte 2004 bei einem Großteil der Kreditgenossenschaften im Einsatz.[33] Auch für die in Bayern ansässigen kleineren privaten Kreditbanken dürfte die Umsetzung der neuen Eigenkapitalregeln kein Problem darstellen; entweder können sie auf ein vom Bundesverband deutscher Banken entwickeltes Ratingverfahren („Rating-Maschine") zugreifen[34] oder – wenn die Nutzen-Kosten-Relation dafür spricht – sich für das Standardverfahren entscheiden, das insbesondere der Situation kleiner und mittlerer Institute Rechnung tragen soll.

Die intensiven Vorbereitungen innerhalb der einzelnen Säulen des Kreditgewerbes auf „Basel II" deuten darauf hin, dass die örtlichen Sparkassen, Kreditgenossenschaften und Privatbanken in Bayern auch unter veränderten bankaufsichtlichen Bedingungen verlässliche Partner ihrer überwiegend mittelständischen Firmenkundschaft bleiben werden. Gleichzeitig erhalten die Institute durch das verbesserte Risikomanagement und die neu eingeführten Instrumente zur Gesamtbanksteuerung einen besseren Überblick über ihre Risikolage und können den Einsatz der knappen Ressource „Eigenkapital" effizienter als bislang steuern.

Neben einer Verringerung der Risikokosten sehen die Strategiepapiere des Sparkassen- und des Genossenschaftssektors in erster Linie eine konsequente Ausschöpfung der Marktpotentiale als grundlegenden künftigen Erfolgsfaktor an.[35] Dazu halten beide Institutsgruppen an ihrer schon bislang erfolgreichen Multikanal-Strategie fest. Allerdings sollen die vorhandenen Vertriebswege optimiert und besser miteinander verzahnt werden. Zu diesem Zweck wollen die Sparkassen und die Kreditgenossenschaften ihr bestehendes Online-Angebot noch weiter ausbauen.[36] Ungeachtet dessen bleiben die Filiale und eine weiter entwickelte Filialstruktur das wesentliche Standbein im Vertrieb. So genannte Finanzdienstleistungsfilialen, die ein kundennahes Angebot von Standardprodukten bereitstellen, sollen künftig im Sparkassenbereich die Basisversorgung der Kunden gewährleisten. Daneben bieten spezialisierte Stützpunkte, die sich auf die Vermögensanlage oder den Immobilienbereich konzentrieren, eine intensivere Beratung an.[37]

[32] „Neue Rating-Kultur wird vom Mittelstand akzeptiert", Pressemittelung Deutscher Sparkassen- und Giroverband, 26. Mai 2005.

[33] „VR-Control und BVR-Klassifizierungsverfahren einzigartig in der deutschen Kreditwirtschaft", Pressemitteilung des Bundesverbands Deutscher Volksbanken und Raiffeisenbanken, 16. Mai 2002.

[34] „Banken arbeiten fieberhaft an Umsetzung der Eigenkapitalregeln", in: Handelsblatt, 8. Juli 2002.

[35] Vgl. hierzu etwa: „Strategie der Sparkassen-Finanzgruppe: Umsetzung läuft auf allen Ebenen", Pressemitteilung des Deutschen Sparkassen- und Giroverbands, 12. März 2003; „Dr. Pleister ruft zur zügigen Umsetzung der Strategie ‚Bündelung der Kräfte'" auf", Pressemitteilung des Genossenschaftsverbands Bayern, 5. Juli 2001.

[36] Sparkassenverband Bayern, Jahresbericht 2002, S. 31; Bundesverband Deutscher Volksbanken und Raiffeisenbanken, Jahresbericht 2000, S. 13 f.

[37] Sparkassenverband Bayern, Jahresbericht 2002, S. 27 f.

Um künftig noch mehr als bislang die Betriebskosten zu drücken, wollen Sparkassen und Kreditgenossenschaften ihre Produktpaletten überprüfen und ihre Geschäftsabläufe verbessern. Hierzu wurde im Genossenschaftssektor Anfang 2002 ein eigenes Kompetenzzentrum zum Zwecke der Produktstraffung eingerichtet bzw. schon 1999 das Projekt „Bundeseinheitliche Geschäftsprozesse" ins Leben gerufen, das sich der Optimierung von Betriebsabläufen widmet.[38] Dem Ziel, die Produkt- und Vertriebspolitik der örtlichen Kreditgenossenschaften künftig noch stärker aufeinander abzustimmen, dient letztlich auch die 2004 – nach zähem Ringen – beschlossene Satzungsänderung des BVR, mit der dem Verband nun die Rolle eines „strategischen Kompetenzzentrums" innerhalb der genossenschaftlichen Bankengruppe zukommt.[39] Im Sparkassenbereich will man insbesondere über eine effizientere Abwicklung des Kreditgeschäfts Einsparungen erzielen. Gedacht ist an eine Kreditsachbearbeitung in den Sparkassen, die sich an einem einheitlichen, vom Verband ausgearbeiteten und betriebswirtschaftlich optimierten Ablaufschema orientiert.[40] Nachdem ein Testlauf des so genannten „Modell-K" bei mehreren Sparkassen, unter anderem auch der Stadtsparkasse München, erfolgreich verlaufen war, nutzen mittlerweile bereits rund 200 Sparkassen bundesweit die Vorteile der standardisierten Kreditbearbeitung.[41] Denkbar ist, dass die Tätigkeiten, die im ersten Schritt hausintern angepasst wurden, später auch regional oder überregional in Servicezentren, so genannten „Kreditfabriken", zusammengefasst werden. Der DSGV sieht hierin jedenfalls beträchtliche Einsparmöglichkeiten.[42]

Ein weiterer wichtiger Baustein in der Zukunftsstrategie der Sparkassen und Kreditgenossenschaften ist die Weiterentwicklung der Haftungs- und Sicherungssysteme.

- So einigten sich die BVR-Mitgliedsbanken im März 2003 auf die Einführung eines an der Bonität der Kreditinstitute ausgerichteten Bonus-/Malus-Systems für die Beiträge zur genossenschaftlichen Sicherungseinrichtung. Bislang wurden die Beiträge zu einheitlichen Sätzen erhoben. Künftig werden die Institute in Bonitätsklassen eingeteilt; wer ein schlechteres Risikoprofil aufweist, muss entsprechend mehr in den Sicherungsfonds einzahlen. Durch die anreizwirksamen Beitragszahlungen verspricht sich der Genossenschaftssektor mittelfristig sogar eine Verringerung der Beitragsbelastungen.[43]
- Auch in der Sparkassen-Finanzgruppe werden die Sicherungsrichtlinien modernisiert und auf die aktuellen Anforderungen ausgerichtet. Ein wichtiger Punkt hierbei war die Weiterentwicklung des Haftungsverbundes zwischen Sparkassen und Landesbanken, auf die sich die Mitglieder des DSGV Ende 2003 einigten und mit der nun durch die Verzahnung der verschiedenen Sicherungsfonds ein umfassender Schutz der Kundeneinlagen innerhalb des gesamte Sparkassen-Finanzverbundes gegeben ist.[44] Ähnlich wie bei den Genossenschaften sind auch im Sparkassenlager

[38] Bundesverband Deutscher Volksbanken und Raiffeisenbanken, Jahresbericht 2001, S. 26-31.
[39] Vgl. hierzu etwa: „Genossenschaftsbanken beschließen Neupositionierung des BVR", Pressemitteilung Bundesverband Deutscher Volksbanken und Raiffeisenbanken, 1. Dezember 2004.
[40] „Strategie der Sparkassen-Finanzgruppe: Umsetzung läuft auf allen Ebenen", Pressemitteilung Deutscher Sparkassen- und Giroverband, 12. März 2003.
[41] „Sparkassen-Finanzgruppe mit eigener Kreditbearbeitung sehr gut aufgestellt", Pressemitteilung Deutscher Sparkassen- und Giroverband, 26. August 2004.
[42] Vgl. hierzu etwa: „DSGV legt erste Bausteine für virtuelle Kreditfabrik", in: Börsen-Zeitung, 14. Mai 2003.
[43] Vgl. hierzu etwa: „BVR votiert für neue Sicherungseinrichtung", in: Börsen-Zeitung, 27. März 2003.
[44] „Sparkassen-Finanzgruppe beschließt Weiterentwicklung des gemeinsamen Haftungsverbundes", Pressemitteilung Deutscher Sparkassen- und Giroverband, 18. Dezember 2003.

die Beiträge zum Haftungsverbund entsprechend der Risikolage der einzelnen Institute gestaffelt. Vor dem Hintergrund der 2005 ausgelaufenen staatlichen Haftungsgarantien der Gewährträgerhaftung und der Anstaltslast wurden damit die Weichen mit Blick auf die Sicherstellung eines bestmöglichen Ratings von Landesbanken und künftig vermehrt auch von Sparkassen gestellt.

3. Wachstumsmarkt private Altersvorsorge – Schubkraft für den Versicherungs- und Asset-Management-Standort München

Die gravierenden Finanzierungsprobleme der sozialen Sicherungssysteme, die sich mit der künftigen demographischen Entwicklung noch verstärken werden, machen für immer mehr Menschen eine kapitalgedeckte zusätzliche Altersvorsorge unumgänglich. Auf dem Markt für private und betriebliche Altersvorsorgeprodukte ist daher mit einem erheblichen Geschäftszuwachs zu rechnen. Schätzungen gehen von einem zusätzlichen Marktpotential von 100 bis weit über 300 Mrd. Euro in den nächsten Jahren aus.[45]

Münchner Versicherer und Banken haben die kapitalgedeckte Altersvorsorge als „den" Zukunftsmarkt entdeckt und sich entsprechend positioniert. Insbesondere im Bereich der betrieblichen Altersvorsorge sind Münchner Adressen schon jetzt führend. So hat die HVB mit dem Bundesarbeitgeberverband Chemie und der IG Bergbau, Chemie, Energie im Frühjahr 2002 den bundesweit ersten Pensionsfonds für die 600 000 Beschäftigten in der Chemie-Industrie vereinbart. Auch für die 3,6 Mio. Beschäftigten der Metall- und Elektroindustrie wurde ein Pensionsfonds unter „Münchner Führung" eingerichtet. Die Allianz ist Konsortialführer von „MetallRente", dem Versorgungswerk der Metall- und Elektroindustrie.

Die Weichenstellungen bei den beiden Münchner „Allfinanzgruppen" – auf der einen Seite Allianz-Dresdner, auf der anderen Seite der aus einer Kooperation resultierende „Verbund" von Münchener Rück und HVB – wurden nicht zuletzt auch vor dem Hintergrund des erwarteten Booms auf dem privaten Altersvorsorgemarkt vorgenommen. Mit den entstandenen bzw. vereinbarten Vertriebskooperationen können Versicherungs- und Fondsprodukte nun über den Bankschalter und umgekehrt Bankprodukte über den Versicherungsaußendienst verkauft werden. So konnte die HVB bis November 2002 insgesamt 130 000 neue Versicherungsverträge, darunter auch zahlreiche Riester-Verträge, der Münchener Rück-Tochter ERGO Versicherungsgruppe AG verkaufen, was gegenüber dem Vorjahreszeitraum eine Verdopplung darstellt. Ein ähnliches Bild ergibt sich bei der Allianz, wo der Vertrieb von Versicherungsprodukten über die Filialen der Dresdner Bank ebenfalls deutliche Zuwachsraten verzeichnen konnte. Insbesondere gingen von den bis September 2002 verkauften über 500 000 Riester-Verträgen der Allianz rund 75 000 über Dresdner Bank-Schalter.[46]

[45] Eine Marktstudie der Beratungsgesellschaft mbH zeb/rolfes.schierenbeck.associates geht von einem zusätzlichen Marktpotential von 100 Mrd. Euro bis 2008 aus; 75 Prozent davon sollen auf die betriebliche Altersvorsorge entfallen. Vgl. „Betriebliche Altersvorsorge als Chance für die Sparkassen", in: Frankfurter Allgemeine Zeitung, 26. Juni 2002. Die Allianz rechnet allein im Bereich der betrieblichen Altersvorsorge mit zusätzlichen 330 Mrd. Euro bis 2010. Vgl. „Experten rechnen mit Kapitalfluss in Pensionsfonds", in: Handelsblatt, 28. Juni 2002.

[46] „Lichtblick für das Bankenjahr 2003", in: Börsen-Zeitung, 31. Dezember 2002.

Tabelle 22: Bestand an Riester-Verträgen per Ende 2004

Unternehmen	Anzahl der Verträge
Allianz	ca. 600 000
AachenMünchner	ca. 500 000
Hamburg-Mannheimer	273 000
Victoria	244 000
Volksfürsorge	160 000
R+V	80 000
Axa	44 000

Quelle: „Ladenhüter Riester-Rente bekommt 2005 noch eine Chance", in: Börsen-Zeitung, 17. Februar 2005.

Insgesamt ist der Start in die kapitalgedeckte Altersvorsorge in Deutschland zunächst unter den Erwartungen zurückgeblieben – was wohl auch mit der bürokratischen Ausgestaltung dieses Wegs der Altersversorgung zu tun hat. In der Summe sind anstatt der bereits für 2002 durch die Versicherungswirtschaft deutschlandweit erhofften acht Mio. Neuverträge in den drei Jahren bis 2004 nur knapp drei Mio. Riester-Renten abgeschlossen worden, ein Großteil davon bereits im ersten Jahr. Allerdings ist angesichts von rund 31 Mio. Personen, die zur Inanspruchnahme der Riester-Förderung berechtigt sind, weiteres Nachfragepotential vorhanden.[47]

Allgemein wird erwartet, dass die Versicherungsbranche aufgrund ihrer Erfahrung mit der Altersvorsorge in diesem Wachstumssegment einen Wettbewerbsvorteil gegenüber anderen Finanzdienstleistern vorweisen kann. Beispielsweise werden die künftigen Marktanteile der Versicherungsunternehmen im Bereich der kapitalgedeckten Altersvorsorge – je nach Schätzungsverfahren – auf 60 bis 70 Prozent des Gesamtvolumens geschätzt.[48] Damit dürfte der Versicherungsstandort München, in dem mit Abstand die meisten und auch bedeutendsten Versicherungsunternehmen beheimatet sind, weiter an Stärke gewinnen.

Auch außerhalb der privaten Altersvorsorge zeichnen sich Impulse für einen attraktiven Versicherungsstandort ab. So werden die unvermeidlichen Leistungskürzungen in der Sozialversicherung eine private Zusatzvorsorge etwa auch im Bereich der Gesundheit unumgänglich machen. Das hieraus resultierende Geschäftspotential dürfte ebenfalls beträchtlich sein. Im Bereich der Schadensversicherungen zeichnet sich ein allmählicher Wandel der Versicherer von reinen Schadensregulierern hin zu „Riskmanagern" ab. Statt wie bisher nach einem Schadensfall einen Scheck als finanziellen Ersatz an den Kunden zu schicken, wird in Zukunft mehr und mehr die Schadensbeseitigung selbst zum Geschäft eines Versicherers gehören oder – sofern möglich – die Schadensvermeidung im Vordergrund stehen. Dieser Wandel benötigt ein spezielles Umfeld: Dienstleister aller Art von Klimaforschern, die etwa die Eintrittswahrscheinlichkeit einer Über-

[47] „Fehlstart bei der ‚Riester-Rente' – Nachbesserungen dringlich", in: Deutsche Bank Research, Aktuelle Themen Nr. 233, 22. Juli 2002.

[48] Einer Studie der Beratungsgesellschaft zeb/rolfes.schierenbeck.associates zufolge liegt der künftige Marktanteil von Versicherungen bei der betrieblichen Altersvorsorge bei 60 Prozent. Vgl. „Betriebliche Altersvorsorge als Chance für die Sparkassen", in: Frankfurter Allgemeine Zeitung, 26. Juni 2002. Die Allianz schätzt den künftigen Anteil der von Lebensversicherern abgeschlossenen Riester-Verträge auf 70 Prozent. Vgl. Fromme, Herbert/Krüger, Anja: „Riester-Rente: Der lange Marsch der Allianz zum großen Gewinn", in: Financial Times Deutschland, 12. Juli 2001.

schwemmungskatastrophe abzuschätzen wissen, über Call-Center-Betreiber bis hin zu innovativen Firmen im IT-Bereich, die für den Aufbau und die Wartung der technischen Infrastruktur zuständig sind. Davon könnte der Dienstleistungs- und High-Tech-Standort München insgesamt profitieren.

4. Innovationsanreize durch „Basel II"

Nicht ohne Folgen auf den Finanzplatz München werden die in Überarbeitung befindlichen Eigenkapitalvorschriften für den Bankensektor, bekannt unter dem Stichwort „Basel II", bleiben. Die neuen bankaufsichtlichen Regelungen, die die bisher gültige Eigenkapitalübereinkunft von 1988 ablösen werden, haben zum Ziel, die Eigenkapitalunterlegung der Banken künftig dem tatsächlichen Risiko eines Kredits anzupassen. Der neue Vorschriftsrahmen dürfte dazu führen, dass die Banken die Preisfestsetzung bei der Kreditvergabe risikoadäquater vornehmen werden, als sie es bislang getan haben. Im Ergebnis wird es zu einer Spreizung der Kreditkonditionen nach der Bonität der Kunden kommen, wofür auch betriebswirtschaftliche Gründe sprechen. „Basel II" ist hier oft mehr der Katalysator einer Entwicklung, nicht aber deren Ursache. In dem Maße, in dem sich die Banken in bestimmten Kreditsegmenten vorsichtiger verhalten, rücken alternative Finanzierungsformen in den Vordergrund, die die Kapitalzufuhr für den Mittelstand und die wichtigen „Start-ups" gewährleisten können. Für die Anbieter moderner Finanzierungskonzepte wird sich der Markt in den nächsten Jahren sicher vergrößern.

München bietet eine Vielzahl potentieller Lösungen und Ansprechpartner. Gerade Firmengründer und junge Wachstumsunternehmen finden in München schon jetzt ein breites Angebot an Beteiligungskapital. München hat sich zum Mittelpunkt der deutschen Venture-Capital-Szene entwickelt. Nirgendwo sonst wird von einer so großen Zahl an Unternehmen Private Equity angeboten und an keinem anderen Finanzplatz ist die Infrastruktur für die Vergabe von Beteiligungskapital so ausgereift wie in der bayerischen Landeshauptstadt. Die Ansammlung von wachstumsstarken Unternehmen und diese mit Kapital ausstattenden Beteiligungsgesellschaften hat mittlerweile zu einer Clusterbildung im Hightech-Bereich rund um München beigetragen, die auf künftige Betriebsansiedlungen eine Sogwirkung ausüben soll.[49] Dies auch deshalb, weil ungeachtet des momentanen Konsolidierungsprozesses in der Venture-Capital-Szene die Perspektiven für diesen Geschäftszweig weiter intakt sind.

Dafür, dass das Kapitalangebot am Finanzplatz München insgesamt nicht zurückgehen wird, sorgen auch die voraussichtlich weiterhin in ausreichendem Maße zur Verfügung gestellten, wenn auch künftig stärker nach Risikogesichtspunkten bepreisten „klassischen" Kreditmittel. Es gibt derzeit keine Anzeichen, dass sich die Banken in größerem Ausmaß aus der Kreditfinanzierung zurückziehen wollen. Insbesondere die Münchner Sparkassen und Genossenschaftsbanken sehen das gewerbliche Kreditgeschäft weiter als Basisleistung an und werden künftig auch eine wichtige Rolle bei der Mittelstandsfinanzierung einnehmen. Ebenso dürften die staatlichen Förderbanken

[49] „Spitzenposition erobert", in: Wirtschaft – Das IHK-Magazin für München und Oberbayern 6/2002, S. 14 f.

über den bewährten Hebel des Hausbankenprinzips weiter die Kapitalausstattung der Unternehmen stützen. Beispielsweise wird die LfA Förderbank Bayern wie schon in der Vergangenheit langfristige Investitionsmittel für mittelständische Unternehmen der „Old Economy" zur Verfügung stellen. Darüber hinaus unterstützt die LfA kapitalsuchende Unternehmer durch Informationsveranstaltungen und Beratungsleistungen. Ziel ist es, den Firmen bei der Erarbeitung eines ausgereiften Finanzierungskonzepts unter die Arme zu greifen.[50] Dort, wo Kapitalbedarf besteht, der sich nicht über den klassischen Bankkredit decken lässt, eröffnen sich Nischen vor allem für kleinere Privatbanken, die sich als Anbieter von individuellen Lösungen hervortun können. Bereits jetzt zeigen sich erste Ansätze einer „Infrastruktur" für die zu erwartende stärkere Kapitalmarktnutzung seitens der Unternehmen: Mit Hilfe der 2001 neugegründeten HVB Rating Advisory GmbH können sich beispielsweise mittelständische Unternehmen auf eine für den Zutritt zum Kapitalmarkt notwendige Rating-Analyse vorbereiten.[51]

Insgesamt zeichnet sich ab, dass die Region München, die bereits heute eine wichtige Drehscheibe für Kapital ist, das die Wirtschaft für weiteres Wachstum benötigt, auch künftig keinen Engpass in puncto Kapitalangebot befürchten muss. Der Finanz- und Wirtschaftsstandort München sollte von diesem Umstand profitieren und auf Wachstumskurs bleiben.

5. Bayerische Börse: Wachstumsmöglichkeiten des Nischenanbieters

Die globalisierte Welt von heute stellt die Bayerische Börse vor besondere Herausforderungen: Da sich die Kapitalströme auf wenige Finanzzentren konzentrieren, müssen dezentrale Börsen gezielte Anstrengungen unternehmen, um ihre Position im Wettbewerb der Börsenplätze zu behaupten. Die Bayerische Börse hat sich als Börse für den Mittelstand etabliert und Marktsegmente geschaffen, die speziell auf die Bedürfnisse der kleineren und mittelgroßen Unternehmen zugeschnitten sind. Auch für private Anleger bietet die Münchner Börse mittlerweile einen überdurchschnittlich guten Service. Dennoch tut sich die Münchner Börse ebenso wie die anderen Regionalbörsen schwer, da die Orderströme von den großen deutschen Banken nahezu automatisch an die Deutsche Börse in Frankfurt am Main gelenkt werden.

Wie auch sonst in der Wirtschaft kommt es für die Zukunftsfähigkeit der Regionalbörsen ganz entscheidend auf Ideenreichtum und die Fähigkeit an, Marktnischen zu erkennen und zu besetzen. Für die Münchner Börse heißt das, ihre Rolle als Dienstleister für den Privatanleger und den Mittelstand weiter auszubauen. Die Voraussetzungen dafür sind gegeben: Gerade in Zeiten unsicherer Märkte und nach den jüngsten Enttäuschungen sollten die privaten Investoren für vertraute Unternehmen aus der Region wieder empfänglicher sein. Umgekehrt fühlen sich Mittelständler an einer Regionalbörse individueller behandelt als in der oft anonymen Handelsatmosphäre in Frankfurt. Auch wenn derzeit noch große Zurückhaltung beim Going-public besteht, wird sich der Mittelstand fehlendes Kapital für Zukunftsinvestitionen künftig vermehrt über die Börse beschaffen. Daher sollte das Leistungsangebot der Bayerischen Börse rund um den Börsengang spätestens bei sich aufhellender Konjunktur wieder auf größere Resonanz stoßen.

50 Ebd., S. 15.
51 Ebd., S. 14.

Sitz der Bayerischen Börse AG am Lenbachplatz seit 1963.

Notwendig ist auch eine ständige Überprüfung und Anpassung des Leistungsangebots. Mit der Einführung des in Kapitel V beschriebenen neuen Handelssystems MAX ONE hat die Bayerische Börse ihre Dienstleistungen für den Privatanleger weiter verbessern können. Mittelfristig verspricht sie sich durch MAX ONE einen beträchtlichen Geschäftszuwachs. Erklärtes Ziel ist, nach Frankfurt die Nummer zwei zu werden und einen Anteil von zehn Prozent am deutschen Aktien- und Rentenhandel zu erreichen.[52] Dass dies zwar ehrgeizig, aber machbar ist, zeigt die Börse Stuttgart AG: In der baden-württembergischen Hauptstadt spezialisierte man sich so erfolgreich auf den Handel mit Optionsscheinen, dass sich die Stuttgarter Börse von der vorletzten Position auf Platz zwei hinter Frankfurt vorarbeiten konnte.[53]

Ein intakter Wettbewerb zwischen den Börsen ist nicht zuletzt auch ein Vorteil für den Gesamtmarkt. Aus gesamtwirtschaftlicher Sicht entwickeln Regionalbörsen innovative Angebote, die bei entsprechender Marktakzeptanz dem gesamten Wertpapierhandel zugute kommen. Die Maßnahmen der Bayerischen Börse, einer Monopolisierung der deutschen Börsenlandschaft durch das Xetra-System der Deutschen Börse in Frankfurt entgegenzusteuern, bringen dies deutlich zum Ausdruck.

[52] „Bayerische Börse startet neues Handelssystem Max-One", in: Handelsblatt, 23. Januar 2003.

[53] Müller, Ralf: „Umsatzeinbruch an Bayerns Börse wirft Zukunftsfrage auf", in: Münchner Merkur, 12. Dezember 2001.

Logo der „Finanzplatz München Initiative"

6. Die „Finanzplatz München Initiative" als Katalysator

Bayern und insbesondere die Region München verfügen über eine starke Stellung im Finanzbereich und ein hohes Zukunftspotential. Die Vielzahl der bedeutenden Marktteilnehmer hat aber – anders als in London, Zürich oder Frankfurt am Main – erst in Ansätzen zu einer eigenen und öffentlich wahrnehmbaren Identität gefunden. Daher wurde 2001 die „Finanzplatz München Initiative" ins Leben gerufen. Anliegen der Initiative ist es, die „Financial Community" und damit das Erscheinungsbild des Finanzplatzes als Ganzes zu stärken. Die Initiative will dabei ein Netzwerk aufbauen, in dem sich Finanzmarktakteure untereinander sowie im Kontakt mit der Wissenschaft über das finanzplatzrelevante Geschehen austauschen, gemeinsame Themen diskutieren und damit die Voraussetzungen für eine Stärkung und Weiterentwicklung des Finanzplatzes München schaffen. Die Initiative will dadurch gleichzeitig die Stellung des Finanzplatzes Deutschland im internationalen Wettbewerb stärken: Nationaler Wettbewerb fördert internationale Wettbewerbsfähigkeit.

Getragen wird die Initiative, die auf das Engagement des damaligen bayerischen Wirtschaftsministers Dr. Otto Wiesheu und der damaligen LZB in Bayern zurückgeht, von ca. 25 Teilnehmern, darunter führende Vertreter der Kredit- und Versicherungswirtschaft, Venture-Capital-Unternehmen und Wirtschaftsverbände. Beteiligt sind darüber hinaus Forschungseinrichtungen, um den Wissenstransfer zwischen Wissenschaft und Praxis zu intensivieren.

Ein Kernelement der Finanzplatzinitiative ist ihr im November 2001 gestarteter und gut besuchter zweisprachiger Internetauftritt.[54] Er bietet mit dem Finanzplatzkalender einen Überblick über einschlägige Veranstaltungstermine in München und Bayern.

[54] http://www.fpmi.de.

Dadurch haben Münchens Finanzakteure erstmals Gelegenheit, sich schnell und einfach über Vorträge, Fortbildungen und Pressekonferenzen mit finanzwirtschaftlichem Bezug zu informieren und diese in ihre eigenen Planungen zu integrieren. Diese Transparenz vermindert den Koordinierungsaufwand, spart Zeit und Geld bei der Organisation eigener Veranstaltungen und trägt zu einer verstärkten Verbreitung von fachspezifischem Know-how am Platz München bei.

Ein wichtiges Anliegen der Initiative ist es, mittelständischen und jungen Wachstumsunternehmen den Zugang zu „frischem" Kapital zu erleichtern. Die Initiative versucht hier, die Kommunikation zwischen Kapitalgebern und Kapitalnehmern zu erleichtern und unterstützt die Unternehmen, um die Transparenz für Wagniskapital am Markt zu erhöhen.

Des Weiteren misst die „Finanzplatz München Initiative" der Förderung der Bayerischen Börse große Bedeutung bei. Ziel ist es, das Leistungsangebot der Bayerischen Börse bekannt zu machen (z. B. die Best Price-Garantie für private Anleger, die besonderen Angebote für das Going-public mittelständischer Unternehmen oder das neue Handelssystem MAX ONE) und so die Nachfrage nach ihren Produkten zu fördern.

Um im nationalen und internationalen Wettbewerb den Finanzplatz München auszubauen, ist eine überdurchschnittliche Aus- und Fortbildung sowie qualifizierte Forschung unerlässlich. Deshalb soll insbesondere auch der Dialog mit bestehenden Forschungseinrichtungen verstärkt werden. In Planung sind die Etablierung eines Financial Research Centers sowie einer Business School. In diesem Zusammenhang steht auch das Bestreben, attraktive Rahmenbedingungen für internationale Finanzexperten zu entwickeln, um über diesen Weg den Wissenstransfer am Finanzplatz München zu beschleunigen. Ein weiteres Ziel ist schließlich die Förderung der englischsprachigen „Community". München ist bereits jetzt eine der „offensten" deutschen Städte, was sich an der Vielzahl fremdsprachiger Schulen oder der großen Zahl englischsprachiger Fachkräfte etwa im IT-Bereich ablesen lässt. Von einer Stärkung der Financial Community ginge aber ohne Zweifel eine zusätzliche Sogwirkung für den Finanzplatz aus.

7. Fazit: München auch in Zukunft ein Finanzplatz von internationaler Bedeutung

Für 2006 zeichnet sich eine Fortsetzung der Besserungstendenzen im Finanzgewerbe ab. Gleichwohl haben viele Institute noch immer mit Rentabilitätsproblemen zu kämpfen, was auch den Finanzstandort München nicht unbeeindruckt lässt. Dies spiegelt sich in der Bewertung der Aktien großer börsengehandelter Münchner Finanzunternehmen wider, die sich schon seit einiger Zeit auf einem vergleichsweise niedrigen Niveau befinden. Ungeachtet der in der gesamten Branche in Deutschland noch vorhandenen Probleme zeigen die zusammengestellten Fakten und Entwicklungen aber, dass München im Finanzbereich über ein großes Wachstumspotential verfügt. Spätestens mit Aufhellung der Konjunktur und einer wieder aufwärts gerichteten Entwicklung an den Finanzmärkten wird der Finanzplatz München sein Potential nutzen und seine Stärken ausspielen können. Vieles spricht dafür, dass München auch künftig eine bedeutende Drehscheibe für das Finanzkapital sein wird und im größer werdenden Euroraum seine Rolle als Finanzplatz ausbauen kann.

Die Entwicklung der finanziellen Dienste steht in einer intensiven Wechselbeziehung mit dem Strukturwandel in allen anderen Wirtschaftsbereichen. Die in Bayern anzutreffende vielgliedrige Finanzstruktur ist auch ein Spiegelbild einer vielfältigen Wirtschaftsstruktur. Das breite realwirtschaftliche Fundament wird auch weiterhin eine entsprechende Nachfrage nach Finanzdienstleistungen „vor Ort" erzeugen und damit ganz entscheidend die Wachstumsmöglichkeiten der Finanzunternehmen mitbestimmen. Umgekehrt ist ein dynamischer Finanzplatz die Grundlage für weiteres Wachstum des Wirtschaftsstandortes Bayern mit dem Zentrum München.

Auch die Existenz funktionierender Netzwerke ist Grundlage für eine positive Entwicklung. Ein Finanzplatz ist keine technisch-anonyme Plattform, sondern ein kompliziertes Geflecht von Beziehungen zwischen Unternehmen, Staat, Medien und Bürgern. In der Qualität der Netzwerke drückt sich aus, wie schnell und verlässlich Informationen fließen, wie gut etwa der Austausch zwischen Finanzunternehmen und Wissenschaft funktioniert, wie effizient die Zusammenarbeit zwischen Wirtschaft und staatlichen Stellen in Fragen der Infrastruktur ist und wie flexibel die öffentliche Hand auf neue Anforderungen – etwa im Bildungsbereich – reagiert.[55] Mit der Finanzplatz München Initiative, aber auch anderen formellen und informellen „Kommunikationsplattformen" ist der Rahmen hierfür geschaffen. Der Erfolg hängt aber vom Engagement der teilnehmenden Akteure und ihrem Bewusstsein dafür ab, dass das „Ganze mehr ist als die Summe seiner Teile" und Investitionen in den Finanzplatz – etwa bei der Gewinnung von Führungskräften – einen Mehr-Wert schaffen, den ein einzelnes Unternehmen nicht erzielen kann.

Was das Verhältnis zum Finanzplatz Frankfurt am Main anbelangt, zeichnet sich ab, dass die schon jetzt gefundene „Arbeitsteilung" zwischen den beiden großen deutschen Finanzzentren künftig noch deutlicher zu Tage treten wird: An der Rolle Frankfurts als führender deutscher Börsen- und Bankenplatz wird sich wenig ändern, dagegen wird München als Versicherungsplatz und Hauptstandort in der Vermögensverwaltung vermutlich noch an Bedeutung gewinnen. Die „Konzentration" der beiden Finanzplätze auf ihre Stärken wird dem Finanzstandort Deutschland und seiner internationalen Wettbewerbsfähigkeit nutzen.

[55] Franke, Finanzplätze, S. 226.

Anhang

Verzeichnis der Tabellen

Verzeichnis der Abbildungen

Quellen- und Literaturverzeichnis

Achterberg, Erich: Süddeutsche Bodencreditbank. Ein Jahrhundert Werden und Wirken. Frankfurt am Main 1971.

Ackermann, Konrad/Girisch, Georg (Hrsg.): Gustl Lang. Leben für die Heimat. Festschrift zum 60. Geburtstag. Weiden 1989.

Ackermann, Konrad/Schmid, Alois: Staat und Verwaltung in Bayern. Festschrift für Wilhelm Volkert zum 75. Geburtstag (Schriftenreihe zur bayerischen Landesgeschichte 139). München 2003.

Ackermann, Konrad/Schmid, Alois/Volkert, Wilhelm (Hrsg.): Bayern vom Stamm zum Staat. Festschrift für Andreas Kraus zum 80. Geburtstag. Bd. 2 (Schriftenreihe zur bayerischen Landesgeschichte 140, 2). München 2002.

Albrecht, Dieter: Maximilian I. von Bayern 1573-1651. München 1998.

Altmann, Hans Christian: Die Kipper- und Wipperinflation in Bayern (1620-23). Ein Beitrag zur Strukturanalyse des frühabsolutistischen Staates (Neue Schriftenreihe des Stadtarchivs München 83; Miscellanea Bavarica Monacensia 63). München 1976.

Ambrosius, Gerold (Hrsg.): Moderne Wirtschaftsgeschichte. Eine Einführung für Historiker und Ökonomen. München 1996.

Anegg, Ernst: Zur Gewerbestruktur und Gewerbepolitik Bayerns während der Regierung Montgelas. Diss. München 1965.

Angermaier, Elisabeth: München als süddeutsche Metropole – die Organisation des Großstadtbaus 1870 bis 1914, in: Bauer, Richard (Hrsg.): Geschichte der Stadt München. München 1992, S. 307-335.

Arendts, Wilhelm: Hundert Jahre Bayerische Versicherungsbank 1835-1935. München 1936.

Arps, Ludwig: Bayerische Versicherungsbank AG 1835-1960. Vom Preysing-Palais zur Ludwigsstraße. München 1960.

Arps, Ludwig: Auf sicheren Pfeilern. Deutschlands Versicherungswirtschaft vor 1914. Göttingen 1965.

Arps, Ludwig: Wechselvolle Zeiten. Fünfundsiebzig Jahre Allianz Versicherung 1890-1965. München 1965.

Arps, Ludwig: Durch unruhige Zeiten. Deutsche Versicherungswirtschaft seit 1914. Bd. 1: Erster Weltkrieg und Inflation; Bd. 2: Von den zwanziger Jahren zum Zweiten Weltkrieg. Karlsruhe 1970-1976.

Ashauer, Günter: Entwicklung der Sparkassenorganisation ab 1924, in: Institut für bankhistorische Forschung (Hrsg.): Deutsche Bankengeschichte. Bd. 3: Vom Ersten Weltkrieg bis zur Gegenwart. Frankfurt am Main 1983, S. 277-348.

Ashauer, Günter: Von der Ersparungscasse zur Sparkassen-Finanzgruppe. Die deutsche Sparkassenorganisation in Geschichte und Gegenwart. Stuttgart 1991.

Aubin, Hermann/Zorn, Wolfgang (Hrsg.): Handbuch der deutschen Wirtschafts- und Sozialgeschichte. Bd. 2: Das 19. und 20. Jahrhundert. Stuttgart 1976.

Auer, Alois (Hrsg.): Krauss-Maffei: Lebenslauf einer Münchener Fabrik und ihrer Belegschaft (Schriften des Archivs der Münchner Arbeiterbewegung e. V. 1). Kösching 1988.

Auler, Wilhelm: Das Pfandbriefgeschäft als Kapitalquelle der deutschen Hypothekenbanken. Berlin 1926.

Baader, Uto: Der Markt in ausländischen Aktien an der Bayerischen Börse [Manuskript, München 1988].

Baehring, Bernd: Börsen-Zeiten. Frankfurt in vier Jahrhunderten zwischen Antwerpen, Wien, New York und Berlin. Frankfurt am Main 1985.

Bankhaus H. Aufhäuser (Hrsg.): Hundert Jahre. Bankhaus H. Aufhäuser 1870-1970. München 1970.

Barkai, Avraham: Vom Boykott zur „Entjudung“. Der wirtschaftliche Existenzkampf der Juden im Dritten Reich. Frankfurt am Main 1988.

Barkai, Avraham: Das Wirtschaftssystem des Nationalsozialismus. Ideologie, Theorie, Politik 1933-1945. Frankfurt am Main 1988.

Bary, Roswitha von: Andreas Michael von Dall'Armi. Ein Münchner Bankier der Napoleonzeit. Biographische Skizze, in: Zeitschrift für Bayerische Landesgeschichte 51 (1988), S. 807-827.

Bauer, Ingolf: Bayerns Landwirtschaft seit 1800. Texte zum Museum im Schafhof. Wolnzach 1994.
Bauer, Richard (Hrsg.): Geschichte der Stadt München. München 1992.
Baur, Rudolf: Geschichte und Bedeutung der Börse zu München 1829-1952. Diss. München 1953.
Bayerische Börse (Hrsg.): Die Bayerische Börse und die Bayerische Wirtschaft. München 1952.
Bayerische Gemeindebank – Girozentrale – (Hrsg.): Fünfzig Jahre bayerische Giroorganisation im Dienste der bayerischen Wirtschaft 1914-1964. München 1964.
Bayerische Handelsbank (Hrsg.): Hundertfünfundzwanzig Jahre Bayerische Handelsbank in München 1869-1995. Geschichten aus der Geschichte der Bayerischen Handelsbank. München 1994.
Bayerische Hypotheken- und Wechsel-Bank (Hrsg.), Die Anfänge der Bayerischen Hypotheken- und Wechsel-Bank. Aus den Protokollen der Administration 1835-1850. München 1985.
Bayerische Hypotheken- und Wechsel-Bank (Hrsg.): Die Geschichte der Bayerischen Hypotheken- und Wechsel-Bank. München 1980.
Bayerische Hypotheken- und Wechsel-Bank (Hrsg.): Hundert Jahre Bayerische Hypotheken- und Wechsel-Bank 1835-1935. München 1935.
Bayerische Hypotheken- und Wechsel-Bank (Hrsg.): Hundertfünfundzwanzig Jahre Bayerische Hypotheken- und Wechsel-Bank. München 1960.
Bayerische- Hypotheken- und Wechsel-Bank (Hrsg.): Die Rentenanstalt der bayerischen Hypotheken- und Wechselbank. München 1919.
Bayerische Staatsbank (Hrsg.): Die Bayerische Staatsbank 1780-1955. Geschichte und Geschäfte einer öffentlichen Bank. München 1955.
Bayerische Staatsschuldenverwaltung (Hrsg.): Hundertfünfzig Jahre Bayerische Staatsschuldenverwaltung. München 1961.
Bayerische Versicherungsbank (Hrsg.): Hundert Jahre Bayerische Versicherungsbank 1835-1935. München 1936.
Bayerischer Sparkassen- und Giroverband (Hrsg.): 1908-1983. Fünfundsiebzig Jahre Bayerischer Sparkassen- und Giroverband. Stuttgart 1983.
Bayerisches Staatsministerium für Wirtschaft, Verkehr und Technologie (Hrsg): Wirtschaftsstandort Bayern. München 2002.
Benjamin, Hans: Die Sanierung des deutschen Bankwesens nach der Kreditkrise von 1931. Diss. Köln 1934.
Benning, Bernhard: Der „Schwarze Freitag". Eine Untersuchung des Börseneingriffes vom 13. Mai 1927, in: Gunzert, Rudolf/Benning, Bernhard/Veesenmayer, Edmund: Effektenbörse und Volkswirtschaft – Effektenmarkt und Konjunktur – der „Schwarze Freitag". Neugestaltung des Effektentermingeschäfts. Wissenschaftliche Abhandlung (Münchener Volkswirtschaftliche Studien, NF 6). Jena 1929, S. 73-184.
Bernholz, Peter: Die Bundesbank und die Währungsintegration in Europa, in: Deutsche Bundesbank (Hrsg.): Fünfzig Jahre Deutsche Mark. München 1998, S. 773-836.
Birnbaum, Michael: Das Münchner Handwerk im 19. Jahrhundert (1799-1868). Beiträge zu Politik, Struktur und Organisationen des städtischen Handwerks im beginnenden Industriezeitalter. Diss. München 1984.
Blüchel, Rudolf (Hrsg.): Deutsche Wirtschaftschronik – Ausgabe München. Landsberg am Lech 1996.
Boelcke, Willi A.: Die deutsche Wirtschaft 1930-1945. Interna des Reichswirtschaftsministeriums. Düsseldorf 1983.
Böhret, Carl: Aktionen gegen die „Kalte Sozialisierung" 1926-1930. Ein Beitrag zum Wirken ökonomischer Einflussverbände in der Weimarer Republik (Schriften zur Wirtschafts- und Sozialgeschichte 3). Berlin 1966.
Borchardt, Knut: Zur Frage des Kapitalmangels in der ersten Hälfte des 19. Jahrhunderts in Deutschland, in: Braun, Rudolf (Hrsg.): Industrielle Revolution: Wirtschaftliche Aspekte (Neue wissenschaftliche Bibliothek, Geschichte 50). Köln 1976, S. 216-236.
Borchardt, Knut: Grundriß der deutschen Wirtschaftsgeschichte. Göttingen 1985.
Borchardt, Knut: Währung und Wirtschaft, in: Deutsche Bundesbank (Hrsg.): Währung und Wirtschaft in Deutschland 1876-1975. Frankfurt am Main ^{2}1976, S. 3-55.

Born, Karl Erich: Die deutsche Bankenkrise 1931. Finanzen und Politik. München 1967.

Born, Karl Erich: Vom Beginn des Ersten Weltkriegs bis zum Ende der Weimarer Republik (1914-1933), in: Institut für bankhistorische Forschung (Hrsg.), Deutsche Bankengeschichte. Bd. 3: Vom Ersten Weltkrieg bis zur Gegenwart. Frankfurt am Main 1983, S. 17-146.

Born, Karl Erich: Geld und Banken im 19. und 20. Jahrhundert. Stuttgart 1977.

Borscheid, Peter: Kurze Geschichte der Individual- und Sozialversicherung in Deutschland, in: ders./Drees, Anette (Hrsg.): Versicherungsstatistik Deutschlands 1750-1985 (Quellen und Forschungen zur Historischen Statistik von Deutschland 4). St. Katharinen 1988.

Borscheid, Peter: Hundert Jahre Allianz, 1890-1990. München 1990.

Borscheid, Peter/Drees, Anette (Hrsg.): Versicherungsstatistik Deutschlands 1750-1985 (Quellen und Forschungen zur Historischen Statistik von Deutschland 4). St. Katharinen 1988.

Bosl, Karl: Bayerische Geschichte. München 1980.

Bosl, Karl: Die „geminderte" Industrialisierung in Bayern, in: Grimm, Claus (Hrsg.): Aufbruch ins Industriezeitalter. Bd. 1: Linien der Entwicklungsgeschichte (Veröffentlichungen zur bayerischen Geschichte und Kultur 3). München 1985, S. 22-40.

Bosl, Karl: München. Bürgerstadt – Residenz – heimliche Hauptstadt Deutschlands. Stuttgart 1971.

Bösselmann, Kurt: Die Entwicklung des deutschen Aktienwesens im 19. Jahrhundert. Ein Beitrag zur Frage der Finanzierung gemeinwirtschaftlicher Unternehmungen und zu den Reformen des Aktienrechts. Berlin 1939.

Bott, Gerhard (Hrsg.): Leben und Arbeiten im Industriezeitalter. Eine Ausstellung zur Wirtschafts- und Sozialgeschichte Bayerns seit 1850. Stuttgart 1985.

Braun, Rudolph (Hrsg.): Industrielle Revolution – Wirtschaftliche Aspekte (Neue wissenschaftliche Bibliothek, Geschichte 50). Köln 1976.

Breuer, Rolf: Der Finanzplatz Deutschland im Wettbewerb, in: Büschgen, Hans E. (Hrsg.): Finanzplatz Deutschland an der Schwelle zum 21. Jahrhundert: Schlaglichter – Herausforderungen – Visionen. Frankfurt am Main 1998, S. 145-157.

Buchheim, Christoph: Die Errichtung der Bank deutscher Länder und die Währungsreform in Westdeutschland, in: Deutsche Bundesbank (Hrsg.): Fünfzig Jahre Deutsche Mark. München 1998, S. 91-140.

Buchheim, Christoph: Deutsche Finanzmetropole von internationalem Rang (1870-1914), in: Pohl, Hans (Hrsg.): Geschichte des Finanzplatzes Berlin. Frankfurt am Main 2002, S. 103-156.

Bundesverband Deutscher Banken (Hrsg.): Banken 2002 – Fakten, Meinungen, Perspektiven. Berlin 2002.

Büsch Otto/Feldman, Gerald D. (Hrsg.): Historische Prozesse der deutschen Inflation 1914 bis 1924. Ein Tagungsbericht (Einzelveröffentlichungen der Historischen Kommission zu Berlin 21). Berlin 1978.

Büschgen, Hans E.: Bankbetriebslehre. Bankgeschäfte und Bankmanagement. Wiesbaden [5]1998.

Büschgen, Hans E. (Hrsg.): Finanzplatz Deutschland an der Schwelle zum 21. Jahrhundert. Schlaglichter – Herausforderungen – Visionen. Frankfurt am Main 1998.

Büschgen, Hans E.: Zeitgeschichtliche Problemfelder des Bankwesens der Bundesrepublik Deutschland, in: Institut für bankhistorische Forschung (Hrsg.): Deutsche Bankengeschichte. Bd. 3: Vom Ersten Weltkrieg bis zur Gegenwart. Frankfurt am Main 1983, S. 349-409.

Busse, Ernst: Die Gemeindebetriebe Münchens (Schriften des Vereins für Socialpolitik 129/I). Leipzig 1908.

Caesar, Rolf: Die Finanzierung des Ersten Weltkrieges und die Rolle der Sparkassen, in: Zeitschrift für Bayerische Sparkassengeschichte 5 (1991), S. 57-127.

Cahn, Erich B.: Die Goldguldenprägung in Bayern unter dem Kurfürsten Ferdinand Maria. Versuch einer umfassenden Katalogisierung, in: Jahrbuch für Numismatik und Geldgeschichte 28/29 (1978/79), S. 93-133.

Cohen, Arthur: Die Münchner Judenschaft 1750-1861. Eine bevölkerungs- und wirtschaftsgeschichtliche Studie, in: Zeitschrift für die Geschichte der Juden in Deutschland 2 (1930), S. 262-283.

Cunz, Reiner (Hrsg.): Währungsunionen. Beiträge zur Geschichte überregionaler Münz- und Geldpolitik (Numismatische Studien 15). Hamburg 2002, S. 249-290.

Denzel, Markus A.: Die Integration Deutschlands in das internationale Zahlungsverkehrssystem im 17. und 18. Jahrhundert, in: Schremmer, Eckart (Hrsg.): Wirtschaftliche und soziale Integration in historischer Sicht. 16. Arbeitstagung der Gesellschaft für Sozial- und Wirtschaftsgeschichte in Marburg vom 19. bis 22. April 1995 (Vierteljahrschrift für Sozial- und Wirtschaftsgeschichte, Beiheft 128). Stuttgart 1996, S. 58-109.

Denzel, Markus A.: Die Integration der Schweizer Finanzplätze in das internationale Zahlungsverkehrssystem vom 17. Jahrhundert bis 1914, in: Schweizerische Zeitschrift für Geschichte 48 (1998), S. 177-235.

Denzel, Markus A.: "La Practica della Cambiatura". Europäischer Zahlungsverkehr vom 14. bis zum 17. Jahrhundert (Beiträge zur Wirtschafts- und Sozialgeschichte 58). Stuttgart 1994.

Denzel, Markus A.: Professionen und Professionisten. Die Dachsbergsche Volksbeschreibung im Kurfürstentum Bayern (1771-1781) (Vierteljahrschrift für Sozial- und Wirtschaftsgeschichte, Beiheft 139). Stuttgart 1998.

Denzel, Markus A.: Der Nürnberger Wechselmarkt im ausgehenden 18. Jahrhundert, in: Gömmel, Rainer/Denzel, Markus A. (Hrsg.): Weltwirtschaft und Wirtschaftsordnung. Festschrift für Jürgen Schneider zum 65. Geburtstag (Vierteljahrschrift für Sozial- und Wirtschaftsgeschichte, Beiheft 159). Stuttgart 2002, S. 169-192.

Denzel, Markus A.: Der Zahlungsverkehr auf den Bozner Messen (1618 bis 1850). Innsbruck 2005.

Denzel, Markus A.: Zahlungsverkehr auf den Leipziger Messen vom 17. bis zum 19. Jahrhundert, in: Zwahr, Hartmut/Topfstedt, Thomas/Bentele, Günter (Hrsg.): Leipzigs Messen 1497-1997. Gestaltwandel. Umbrüche. Neubeginn. Bd. 1: 1497-1914 (Geschichte und Politik in Sachsen 9, 1). Köln/Weimar/Wien 1999, S. 149-165.

Destouches, Ernst von: Fünfzig Jahre Münchener Gewerbe-Geschichte: 1848-1898. Gedenkbuch zur Feier des fünfzigjährigen Jubiläums des Allgemeinen Gewerbe-Vereins. München 1898.

Deuerlein, Ernst: Kleine Geschichte Bayerns. Nürnberg 1949.

Deuerlein, Ernst: Geschichte Bayerns. Würzburg 1975.

Deutinger, Stephan: Vom Agrarland zum High-Tech-Staat. Zur Geschichte des Forschungsstandorts Bayern 1945-1980 (Deutsches Museum, Abhandlungen und Berichte NF 15). München 2001.

Deutinger, Stephan: Eisenbahn und Landesentwicklung im Königreich Bayern, in: Hetzer, Georg/Tröger, Otto-Karl (Hrsg.): Weichenstellungen: Eisenbahnen in Bayern 1835-1920. Eine Ausstellung des Bayerischen Hauptstaatsarchivs, München, 29. November 2001 bis 3. Februar 2002 (Ausstellungskataloge der Staatlichen Archive Bayerns 43). München 2001, S. 249-273.

Deutsche Bundesbank (Hrsg.): Deutsches Geld- und Bankwesen in Zahlen 1876-1975. Frankfurt am Main 1976.

Deutsche Bundesbank (Hrsg.): Fünfzig Jahre Deutsche Mark. München 1998.

Deutsche Bundesbank (Hrsg.): Währung und Wirtschaft in Deutschland. 1876-1975. Frankfurt am Main [2]1976.

Deutsches Institut für Bankwissenschaft und Bankwesen (Hrsg.): Probleme des deutschen Wirtschaftslebens. Erstrebtes und Erreichtes. Festschrift für Hjalmar Schacht zum 60. Geburtstag. Berlin/Leipzig 1937.

Deutsches Institut für Wirtschaftforschung (Hrsg.): Die deutsche Wirtschaft zwei Jahre nach dem Zusammenbruch. Berlin 1947.

Diehl, Karl/Beckerath, Erwin von/Bonn, Moritz Julius et al. (Hrsg.): Wirkungen und Ursachen des hohen Zinsfußes in Deutschland. Jena 1932.

Döbereiner, Manfred: Residenz- und Bürgerstadt. Münchens Weg zur relativen Selbständigkeit 1294 bis 1365, in: Bauer, Richard (Hrsg.): Geschichte der Stadt München. München 1992, S. 61-96.

Doeberl, Michael: Bayern und Deutschland im 19. Jahrhundert. München 1917.

Doehlemann, Friedrich: Die Bayerische Gemeindebank, ihr Werden und Wirken bis zum Jahr 1945, in: Bayerische Gemeindebank – Girozentrale – (Hrsg.): Fünfzig Jahre bayerische Giroorganisation im Dienste der bayerischen Wirtschaft 1914-1964. München 1964, S. 25-52.

Dollhopf, Friedrich: Die Geschichte des Bayerischen Papiergeldwesens. Diss. Erlangen 1925.

Dollinger, Heinz: Studien zur Finanzreform Maximilians I. von Bayern in den Jahren 1598-1618. Ein Beitrag zur Geschichte des Frühabsolutismus. Göttingen 1968.

Donaubauer, Klaus: Das Augsburger Bankwesen, in: Grimm, Claus (Hrsg.): Aufbruch ins Industriezeitalter. Bd. 2: Aufsätze zur Wirtschafts- und Sozialgeschichte Bayerns 1750-1850 (Veröffentlichungen zur bayerischen Geschichte und Kultur 3). München 1985, S. 298-307.

Donaubauer, Klaus: Privatbankiers und Bankenkonzentration in Deutschland von der Mitte des 19. Jahrhunderts bis 1932 unter besonderer Berücksichtigung der Übernahmen und Kommanditierungen der Bayerischen Hypotheken- und Wechsel-Bank und der Bayerischen Disconto- und Wechsel-Bank (Schriftenreihe des Instituts für bankhistorische Forschung 9). Frankfurt am Main 1988.

Edlin-Thieme, Margareta: Studien zur Geschichte des Münchner Handelsstandes im 18. Jahrhundert (Forschungen zur Sozial- und Wirtschaftsgeschichte 11). Stuttgart 1969.

Edlin-Thieme, Margareta/Jungmann-Stadler, Franziska: Geschichte der HYPO-BANK im Spiegel der Geschäftsberichte 1835-1990. München ^{2}1991.

Ehrlicher, Werner: Von der „wirtschaftlichen Wende“ zur Wiedervereinigung, in: Pohl, Hans (Hrsg.): Geschichte der deutschen Kreditwirtschaft seit 1945. Frankfurt am Main 1998, S. 299-354.

Eibert, Georg: Unternehmenspolitik Nürnberger Maschinenbauer 1835-1914 (Beiträge zur Wirtschaftsgeschichte 3). Stuttgart 1979.

Erker, Paul: Fünfzig Jahre Wirtschaftsförderung in Bayern 1950-2000, in: Landesanstalt für Aufbaufinanzierung (Hrsg.): Chronik Fünfzig Jahre LfA Förderbank Bayern. München 2001.

Ettenhuber, Helga K.: Stadtsparkasse München seit 1824 – Eine historische Bilanz. München 1992.

Fassl, Peter: Wirtschaftliche Führungsschichten in Augsburg 1800-1914, in: Möckl, Karl (Hrsg.): Wirtschaftsbürgertum in den deutschen Staaten im 19. und beginnenden 20. Jahrhundert. Büdinger Forschungen zur Sozialgeschichte 1987/1988 (Deutsche Führungsschichten in der Neuzeit 21). München 1996, S. 217-250.

Fassl, Peter: Konfession, Wirtschaft und Politik. Von der Reichsstadt zur Industriestadt. Augsburg 1750-1850 (Abhandlungen zur Geschichte der Stadt Augsburg 32). Sigmaringen 1988.

Feder, Gottfried: Das Programm der N.S.D.A.P. und seine weltanschaulichen Grundlagen München ^{80}1932.

Feichtner, Edgar: Die Bauernbefreiung in Bayern: Ausgangslage, Durchführung und Auswirkungen dargestellt am Beispiel der Stadt Abensberg, in: Sitzmann, Gerhard (Hrsg.): Weltenburger Akademie (Arbeitsblätter der Historischen Arbeitsgemeinschaft 6). Abensberg 1983.

Feldenkirchen, Wilfried: Siemens. Von der Werkstatt zum Weltunternehmen. München 1997.

Feldenkirchen, Wilfried: Von der Sparanstalt zum Universalkreditinstitut. Hundertfünfundsiebzig Jahre Stadtsparkasse Weiden. München 1998.

Feldenkirchen, Wilfried/Krüger, Ingo (Hrsg.): Standortbestimmung: Sparkassengeschichte. Festschrift für Manfred Pix (Zeitschrift für bayerische Sparkassengeschichte 14). München 2000.

Feldman, Gerald D.: Die Allianz und die deutsche Versicherungswirtschaft 1933-1945. München 2001.

Feldman, Gerald D./Müller-Luckner, Elisabeth (Hrsg.): Die Nachwirkungen der Inflation auf die deutsche Geschichte 1924-1933 (Schriften des Historischen Kollegs 6). München 1985.

Fingerle, Anton: München und seine Wirtschaft. München 1961.

Fisch, Stefan: Stadtplanung im 19. Jahrhundert. Das Beispiel München bis zur Ära Theodor Fischer. München 1988.

Fischer, Albert: Nicht nur ein Fall von Risikosozialisierung. Das „mittelbare“ Kommunalkreditgeschäft privater Banken nach der Währungsreform, in: Scripta Mercaturae 33 (1999), S. 46-67.

Fischer, Albert: Der Kollaps vor dem Kollaps, in: Bankhistorisches Archiv 26 (1999), S. 5-22.

Fischer, Albert: Die Landesbank der Rheinprovinz. Aufstieg und Fall zwischen Wirtschaft und Politik (Wirtschafts- und Sozialhistorische Studien 6). Köln 1997.

Fischer, Albert: Jüdische Privatbanken im „Dritten Reich“, in: Scripta Mercaturae 28 (1994), S. 1-54.

Fischer, Albert: Hjalmar Schacht und Deutschlands „Judenfrage". Der „Wirtschaftsdiktator" und die Vertreibung der Juden aus der deutschen Wirtschaft (Wirtschafts- und Sozialhistorische Studien 2). Köln 1995.

Fischer, Otto Christian: Die fehlerhafte Kreditpolitik, in: Untersuchungsausschuss für das Bankwesen 1933. Teil I/Bd. 1. Berlin 1934, S. 493-538.

Fischer, Wolfram: Bergbau, Industrie und Handwerk 1914-1970, in: Aubin, Hermann/Zorn, Wolfgang (Hrsg.): Handbuch der deutschen Wirtschafts- und Sozialgeschichte. Bd. 2: Das 19. und 20. Jahrhundert. Stuttgart 1976, S. 796-844.

Flieger, Heinz: Bayerns Wirtschaft. Vom Werden und Wirken eines weltoffenen Landes (Deutsche Wirtschaftsbiographien 4). München 1966.

Förger, Hans-Rainer: Die Anfänge des genossenschaftlichen Realkredits in Bayern, in: Historischer Verein Bayerischer Genossenschaften (Hrsg.): Die Anfänge der modernen Genossenschaftsbewegung in Bayern, Österreich und Südtirol (Schriftenreihe zur Genossenschaftsgeschichte 1). München 1998, S. 68-97.

Foerster, Cornelia: Die bayerischen Unternehmer im Industriezeitalter, in: Bott, Gerhard (Hrsg.): Leben und Arbeiten im Industriezeitalter. Eine Ausstellung zur Wirtschafts- und Sozialgeschichte Bayerns seit 1850. Stuttgart 1985, S. 337-341.

Folz, Willibald: Die Raiffeisenbewegung in Bayern, in: Historischer Verein Bayerischer Genossenschaften (Hrsg.): Beiträge zur Genossenschaftsgeschichte (Schriftenreihe zur Genossenschaftsgeschichte 6). München 2003, S. 152-177.

Franke, Dirk: Internationale Finanzplätze: Rivalen oder Partner?, in: Die Bank 4 (2002), S. 224-227.

Franke, Günter: Deutsche Finanzmarktregulierung nach dem Zweiten Weltkrieg zwischen Risikoschutz und Wettbewerbssicherung (Zentrum für Finanzen und Ökonometrie, Universität Konstanz – Discussion Paper Series 00,31). Konstanz 2000.

Franke, Günter: Notenbank und Finanzmärkte, in: Deutsche Bundesbank (Hrsg.): Fünfzig Jahre Deutsche Mark. München 1998, S. 257-306.

Fried, Pankraz: Die Sozialentwicklung im Bauerntum und Landvolk, in: Spindler, Max (Hrsg.): Handbuch der bayerischen Geschichte. Bd. 4,2: Das neue Bayern 1800-1970. München 1975, S. 751-780.

Gebhart, Hans: Geld und Wirtschaft im frühmittelalterlichen Bayern, in: Zeitschrift für bayerische Landesgeschichte 18 (1955), S. 40-60.

Genschel, Helmut: Die Verdrängung der Juden aus der Wirtschaft im Dritten Reich (Göttinger Bausteine zur Geschichtswissenschaft 38). Göttingen 1966.

Gerhard, Hans-Jürgen: Neue Erkenntnisse zum Münzvergleich von Zinna. Wandlungen in der Währungsstruktur des Reiches in der zweiten Hälfte des 17. Jahrhunderts, in: ders. (Hrsg.): Struktur und Dimension. Festschrift für Karl Heinrich Kaufhold zum 65. Geburtstag. Bd. 1: Mittelalter und Frühe Neuzeit (Vierteljahrschrift für Sozial- und Wirtschaftsgeschichte, Beiheft 132). Stuttgart 1997, S. 138-172.

Gerhard, Hans-Jürgen: Vom Leipziger Fuß zur Reichsgoldwährung. Der lange Weg zur „deutschen Währungsunion" von 1871/76, in: Cunz, Reiner (Hrsg.): Währungsunionen. Beiträge zur Geschichte überregionaler Münz- und Geldpolitik (Numismatische Studien 15). Hamburg 2002, S. 249-290.

Gerhard, Hans-Jürgen (Hrsg.): Struktur und Dimension. Festschrift für Karl Heinrich Kaufhold zum 65. Geburtstag Bd. 1: Mittelalter und frühe Neuzeit (Vierteljahrschrift für Sozial- Wirtschaftsgeschichte Beiheft 132). Stuttgart 1997.

Gesch, Hans-Dieter: Die bayerische Wirtschaft in den ersten Jahren nach dem Zweiten Weltkrieg. Diss. München 1969.

Girnth, Walter: Der deutsche Rentenmarkt 1923-1935 (Neue Deutsche Forschungen. Abteilung Betriebswirtschaftslehre 2). Berlin 1935.

Goedecke, Wolfgang/Kerl, Volker: Die Hypothekenbanken (Taschenbücher für Geld, Bank und Börse 12). Frankfurt am Main 1974.

Gömmel, Rainer: Entstehung und Entwicklung der Effektenbörsen im 19. Jahrhundert bis 1914, in: Pohl, Hans (Hrsg.): Deutsche Börsengeschichte. Frankfurt am Main 1992, S. 133-207.

Gömmel, Rainer: Kapitalbildung und Unternehmensorganisation, in: Bott, Gerhard (Hrsg.): Leben und Arbeiten im Industriezeitalter. Eine Ausstellung zur Wirtschafts- und Sozialgeschichte Bayerns seit 1850. Stuttgart 1985, S. 342-346.

Gömmel, Rainer: Probleme der deutschen Industriefinanzierung im 19. Jahrhundert (Vorträge zur Wirtschafts- und Sozialgeschichte 12). Nürnberg 1988.

Gömmel, Rainer: Direkte Steuern und Steuerdiskussion in Bayern im 19. Jahrhundert, in: Ackermann, Konrad/Schmid, Alois (Hrsg.): Staat und Verwaltung in Bayern. Festschrift für Wilhelm Volkert zum 75. Geburtstag (Schriftenreihe zur bayerischen Landesgeschichte 139). München 2003, S. 671-680.

Gömmel, Rainer: Wachstum und Konjunktur der Nürnberger Wirtschaft 1815-1914 (Beiträge zur Wirtschaftsgeschichte 1). Stuttgart 1978.

Gömmel, Rainer/Boniakowski, Inge: Hundertfünfundsiebzig Jahre Sparkasse Regensburg. Tradition und Moderne. Regensburg 1997.

Gömmel, Rainer/Denzel, Markus A. (Hrsg.): Weltwirtschaft und Wirtschaftsordnung. Festschrift für Jürgen Schneider zum 65. Geburtstag (Vierteljahrschrift für Sozial- und Wirtschaftsgeschichte, Beiheft 153). Stuttgart 2002.

Griesmayr, Gottfried: Eine Chronik der Sicherheit. Hundertfünfzig Jahre Bayerische Versicherungsbank (1835-1985). München 1985.

Grimm, Claus (Hrsg.): Aufbruch ins Industriezeitalter. Bd. 1: Linien der Entwicklungsgeschichte (Veröffentlichungen zur bayerischen Geschichte und Kultur 3); Bd. 2: Aufsätze zur Wirtschafts- und Sozialgeschichte Bayerns 1750-1850 (Veröffentlichungen zur bayerischen Geschichte und Kultur 4). München 1985.

Grimm, Thomas: Die Bayerische Handelsbank in München 1869-1969. München 1969.

Grösslein, Andrea: Die internationalen Kunstausstellungen der Münchener Künstlergenossenschaft im Glaspalast in München von 1869 bis 1888 (Miscellanea Bavarica Monacensia 137). München 1987.

Gunzert, Rudolf/Benning, Bernhard/Veesenmayer, Edmund: Effektenbörse und Volkswirtschaft – Effektenmarkt und Konjunktur – der „Schwarze Freitag". Neugestaltung des Effektentermingeschäfts. Wissenschaftliche Abhandlung (Münchener Volkswirtschaftliche Studien, NF 6). Jena 1929.

Gutschmidt, Hans-Ulrich: Der Aufbau und die Entwicklung des Notenbankwesens in Bayern (1834-1881) unter Berücksichtigung der wirtschaftlichen Verhältnisse. Diss. Köln 1969.

Haff, Karl: Die Bauernbefreiung und der Stand des Bodenzinsrechts in Bayern. Leipzig 1910.

Hahn, Oswald: Zwischen Energiekrise und wirtschaftlicher Wende (1973-1981), in: Pohl, Hans (Hrsg.): Geschichte der deutschen Kreditwirtschaft seit 1945. Frankfurt am Main 1998, S. 249-298.

Haller, Heinz: Die Rolle der Staatsfinanzen für den Inflationsprozeß, in: Deutsche Bundesbank (Hrsg.): Währung und Wirtschaft in Deutschland 1876-1975. Frankfurt am Main [2]1976, S. 115-155.

Hanke, Peter: Zur Geschichte der Juden in München zwischen 1933 und 1945 (Miscellanea Bavarica Monacensia 3). München 1967.

Hansmeyer, Karl-Heinrich: Das Kreditwesen der Deutschen Besatzungszonen, in: Pohl, Hans (Hrsg.): Geschichte der deutschen Kreditwirtschaft seit 1945. Frankfurt am Main 1998, S. 1-22.

Hansmeyer, Karl-Heinrich/Caesar, Rolf: Kriegswirtschaft und Inflation (1936-1948), in: Deutsche Bundesbank (Hrsg.): Währung und Wirtschaft in Deutschland 1876-1975. Frankfurt am Main [2]1976, S. 367-429.

Häuser, Karl: Ausgleichsforderungen und Währungsreform (Beilage zum Geschäftsbericht der Berliner Handels- und Frankfurter Bank 1992). Frankfurt am Main 1992.

Häuser, Karl: Gründung der Bank deutscher Länder und Währungsreform, in: Pohl, Hans (Hrsg.): Geschichte der deutschen Kreditwirtschaft seit 1945. Frankfurt am Main 1998, S. 25-58.

Hazzi, Joseph von: Statistische Aufschlüsse über das Herzogthum Bayern, aus ächten Quellen geschöpft. Ein allgemeiner Beitrag zur Länder- und Menschenkunde. 4 Bde. in 7 Abt. Nürnberg 1801-1808.

Hecker, Hans-Joachim: Um Glaube und Recht. Die „fürstliche" Stadt 1505 bis 1561, in: Bauer, Richard (Hrsg.): Geschichte der Stadt München. München 1992, S. 148-165.

Heckhorn, Evelyn/Wiehr, Hartmut: München und sein Bier. Vom Brauhandwerk zur Bierindustrie. München 1989.

Hefele, Peter: Die Verlagerung von Industrie- und Dienstleistungsunternehmen aus der SBZ/DDR nach Westdeutschland unter besonderer Berücksichtigung Bayerns 1945-1961 (Beiträge zur Unternehmensgeschichte 4). Stuttgart 1998.

Heibl, Franz Maria: Geschichte der Brandversicherung in Bayern. Diss. Würzburg 1938.

Heil, Karl: Die Reichsbank und die bayerische Notenbank in ihrer gegenseitigen Entwicklung in Bayern 1876-1899. Diss. Würzburg 1899.

Heimers, Manfred Peter: Die Strukturen einer barocken Residenzstadt – München zwischen Dreißigjährigem Krieg und dem Vorabend der Französischen Revolution, in: Bauer, Richard (Hrsg.): Geschichte der Stadt München. München 1992, S. 211-243.

Helmer, Georg: Entstehung und Entwicklung der öffentlich-rechtlichen Brandversicherung in Deutschland (Beiträge zur Lehre von den Unternehmungen 16). Jena 1936.

Henning, Friedrich-Wilhelm: Börsenkrisen und Börsengesetzgebung von 1914 bis 1945 in Deutschland, in: Hans Pohl (Hrsg.): Deutsche Börsengeschichte. Frankfurt am Main 1992, S. 209-290.

Henning, Friedrich-Wilhelm: Wirtschafts- und Sozialgeschichte. Bd. 2: Die Industrialisierung in Deutschland 1800 bis 1914. Paderborn 1973.

Hensel, Rudolf: Fünfzig Jahre Allianz 1890-1940. München 1940.

Hentschel, Volker: Die geschichtliche Entwicklung der Landesbanken/ Girozentralen von 1924 bis 1945, in: Mura, Jürgen (Bearb.): Die Landesbanken/Girozentralen – historische Entwicklung und Zukunftsperspektiven. Sparkassenhistorisches Symposium 1990 (Sparkassen in der Geschichte, Abt. 1: Dokumentation 6). Stuttgart 1991, S. 53-69.

Hetzer, Georg/Tröger, Otto-Karl (Hrsg.): Weichenstellungen: Eisenbahnen in Bayern 1835-1920. Eine Ausstellung des bayerischen Hauptstaatsarchivs, München, 29. November 2001 bis 3. Februar 2002 (Ausstellungskataloge der Staatlichen Archive Bayerns 43). München 2001.

Heydenreuther, Reinhard: König Ludwig I. von Bayern und die Sparkassen, in: Feldenkirchen, Wilfried/Krüger, Ingo (Hrsg.): Standortbestimmung: Sparkassengeschichte. Festschrift für Manfred Pix (Zeitschrift für bayerische Sparkassengeschichte 14). München 2000, S. 457-478.

Hirschhorn, Hans: Die Münchener Sparkasse. Entwicklung und heutiger Stand (Beiträge zur Statistik Bayerns 98). München 1921.

Historischer Verein Bayerischer Genossenschaften (Hrsg.): Die Anfänge der modernen Genossenschaftsbewegung in Bayern, Österreich und Südtirol (Schriftenreihe zur Genossenschaftsgeschichte 1). München 1998.

Historischer Verein Bayerischer Genossenschaften (Hrsg.): Beiträge zur Genossenschaftsgeschichte. Teil 1: Genossenschaften und Sparkassen aus historischer Sicht. Ursprünge, Entwicklungen, Perspektiven. Teil 2: Hundertvierzig Jahre Genossenschaften in Bayern (Schriftenreihe zur Genossenschaftsgeschichte 6). München 2003.

Historischer Verein Bayerischer Genossenschaften (Hrsg.): Einführung in die bayerische Genossenschaftsgeschichte und Daten zur bayerischen Genossenschaftsgeschichte (Schriftenreihe zur Genossenschaftsgeschichte 3). München 2000.

Hoffmann, Bernhard: Wilhelm von Finck 1848-1924. Lebensbild eines deutschen Bankiers. München 1953.

Hohenegg, Ernst: Raiffeisen in Bayern: 1893-1965: Fünfundsiebzig Jahre Bayerischer Raiffeisenverband/bayerische Raiffeisenzentralkasse. München 1968.

Holtfrerich, Carl-Ludwig: Auswirkungen der Inflation auf die Struktur des deutschen Kreditgewerbes, in: Feldman, Gerald D./Müller-Luckner, Elisabeth (Hrsg.): Die Nachwirkungen der Inflation auf die deutsche Geschichte 1924-1933 (Schriften des Historischen Kollegs 6). München 1985, S. 187-209.

Holtfrerich, Carl-Ludwig: Finanzplatz Frankfurt. Von der mittelalterlichen Messestadt zum europäischen Bankenzentrum. München 1999.

Holtfrerich, Carl-Ludwig: Die deutsche Inflation 1914-1923. Ursachen und Folgen in internationaler Perspektive. Berlin, New York 1980.

Houtman-De Smedt, Helma/van der Wee, Hermann: Die Entstehung des modernen Geld- und Finanzwesens Europas in der Neuzeit, in: Hans Pohl (Hrsg.): Europäische Bankengeschichte. Frankfurt am Main 1993, S. 75-176.

Hruschka, Marion: Die Entwicklung des Geld- und Kreditwesens unter besonderer Berücksichtigung der Sparkasse im Raum Straubing-Bogen 1803-1972. Straubing 1990.

Hübner, Lorenz: Beschreibung der kurbayerischen Haupt- und Residenzstadt München, und ihrer Umgebungen, verbunden mit ihrer Geschichte. Abt. II: Statistik. München 1805.

Hüttl, Ludwig: Genossenschaftsverband Bayern (Raiffeisen/Schulze-Delitzsch) e. V. München. Eine Chronik der landwirtschaftlichen und gewerblichen Genossenschaftsverbände in Bayern seit dem 19. Jahrhundert. München 1993.

Hüttl, Ludwig: Ursprung, Wandel, Fortschritt. Von der Bayerischen Landwirtschaftsbank eGmbH zur Münchener Hypothekenbank eG 1896-1996. München 1997.

Hummel, Karl-Joseph: München in der Revolution von 1848/49 (Schriftenreihe der Historischen Kommission bei der Bayerischen Akademie der Wissenschaften 30). Göttingen 1987.

Institut für bankhistorische Forschung (Hrsg.): Deutsche Bankengeschichte. Bd. 2: Das deutsche Bankwesen 1806 bis 1914; Bd. 3: Vom Ersten Weltkrieg bis zur Gegenwart. Frankfurt am Main 1982-1983.

Irmler, Heinrich: Bankenkrise und Vollbeschäftigungspolitik (1931-1936), in: Deutsche Bundesbank (Hrsg.): Währung und Wirtschaft in Deutschland 1876-1975. Frankfurt am Main ^{2}1976, S. 283-329.

James, Harold: Die Deutsche Bank und die „Arisierung". München 2001.

James, Harold: The Reichsbank and Public Finance in Germany 1924-1933. A Study of the Politics of Economics During the Great Depression (Schriftenreihe des Instituts für bankhistorische Forschung 5). Frankfurt am Main 1985.

James, Harold: Strukturwandel in Kriegs- und Krisenzeiten 1914-1945, in: Pohl, Hans (Hrsg.): Geschichte des Finanzplatzes Berlin. Frankfurt am Main 2002, S. 157-214.

James, Harold: Verbandspolitik im Nationalsozialismus. Von der Interessenvertretung zur Wirtschaftsgruppe. Der Centralverband des Deutschen Bank- und Bankiergewerbes 1932-1945. München 2001.

Jungmann-Stadler, Franziska: Brauer setzen den Kontokorrentkredit in Bayern durch, in: Die Bank 7 (1991), S. 408 ff.

Jungmann-Stadler, Franziska: Die Finanzierung des Eisenbahnbaus in Bayern bis 1870, in: Hetzer, Georg/Tröger, Otto-Karl (Hrsg.): Weichenstellungen: Eisenbahnen in Bayern 1835-1920. Eine Ausstellung des bayerischen Hauptstaatsarchivs, München, 29. November 2001 bis 3. Februar 2002 (Ausstellungskataloge der Staatlichen Archive Bayerns 43). München 2001, S. 283-299.

Jungmann-Stadler, Franziska: Folgen der Währungsumstellung nach 1871 in Bayern. Anmerkungen zur Gründung der Bayerischen Notenbank und zum schwierigen Verhältnis zur Reichsbank, in: Ackermann, Konrad/Schmid, Alois/Volker, Wilhelm (Hrsg.): Bayern vom Stamm zum Staat. Festschrift für Andreas Kraus zum 80. Geburtstag, Bd. 2 (Schriften zur bayerischen Landesgeschichte 140, 2). München 2002, S. 442-452.

Jungmann-Stadler, Franziska: Die Gründung der Bayerischen Hypotheken- und Wechsel-Bank 1834/35, in: Zeitschrift für bayerische Landesgeschichte 60 (1997), S. 885-924.

Jungmann-Stadler, Franziska: Hypo und Sparkassen im 19. Jahrhundert, in: Zeitschrift für bayerische Sparkassengeschichte 2 (1988), S. 131-170.

Jungmann-Stadler, Franziska: Vor hundertfünfundzwanzig Jahren: Einführung des Pfandbriefs, in: Die Bank 4 (1989), S. 226-230.

Jungmann-Stadler, Franziska: „Eine Quelle der Armut verstopfen": Zur Einführung der Mobiliar-Feuerversicherung in Bayern, in: Ackermann, Konrad/Girisch, Georg (Hrsg.): Gustl Lang. Leben für die Heimat. Festschrift zum 60. Geburtstag. Weiden 1989, S. 430-443.

Kahn, Julius: Münchens Großindustrie und Großhandel. München [2]1913.

Kellenbenz, Hermann: Deutsche Wirtschaftsgeschichte. Bd. 2: Vom Ausgang des 18. Jahrhunderts bis zum Ende des Zweiten Weltkriegs. München 1981.

Kellner, Hans-Jörg: Münze und Geld in Bayern 1648-1873. Ein Überblick, in: Zeitschrift für bayerische Landesgeschichte 64 (2001), S. 337-377.

Kellner, Hans-Jörg: Die österreichische Münzstätte Neuburg/Wernstein, in: Bayerische Münzkataloge 2 (1958), S. 124-131.

Kiehling, Hartmut: Die deutsche Börse in den Jahren 1920 bis 1923, in: Bankhistorisches Archiv 21 (1995), S. 67-106.

Koch, Peter: Münchener Impulse für das Versicherungswesen, in: Versicherungswirtschaft 5 (2002), S. 321-326.

Koch, Peter: München als Versicherungsstadt. Karlsruhe 1959.

Koch, Peter: Pioniere des Versicherungsgedankens. Dreihundert Jahre Versicherungsgeschichte in Lebensbildern 1550-1850. Wiesbaden 1968.

Koch, Peter: Versicherungsplätze in Deutschland. Geschichte als Gegenwart. Wiesbaden 1986.

Köhle, Sieglinde: Kleine Münchener Stadtgeschichte. München 1991.

Königliche Versicherungskammer (Hrsg.): Die bayerischen öffentlichen Landesanstalten für Brand-, Hagel- und Viehversicherung. Denkschrift anlässlich des hundertjährigen Bestehens der Brandversicherungsanstalt. München 1899.

Kopper, Christopher: Zwischen Marktwirtschaft und Dirigismus. Bankenpolitik im „Dritten Reich" 1933-1939. Bonn 1995.

Kraus, Andreas: Grundzüge der Geschichte Bayerns. Darmstadt 1984.

Kraus, Andreas (Hrsg.): Land und Reich. Stamm und Nation. Probleme und Perspektiven bayerischer Geschichte. Festgabe für Max Spindler zum 90. Geburtstag. Bd. 1: Forschungsberichte Antike und Mittelalter (Schriftenreihe zur bayerischen Landesgeschichte 78). München 1984.

Krause, Detlef: Die Commerz- und Disconto-Bank 1870-1920/23. Bankgeschichte als Systemgeschichte (Beiträge zur Unternehmensgeschichte 19). Stuttgart 2004.

Krauss, Marita: Banken, Sparer, Spekulanten. München als Finanzplatz, in: Prinz, Friedrich/Krauss, Marita: München – Musenstadt mit Hinterhöfen: Die Prinzregentenzeit 1886-1912. München 1988, S. 26-34.

Krüger, Ingo: Die Geschichte der bayerischen Sparkassen im Kontext der Modernisierung der Wirtschaft des 19. und 20. Jahrhunderts, in: Historischer Verein Bayerischer Genossenschaften (Hrsg.): Beiträge zur Genossenschaftsgeschichte (Schriftenreihe zur Genossenschaftsgeschichte 6). München 2003, S. 54-69.

Kujath, Hans Joachim/Dybe, Georg/Fichter, Heidi: Europäische Verflechtungen deutscher Metropolregionen und ihre Auswirkungen auf die Raumstruktur des Bundesgebiets (Forschungen des Bundesamtes für Bauwesen und Raumordnung 109). Bonn 2002.

Landesanstalt für Aufbaufinanzierung (Hrsg.): Chronik Fünfzig Jahre LfA Förderbank Bayern. München 2001.

Landesbank Hessen-Thüringen – Girozentrale – (Hrsg.): Märkte und Trends Spezial. Frankfurt am Main 2001.

Landeszentralbank im Freistaat Bayern (Hrsg.): Fakten und Hintergründe zur Wirtschaft und Währung. München 2001.

Landeszentralbank im Freistaat Bayern (Hrsg.): Fünfzig Jahre Landeszentralbank im Freistaat Bayern. München 1997.

Laufer, Ulrike: Das bayerische Brauwesen in frühindustrieller Zeit, in: Grimm, Claus (Hrsg.): Aufbruch ins Industriezeitalter. Bd. 2: Aufsätze zur Wirtschafts- und Sozialgeschichte Bayerns 1750-1850 (Veröffentlichungen zur bayerischen Geschichte und Kultur 4). München 1985, S. 288-297.

Leiskow, Hanns: Spekulation und öffentliche Meinung in der ersten Hälfte des 19. Jahrhunderts (Münchener volkswirtschaftliche Studien, NF 12). Jena 1930.

Liebhart, Wilhelm: Königtum und Politik in Bayern. Frankfurt am Main et al. 1994.

Liebl, Anton J.: Die Privateisenbahn München-Augsburg (1835-1844). Entstehung, Bau und Betrieb. Ein Beitrag zur Strukturanalyse der frühen Industrialisierung Bayerns (Miscellanea Bavarica Monacensia 103). München 1982.

Liedel, Herbert/Dollhopf, Helmut: Der alte Kanal damals und heute: Ludwig-Donau-Main-Kanal. Würzburg 1981.

Lütge, Friedrich: Die Preispolitik in München im hohen Mittelalter. Ein Beitrag zum Streit über das Problem „Nahrungsprinzip" oder „Erwerbsstreben", in: Jahrbücher für Nationalökonomie und Statistik 153 (1941), S. 162-202.

Lutz, Joseph Maria/Stummer, Heinrich: Hundertfünfundzwanzig Jahre Bayerische Hypotheken- und Wechsel-Bank. München 1960.

Lutz, Joseph Maria: Münchener Industrie-Bank e.G.m.b.H. 1862-1962. Hundert Jahre im Dienste der heimischen mittelständischen Wirtschaft. München 1962.

Maier, Lorenz: Vom Markt zur Stadt. Herrschaftsinhaber und Führungsschichten 1158 bis 1294, in: Bauer, Richard (Hrsg.): Geschichte der Stadt München. München 1992, S. 13-60.

Maier-Mannhart, Helmut: Was den „Isar-Kapitalismus" prägt, in: Landesanstalt für Aufbaufinanzierung (Hrsg.): Chronik Fünfzig Jahre LfA Förderbank Bayern. München 2001, S. 68-73.

Marperger, Paul Jacob: Beschreibung der Messen und Jahr-Märkte. Leipzig 1711 (ND Frankfurt am Main 1968: Klassiker der Betriebswirtschaftlehre 2).

Mauersberg, Hans: Wirtschafts- und Sozialgeschichte zentraleuropäischer Städte in neuerer Zeit. Dargestellt an den Beispielen von Basel, Frankfurt am Main, Hamburg, Hannover und München. Göttingen 1960.

Mieck, Ilja: Berlins Aufstieg zum ersten preußischen Finanzplatz bis zur Industrialisierung, in: Pohl, Hans (Hrsg.): Geschichte des Finanzplatzes Berlin. Frankfurt am Main 2002, S. 1-52.

Möckl, Karl: König und Industrie. Zur Industrialisierungspolitik der Könige – Maximilian I. Joseph, Ludwig I. und Maximilian II., in: Grimm, Claus (Hrsg.): Aufbruch ins Industriezeitalter. Bd. 2: Aufsätze zur Wirtschafts- und Sozialgeschichte Bayerns 1750-1850 (Veröffentlichungen zur bayerischen Geschichte und Kultur 4). München 1985, S. 23-37.

Möckl, Karl (Hrsg.): Wirtschaftsbürgertum in den deutschen Staaten im 19. und 20. Jahrhundert. Büdinger Forschungen zur Sozialgeschichte 1987/1988 (Deutsche Führungsschichten in der Neuzeit 21). München 1996.

Möller, Hans: Die westdeutsche Währungsreform von 1948, in: Deutsche Bundesbank (Hrsg.): Währung und Wirtschaft in Deutschland 1876-1975. Frankfurt am Main [2]1976, S. 433-483.

Moser, Eva/Winkler, Richard: Wegmarken. Hundertfünfundzwanzig Jahre Bankhaus H. Aufhäuser. München 1995.

Moser, Heinz/Rizzolli, Helmut/Tursky, Heinz (Hrsg.): Tiroler Münzbuch. Die Geschichte des Geldes aus den Prägestätten des alttirolischen Raumes. Innsbruck 1984.

Moser, Heinz/Tursky, Heinz: Corpus Nummorum Tirolensium. Die Münzen Kaiser Rudolfs II. aus der Münzstätte Hall in Tirol 1602-1612. Innsbruck 1986.

Moser, Heinz/Tursky, Heinz: Die Münzstätte Hall in Tirol, in: Moser, Heinz/ Rizzolli, Helmut/ Tursky, Heinz (Hrsg.): Tiroler Münzbuch. Die Geschichte des Geldes aus den Prägestätten des alttirolischen Raumes. Innsbruck 1984.

Moser, Heinz/Tursky, Heinz: Die Münzstätte Hall in Tirol 1665-1809. Innsbruck 1981.

Mosler, Eduard: Gegenwartsfragen des deutschen Bankgewerbes, in: Bank-Archiv 1936, S. 137-142.

Mosse, Werner /Pohl, Hans (Hrsg.): Jüdische Unternehmer in Deutschland im 19. und 20. Jahrhundert (Zeitschrift für Unternehmensgeschichte, Beiheft 64). Stuttgart 1992.

Mossner, Bernd: Die Entwicklung der Rückversicherung bis zur Gründung selbständiger Rückversicherungsgesellschaften (Versicherungsforschung 3). Berlin 1959.

Mössner, Karl Eugen: Das deutsche Bodenkreditsystem. Begriffliche Grundlagen, theoretisches System, praktische Probleme und organisatorischer Aufbau des bankmässig organisierten Bodenkredits in Deutschland (Deutscher Bodenkredit 1). Berlin 1934.

Müller, Kurt: Die Königliche Bank zu Nürnberg und ihre Beziehungen zu den bayerischen Sparkassen im 19. Jahrhundert bis zum Ersten Weltkrieg, in: Zeitschrift für bayerische Sparkassengeschichte 2 (1988), S. 115-129.

Müller, Reiner: Unternehmer – Arbeitnehmer. Lebensbilder aus der Frühzeit der Industrialisierung in Bayern (Veröffentlichungen zur bayerischen Geschichte und Kultur 7). München [2]1987.

Müller, Reinhold: Der heimliche Gigant, in: Wirtschaft – das IHK-Journal für München und Oberbayern 1 (1997), S. 8-11.

Münchener Rückversicherung (Hrsg.): Hundert Jahre Münchener Rück 1880-1980. München 1984.

Mura, Jürgen (Bearb.): Die Landesbanken/Girozentralen, historische Entwicklung und Zukunftsperspektiven. Sparkassenhistorisches Symposium 1990 (Sparkassen in der Geschichte, Abt. 1: Dokumentation 6). Stuttgart 1991.

Nelkenbrecher, Johann Christian/Gerhardt, Markus Rudolph Balthasar: Nelkenbrechers Taschenbuch der Münz-, Maaß- und Gewichtskunde für Kaufleute. Berlin [7]1793; [8]1798.

Nicolai, Friedrich: Beschreibung einer Reise durch Deutschland und die Schweiz im Jahre 1781. Nebst Bemerkungen über Gelehrsamkeit, Industrie, Religion und Sitten. 12 Bde. Berlin/Stettin 1783-1796.

Noback, Christian/Noback, Friedrich: Münz-, Maass- und Gewichtsbuch. Das Geld-, Maass- und Wechselwesen, die Kurse, Staatspapiere, Banken, Handelsanstalten und Usanzen aller Staaten und wichtigern Orte. Leipzig 1858.

Nöhbauer, Hans F.: München. Eine Geschichte der Stadt und ihrer Bürger. Bd. 1: 1158 bis 1854. München [2]1989.

Notthafft, Richard von/Drausnick, Friedrich/Hauff, August: Zum fünfzigjährigen Jubiläum der Notenbank, in: Bayerische Notenbank, Geschäftsbericht 1925 [o. P.].

Obenaus, Walter: Aktiengesellschaften in der bayerischen Wirtschaftsgeschichte des 19. Jahrhunderts. Diss. München 1976.

OECD – Organisation for Economic Co-operation and Development (Ed.): The New Banking Landscape in Central and Eastern Europe: Country Experience and Policies for the Future. Paris 1997.

Ohe, Werner von der: Bayern im 19. Jahrhundert – ein Entwicklungsland? Möglichkeiten und Grenzen des Beitrags der vergleichenden Sozialforschung, in: Grimm, Claus (Hrsg.): Aufbruch ins Industriezeitalter. Bd. 1: Linien der Entwicklungsgeschichte (Veröffentlichungen zur bayerischen Geschichte und Kultur 3). München 1985, S. 169-202.

Otto, Frank: Die Entstehung des nationalen Geldes. Integrationsprozesse der deutschen Währung im 19. Jahrhundert (Schriften zur Wirtschafts- und Sozialgeschichte 71). Berlin 2002.

Pfeffer, Rupert: Die Mittelstandsförderung der LfA Förderbank Bayern – eine Zwischenbilanz, in: Zeitschrift für das gesamte Kreditwesen 1 (1999), S. 20-23.

Pfleiderer, Otto: Das Prinzip „Mark = Mark“ in der deutschen Inflation 1914 bis 1924, in: Büsch Otto/Feldman, Gerald D. (Hrsg.): Historische Prozesse der deutschen Inflation 1914 bis 1924. Ein Tagungsbericht (Einzelveröffentlichungen der Historischen Kommission zu Berlin 21). Berlin 1978, S. 69-115.

Pfleiderer, Otto: Die Reichsbank in der Zeit der großen Inflation, die Stabilisierung der Mark und die Aufwertung von Kapitalforderungen, in: Deutsche Bundesbank (Hrsg.): Währung und Wirtschaft in Deutschland 1876-1975. Frankfurt am Main [2]1976, S. 157-201.

Pix, Manfred (Hrsg.): Daseinsvorsorge und Kreditvergabe vom 17. bis zum 20. Jahrhundert (Zeitschrift für bayerische Sparkassengeschichte 8). München 1994.

Pohl, Hans: Banken und Bankgeschäfte bis zur Mitte des 19. Jahrhunderts, in: ders. (Hrsg.): Europäische Bankengeschichte. Frankfurt am Main 1993, S. 196-217.

Pohl, Hans (Hrsg.): Europäische Bankengeschichte. Frankfurt am Main 1993.

Pohl, Hans: Das deutsche Bankwesen (1806-1848), in: Institut für bankhistorische Forschung (Hrsg.): Deutsche Bankengeschichte. Bd. 2: Das deutsche Bankwesen 1806-1914. Frankfurt am Main 1982, S. 11-140.

Pohl, Hans (Hrsg.): Die Bedeutung der Kommunikation für Wirtschaft und Gesellschaft (Vierteljahrschrift für Wirtschafts- und Sozialgeschichte, Beiheft 87). Stuttgart 1989.

Pohl, Hans (Hrsg.): Deutsche Börsengeschichte. Frankfurt am Main 1992.

Pohl, Hans (Hrsg.): Geschichte des Finanzplatzes Berlin. Frankfurt am Main 2002.

Pohl, Hans (Hrsg.): Geschichte der deutschen Kreditwirtschaft seit 1945. Frankfurt am Main 1998.

Pohl, Hans: Merck, Finck & Co. Privatbankiers 1870-1995. Hundertfünfundzwanzig Jahre Geschichte einer Privatbank. München 1995.

Pohl, Hans: Die rheinischen Sparkassen. Entwicklung und Bedeutung für Wirtschaft und Gesellschaft von den Anfängen bis 1990. Stuttgart 2001.

Pohl, Hans/Jachmich, Gabriele: Einführung, in: Pohl, Hans (Hrsg.): Europäische Bankengeschichte. Frankfurt am Main 1993, S. 13-30.

Pohl, Kurt: Die Anfänge des deutschen Lebensversicherungswesens. Diss. Leipzig 1913.

Pohl, Manfred: Bankensysteme und Bankenkonzentration von den 1850er Jahren bis 1918. Allgemeine Entwicklungslinien, in: Pohl, Hans (Hrsg.): Europäische Bankengeschichte. Frankfurt am Main 1993, S. 218-233.

Pohl, Manfred: Deutschland, in: Pohl, Hans (Hrsg.): Europäische Bankengeschichte. Frankfurt am Main 1993, S. 263-278.

Pohl, Manfred: Die Entwicklung des privaten Bankwesens nach 1945, in: Institut für bankhistorische Forschung (Hrsg.): Deutsche Bankengeschichte. Bd. 3: Vom Ersten Weltkrieg bis zur Gegenwart. Frankfurt am Main 1983, S. 205-276.

Pohl, Manfred: Konzentration im deutschen Bankwesen 1848-1980 (Schriftenreihe des Instituts für bankhistorische Forschung 4). Frankfurt am Main 1982.

Popp, August: Die Entstehung der Gewerbefreiheit in Bayern (Abhandlungen aus dem Staatswissenschaftlichen Seminar an der Universität Erlangen 4). Leipzig 1928.

Porter, Michael E.: Nationale Wettbewerbsvorteile. Erfolgreich konkurrieren auf dem Weltmarkt. München 1991.

Poschinger, Heinrich von: Bankgeschichte des Königreichs Bayern 1498-1876. Erlangen 1874-1876 (ND Vaduz 1977).

Prändel, Johann Georg: Erdbeschreibung der gesammten pfalzbayrischen Besitzungen mit steter Hinsicht auf Topographie, Geschichte, physische Beschaffenheit, Land- und Staatswirthschaft. Abt. I. Amberg 1805.

Prell, Jan Hendrik/Böttge, Horst: Werte im Wandel der Zeit. Giesecke & Devrient 1852-2002. Stuttgart 2002.

Prestel, Claudia: Jüdische Hoffaktoren in Bayern, in: Treml, Manfred (Hrsg.): Geschichte und Kultur der Juden in Bayern. Bd. 1: Aufsätze (Veröffentlichungen zur bayerischen Geschichte und Kultur 17). München 1988, S. 199-207.

Prinz, Friedrich/Krauss, Marita: München – Musenstadt mit Hinterhöfen: Die Prinzregentenzeit 1886-1912. München 1988.

Prion, Wilhelm: Der deutsche Geld- und Kapitalmarkt seit der Stabilisierung, in: Diehl, Karl/Beckerath, Erwin von/Bonn, Moritz Julius (Hrsg.): Wirkungen und Ursachen des hohen Zinsfusses in Deutschland. Jena 1932, S. 332-367.

Pronold, Elisabeth: Die Organisation der Bayerischen Hypotheken- und Wechselbank München 1835-1875, in: Scripta Mercaturae 37/2 (2003), S. 45-75.

Pronold, Elisabeth: Die Sozialstruktur der Gründungsaktionäre der Bayerischen Hypotheken- und Wechselbank und ihr Einfluss auf die Geschäftsführung 1835-1846, in: Scripta Mercaturae 38/2 (2004), S. 1-22.

Puschner, Uwe: Handwerk zwischen Tradition und Wandel. Das Münchner Handwerk an der Wende vom 18. zum 19. Jahrhundert (Göttinger Beiträge zur Wirtschafts- und Sozialgeschichte 13). Göttingen 1988.

Rädlinger, Christine: Die große Krise. Finanzielle Probleme und Verfassungskämpfe 1365 bis 1403, in: Bauer, Richard (Hrsg.): Geschichte der Stadt München. München 1992. S. 97-119.

Referat für Arbeit und Wirtschaft der Landeshauptstadt München (Hrsg.): München – Der Wirtschaftstandort 2001. München 2001.

Referat für Arbeit und Wirtschaft der Landeshauptstadt München (Hrsg.): München – Der Wirtschaftstandort 2002. München 2002.

Referat für Arbeit und Wirtschaft der Landeshauptstadt München (Hrsg.): München – Der Wirtschaftstandort 2005. München 2005.

Referat für Arbeit und Wirtschaft der Landeshauptstadt München (Hrsg.): Wirtschafts- und beschäftigungspolitisches Konzept für die Stadt München. München 1999.

Regionaler Planungsverband (RPV) München: Regionalplan. München 2001.

Reinhart, Friedrich: Die deutschen Banken in der Krise, in: Deutsches Institut für Bankwissenschaft und Bankwesen (Hrsg.): Probleme des deutschen Wirtschaftslebens. Erstrebtes und Erreichtes. Festschrift für Hjalmar Schacht zum 60. Geburtstag. Berlin/Leipzig 1937, S. 163-196.

Reiter, Werner: Das Bundesanleihekonsortium im Zusammenhang mit Gesamtwirtschaft, Staat, Banken und Kapitalmarkt (Schriftenreihe für Kreditwirtschaft und Finanzierung 3). Wiesbaden 1967.

Reuss, Heinrich: Vereinsbank – das Entstehen einer Bankengruppe. Schrift zum hundertfünfundzwanzigjährigen Bestehen der Vereinsbank. München 1994.

Riesser, Jacob: Die deutschen Großbanken und ihre Konzentration im Zusammenhang mit der Entwicklung der Gesamtwirtschaft in Deutschland. Jena [4]1912.

Rittmann, Herbert: Deutsche Geldgeschichte 1484–1914. München 1975

Rittmann, Herbert: Deutsche Geldgeschichte seit 1914. München 1986.

Rohmeder, A. F.: München als Handelsstadt in Vergangenheit, Neuzeit und Gegenwart. Zwei Vorträge, gehalten im Sitzungssaale der Handels- und Gewerbekammer für Oberbayern in München auf Veranlassung des Deutschen Bankbeamten-Vereins e. V., Zweigverein München. München 1905.

Rost, Hans: Bevölkerungs- und Gewerbestatistik Münchens im 17. Jahrhundert. Diss. München 1902.

Roth, Günter: Geld aus München für München, in: Das Bayerland 12 (1901), S. 4-12.

Rudolph, Bernd: Effekten- und Wertpapierbörsen, Finanztermin- und Devisenbörsen seit 1945, in: Pohl, Hans (Hrsg.): Deutsche Börsengeschichte. Frankfurt am Main 1992, S. 293-362.

Rudolph, Bernd: Die Deutsche Kreditwirtschaft im Europäischen Markt, in: Pohl, Hans (Hrsg.): Geschichte der deutschen Kreditwirtschaft seit 1945. Frankfurt am Main 1998, S. 463-492.

Ruhland, Antonie: Die Anfänge der gewerblichen Genossenschaftsbewegung in Bayern (anhand ausgewählter Beispiele), in: Historischer Verein Bayerischer Genossenschaften (Hrsg.): Die Anfänge der modernen Genossenschaftsbewegung in Bayern, Österreich und Südtirol (Schriftenreihe zur Genossenschaftsgeschichte 1). München 1998, S. 32-51.

Ruhland, Antonie: Die Entwicklung einer gewerblichen Kreditgenossenschaft in Bayern, dargestellt am Beispiel der Münchener Industrie-Bank/Münchener Bank eG, der ältesten Genossenschaftsbank Bayerns. Eine Chronik, in: Historischer Verein Bayerischer Genossenschaften (Hrsg.): Beiträge zur Genossenschaftsgeschichte (Schriftenreihe zur Genossenschaftsgeschichte 6). München 2003, S. 132-150.

Ruppel, Thilo: Hundertfünfzig Jahre Börse in München. Eine Festschrift zum hundertfünfzigjährigen Bestehen der Münchener Börse. München 1980.

Rustmann, Otto: Geschichte und Statistik der Mobiliar-Feuerversicherung im Königreiche Bayern. Diss. Naumburg an der Saale 1901.

Salzmann, Alfred: Ursprung und Ziel der modernen Bankentwicklung. Dresden 1904.

Schäder, Christian: Münchner Brauindustrie 1871-1945. Die wirtschaftsgeschichtliche Entwicklung eines Industriezweiges (Wissenschaftliche Beiträge, Reihe Wirtschaftswissenschaften 3). Marburg 1999.

Schaefer, Wilhelm: Die Feuerrückversicherung. Diss. Heidelberg 1900.

Schattenhofer, Michael: Von Kirchen, Kurfürsten & Kaffeesiedern etcetera: Aus Münchens Vergangenheit (Neue Schriftenreihe des Stadtarchivs München 78). München 1974.

Schattenhofer, Michael: Die alten Münchner Märkte und Dulten, in: Oberbayerisches Archiv 109/1 (1984) , S. 66-98.

Schattenhofer, Michael: Aus der Münchner Wirtschaftsgeschichte, in: Kraus, Andreas (Hrsg.): Land und Reich. Stamm und Nation. Probleme und Perspektiven bayerischer Geschichte. Festgabe für Max Spindler zum 90. Geburtstag. Bd. 1: Forschungsberichte Antike und Mittelalter (Schriftenreihe zur bayerischen Landesgeschichte 78). München 1984, S. 447-464.

Schmelzle, Hans: Der Staatshaushalt des Herzogtums Bayern im 18. Jahrhundert mit Berücksichtigung der wirtschaftlichen, politischen und sozialen Verhältnisse des Landes. Stuttgart 1900.

Schmitt-Lermann, Hans: Hundert Jahre Bayerische Versicherungskammer. München 1975.

Schnee, Heinrich: Die Familie Seligmann-Eichtal als Hoffinanziers an süddeutschen Fürstenhöfen, in: Zeitschrift für bayerische Landesgeschichte 25 (1962), S. 163-201.

Schneider, Jürgen/Schwarzer, Oskar: Statistik der Geld- und Wechselkurse in Deutschland (1815-1913) (Quellen und Forschungen zur historischen Statistik von Deutschland 11). St. Katharinen 1990.

Schremmer, Eckart (Hrsg.): Wirtschaftliche und soziale Integration in historischer Sicht. 16. Arbeitstagung der Gesellschaft für Sozial- und Wirtschaftsgeschichte in Marburg vom 19. bis 22. April 1995 (Vierteljahrschrift für Sozial- und Wirtschaftsgeschichte, Beiheft 128). Stuttgart 1996.

Schremmer, Eckart: Die Wirtschaft Bayerns: Vom hohen Mittelalter bis zum Beginn der Industrialisierung. Bergbau, Gewerbe, Handel. München 1970.

Schubert, Ernst: Wucher und Kredit in Bayern vom 18. bis zur Mitte des 19. Jahrhunderts, in: Pix, Manfred (Hrsg.): Daseinsvorsorge und Kreditvergabe vom 17. bis zum 20. Jahrhundert (Kritische Studien zur Geschichtswissenschaft 98). München 1994, S. 21-44.

Schumann, Dirk: Bayerns Unternehmer in Gesellschaft und Staat, 1834-1914. Fallstudien zu Herkunft und Familie, politischer Partizipation und staatlichen Aufzeichnungen. Göttingen 1992.

Schumann, Fritz: Die vier letzten Privatnotenbanken. Ein Beitrag zur Geschichte des Bankwesens (Kultur und Fortschritt 311). Gautzsch bei Leipzig 1910.

Schwinkowski, Walter: Die Reichsmünzreformbestrebungen in den Jahren 1665-1670 und der Vertrag zu Zinna 1667. Mit besonderer Berücksichtigung der obersächsischen Münz- und Geldgeschichte, in: Vierteljahrschrift für Sozial- und Wirtschaftsgeschichte 14 (1918), S. 1-87.

Siebert, Georg: Hundert Jahre Merck, Finck & Co. München 1970.

Simonsfeld, Henry: Der Fondaco dei Tedeschi in Venedig und die deutsch-venetianischen Handelsbeziehungen. Stuttgart 1887 (ND Aalen 1968).

Sitzmann, Gerhard (Hrsg.): Weltenburger Akademie (Arbeitsblätter der historischen Arbeitsgemeinschaft 6). Abensberg 1983.

Sitzmann, Gerhard: Die Bauernbefreiung in Bayern. Berlin 1958.

Solleder, Fridolin: München im Mittelalter. München 1938.

Spenkuch, Georg: Zur Geschichte der Münchener Börse (Wirtschafts- und Verwaltungsstudien mit besonderer Berücksichtigung Bayerns 30). Leipzig 1908.

Spiethoff, Bodo: Ungewollt zur Größe. Die Geschichte der Bayerischen Sparkassen. München 1958.

Spilker, Ernst: Bayerns Gewerbe 1815-1965 (Volkswirtschaftliche Forschungsbeiträge 2). Diss. München 1985.

Spindler, Max (Hrsg.): Handbuch der bayerischen Geschichte. Bd. 4, 2: Das neue Bayern 1800-1970. München 1975.

Spoerer, Mark: Vom Scheingewinn zum Rüstungsboom. Die Eigenkapitalrentabilität der deutschen Industrieaktiengesellschaften 1925-1941 (Vierteljahrschrift für Sozial- und Wirtschaftsgeschichte, Beiheft 123). Stuttgart 1996.

Spree, Reinhard: Wachstum, in: Ambrosius, Gerald (Hrsg.): Moderne Wirtschaftsgeschichte. Eine Einführung für Historiker und Ökonomen. München 1996, S. 137-156.

Sprenger, Bernd: Das Geld der Deutschen. Geldgeschichte Deutschlands von den Anfängen bis zur Gegenwart. Paderborn et al. [1]1991; [3]2002.

Staatliches Hofbräuhaus München (Hrsg.): Dreihundertfünfzig Jahre Staatliches Hofbräuhaus München 1589-1939. München 1939.

Stadtsparkasse München (Hrsg.): Hundertfünfundzwanzig Jahre Stadtsparkasse München. München 1949.

Stahl, Wolfgang: Joseph von Utzschneider und seine Bedeutung für die deutsche optische Industrie. Diss. München 1929.

Stahleder, Helmuth: Konsolidierung und Ausbau der bürgerlichen Stadt. München im 15. Jahrhundert, in: Bauer, Richard (Hrsg.): Geschichte der Stadt München. München 1992, S. 120-147.

Statistisches Reichsamt (Hrsg.), Die deutschen Banken 1924 bis 1926 (Einzelschriften zur Statistik des Deutschen Reichs 3). Berlin 1927.

Steffan, Franz: Die Bayerische Staatsbank 1780-1930. Geschichte und Geschäfte einer öffentlichen Bank. München/Berlin 1930.

Steffan, Franz: Bayerische Vereinsbank 1869-1969. Eine Regionalbank im Wandel eines Jahrhunderts. Würzburg 1969.

Steffan, Franz: Bilder und Berichte aus hundert Jahren Bankgeschichte. Hundert Jahre Vereinsbank in Nürnberg. Nürnberg 1971.

Steffan, Franz/Diehm, Walter: Die Bayerische Staatsbank von 1780 bis 1955: Geschichte und Geschichten einer öffentlichen Bank. München 1955.

Stein, Jürgen (Bearb.): Das Bankwesen in Deutschland. Köln [14]1985.

Steinberg, Jonathan: Die Deutsche Bank und ihre Goldtransaktionen während des Zweiten Weltkrieges. München 1999.

Steiner, Jürgen: Die geschichtliche Entwicklung der Landesbanken/ Girozentralen von 1945 bis zur Gegenwart, in: Mura, Jürgen (Bearb.): Die Landesbanken/Girozentralen – historische Entwicklung und Zukunftsperspektiven. Sparkassenhistorisches Symposium 1990 (Sparkassen in der Geschichte, Abt. 1: Dokumentation 6). Stuttgart 1991, S. 71-96.

Steinhüser, Ferdinand August: Johann Joachim Becher und die Einzelwirtschaft. Ein Beitrag zur Geschichte der Einzelwirtschaftlehre und des Kameralismus (Nürnberger Beiträge zu den Wirtschaftswissenschaften 24/25). Nürnberg 1931.

Stromer, Wolfgang von: Oberdeutsche Hochfinanz 1350-1450. 3 Bde. (Vierteljahr-Schrift für Sozial- und Wirtschaftsgeschichte, Beihefte 55-57). Wiesbaden 1970.

Struve, Emil: Die Entwicklung des Bayerischen Braugewerbes im neunzehnten Jahrhundert. Diss. Leipzig 1893.

Stürmer, Michael: Höfische Kultur und frühmoderne Unternehmer – Zur Ökonomie des Luxus im 18. Jahrhundert, in: Historische Zeitschrift 229 (1979), S. 265 – 297.

Süddeutsche Bodencreditbank (Hrsg.): Hundertfünfundzwanzig Jahre Süddeutsche Bodencreditbank. München 1996.

Sundheimer, Paul: Die jüdische Hochfinanz und der bayrische Staat im 18. Jahrhundert, in: Finanz-Archiv. Zeitschrift für das gesamte Finanzwesen 41/1 (1924), S. 1-44; 41/2 (1924), S. 1-50.

Theiss, Helmut: Frischer Wind im Bankgewerbe, in: Der Arbeitgeber 23/24 (1972), S. 961-964.

Thuringia Versicherungs-Aktiengesellschaft (Hrsg.): Hundert Jahre einer Versicherungsgesellschaft. München 1953.

Tipton, Frank B.: Regional Variations in the Economic Development of Germany during the Nineteenth Century. Middletown/Connecticut 1976.

Die Top 100 der deutschen Wirtschaft, in: Die Bank 7/2002.

Treml, Manfred: Geschichte des modernen Bayern: Königreich und Freistaat. München 1994.

Treml, Manfred (Hrsg.): Geschichte und Kultur der Juden in Bayern. Bd. 1: Aufsätze (Veröffentlichungen zur bayerischen Geschichte und Kultur 17). München 1988.

Tröger, Otto-Karl: Eisenbahn und Staatsverwaltung im Königreich Bayern, in: Hetzer, Georg/Tröger, Otto-Karl (Hrsg.): Weichenstellungen: Eisenbahnen in Bayern 1835-1920. Eine Ausstellung des bayerischen Hauptstaatsarchivs, München, 19. November 2001 bis 3. Februar 2002 (Ausstellungskataloge der staatlichen Archive Bayerns 43). München 2001, S. 300-309.

Turner, Hans: Elektrizität und Elektrotechnik. Ihre Bedeutung für die industrielle Entwicklung Bayerns, in: Bott, Gerhard (Hrsg.): Leben und Arbeiten im Industriezeitalter. Eine Ausstellung zur Wirtschafts- und Sozialgeschichte Bayerns seit 1850. Stuttgart 1985, S. 223-234.

Ulrich, Keith: Aufstieg und Fall der Privatbankiers. Die wirtschaftliche Bedeutung von 1918 bis 1938 (Schriftenreihe des Instituts für bankhistorische Forschung 20). Frankfurt am Main 1998.

Untersuchungsausschuss für das Bankwesen 1933.
Teil I: Vorbereitendes Material (Ansprachen und Referate);
Teil II: Statistiken. Berlin 1934.

Vietzen, Hermann: Der Münchner Salzhandel im Mittelalter. Diss. München 1936.

Wachinger, Martin: Die Bayerische Notenbank. Ihr Wirken und ihre Bedeutung für die Volkswirtschaft. Diss. München 1934.

Wagner-Braun, Margarete: Zur Bedeutung berufsständischer Krankenkassen innerhalb der privaten Krankenversicherung in Deutschland bis zum Zweiten Weltkrieg. Die Selbsthilfeeinrichtungen der katholischen Geistlichen (Beiträge zur Wirtschafts- und Sozialgeschichte 95). Stuttgart 2002.

Wagner-Braun, Margarete: Zur Bedeutung des Regenflusses als Wasserstraße im 19. Jahrhundert, in: Scripta Mercaturae 2 (1996), S. 1-41.

Wagner-Braun, Margarete: Grundlinien der Mittelstandsfinanzierung 1870 bis 1945, in: Bankhistorisches Archiv 29 (2003), S. 75-98.

Walter, Rolf: Jüdische Bankiers in Deutschland bis 1932, in: Mosse, Werner E./Hans Pohl (Hrsg.): Jüdische Unternehmer in Deutschland im 19. und 20. Jahrhundert (Zeitschrift für Unternehmensgeschichte, Beiheft 64). Stuttgart 1992, S. 78-99.

Walter, Rolf: Märkte, Börsen, Messen, Ausstellungen und Konferenzen im 19. und 20. Jahrhundert, in: Pohl, Hans (Hrsg.): Die Bedeutung der Kommunikation für Wirtschaft und Gesellschaft (Vierteljahrschrift für Wirtschafts- und Sozialgeschichte, Beiheft 87). Stuttgart 1989, S. 379-440.

Wandel, Eckhard: Banken und Versicherungen im 19. und 20. Jahrhundert (Enzyklopädie deutscher Geschichte 45). München 1998.

Wandel, Eckhard: Das deutsche Bankwesen im Dritten Reich (1933-1945), in: Institut für bankhistorische Forschung (Hrsg.): Deutsche Bankengeschichte. Bd. 3: Vom Ersten Weltkrieg bis zur Gegenwart. Frankfurt am Main 1983, S. 147-203.

Weber, Manfred: Bankenmarkt Deutschland: I. Der Strukturwandel, in: Die Bank 6/2002, S. 398-404.

Weidenhammer, Rudolf: Die Entwicklung der Süddeutschen Bodencreditbank. Würzburg 1921.

Werner, Kurt: Die deutschen Wirtschaftsgebiete in der Krise. Statistische Studie zur regional vergleichenden Konjunkturbetrachtung. Jena 1932.

Westenrieder, Joseph: Beschreibung der Haupt- und Residenzstadt München (in gegenwärtigem Zustande). München 1782.

Widmann, Hans: Die Münchner Großmarkthalle. Gründung, Entwicklung und Perspektiven (Beiträge zur Wirtschafts- und Sozialgeschichte 16). Weiden/Regensburg 2003.

Wiest, Ekkehard: Gesellschaft und Wirtschaft in München 1830-1920. Die sozioökonomische Entwicklung der Stadt dargestellt anhand historischer Adressbücher (Aktuelle Beiträge zur sozialwissenschaftlichen Forschung 3). Pfaffenweiler 1991.

Wiest, Georg: „Munizipalsozialismus" im Kaiserreich. Dargestellt am Beispiel der wirtschaftlichen Tätigkeit der Stadt München 1890-1914 [unveröffentlichte Diplomarbeit an der Wirtschaftswissenschaftlichen Fakultät der Universität Regensburg, WS 1986/87].

Willers, Johannes: Das Nachrichtenwesen, in: Bott, Gerhard (Hrsg.): Leben und Arbeiten im Industriezeitalter. Eine Ausstellung zur Wirtschafts- und Sozialgeschichte Bayerns seit 1850. Stuttgart 1985, S. 81-85.

Winkel, Harald: Die Ablösungskapitalien aus der Bauernbefreiung in West- und Süddeutschland. Höhe und Verwendung bei Standes- und Grundherren (Quellen und Forschungen zur Agrargeschichte 19). Stuttgart 1968.

Winkel, Harald: Wirtschaft im Aufbruch. Der Wirtschaftsraum München-Oberbayern und seine Industrie- und Handelskammer im Wandel der Zeit. München 1990.

Wixforth, Harald/Ziegler, Dieter: Deutsche Privatbanken und Privatbankiers im 20. Jahrhundert, in: Geschichte und Gesellschaft 23 (1997), S. 205-235.

Wolf, Eduard: Geld- und Finanzprobleme der deutschen Nachkriegswirtschaft, in: Deutsches Institut für Wirtschaftsforschung (Hrsg.), Die deutsche Wirtschaft zwei Jahre nach dem Zusammenbruch. Berlin 1947.

Wolf, Herbert: Vom Großbankengesetz bis zur „Normalisierung" (1953-1958), in: Pohl, Hans (Hrsg.): Geschichte der deutschen Kreditwirtschaft seit 1945. Frankfurt am Main 1998, S. 111-148.

Wolf, Herbert: Dreißig Jahre Nachkriegsentwicklung im deutschen Bankwesen (Studien zur Entwicklung der deutschen Kreditwirtschaft 1). Mainz 1980.

Wolf, Herbert: Von der Währungsreform bis zum Großbankengesetz (1948-1952), in: Pohl, Hans (Hrsg.): Geschichte der deutschen Kreditwirtschaft seit 1945. Frankfurt am Main 1998, S. 59-110.

Wormser, Otto: Die Frankfurter Börse. Ihre Besonderheiten und ihre Bedeutung. Ein Beitrag zur Frage der Börsenkonzentration (Archiv für Sozialwissenschaften und Sozialpolitik, Ergänzungsheft 15). Tübingen 1919.

Wysocki, Josef: Die geschichtliche Entwicklung der Landesbanken/Girozentralen von 1909 bis 1923, in: Mura, Jürgen (Bearb.): Die Landesbanken/Girozentralen – historische Entwicklung und Zukunftsperspektiven. Sparkassenhistorisches Symposium 1990 (Sparkassen in der Geschichte: Abt. 1, Dokumentation. Bd. 6). Stuttgart 1991, S. 37-51.

Wysocki, Josef: Die Sparkassen in Wirtschaft und Gesellschaft des Bundeslandes Bayern. München 1989.

Zabel, Ulf: Gewerbeaufsicht in Bayern und in Augsburg in der ersten Hälfte des 19. Jahrhunderts, in: Grimm, Claus (Hrsg.): Aufbruch ins Industriezeitalter. Bd. 2: Aufsätze zur Wirtschafs- und Sozialgeschichte Bayerns 1750-1850 (Veröffentlichungen zur bayerischen Geschichte und Kultur 4). München 1985, S. 37-42.

Zeitler, Franz-Christoph: Verantwortung für Stabilität – auf dem Weg zur Europäischen Währungsunion, in: Deutsche Steuerzeitung 84 (1996), S. 289-294.

Zerback, Ralf: Unter der Kuratel des Staates. Die Stadt zwischen Gemeindeedikt von 1818 und Gemeindeordnung von 1869, in: Bauer, Richard (Hrsg.): Geschichte der Stadt München. München 1992, S. 274-306.

Zerback, Ralf: München und sein Stadtbürgertum. Eine Residenzstadt als Bürgergemeinde 1780-1870 (Stadt und Bürgertum 8). München 1997.

Zorn, Wolfgang: Bayerns Gewerbe, Handel und Verkehr (1806-1970), in: Spindler, Max (Hrsg.): Handbuch der bayerischen Geschichte. Bd. 4, 2: Das neue Bayern 1800-1970. München 1975, S. 781-845.

Zorn, Wolfgang: Kleine Wirtschafts- und Sozialgeschichte Bayerns 1806-1933 (Bayerische Heimatforschung 14). München 1962.

Zwahr, Hartmut/Topfstedt, Thomas/Bentele, Günter (Hrsg.): Leipzigs Messen 1497-1997. Gestaltwandel, Umbrüche, Neubeginn. Bd. 1: 1497-1914 (Geschichte und Politik in Sachsen 9, 1). Köln 1999.

Zwehl, Konrad von: Joseph Anton von Maffei – Ein wagemutiger Fabrikgründer, in: Müller, Rainer (Hrsg.): Unternehmer – Arbeitnehmer. Lebensbilder aus der Frühzeit der Industrialisierung in Bayern (Veröffentlichungen zur bayerischen Geschichte und Kultur 7). München ^{2}1987.

Personenverzeichnis

Verzeichnis der Unternehmen und Institutionen

Sachregister

www.ingramcontent.com/pod-product-compliance
Lightning Source LLC
LaVergne TN
LVHW092116300926
849161LV00002B/154
* 9 7 8 3 4 8 6 5 6 8 2 1 9 *